# 新时代强国之道

## （修订版）

国防大学习近平新时代中国特色社会主义思想研究中心　编著

刘光明　主　编　王　强　副主编

人民出版社

# 目　录

# 前　言

# 探寻中国特色社会主义为什么"好"的密码

历史是最好的教科书，它记录着每一个国家历史发展的足迹，深入挖掘这些足迹背后的因素，能发现推动发展的密码密钥。恩格斯指出："一切社会变迁和政治变革的终极原因，不应当到人们的头脑中，到人们对永恒的真理和正义的日益增进的认识中去寻找，而应当到生产方式和交换方式的变更中去寻找。"中国特色社会主义为什么"好"的密码，也应当到开创和发展中国特色社会主义的伟大实践中去探寻。

## 一是"好"在方向正，方向正的密码是顺应大势所趋、契合民心所向

一个国家和民族要推动发展振兴，把握前进方向是第一位的。方向一错，全盘皆输。中国特色社会主义之所以好，首先好在方向是正确的。从改革开放 40 多年的伟大实践中走来、从新中国成立 70 多年的持续探索中走来、从党团结带领人民进行伟大社会革命 100 多年的实践中走来、从近代以来中华民族由衰到盛 180 多年的历史进程中走来、从对

中华文明 5000 多年传承发展中走来的中国特色社会主义，坚持尊重社会发展规律与尊重人民历史主体地位的一致性，既坚定地向着人类文明发展大势的方向前进，又向着人民追求利益和幸福的方向前进，矢志不渝，奋进不息。

中国特色社会主义的方向之所以完全正确，是因为它坚持了共产主义的远大理想。共产主义是人类社会最和谐、最美好、最高级的社会形态，是共产党人的终极追求。人类社会必将最终走向共产主义，这是马克思主义对人类历史矛盾运动进行缜密分析得出的科学结论。习近平总书记明确指出，马克思、恩格斯关于资本主义社会基本矛盾的分析没有过时，关于资本主义必然消亡、社会主义必然胜利的历史唯物主义观点也没有过时。这是社会历史发展不可逆转的总趋势。当今世界仍然处于马克思主义所指明的从资本主义走向社会主义的大时代。我们高举中国特色社会主义的伟大旗帜，这是顺应人类社会历史发展大势的明智抉择。

中国特色社会主义的方向之所以完全正确，还因为它坚持了人民至上的价值导向。从历史看，中国的先进分子选择科学社会主义，就是为了人民。马克思主义是人民的理论，第一次站在人民的立场探求人类自由解放的道路，第一次创立了人民实现自身解放的思想体系。中国的先进分子上下求索寻找救国救民的科学真理，最终选择了马克思主义，究其根源，正在于中国先进分子的初心与马克思主义的人民性实现了高度契合。从现实看，坚持和发展中国特色社会主义的一切实践，也都是为了人民。我们党把满足人民需要作为判断社会主要矛盾的重要方面，顺应和满足不同时期人民群众对美好生活的向往，并以此确定党和国家大政方针和主要任务，进而团结带领人民化解社会主要矛盾，极大改变了中国的面貌。

## 二是"好"在道路宽，道路宽的密码是紧贴中国实际、回应实践呼唤

一个国家和民族要推动发展振兴，仅仅把准方向是不够的，还必须沿着正确方向开辟出一条可行的路来。中国特色社会主义道路，是党领导人民向着中华民族伟大复兴的光明前景大胆试、大胆闯走出来的。我们照搬过本本，也模仿过别人，有过迷茫，也有过挫折，一次次碰壁、一次次觉醒，一次次实践、一次次突破，最终走出了一条中国特色社会主义成功之路。立足新时代，中华民族迎来了从站起来、富起来到强起来的伟大飞跃，中国特色社会主义迎来了从创立、发展到完善的伟大飞跃，中国人民迎来了从温饱、小康到富裕的伟大飞跃！中国特色社会主义道路越走越宽，成为人类文明大道上的一道独特风景。

中国特色社会主义道路之所以越走越宽，是因为这条道路是结合中国实际走出来的。科学社会主义提出了社会主义社会理论和社会主义的发展方向，但并没有先验地为未来新社会规定具体细节；指出了社会主义在不同国情的国家实现形式的差异性，反对把科学社会主义变为"一般历史哲学理论"的万能的钥匙。这表明，社会主义并没有定于一尊、一成不变的套路。在中国这样一个有着 5000 多年文明史、14 亿多人口的大国推进改革发展，没有可以奉为金科玉律的教科书，也不可能仅凭想象或别国经验设定出道路的标准化版本。中国特色社会主义，不是简单延续我国历史文化的母版，不是简单套用马克思主义经典作家设想的模板，不是其他国家社会主义实践的再版，也不是国外现代化发展的翻版，而是科学社会主义基本原则与中国实际和时代特征相结合而形成的中国版。

　　中国特色社会主义道路之所以越走越宽，还因为这条道路是在直面时代挑战、回应实践呼唤中不断拓展的。一个国家走什么样的道路，关键要看这条道路能否解决这个国家面临的历史性课题。能解决问题的，才是行得通的。我们党不断提高运用马克思主义分析和解决实际问题的能力，不断提高运用科学理论指导我们应对重大挑战、抵御重大风险、克服重大阻力、化解重大矛盾、解决重大问题的能力，自觉把思想认识从那些不合时宜的观念、做法和体制的束缚中解放出来，从对马克思主义错误的和教条式的理解中解放出来，以宽广的视野、长远的眼光来思考把握改革发展面临的一系列重大问题，及时回答中国之问、世界之问、人民之问、时代之问，廓清困扰和束缚实践发展的思想迷雾，不断推进理论创新和实践创新，使中国特色社会主义道路越走越宽广。

### 三是"好"在聚力强，聚力强的密码是坚持党的领导、推进自我革命

　　一个国家和民族要推动发展振兴，既要有正确的方向和道路，还要有强大的力量推动社会革命大潮滚滚向前。在中国特色社会主义道路上，党和人民画出了最大同心圆、形成了最大公约数，聚力推进改革开放，中华民族根本扭转命运、持续走向繁荣富强，创造了人类社会发展史上的奇迹。今日之中国，早已汇聚起推动实现中华民族伟大复兴的磅礴伟力，正稳健行进在由大向强发展的历史当口。中国已是一片大海，任凭狂风骤雨如何"作"，也不能掀翻大海；中国还是世界和亚太地区的"和平稳定之锚"，以强大力量成为世界和平的建设者、全球发展的贡献者、国际秩序的维护者。没有任何力量能够撼动我们

伟大祖国的地位，没有任何力量能够阻挡中国人民和中华民族的前进步伐。

中国特色社会主义的力量之所以越来越强，是因为始终坚持了党的领导，并使之成为中国特色社会主义制度的最大优势。党政军民学，东西南北中，党是领导一切的。党能够领导一切，靠的是民主集中制原则的科学设计和运用，靠的是组织领导上"纵向到底、横向到边"的制度安排，保证纵向上党的组织体系的每一个层级都离不开党的领导，保证横向上同级各组织都不能游离于党的领导之外。有了这样的制度设计，就"能做到全国一盘棋，集中力量，保证重点"。习近平总书记强调："我们党是按照马克思主义建党原则建立起来的，形成了包括党的中央组织、地方组织、基层组织在内的严密组织体系。这是世界上任何其他政党都不具有的强大优势。党中央是大脑和中枢，党中央必须有定于一尊、一锤定音的权威，这样才能'如身使臂，如臂使指，叱咤变化，无有留难，则天下之势一矣'。"

中国特色社会主义的力量之所以越来越强，不仅是因为制度设计带来的权力影响力，从深层次看，更是因为我们党始终保持了初心本色，具有赢得人民衷心拥护和支持的非权力影响力。如果只有权力影响力而没有全心全意为人民服务带来的非权力影响力，就会走向僵化和专制，就无法突破"其兴也勃、其亡也忽"的历史周期率。中国共产党要长期执政，就必须通过自我革命永葆初心、赢得民心。我们党坚持民心是最大的政治、正义是最强的力量，始终以人民为中心，坚定敢于刀刃向内推进党的自我革命的决心意志，勇毅笃行推进全面从严治党，既对党内的病毒和灰尘进行大起底大扫除，又把权力关进制度的笼子里，以思想建党和制度治党相结合赢得人民群众的鼎力支持，团结带领人民充分发挥其创造历史的伟力。

## 四是"好"在气场大，气场大的密码是赓续文化根脉、推动文明互鉴

　　一个国家和民族既要推动自身的发展振兴，还要有欣赏和包容其他文明的眼光和胸怀，这样才能做到和推动"各美其美，美人之美，美美与共，天下大同"。中国特色社会主义在引领中国走向繁荣富强的进程中，彰显着愈加坚定的"中国自信"、愈益宏大的"中国气场"，成为共建人类命运共同体、推动人类文明发展进步的最大积极因素。我们不仅打造一系列国际思想文化对话交流平台，同时还以"立己达人，兼善天下"的气度，欢迎世界各国"搭乘中国发展的列车"，引领经济全球化朝着更加开放、包容、普惠、平衡、共赢的方向发展。

　　中国特色社会主义的气场之所以越来越强大，根源在于传承了中华优秀传统文化这个"根"和"魂"。中国特色社会主义从创立那一天起，就拥有中华优秀传统文化的强大基因。中华优秀传统文化，尽管有诸子百家、众多流派，但主旨归一，多姿多彩的文化形式蕴含着同一的"道"，正所谓"万变不离其宗""一滴水映照大千世界"。《易传》曰："天下同归而殊途，一致而百虑。"《晋书》记载，"竹林七贤"之一阮籍的从侄孙阮瞻，一次拜见当时已经位至"三公"的王戎。王戎问阮瞻："圣人贵名教，老庄明自然，其旨同异？"阮瞻答曰："将无同。"这里，"将无"是不具实义的语助词，"将无同"就是没有什么不同，也就是"同"。习近平总书记指出："我们所做的一切都是为人民谋幸福，为民族谋复兴，为世界谋大同。"我们将"和平、发展、公平、正义、民主、自由"视为全人类的共同价值。领悟到中华优秀传统文化内在精髓的人，由于懂得什么是"大同"，什么是"道"，能够以平和的心境、包容的气度对待人类一切优秀文明成果，具有无比广博的气场。这也是中国特色社会

主义丰富发展到今天所具有的气场。

中国特色社会主义的气场之所以越来越强大，还因为它在实践中推动文明交流互鉴，使自身越来越壮大，形成自身实力与包容力互促互进的良性循环。自改革开放伊始，中国特色社会主义就大胆吸收和借鉴人类社会创造的一切文明成果，吸收和借鉴当今世界各国包括资本主义发达国家的一切反映现代社会化生产规律的先进经营方式、管理方法。而今，中国特色社会主义已拥有欣赏所有文明之美的眼睛，也已拥有成全所有文明之美的胸怀。习近平新时代中国特色社会主义思想创造性地提出建设持久和平、普遍安全、共同繁荣、开放包容、清洁美丽的世界，提出推动建设相互尊重、公平正义、合作共赢的新型国际关系，还提出共建"一带一路"，倡导实现政策沟通、设施联通、贸易畅通、资金融通、民心相通，使构建人类命运共同体有了可靠的现实抓手和平台依托。未来之中国，必将以更加开放的姿态拥抱世界、以更有活力的文明成就贡献世界。

本书力求全面展现新时代强国之道。从反面警示的维度探寻强国之道，体现为第一章"避开'陷阱'走正道——世界各国在强国路上掉入'陷阱'的历史考察"；从我们党推进强国复兴的实践维度探寻强国之道，体现为第二章"复兴之路　上下求索——中华民族推进强国的关键抉择"；从方向维度探寻强国之道，体现为第三章"人民对美好生活的向往就是我们的奋斗目标——强国就要紧贴民心校准前进方向"；从完成中心任务的维度探寻强国之道，体现为第四章"打破'现代化＝西方化'的迷思——强国就要不断推进和拓展中国式现代化"；从统筹强国复兴大棋局的维度探寻强国之道，体现为第五、六、七章"立时代潮头　担历史使命——强国就要统揽伟大斗争、伟大工程、伟大事业、伟大梦想""着力解决好发展不平衡不充分问题——强国就要统筹推进'五位一体'总体布局""在落一子而全盘活的关节点上用力——强国就要协调推进'四个全面'战略布局";从制度维度探寻强国之道,体现为第八章"探寻'中国之治'的制度密码——强国就要紧贴中国实际优化'中国之制'";从治国理政原则维度探寻强国之道,体现为第九章"一步一个脚印向前迈进——强国就要把稳中求进作为治国理政重要原则";从安全维度探寻强国之道,体现为第十章"铸牢定国安邦的基石——强国就要坚持总体国家安全观";从自身维度探寻强国之道,体现为第十一章"关键在于办好自己的事——强国就要确立自立自强的战略支撑";从文明维度探寻强国之道,体现为第十二章"海纳百川 博采众长——强国就要广采博纳人类文明有益成果";从世界维度探寻强国之道,体现为第十三章"立足道义制高点 做大全球'朋友圈'——强国就要推动中国梦与世界梦交相辉映";从方法论维度探寻强国之道,体现为第十四章"解决'桥和船的问题'——强国就要坚持科学的世界观和方法论"。

本书编写组

2024 年 1 月

# 第一章

# 避开"陷阱"走正道

## ——世界各国在强国路上掉入"陷阱"的历史考察

随着 15 世纪地理大发现和新航路的开辟，各大陆日益联为一体，人类历史进入真正意义上的世界史。500 多年来，一些国家相继强大，你方唱罢我登场。其中，荷兰、英国和美国先后矗立于世界强国之巅，法国、德国、日本、苏联等国，也曾不止一次地向"最强"目标发起冲击，但最终没有成功。① 其间群雄逐鹿，此起彼伏；风云诡谲，步步惊心，呈现出一幅幅兴衰交替的历史画卷。在世界新兴国家由大而强的过程中，都经历了一个关键性阶段。在实现强国目标的特殊历史阶段，相关国家面临的风险和挑战较前明显增大。回望大国兴衰历史，在"关键一跃"的历史时期，如果发展战略选择正确，实力将日益增强，最终会成为世界强国；如果选择不正确，出现战略性失误，国家将迅速衰落下去，从而失去进一步发展的历史机遇。新兴国家在崛起进程中，往往会与守成大国发生国家利益的激烈碰撞，无一例外地会受到刻意打压，这是强盛历程中绕不开的"坎"。加上其他一些因素，旨在自强的国家掉入陷阱之中的可能性很大。比如，"中等收入陷阱""塔西佗陷阱""颜

---

① 孙劲松、刘悦斌、王兆勤、彭公璞、左凤荣：《风物长宜放眼量——从强国兴衰规律看我国面临的外部挑战》，《人民日报》2018 年 9 月 11 日。

色革命陷阱""修昔底德陷阱"和"金德尔伯格陷阱"等，都可能把正在力求强大的国家卡在强国中途。"以史为鉴，可以明得失。"考察世界各国在强国路上曾掉入的各种"陷阱"及其原因，对于我们推进强国复兴，具有重要意义。

## 一、慎防掉入"中等收入陷阱"

世界银行研究发现，第二次世界大战结束以来，许多发展中经济体都保持了一段时间的高速增长，但还是有大量经济体长期徘徊在高收入国家的门槛之外。对此，世界银行首次提出"中等收入陷阱"概念描述这一现象。所谓"中等收入陷阱"，是指某个经济体的人均收入达到世界中等水平后，由于经济发展方式转变迟缓或不顺，导致支撑经济增长的动力特别是内生动力不足，最终出现经济徘徊停滞、民众收入增长缓慢的现象。① 从世界范围看，自 1960 年以来，101 个中等收入国家与地区中只有 13 个顺利实现到高收入国家的跨越；剩余的国家与地区长期徘徊于中等收入阶段，甚至倒回到低收入阶段，停滞的时间之长以及国家数量之多都足以引起我们警惕。

根据世界银行标准，2011 年我国进入中上等收入国家行列，"十三五"和"十四五"时期是我国迈进高收入国家行列的关键时期，关系到中国能否顺利跨越"中等收入陷阱"。跨越"中等收入陷阱"，需要具备经济发展、社会安定和环境良好等诸多要素。当前，我国跨越"中等收入陷阱"依然面临严峻挑战。我国正处于跨越"中等收入陷阱"

---

① 李楠、焦晓云：《"四个全面"引领中国跨越"中等收入陷阱"的路径分析》，《理论探讨》2016 年第 2 期。

并向高收入国家迈进的历史阶段，矛盾和风险比从低收入国家迈向中等收入国家时更多更复杂。分析跨越"中等收入陷阱"的国际经验和教训，对保持我国经济持续健康发展具有重要意义。

以拉美国家为例，多数拉美国家在 20 世纪 80 年代进入中等收入国家行列，然而由于不考虑国情实施全面西化和过度推行经济私有化等措施，导致国民经济增长长期处于停滞状态，最终陷入了"中等收入陷阱"。考察其历史，教训可以总结为以下几点。

巴西里约热内卢贫民窟。

## （一）宏观政策出现失误，过度推崇新自由主义

20 世纪 70 年代，拉美的进口替代战略遇到了危机。国际货币基金组

织、世界银行和美国财政部以新自由主义作为指导思想向拉美国家推出了贝克计划，用于指导拉美及其他发展中国家的经济调整与改革，贝克计划的本质是快速私有化、绝对自由化和政府角色最小化。从某种意义上说，贝克计划改变了旧有的进口替代工业化的发展战略，同时也带来了外债剧增、外汇储备减少、通货膨胀上升、经济萎缩、资本外逃、大批工厂倒闭、失业增加等突出问题。1992—2001 年的 10 年中，拉美国家年均经济增长率仅为 1.8%，被称为"失去的 10 年"。20 世纪 90 年代中后期，墨西哥金融危机、阿根廷失业率居高不下等标志着新自由主义在拉美的破产。①

　　在洪都拉斯首都特古西加尔巴的一次抗击饥饿的游行中，一名男子带着随身物品坐在街边。洪都拉斯是拉美最贫困的国家之一。

---

　　①　陶振全：《中等收入陷阱的历史考察与我国跨越路径研究》，中国社会科学院研究生院 2017 年博士学位论文。

### （二）过度城镇化给工业化造成极大负担

工业化与城镇化是经济发展的两个轮子，工业化是城镇化的发动机，城镇化是工业化的孵化器。拉美国家在牺牲农业的基础上拉开了快速城镇化的序幕，用 20 年时间就完成了对发达国家城镇化率的超越，"在人均 GDP 处于 3000—5000 美元时，就实现了 78%的城市化率"①。城镇化水平超过工业化的承载能力导致城市难以为急剧增长的人口提供足够的就业岗位，涌入城市的大量人口只能聚

在巴西里约热内卢的一个贫民窟，警方展开清缴犯罪团体行动。

---

① 秦丽萍、甄明霞：《跨越"中等收入陷阱"的国际经验及对我国的启示》，《科学发展》2014 年第 12 期。

居在贫民窟里，成为新的城市贫民。为了选票，政府不得不许诺超过经济承受能力的福利，庞大的福利开支占用了发展经济的资金，政府面临着是发展经济还是发放福利的两难抉择。此外，过度城镇化还导致城市发展过多地占用产业发展的资源，妨碍工业化的进程。

## （三）长期实行进口替代战略导致经济结构失衡

拉美地区长期实施进口替代工业化发展战略，最终成为"有增长而无发展"的"典型"。进口替代战略的初衷是通过限制进口"倒逼"本国工业技术发展并以此维持经济的持续快速增长，然而进口替代战略只注重发展工业，没有协调好三大产业之间的关系，导致第二三产业比重偏高，二三产业的畸形发展是以牺牲农业为代价的，这就必然导致第二产业发展的后续乏力和第三产业发展的低端缓慢。二三产业发展的滞后必然影响其对就业的吸纳能力，导致大量人员失业，形成成片"贫民窟"。拉美地区20世纪70年代石油危机后，政府并没有采取有力措施促进发展模式转变，而是一直维系着"举债增长"的经济发展战略，使进口替代战略模式延续了半个世纪，最终陷入"中等收入陷阱"而不能自拔。

## （四）分配不公导致贫富差距过大

分配方式不合理、收入差距过大，劳动者工资偏低，土地分配不均衡等是拉美国家贫穷的重要原因。拉美地区贫困人口占总人口的40%，拉美国家在20世纪70年代的基尼系数处于0.44—0.66的区间，巴西在20世纪末基尼系数仍然高达0.64。两极分化导致社会阶层固化，贫富差距悬殊造成社会动荡不安，社会财富集中在少数人手中导致中低收入者的消费能力不足，国内消费对经济发展的拉动作用减弱。①

### （五）超越经济社会发展水平的社会福利占用过多资源

社会福利是社会稳定的润滑剂，普惠的社会福利制度有利于缩小贫富差距、保持社会稳定，为经济发展创造稳定的社会环境，但社会福利水平必须与经济发展水平相适应，超前的社会福利制度吊高了民众的胃口，增加了政府公共财政支出，超出了经济发展的可承受能力，有可能使国家陷入"福利陷阱"。20世纪初，拉美国家就建立了以养老和医疗为核心的较高水平的福利体系，到20世纪末，所有拉美国家都建立了养老保险制度，90%以上国家建立了面向孕妇的保健制度。事实上，拉美国家的社会福利水平远远超过了国家的经济承受力，依靠财政赤字来维持的福利制度注定不会长久，最终引发了20世纪80年代的债务危机。另一方面，拉美国家社会福利的阶层分化现象严重，不同社会阶层享受的保障水平不一样，保障的重点在于特权阶层和中高收入阶层，低收入群体被排斥在保障体系之外。这不但不能缩小贫富差距，而且还会加剧两极分化，不利于社会稳定。

习近平总书记强调，"对中国而言，'中等收入陷阱'过是肯定要过去的"②。由中等收入迈向高收入，从直观上看是经济增长问题，但实际上涉及一系列结构性问题。只有解决好这一系列结构性问题，实现高质量发展，才能顺利进入高收入国家行列。这涉及三方面的重要任务，首先是持续推动技术和产业升级。我国人口规模堪比一个大洲，这样的巨型经济体可以容纳的技术和产业谱系是非常宽广的。在这个

---

① 方浩：《利益集团与"中等收入陷阱"：拉美模式之反思》，《经济体制改革》2011年第5期。

② 《习近平出席亚太经合组织领导人同工商咨询理事会代表对话会 强调中国是区域合作受益者 更是积极倡导者和推进者》，《人民日报》2014年11月11日。

宽广的技术和产业谱系中，我国还有很多领域如工作母机、成套装备、核心零部件、生物、医药、医用设备、材料、交通、能源等，与技术前沿国家尚有较大差距。缩小这些差距，提高全要素生产率，是我国未来实现中高速增长的源泉所在。党的二十大提出"建设现代化产业体系"，作出建设制造强国、质量强国、航天强国、交通强国、网络强国、数字中国等一系列重大部署。落实这些部署，将推动我国技术和产业不断迈上新台阶，进而在劳动力从农业向非农产业转移速度明显放缓的背景下，进一步拓展非农产业内部劳动力向高生产率部门配置的空间，不断推动高质量发展。其次是缩小收入差距和财富差距，提高社会流动性，实现更加包容的发展。从国际经验看，缩小收入差距和财富差距是成功跨入高收入国家行列的必要条件。收入差距和财富差距拉大的原因众多，有个人能力、努力程度和风险偏好等原因，这是合理的、有利于社会整体进步的；但也有不合理、不利于社会进步的原因。从我国看，主要包括某些税费不合理、一些体制性因素不利于保障农民权益、一些城市房地产价格过快上涨、一些人违法违规谋取利益等。我们党强调："破除妨碍劳动力、人才社会性流动的体制机制弊端，使人人都有通过辛勤劳动实现自身发展的机会"，"坚持按劳分配原则，完善按要素分配的体制机制，促进收入分配更合理、更有序"，"履行好政府再分配调节职能，加快推进基本公共服务均等化，缩小收入分配差距"，等等。落实好这些措施，将使收入差距和财富差距处于比较合理的水平。第三是改善生态环境质量，提高发展的环境可持续性。随着经济发展，人民群众对良好生态环境的需求日益增长。为改善生态环境而采取的措施，如改善大气、水和土壤质量的措施等，固然会增加经济社会运行成本，抑制高污染高排放行业的投资活动和产出增长，但同时也会对经济增长产生带动作用，因为生态环境监管措施会促进绿色环保技术研发和扩散，带动相关投资活动。研究表明，我国环境库兹涅茨曲线的拐点已经出现，未来经济增长和污染排放将脱钩。党的二十大提出，"推动绿色发展，促进人与自然和谐共生"。落实这些部署，构建充分体现生态文明要求的现代化经济体系，满足人民群众对良好生态环境的要求，是我国迈向高收入国家的内在要求。

## 二、慎防掉入"塔西佗陷阱"

"塔西佗陷阱"是从古罗马时代历史学家普布利乌斯·克奈里乌斯·塔西佗在其著作《历史》中引申出的一个政治学名词。他说："一旦皇帝成了人们憎恨的对象，他做的好事和坏事就同样会引起人们对他的厌恶。"当时，暴君尼禄民心尽失，各行省长官起兵发难。在不明战况的状态下，尼禄以为自己穷途末路了，就仓皇逃离首都罗马。元老院宣布尼禄为全民公敌，并推举西班牙行省总督、已 72 岁高龄的加尔巴为新皇帝。加尔巴注意节约财政，但紧缩军队待遇的措施也引起了军方不满；他注重严格执法、提升行政效率，却因为严刑峻法引起了国内各方力量的反感，还被底层人民认为不够体恤；他还下令追回尼禄的赏赐，解散尼禄之前组建的军团，处死一些在尼禄死前任命的将领、执政官和行省长官，其中很多处死的人未经审问也没有得到辩护的机会，不少民众都认为他们死得冤枉。在执行以上措施时还出现了用人不当的问题。正如塔西佗所说，加尔巴的威信毁在了"世界上最坏的人"和"世界上最懒的人"手里。"毫无疑问，这个吝啬的老头子，只要是把手稍稍微微放松一些，近卫军士兵对他的忠诚是完全可以争取过来的。他的旧式的严格和过度的严厉毁了他自己，这已是我们不能再容忍的一些品质了。"虽然之后加尔巴尝试实施一些拨乱反正的举措，但并没挽回民心。最终，罗马城内的群众和士兵选择拥护落选的皇帝候选人奥托发动叛乱，加尔巴的皇帝卫队则选择了袖手旁观，眼睁睁看着加尔巴被愤怒的罗马城士兵一剑刺穿了喉咙。

塔西佗记录的这段历史逐渐被解释为：当公权力失去公信力时，无论发表什么言论、做什么事，社会都会给予负面评价，都会被认为说假话、做坏事，甚至引发一系列危机事件，即陷入"塔西佗陷阱"。针对这一潜在"陷阱"，2014 年 3 月 18 日，习近平总书记在河南省兰考县委常委扩大会议上表示："我们当然没有走到这一步，但存在的问题也不谓不严重，必须下大气力加以解决。如果真的到了那一天，就会危及党的执政基础和执政地位。"① 在 2013 年中央纪委全会上，习近平总书记怀着强烈的忧患意识，总结了苏共亡党的历史教训，摆事实、讲道理，

曾经繁华的古罗马城已成一片废墟。

---

① 习近平：《做焦裕禄式的县委书记》，中央文献出版社 2015 年版，第 35 页。

振聋发聩、令人警醒。从苏共亡党亡国的历史教训中考察"塔西佗陷阱"的破解之道，对于巩固党的执政基础、推进国家治理体系和治理能力现代化具有重要意义。

### （一）经济上的民生问题是影响公信力的基础因素

苏联在斯大林时代实行高度集中的中央计划经济，有过辉煌的发展时期，但在斯大林后期，计划经济体制的积弊就暴露无遗了。其后任者，包括赫鲁晓夫、契尔年科直至戈尔巴乔夫都知道其弊端，也努力尝试去改革这种经济体制。但积重难返，没有一个获得成功。从 20 世纪 80 年代开始，苏联经济增速开始下降，甚至到 80 年代中后期，经济出现负增长。更为要命的是，同期苏联高度集中的计划经济体制和畸形的经济结构没有实质性改变。

20 世纪 80 年代中期，苏联的国民收入仅为美国的 50% 左右，但军费与美国相当，占苏联国民收入的 20% 左右。1987 年，苏联的国民生产总值相当于美国的 38%，在劳动生产率方面，工业为美国的 25%，农业只有美国的 9%；食品消费品短缺达到了空前的程度，1989 年在消费品篮子里的 1200 多种商品中，有 1050 类是短缺的，在 221 种食品中，有 188 种实行票证供应；通货膨胀，物价上涨，人民实际生活水平下降，1991 年通货膨胀率超过三位数，日用消费品零售价比上年上涨 1.4 倍，群众生活水平普遍下降 14%—26%，大约有 1/3—1/2 的居民生活处于贫困水平。①

马克思主义认为，经济基础决定上层建筑。一个经济下滑、人民生活困难的经济基础，当然没法支撑起得到人民的支持的稳固上层建筑，一个经济倒退的社会不可能实现社会的全面进步。20 世纪 80 年代中后

---

① 吕有志：《当代世界经济与政治》，浙江人民出版社 2003 年版，第 176 页。

一群退休妇女在莫斯科郊外一家厂办小铺领取免费饭菜。20 世纪 80 年代中后期，由于苏联经济状况恶化，许多靠养老金度日的人无力购买高价食品。

期，苏联经济的迅速下滑和人民生活的退步，必然导致对政府的不信任，政府失去公信力是其必然结局。

### （二）政治上的空头支票问题是影响公信力的直接因素

早在 1939 年，苏联成立不到 20 年时，斯大林就错误地估计了苏联的发展形势，宣布苏联"正在逐步过渡到共产主义阶段"。那时，苏联社会主义建设虽然取得了一定的成就，但说苏联正在过渡到共产主义恐怕还为时尚早，而且在当时第二次世界大战即将全面爆发的关头，作这样的判断是不合时宜的。德国对苏联发动攻击，在"二战"中苏联付出了巨大牺牲取得了战争的胜利，步入共产主义阶段的梦想全面落空。

　　第二次世界大战后，经过一段时期的恢复，到 1959 年，赫鲁晓夫又宣布苏联已经进入"全面建设共产主义时期"，而且在苏共二十二大上承诺，要"在 20 年内基本建成共产主义"，但直到赫鲁晓夫下台，苏联也没有真正建成共产主义，反而越发凸显出计划经济体制的弊端。但是，苏联领导人并没有从自我陶醉中清醒过来。1967 年，勃列日涅夫提出苏联已建成"发达社会主义"："苏维埃国家的实力将一年比一年加强，苏联人民的生活将一年比一年改善。苏联人民将日益充分地享用已取得的成果，将日益明显地感觉到社会主义生活方式的优越性。"① 但事

　　1991 年 12 月 26 日，苏联解体，莫斯科克里姆林宫顶上的苏联国旗被俄罗斯三色旗取代。图为俄罗斯的白蓝红三色国旗在克里姆林宫上飘动。

--------

　　① 《勃列日涅夫言论》第三集(1967 年)，上海人民出版社 1974 年版，第 202、203 页。

实上，人民生活水平日益下降，有一种被愚弄的感觉，在党和政府长期的空谈许诺而没有兑现的情况下渐渐对党和政府失去了信心，苏联的公信力最终丧失殆尽。

### （三）组织上脱离群众的问题是影响公信力的关键因素

特权阶层是苏联丧失公信力、脱离群众的一个重要方面，也是苏联最终解体的一个重要原因。在苏联高度集中、领导职务固化的政治体制下，苏联形成了一大批脱离群众的特权阶层。据英国学者估计，这种特权官僚阶层在 1970 年为 22.7 万人左右；俄国学者估计为 50 万—70 万人，加上他们的家属共有 300 万人之多，约占全国总人口的 1.5%。① 如此庞大的特权阶层，无论在生活上还是工作上都严重脱离群众，脱离实际。

生活上，特权阶层享有优厚的物质条件，相对于困难群众来说，他们有较好的保障，享受较高的待遇。在工作中，由于远离人民群众生活实际，他们不能了解群众意愿，不能把解决人民问题作为工作出发点，工作不能反映人民群众的要求，只是脱离实际的想象，或者为特权阶层及少数人谋利益。制定的政策远离人民需要，脱离国情民意。

苏联解体前夕，一项对苏联公民的民意调查显示，只有 7%—8% 的人认为苏共代表人民，70%—80% 的人认为它只代表它自己。② 一个仅仅代表自身特权而不代表人民利益的政府，当然不会为人民所信任，自然也就失去了公信力。

---

① 王立新：《人民利益代表的蜕变：苏联共产党在代表最广大人民根本利益上的教训与启示》，《安徽农业大学学报（社会科学版）》2004 年第 1 期。

② 赵晓昕：《苏共垮台的深刻启示：基于党群关系视角》，《企业家天地》2009 年第 12 期。

### （四）文化上的强制高压问题是影响公信力的深层因素

除了计划经济体制、高度集权的政治体制和社会上的特权阶层之外，苏联还有一个使它掉入"陷阱"的特殊因素——秘密警察制度。设立这一制度，一方面是为了清除异己，另一方面是为了严格控制社会舆论，消除不同的思想和主张。实行严格的书报检查制度，是秘密警察制度的典型表现。严格的审查制度和禁言行为，使许多人对苏联执政当局产生更多不满，激化了苏联人民同政府的矛盾。许多人虽然不再公开发表不同意见，但对苏联政府的逆反心理一直存在。即使那些本来没有不同意见的人，由于严格控制和高压政策所造成的恐怖，也使他们对苏联政府敬而远之，对他们不再信任。虽然政权在相当长时期内依然运作，但实际上是依靠暴力工具在维持，人民对政府的信任和认同几乎荡然无存。当戈尔巴乔夫实行"新思维"，突然放开了几十年的管制后，长期积累的负面情绪像火山一样突然爆发，最终掀翻了苏联社会主义大厦。

苏联失去公信力、掉入"塔西佗陷阱"的教训，我们

苏联解体后，乌克兰基辅一军事学校的士兵将列宁纪念馆中的戈尔巴乔夫肖像摘下。

必须牢牢记取。党的十八大以来，以习近平同志为核心的党中央十分重视执政公信力建设，协同推进伟大社会革命和党的伟大自我革命，将人民对美好生活的向往明确为我们党的奋斗目标，始终将改善民生作为第一要务，倾听人民呼声，回应人民期待，改革发展的成果更多更公平地惠及全体人民。"十三五"时期，我国5575万农村贫困人口实现脱贫，人民生活水平显著提高，高等教育进入普及化阶段，城镇新增就业超过6000万人，建成世界上规模最大的社会保障体系，基本医疗保险覆盖超过13亿人，基本养老保险覆盖近10亿人，新冠肺炎疫情防控取得重大战略成果，[1] 我们党用这一系列"成绩单"，赢得了人民群众的衷心拥护。2020年5月，美国知名公关公司爱德曼发布的《2020年信任度调查报告》显示，中国民众对本国政府信任度达95%，在受访国家中排名第一。[2]

新时代，中国共产党之所以能够跨越"塔西佗陷阱"，根本在于坚守初心和使命、站稳人民立场。我们党没有自己的特殊利益，只有国家和人民的利益，这是我们党能够跨越"塔西佗陷阱"的谜底所在。在庆祝中国共产党成立95周年大会上，习近平总书记强调："坚持不忘初心、继续前进，就要坚信党的根基在人民、党的力量在人民，坚持一切为了人民、一切依靠人民，充分发挥广大人民群众积极性、主动性、创造性，不断把为人民造福事业推向前进。"[3] 全心全意为人民服务的中国共产党，理所当然地得到广大人民群众的衷心拥护和支持，必然能够跨越"塔西佗陷阱"，领导人民创造历史伟业。

---

① 《中国共产党第十九届中央委员会第五次全体会议公报》，《人民日报》2020年10月30日。

② 《蓬佩奥涉华演讲的满嘴谎言与事实真相》，《人民日报》2020年8月25日。

③ 习近平：《在庆祝中国共产党成立95周年大会上的讲话》，《人民日报》2016年7月2日。

## 三、慎防掉入"颜色革命陷阱"

　　颜色革命起初是指 21 世纪初，发生在苏联中亚地区部分国家的、以不同颜色命名的一系列通过和平、非暴力手段进行的政权更迭事件，后泛指美国在其他国家和地区输出"民主"，建立亲美政权的政治活动。格鲁吉亚是盛产鲜花的国度，于是反对派选择了象征和平与美好的玫瑰命名，即"玫瑰革命"。乌克兰的"橙色革命"最初叫作"栗子花革命"，"革命"发生在首都基辅，基辅市的市花是栗子花，因而得名。又因栗子花是橙色的，故后来又被称为"橙色革命"。吉尔吉斯斯坦盛产郁金香，故名"郁金香革命"。又因为事件中的示威者胸前佩戴黄色迎春花（吉首都比什凯

在 2004 年乌克兰"橙色革命"中，示威者与警方发生冲突。

克的市花是黄色迎春花），故这场政变又被称作"柠檬色革命""黄色革命"等。实际上，在这里"革命"一词已不再具有传统意义上的"暴力"和"武装斗争"的内涵，更多的具有特定象征意义。颜色革命与发生在东欧剧变时捷克斯洛伐克的"天鹅绒革命"一脉相承，均指通过非暴力的柔性政变夺取政权。异曲同工的是，2018年4月初，亚美尼亚爆发反政府大示威，曾长期担任亚美尼亚总统的萨尔基相出任总理仅仅一周，就不得不黯然辞职。反政府示威者把这场运动命名为"天鹅绒革命"。美丽的鲜花、鲜艳的色彩、柔软的天鹅绒，都暗示着组织者试图让"革命"给人以美好印象，以尽可能"优雅"的方式进行。但实际上，从更深层的角度分析，颜色革命是美国等西方大国通过各种非政府组织对其他国家进行经济、政治、文化、舆论等领域的全面渗透，是他们培育、支持政治反对派，怂恿反对派借助特殊时机煽动民众进行示威游行，向政府当局施加压力，最终借机夺取政权、建立亲美（西方）政权的结果。

发生在独联体国家的颜色革命，既有历史原因，也有体制原因，同时也与各国在政治、经济与社会转型过程中出现的复杂矛盾问题和失误有关。

## （一）人民生活贫困，社会问题尖锐

对独联体国家而言，贫困不仅普遍存在，而且是各国政府、历届领导人在进行国家治理的过程中避不开的顽疾。苏联解体后，各个新生独联体国家由于经济陷入全面危机、原有社会保障体系崩溃，贫困问题开始蔓延。到20世纪90年代中后期，多数独联体国家的贫困人口已经占到本国总人口的很大比例。

颜色革命发生国乌克兰、格鲁吉亚和吉尔吉斯斯坦，就是典型的高贫困率国家。20世纪90年代初，乌克兰工会联合会将月收入95格里夫纳（约等于50美元）作为贫困线标准，根据这一标准，有74%的乌克兰居民生活在贫困线以下。伴随着收入的急剧下降和各项生活补贴的取消,居高不下的通货膨胀使人民手中的存款化为乌有,进一步加剧了居民的贫困程度。[①] 根据格鲁吉亚战略研究和发展中心的报告,1999 年首都第比利斯贫困人口比例高达 57.1%,其中,绝对贫困人口(消费为零)占贫困人口比例的 10.8%。2001—2002 年,格鲁吉亚 70% 的居民生活在贫困线以下,失业者、养老金领取者、残疾人和多子女家庭大都生活艰难。经济基础薄弱的吉尔吉斯斯坦,不仅在独联体国家、在世界上也是最贫困的国家之一。独立后,吉最严重时其贫困人口占总人口的80% 左右。再比如,亚美尼亚经济容量小、资源匮乏,欧盟、独联体是其两大贸易伙伴。受 2008 年国际金融危机的冲击,亚美尼亚国内经济下滑严重,复苏缓慢。在这样的形势下,美西方拥有足够的条件,在地缘政治地位重要的亚美尼亚煽动一场颜色革命。

在贫困普遍发生的同时,贫富差距的扩大加剧了社会问题的发生。有数据表明,独联体国家中的财富已开始向少数人集中,大多数普通民众的财富则在相对减少。贫富差距越大,居民进行反政府的可能性就越大,造反行为的破坏力就越强。有关研究表明,1958—1965 年间,在贫困人口多、贫富差距大的国家中发生暴力冲突的次数是富裕国家的4 倍多。独联体国家存在的贫困问题不仅对社会稳定构成威胁,也为借"经济援助"之名对独联体地区进行渗透的国际势力提供了合理的机会和借口,这些国际势力中有些与各国反对派遥相呼应,成为颜色革命的幕后推手。

**(二)失业问题严重,加剧社会动荡**

失业人口不断增加也是诱发颜色革命的一个重要因素。造成失业人

---

① 马贵友:《列国志:乌克兰》,社会科学文献出版社 2003 年版,第 91 页。

口增长的原因是多种多样的，包括大规模私有化、经济衰退、企业倒闭、人口自由迁移和劳动保障制度不完善等。

各国在经济转轨中引入市场经济体制，先后实行大规模的国有企业私有化，使得计划经济时代国有企业中的富余员工遭到解雇，这部分人口由隐性失业转为显性失业。这一失业趋势随着私有化的深入不断加强。经济衰退、大量企业纷纷倒闭也加剧了工人失业。

与此同时，各国的中小企业尚处于起步阶段，创造就业机会的能力根本无法满足社会的就业需求，大中型企业的发展速度又相对缓慢，致使失业人口居高不下。苏联解体后，各国农牧区的经济状况日益恶化，相对过剩的农村劳动力大量涌入城市寻求生活来源，使得本就紧张的劳动力供求关系更加不平衡。独联体各国内部由于经济发展的地区性差

在吉尔吉斯斯坦首都比什凯克市中心总统府前，一名示威者在催泪瓦斯烟雾中投掷石块。

异，劳动力向相对发达和富裕的地区迁移，一方面使得相对落后的地区经济发展缓慢、劳动力人口素质下降不易就业；另一方面相对发达地区则劳动力过剩、失业率持续增长。此外，由于各国实行人口向国外自由迁移和流动政策，不少独联体国家的技术型人才流向西欧和北美，造成人才大量流失。处于政治与经济转轨期的独联体国家，劳动就业与失业保障制度仍存在许多不健全的地方，制度的不完善也对工人的就业和工资结构产生消极影响。

### （三）犯罪呈现组织化，破坏社会秩序

一段时期以来，独联体国家犯罪的组织化程度加强，涉及的犯罪领域越来越广泛，从诈骗、贩毒到走私、恐怖活动，严重危害了社会安全。臭名昭著的俄罗斯"光头党"就是典型代表。除了有组织的犯罪，盗窃、抢劫等侵犯财产的犯罪发案率也在独联体国家不断上升。2000年，乌克兰各类刑事犯罪案件共立案 553594 起，其中主要是侵犯人身权利和财产权利的犯罪。2003 年，格鲁吉亚发生各类案件 17000 起，其中恶性案件约占一半，全年有 8110 人被判有罪。[1] 此外，经济领域的犯罪同样有所增长，贪污、洗钱、金融诈骗、侵吞国有资产等，不仅给各国造成巨大的经济损失，也破坏了国内正常的经济秩序。最令人担忧的是，青少年犯罪明显增多。仅 1999 年一年，俄罗斯发生的青少年犯罪将近 21 万起。在全俄罗斯注册的 300 万名吸毒者中，有 60 万名是中小学生。[2] 2003 年，格鲁吉亚全部犯罪案件中未成年犯罪案件达到 4%。[3] 同样是 2003 年，乌克兰查获的全部犯罪行为人（259721 人）中，14—

---

[1]　任磊石：《乌克兰 2000—2003 年犯罪状况分析》，《公安研究》2006 年第 5 期。

[2]　孙壮志：《独联体国家"颜色革命"研究》，中国社会科学出版社 2011 年版，第 384 页。

[3]　李兰：《独联体国家"颜色革命"研究》，南开大学 2013 年博士学位论文。

18 岁的青少年占 10.6%。① 这种犯罪现象年轻化引起了各独联体国家政府和相关部门的高度重视。犯罪率上升、犯罪现象年轻化都增加了社会的不稳定因素。

### （四）腐败现象突出，极易激起民愤

引发颜色革命的根源是多方面的。不可否认的是，腐败现象突出激起民愤，致使社会矛盾尖锐化无疑是其中重要的原因之一，其危害性不容忽视。国际敌对势力与国内反对派力量正是利用民众对制度体系和政府官员的腐败深恶痛绝，发动他们走上街头、为颜色革命的爆发煽风点火。

格、乌、吉三国在独立后很快启动了以私有化和自由化为核心的经济转轨。由于政府的作用被削弱，面对大规模的国有企业私有化，政府无力实施监督，这就为手握实权的政府官员和国企领导提供了机会。他们利用手中权力将国有资产转变为私人财富、从私有化中大发横财。特别是在苏联解体后，相较以往，舆论媒体自由开放，大量西方思潮趁机涌入——个人主义、拜金主义盛行，许多人的世界观、价值观发生了变化。一部分政府官员将手中的权力当作捞取金钱的最佳捷径，虽然三国都制定了反腐败的法律法规、建立起反腐败机制，但执法不严、"官官相护"的现象非常普遍，许多执法人员甚至徇私舞弊、索贿受贿。在政府官员贪污受贿、侵吞国家资产、成为经济转轨中最大受益者的同时，广大群众却要为经济转轨带来的高昂成本买单。生活水平长期得不到提高，再加上不少政府官员、执法人员明目张胆地知法犯法，致使一些民众对政府产生了怨恨和敌视。

---

① 任磊石：《乌克兰 2000—2003 年犯罪状况分析》，《公安研究》2006 年第 5 期。

### （五）外部势力渗透，干预当事国内政

一直以来，美国热衷于输出其"民主价值观"，扶植亲美势力上台执政。在输出"民主"过程中，美国善于综合运用经济制裁、政治威胁、军事打击等多种手段施压，而颜色革命正是在本世纪初美政府在对东欧、中亚输出"民主"过程中摸索出的新花样。冷战后，美国采取各种手段和措施向苏联及东欧国家进行渗透，为诱发颜色革命提供条件。在此基础上，美国唆使独联体当事国反对派利用总统或议会选举之际，一举发难、颠覆政权，最终扶植亲美势力上台执政。由于这一模式"成本低""收益高"，颜色革命已经成为美输出"民主"的重要模式。值得注意的是，2003 年至 2005 年发生的那股颜色革命浪潮远未结束，不少国家和地区被不同程度地卷入其中。

比如，前些年的暴力乱港事件严重危害了香港自身的繁荣与稳定，敌对势力妄图通过"港版颜色革命"夺取香港管治权。从 2014 年的所谓"占中"到后来的暴力乱港，都是以激进的所谓"街头抗争"来冲击政府机构、长期堵塞交通要道，胁迫中

香港市民游行谴责美方插手香港事务。

央政府和特区政府，妄图实现改变政府决策、要求行政长官等特区官员下台乃至"港独"等所谓"政治诉求"的"非法运动"，完全具备了外部势力深度介入、一手操纵的颜色革命的各种特征。这些绝不是正常民意表达的行为，而是彻头彻尾的外部势力驱动的颠覆活动。

分析美国煽动颜色革命伎俩，无非"软硬"两手。"软"技巧，即所谓"民主援助"。作为"人权外交"的重要组成部分，美国的所谓"民主援助"大致体现在两个方面：一个是在提供经济援助时附加政治或意识形态条件的传统方式；另一个是直接以非政府组织为"手套"向某些国家内部的特定组织提供资金、物资、人力等帮助，促使这些组织直接在所在国内部有所行动。"硬"技巧，即所谓"隐蔽行动"。比如在政治上纠集亲美势力、扶植所谓"亲美政党"；在经济上威胁或直接采取制裁、扰乱正常经济秩序；在舆论宣传上编造散布煽动性和鼓动性的信息与价值观，颠倒是非黑白、欺骗性地动员普通民众。在乱港闹剧中，美方某些人与中国香港内部某些政治势力相勾结，与乱港或"港独"分子沆瀣一气，甚至美方人员还"亲自指导"暴力乱港行为；美国政界某些人多次挥舞起贸易霸凌大棒，威胁改变美国与中国香港特别行政区的经贸安排，制造外部压力；美国政界与媒体界某些人通过包括社交媒体等各种渠道大肆散布信息，助长暴力乱港行为嚣张气焰。显然，这些都是美式"隐蔽行动"在中国香港的重演。美国在全世界肆意推动"民主援助"和"隐蔽行动"的伎俩，完全是冷战思维与对抗思维的体现，不但无视世界各国各自独有的历史文化，更无视世界各国人民选择自身发展道路的基本权利。这种以"民主""人权"为借口煽动颜色革命的行径，本质上是对别国主权和人权的公然践踏。

然而，无论美国策划和操纵的颜色革命有多么疯狂，针对中国的颜色革命"攻击波"从来都是无功而返。究其根源，正在于我们始终坚持中国共产党的领导。习近平总书记指出："一定要认清，中国最大的国情就是中国共产党的领导。什么是中国特色？这就是中国特色。"① 这一最大国情，决定了美国在中国搞颜色革命没有土壤，无法形成气候，注定是徒劳。我们要继续健全党的全面领导制度，完善党领导人大、政府、政协、监察机关、审判机关、检察机关、武装力量、人民团体、企事业单位、基层群众自治组织、社会组织等制度，健全各级党委（党组）工作制度，确保党在各种组织中发挥领导作用。完善党领导各项事业的具体制度，把党的领导落实到统筹推进"五位一体"总体布局、协调推进"四个全面"战略布局各方面。完善党和国家机构职能体系，把党的领导贯彻到党和国家所有机构履行职责全过程，推动各方面协调行动、增强合力。有了这些，就能将颜色革命拒止于国门之外。

## 四、慎防掉入"修昔底德陷阱"

公元前 5 世纪，雅典的迅速崛起震惊了陆上强国斯巴达。双方之间剧烈竞争，长达 30 年的战争结束后，两国均遭毁灭。古希腊历史学家修昔底德总结说，"使得战争无可避免的原因是雅典日益壮大的力量，还有这种力量在斯巴达造成的恐惧"。"修昔底德陷阱"通常可理解为：一个新崛起的大国随着国力的增强，日益具备挑战现存大国的实力，而现存大国往往以疑惧心态看待新兴大国的崛起，甚至刻意主动打压新兴大国，这使战争变得不可避免。2015 年 9 月 22 日，习近平主席在华盛顿州当地政府和美国友好团体联合欢迎宴会上发表演讲指出，世界上本无"修昔底德陷阱"，但大国之间一再发生战略误判，就可能自己给自

---

① 习近平：《中国共产党领导是中国特色社会主义最本质的特征》，《求是》2020 年第 14 期。

己造成"修昔底德陷阱"①。"修昔底德陷阱"对分析当前国际关系、探讨强国之道，有着重要的借鉴意义。

## （一）国际社会的无政府状态是"陷阱"背景

"修昔底德陷阱"出现的背景，实际上是国际社会中自然的无政府状态。霍布斯认为，人类在自然状态下，由于受自我保全或自我安全冲动的驱使，人人都欲保持个人的自由，同时又都欲得到支配别人的权力，于是就发生了一切人对一切人的战争。继霍布斯之后，18世纪的法国启蒙思想家让·雅克·卢梭通过其著名的"猎鹿寓言"，对由无政府状态中个体间相互疑惧导致的紧张、冲突和对抗之循环升级作出了更加明确的论述：有5个猎人偶然碰到一起，由于非常饥饿，他们同意共同狩猎一头牡鹿以满足食欲，在牡鹿出没的地方，他们相约围成环状以确保猎鹿成功，但同时他们每人的饥饿感都能因一只野兔而满足；如果在狩猎过程中，一只野兔在其中一个人面前出现，出于理性的自私目的（即确保自己眼前的利益以及对他人的不信任），他可能放弃猎鹿而追捕野兔，这样一来他自己的饥饿感虽能因野兔而满足，但他的行为必然使其他猎人继续处于饥饿状态中。对于卢梭来说，这种"猎鹿问题"的情形在主权国家间同样会显现，即由于各国都无法保证自己能避免战争，因此它们都普遍会选择对自己有利的时机开战以便抢在邻国的前面。卢梭总结说："所以，有许多的战争，即便是进攻性的战争，其性质与其说是掠夺别国财产的手段，还不如说是以一种不正当的预防性手段来保护进攻者他自己的财产。"从本质上说，"猎鹿寓言"展示的，实际上就是由个体间互不信任、相互疑惧所导致的紧张、冲突和对抗的

---

① 《习近平在华盛顿州当地政府和美国友好团体联合欢迎宴会上的演讲》，《人民日报》2015年9月24日。

逻辑，如果被应用于主权国家间通常就会形成所谓"修昔底德陷阱"的局面。①

比如，在公元前490年波斯入侵希腊之前，斯巴达在这一地区占据着主导地位已持续超过一个世纪。但在希腊联盟团结抵抗波斯的战争中，雅典主导的联合舰队战功显赫，以少胜多，两次击败庞大的波斯军队。这也使雅典在希腊地区的影响和威望空前高涨，对斯巴达的地区主导大国地位产生了威胁。双方不信任的心态越来越凸显。很多斯巴达人对雅典的崛起感到担忧，甚至认为只要雅典强大，就会对其他希腊城邦的安全与独立构成威胁，也影响到斯巴达的地位。雅典人担心的则是，心怀不满的斯巴达人只是在等待一个摧毁雅典帝国的最佳时机。双方矛盾积累越来越深，最终导致了两场伯罗奔尼撒战争，波及整个希腊地区。剧烈冲突持续了整整27年，"三十年血战"将希腊文化的黄金时代带到了尽头。这场战争虽然以斯巴达的胜利告终，但斯巴达的力量大为削弱，直到2000年后，希腊才重新统一。虽然斯巴达求和派、国王阿基达马斯二世以及雅典的领袖伯里克利都曾竭力避免战争的爆发，然而最后依然无法抵挡住战争的残酷到来。②

## （二）国家意图的不确定性成为"陷阱"土壤

纵观"修昔底德陷阱"的历史教训，其产生很大程度上在于，一国无法从他国的特定行为中准确地推测出他国的意图，因而面对他国行为所造成的影响，一国只能凭借直觉或经验来作出反应，而这种

---

① 封永平：《大国崛起困境的超越：认同建构与变迁》，华东师范大学2006年博士学位论文。

② 王聪：《"修昔底德陷阱"——中美关系的警喻还是现实?》，外交学院2019年博士学位论文。

反应是先前那个国家并没有预料到的。在国际无政府状态下，一国即使是出于防御的目的积聚战争工具，也会对其他国家造成潜在的威胁，从而引起对方的反应，而对方的这种反应到头来又会成为先前国家进一步扩展军备的依据，如此周而复始，造成安全困境，双方陷入"陷阱"。

1946 年 2 月，斯大林在其著名的选举演说中，强调"帝国主义就是战争"这一列宁主义的基本观点，论证苏联以发展重工业为中心的经济体制和社会主义制度的优越性，提出随时做好战争的准备，等等。这次演说原本是针对国内问题，希望继续用马克思列宁主义统一和净化意识形态，彰显出苏联模式社会主义的优越性。然而在西方政治家眼中，这种宣传无异于试图用社会主义替代资本主义的"战争鼓动"，是针对自由世界的"战争叫嚣"。于是，美国驻苏外交官凯南发出 8000 字长电，指责"扩张"和推动"世界革命"是苏联行为的根源；丘吉尔发表"富尔顿演说"，宣称欧洲的"铁幕"已经降临。对于苏联国内政策的这种"外延性"解读，进一步加重了西方的疑虑，加深了对苏联意图的误解，其最典型的反应就是对"希腊危机"的看法。希腊共产党与政府决裂、重新拿起武器，实际上与苏联毫无关系，但西方就认定这是苏联煽动的"革命"，是意图在欧洲实行扩张，希腊危机也因此成为英国"邀请"美国返回欧洲的重要理由之一。

第二次世界大战后，苏联在其周边地区已经建立起一圈战略"安全带"（或"缓冲带"），本来应该感到满足了，但斯大林就是放心不下，尤其是对一些东欧国家，非要各国共产党实际掌握国家权力不可。于是，苏联及东欧各国共产党便采取种种手段和方式，对议会选举进行操控。在这方面，东欧国家共产党为了保障自身权力而影响了莫斯科的判断固然是一个客观原因，但传统思维方式的惯性使得苏联只相信共产党，不愿也不敢与其他党派合作，则发挥了主要作用。苏联把东欧国家

1983 年 3 月，多国代表 5000 余人在比利时首都布鲁塞尔集会游行，要求冷战中的北约和华约军事集团通过谈判拆除、销毁已部署的核武器。

作为卫星国实行严密控制和过度干预，引起了本地区和西方的反感。这种情况在波兰、匈牙利、保加利亚和罗马尼亚不断发生，自然使西方认定，所谓对多党制议会政府的保证都是空话，进而指责苏联违背诺言，破坏了雅尔塔体系。另一方面，为了稳定自己的势力范围，苏联不仅要在道义上承担"责任"，还要承受日益沉重的经济负担。结果，苏联建构的安全"缓冲区"反而给苏联造成一种"安全困境"，反过来推动美苏双双陷入缺乏安全感的心态，掉入"修昔底德陷阱"。

（三）安全困境是构成"修昔底德陷阱"的核心原因

对于"修昔底德陷阱"的威胁，人们通过长期反思认识到，"陷阱"爆发的核心原因实际上是安全困境。美国政治学家约翰·赫兹在 1950

年《世界政治》期刊上发表的一篇文章中首次明确提出了"安全困境"这一著名概念。英国历史学家赫伯特·巴特菲尔德将安全困境称之为"霍布斯主义的恐惧",他对国家间的安全困境有一段经典的描述:"在这样一种局面下,你会对其他国家有现实的恐惧感,别国也会对你有着同样的恐惧,也许你对别国根本无伤害之意,做的只是一些平常的事情,但你无法使别国真的了解你的意图。你无法理解别国为什么会如此的神经质。反之亦然。在这种情况下,双方都以为对方是敌意的,无理性的,都不肯作出可以使大家都获得安全的保证。军备竞赛的不断升级,就是这种状态的产物。"德国"铁血宰相"俾斯麦曾对这种紧张状态作过一个精妙的比喻,说它就像是"同在一个车厢里陌生人之间的关系,每个人都不间断地注视着其他人,当一个人把手放入口袋的时候,他旁边的人也准备好自己的左轮枪,以便能够首先开火"。这种状态又被生动地称之为"神经质模式",率先崛起的守成国和后来居上的新兴国,很容易在安全困境中陷于过于敏感的"神经质"状态,以至于逐步陷入"修昔底德陷阱"。

自近代以降,随着资本主义世界体系的不断发展,由国际政治无政府状态所导致的"安全困境"往往因大国的崛起而加剧。不仅如此,在大国崛起背景下的"安全困境"经常导致陷入"修昔底德陷阱",引发大规模的军备竞赛,乃至大规模的武装冲突。早在16世纪资本主义世界体系发展初期,西班牙和葡萄牙利用新航路开辟所带来的扩张契机,建立起强大的殖民帝国。但是从16世纪下半叶开始,英国通过发展工商业和向海外扩张迅速崛起,西班牙和英国随即陷入"修昔底德陷阱"。为确保早已建立起来的殖民帝国的安全,西班牙倾全力扩充自己的"无敌舰队",而英国为了自身的安全和海外殖民利益也针锋相对地扩充海军军备,双方的军备竞赛最终导致1588年在英吉利海峡的海军决战,结果西班牙的"无敌舰队"被英国海军击溃,英国从此建立起海上霸权。

在第一次世界大战重大战役凡尔登战役中，士兵在战壕中作战。

但是，在紧接着的 17 世纪和 18 世纪，随着荷兰、法国等国的崛起，以欧洲为中心的国际政治体系始终处于"安全困境"之中，军备竞赛、安全竞争、争霸战争此起彼伏。虽然英国最终凭借强大的海军力量建立起"日不落"殖民帝国，但是由于欧洲列强同时并存于现代世界资本主义体系，因此它始终未能摆脱"修昔底德陷阱"。更为严重的是，在 19 世纪下半叶当德国骤然崛起之后，英国所面临的"安全困境"更趋严重，于是英德之间的海军军备竞赛在很大程度上主导了 19 世纪末 20 世纪初的国际政治走向，以致最终导致第一次世界大战爆发。①

①  邢西敬：《国际政治中的安全困境——以第一次世界大战为例》，《牡丹江大学学报》2010 年第 3 期。

21 世纪以来，中美两国之间的实力差距逐渐缩小，成为世界上最大的两个经济体，有关中国和美国是否会滑向"修昔底德陷阱"的争论也日渐增多。跨越"修昔底德陷阱"，首先要加强中美之间的战略互信。战略互信对于国家间关系的重要性，犹如地基之于大厦。地基不牢，大厦必将动摇。国与国缺乏互信，关系也难平稳。中美作为世界上最大的发展中国家和最大的发达国家，建立战略互信尤为重要。这不仅涉及中美两国人民的福祉，也事关世界的和平、稳定与发展。所谓中美战略互信，就是双方要正确看待彼此的发展道路和方向，客观判断对方的战略意图。中美政治制度、历史文化不同，不可能在每件事上的看法都一致，但只要坚守住战略互信的底线，就能保持两国关系稳定的大局，避免陷入"修昔底德陷阱"。要把握历史机遇，合作应对挑战，增进战略互信，把共同发展、共同繁荣的道路越走越宽。同美国坚持平等协商、互利共赢，维护多边贸易体制，推动完善更加公正合理的全球经济治理体系，更好造福中美两国人民和世界人民。在增强战略互信和互利共赢的同时，要建设巩固国防和强大人民军队，以强大军事实力支撑中国跨越"修昔底德陷阱"，防止近代中国的血泪史、屈辱史重演。

## 五、慎防掉入"金德尔伯格陷阱"

金德尔伯格在《1929—1939 年世界经济萧条》中认为，那些在政治、经济、军事和科技等各方面占据绝对优势的霸权国家可发挥领导力，为国际社会提供国际金融体制、贸易体制、安全体制和援助体系等全球公共产品，来获得其他国家对霸权国所建立的国际秩序的认同。20 世纪 30 年代之所以出现经济大萧条，其中一个重要原因是没有霸权国家提供诸如开放的贸易体系和最后国际贷款人这样的全球公共产品。随着主导性国家的过度扩张或国内政治经济问题的出现，这类国家会随之衰落，从而导致他们提供全球公共产品的主观意愿弱化和客观能力下降。若无新兴强国来承担领导责任继续提供全球公共产品，则将造成国际体系动荡。这一观点被罗伯特·吉尔平发展为"霸权稳定论"，即只有在霸权国存在的特殊条件下，才能促成国际协调合作。2017 年，约瑟夫·奈提出，若曾拥有领导地位的强国既无意愿、又无能力提供必要的全球公共产品，而新兴大国也无力提供，那么会造成全球治理领域出现领导力的真空，使全球治理体系处于混乱状态，导致全球安全危机，这就是"金德尔伯格陷阱"。也就是说，如果全球公共产品的最大受益国没有能力或意愿发挥领导力，也无法引导更多资源投入到

2020 年 4 月，美国巴尔的摩示威者声讨贫富差距和社会等级问题。

全球公共产品的供应中，那么其他国家不可能提供这种公共产品，因为涉及诸多行为体，这些国家并不具备协调集体行动的能力。正如托德·桑德勒所言，"当没有能在其中发挥主要作用的主导国家出现时，全球集体行动的困境就难以克服"。全球治理领域也将陷入全球性的悲剧。近年来，随着西方大国逆全球化的趋势愈演愈烈，特别是在 2016 年特朗普成为美国总统后，"金德尔伯格陷阱"再次成为西方学术界热议的话题。①

### （一）全球化的所谓"输家"掘出了"金德尔伯格陷阱"

全球化自产生以来，就充满着激烈的竞争。随着全球化的广度和深度不断拓展，竞争也越来越激烈，在全球化中发展不够顺利的国家和群体往往会自认为是全球化进程的"输家"。失落的"输家"对于推进全球化进程的失望、对于国家经济社会发展的无望，国内弱势群体对不平等社会的痛恨、对失业及贫困的不满，这些负面情绪都发泄到全球化身上。全球化"输家"们便将自身的问题同全球化画上等号，从而逃避国际责任，消极地拒斥继续提供国际公共产品，带着偏见一步步地掘出"金德尔伯格陷阱"。

第一次世界大战之后，受到重创的大英帝国在政治、经济、军事、金融和贸易等诸多方面表露出衰落的迹象，再也无力维持大英帝国霸权及原有的世界秩序。与此同时，强势崛起的美国在接手英国、对外推进全球化的过程中遇到挫折。1919 年美国国会拒绝批准《凡尔赛和约》，美国国内感到利益得不到保障，美国重回孤立主义。10 年之后，处于全球化进程中的整个资本主义世界迎来了史无前例的经济危机，各主要大国既束手无策，又无一幸免。此起彼伏的"贸易战"和"汇率战"最

---

① 高飞：《人民观察：中国不断发挥负责任大国作用》，《人民日报》2018 年 1 月 7 日。

终摧毁了全球化经济体系，经济类国际公共产品的"真空"使整个世界陷入"大萧条"，并进一步摧毁了国际政治体系，导致第二次世界大战爆发。

这场席卷全球的悲剧，起源于美国取代英国成为全球最大强权，但又感到自身利益受挫，没能成为"赢家"，于是拒绝像英国一样承担起提供全球公共产品的责任。美国尽管取代英国成为世界最大经济体，但未能接替英国扮演的角色，结果导致了全球性悲剧。简而言之，就是世界权力的转移会引发国际公共产品的供给缺失，并给世界带来灾难性后果。特朗普入主白宫后，美国政府多次抛出"美国贸易吃亏论"，以"输家"的心态和姿态不断退群，引发世界动荡，不能不让人担忧世界再次陷入"金德尔伯格陷阱"。

**（二）躲入"金德尔伯格陷阱"是美国应对国内矛盾的缓兵之计**

全球化作用的两面性自始就有，它的积极一面缔造了欧美国家的繁荣盛世，它的消极一面也给各个国家的社会治理增添了极大的难度。比如，资本主义的全球化运动，经历了冷战后近 30 年的繁荣发展，于 2008 年全球金融危机爆发后进入萧条低迷期。有的国家经济增长困难，加上负债缠身，难以保障国内民众福利水平。2020 年 10 月中旬，美国财政部公布的数据显示，截至 9 月底的 2020 财年，美国联邦预算赤字已达 3.1 万亿美元，是 2019 年的三倍。如此高的财政赤字势必体现在债务上，美国国会预算办公室曾发布报告预计，到 2030 年美国债务将达到 GDP 的 109%，比 2019 年底的水平高出近 30 个百分点。[①] 越来越沉重的债务负担，令美国政府更加无力解决国内日益突出的矛盾问题，

---

① 刘明礼：《美欧"货币之争"的风险被忽视了》，《环球时报》2020 年 10 月 20 日。

于是以"输家"心理，将问题归结为全球化，并将各项政策倾向于以各种贸易保护政策作为解决国内矛盾问题的灵丹妙药，以此来平息国内民众对于突出问题的强烈不满，引导民众将对内的不满转向对外、转向全球化，从而达到缓解和转移国内矛盾的目的，客观上掘出了"金德尔伯格陷阱"，导致国际公共产品短缺，国际秩序混乱。

事实上，美国并非全球化的输家。美国主导创立了第二次世界大战后国际经济、贸易、金融体制，并在此后几十年牢牢掌控国际经贸规则的创设权和修订权。规则制定者往往是最大受益者。美国成为"二战"后全球综合实力最强的国家，一个重要原因在于，美国在主导国际经贸规则构建过程中，恣意享受着经济全球化带来的制度福利，通过在全球配置资源，不断提升、巩固其经济霸主地位，成为多边经贸体制和经济全球化的最大赢家。①

### （三）"金德尔伯格陷阱"根源于"自私自利"的霸权本性

要跨越所谓的"金德尔伯格陷阱"，需要一个强大国家为了国际公共利益来承担国际责任。从历史来看，西方学者口中所说的"国际公共利益"不过是西方霸权国家在追逐国家利益时扯出的"道德大旗"。无论是英国从 18 世纪开始构建的海上秩序和国际金融体系，还是凡尔赛—华盛顿体系和美国构建的如布雷顿体系等国际秩序，从根源来看，都是为了本国利益最大化的手段和工具。特朗普时期，美国感到全球化不利于自身，便开始一系列逆全球化行为，政策以"美国优先"为核心，不断退群、构建贸易壁垒等，都说明了西方国家口中的国际责任是用来为本国利益服务的，当其不能维护其实力时，就会站在"道德制高点"，转而指责他国制造了"金德尔伯格陷阱"。

---

① 《"美国贸易吃亏论"当休矣》，《人民日报》2018 年 7 月 6 日。

比如，所谓的"萨缪尔森陷阱"，其实是美国贸易保护主义者从自利的角度对萨缪尔森有关观点的曲解。2004年，美国经济学家萨缪尔森发表了一篇论文，认为中美根据各自比较优势，通过自由贸易便可以提高两国福利水平。这意味着自由贸易仍然是双赢，与传统贸易理论所见略同。但这篇文章的另外一个"重要发现"引起了贸易保护主义者的关注：如果中国在美国本来具备优势的部门（如飞机制造）实现技术突破，大幅提高生产率，改变相对比较优势，结果则会不同。这时继续自由贸易，中国将获得净福利的增加，而美国将受损失。这个"发现"一度引起轰动，鼓吹贸易保护主义者如获至宝，将其作为实行贸易保护主义政策的理论根据。2018年后美国向中国发起史上规模最大的关税战，有人借此提出"萨缪尔森陷阱"的说法，即认为中美经贸关系已经变质，

在波兰华沙肖邦国际机场，工作人员准备卸载来自中国的抗疫物资。

它只对中国有利而对美国不利，经贸往来因此变成了两国关系中的一个所谓结构性障碍。而这并非萨缪尔森的本意，他特别声称，他的分析无非假设了一国生产率提高可能带来的变化，从中"并不能得出应不应该采取选择性的保护主义的结论"①。

又如，有效的全球传染病防控具有全球公共产品性质，联合国开发计划署已将传染病控制列为七类全球公共产品之一。在全球卫生治理领域，世界卫生组织是中间全球公共产品，有效的传染病控制或卫生治理是最终全球公共产品，全球卫生治理绩效决定了卫生公共产品的供应状况。如果在国际秩序中占主导地位的国家既无能力单独提供全球卫生公共产品，又无意在全球卫生治理机制中发挥应有作用，推动国际合作并提供全球卫生公共产品，那么全球卫生治理中的集体行动困境将难以避免，传染病控制这样的全球卫生公共产品也必然处于严重的供应不足状态，从而导致全球卫生安全危机。这就是全球卫生治理的"金德尔伯格陷阱"。2020 年以来，在全球新冠疫情危机中，尽管存在全球抗疫合作，但更多的是因全球领导力缺位而造成的各自为战，全球疫情也曾出现近乎失控的风险。如何维护全球卫生治理体系，共同提供全球卫生公共产品，进而跨越全球卫生治理的"金德尔伯格陷阱"，已成为国际社会面临的严峻挑战。

针对新冠疫情期间的国际公共产品短缺的隐患，习近平总书记及时指出，"国家之间可以有竞争，但必须是积极和良性的，要守住道德底线和国际规范。大国更应该有大的样子，要提供更多全球公共产品，承担大国责任，展现大国担当"②。2020 年 11 月 15 日，《区域全面经济伙伴关系协定》（RCEP）各成员方克服新冠疫情带来的困难，正式签

① 廖峥嵘：《"萨缪尔森陷阱说"为何不妥》，《环球时报》2021 年 1 月 11 日。
② 《习近平在联合国成立 75 周年系列高级别会议上的讲话》，人民出版社 2020 年版，第 11 页。

署 RCEP，这标志着当前世界上人口最多、经贸规模最大、最具发展潜力的自由贸易区正式启航，也是东亚经济一体化建设近 20 年来最重要的成果，可望带动成员国出口增长比基线多 10.4%。RCEP 给予最不发达国家差别待遇，专门设置了中小企业和经济技术合作两个章节，来帮助发展中成员加强能力建设，促进本地区的包容均衡发展，共享 RCEP 成果，充分体现了中国的大国担当和责任贡献。此外，我国对于加入全面与进步跨太平洋伙伴关系协定也持积极态度。2020 年 11 月 20 日，习近平主席在 APEC 领导人非正式会议上表示，中方将积极考虑加入全面与进步跨太平洋伙伴关系协定（CPTPP），再次申明了中国坚持多边主义和自由贸易，促进经济全球化的一贯立场。此举也将有望为中美两国增添一个

　　在韩国首尔，中国驻韩国大使馆紧急筹备的医用口罩准备运往大邱。箱子外包装上写着："道不远人　人无异国""守望相助　共克时艰"等支持韩国人民防控疫情的话语。

新的对话平台，促进中美关系回暖。

随着世界百年未有之大变局不断演进，人类面临的全球性挑战日益增多，对全球治理体系进行相应的调整、改革和完善已势在必行。全球治理体系只有适应国际变革的新要求，才能为全球发展提供有力保障。为此，中国倡导构建人类命运共同体。我们党提出，要"加快构建以国内大循环为主体、国内国际双循环相互促进的新发展格局"，表明中国为在一个更加不稳定不确定的世界中谋求发展，不得不"以国内大循环为主体"，但"以国内大循环为主体"决不是封闭的国内循环，而是开放的国内国际双循环，我国将为其他国家提供更加广阔的市场机会，共同跨越阻碍人类社会向前发展的重重"陷阱"，推动构建人类命运共同体，使中国梦与世界梦交相辉映。

第二章

# 复兴之路　上下求索

## ——中华民族推进强国的关键抉择

18 世纪 90 年代，英国国王派遣马戛尔尼以祝寿的名义使华。在经过一番烦琐的礼仪拜见后，自视甚高的乾隆帝特地修书一封令马戛尔尼带回英国，其中写道："天朝物产丰盈，无所不有，原不籍外夷货物以通有无。"字里行间，自我优越感溢于言表。殊不知，40 余年后，"天朝上国"的迷梦就被西方列强的坚船利炮击得粉碎。正如马克思所说，"一个人口几乎占人类三分之一的大帝国，不顾时势，安于现状，人为地隔绝于世并因此竭力以天朝尽善尽美的幻想自欺。这样一个帝国注定最后要在一场殊死的决斗中被打垮"①。鸦片战争以后，中国这个曾经的强国在接踵而至的内忧外患侵袭下滑向沉沦的深渊，"东亚病夫"的蔑称道出了淤积中国人心底的无尽心酸。只有创造过辉煌的民族，才懂得复兴的意义；只有经历过苦难的民族，才对复兴有如此深切的渴望。对于中华民族而言，强国复兴意味着必须拥有一个无比坚强的主心骨来运筹帷幄，必须找到实现从站起来、富起来到强起来伟大飞跃的正确路径。历史发展的紧要关头，抉择至关重要。庆幸的是，在矢志复兴的孜孜探索中，中国人民和中华民族在关乎国运的重大历史关头都作出了正

---

① 《马克思恩格斯选集》第 1 卷，人民出版社 2012 年版，第 804 页。

确抉择。当中国传统政治力量无法担负起领导革命重任之时，中国共产党应运而生，中国革命面貌焕然一新；当中国革命斗争陷入彷徨困惑之时，农村包围城市、武装夺取政权的革命道路破茧而出，中国革命开始走向胜利；当中国传统社会主义道路走入困境时，中国特色社会主义成功开辟，党和国家事业揭开新篇章；当曾经一段时期党内顽症痼疾蔓延危及强国伟业时，我们党及时推进全面从严治党，协同推进两个伟大革命，中华民族伟大复兴迎来光明前景。关键时刻的关键抉择，铸就了坚强领导核心，为实现民族独立和人民解放、国家富强和人民幸福提供了科学路径，解决了实现强国复兴最为关键的领导力量和实现路径问题，一座又一座历史的里程碑在复兴征程上巍然耸立。

## 一、从问题与主义之争谈起

1919 年 7 月，胡适在《每周评论》发表《多研究些问题，少谈些"主义"！》的文章，用诚恳的口吻劝说人们"多多研究这个问题如何解决，那个问题如何解决，不要高谈这种主义如何新奇，那种主义如何奥妙"。与此同时，他还对马克思主义在中国的传播公开表达了嘲讽和挪揄，认为"空谈好听的'主义'，是极容易的事""是阿猫阿狗都能做的事，是鹦鹉和留声机都能做的事"①。这篇批判文章立即在舆论界引发了热议，面对胡适等人的责难，中国早期马克思主义者李大钊于当年 8 月撰写《再论问题与主义》一文，鲜明提出宣传主义与研究问题"是并行不悖的"，"是交相为用的"。至此，一场颇具辩论意味的问题与主义之

---

① 《中国共产党历史》第一卷（1921—1949）上册，中共党史出版社 2011 年版，第 51—52 页。

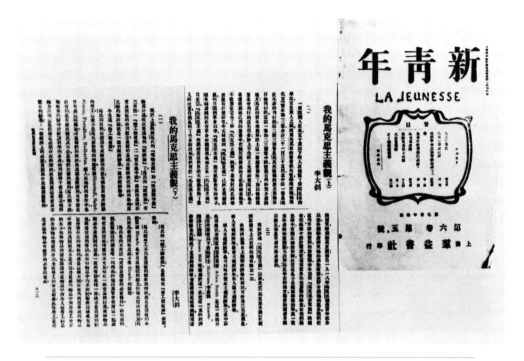

1919年9月，李大钊在《新青年》第六卷第五号发表的《我的马克思主义观》一文中，比较系统地介绍了马克思主义的基本原理。

争成为时人关注的热点话题。

时过境迁，当我们回味这段往事，不难发现，这场看似个人见解的争论背后，却隐含着对靠什么改造中国、怎样改造中国这个宏大命题的原则分歧。尤为重要的是，以李大钊等为代表的中国先进分子并未止步于对马克思主义的思想阐发，而是力图以实际行动推动真理力量向实践力量转化。前途是光明的，道路是曲折的。在用马克思主义拯救中国命运的道路上，中国共产党的诞生是决定性的一步。

## （一）问计马克思主义是近代中国救亡内在逻辑的必然选择

历史车轮滚滚向前，当19世纪悄然而至时，尽管欧洲正发生着空前剧烈的社会变动，但古老的中国仍然沉浸在统治者精心编织的天朝上国迷梦之中，对即将到来的全面危机毫无察觉。当晚清诗人龚自珍发出"九州生气恃风雷，万马齐喑究可哀；我劝天公重抖擞，不拘一格降人才"的深切呐喊时，仿佛平静湖面上投下的一粒石子，短暂的涟漪过后，一切如故。1840 年，欧洲头号列强英国悍然决定用炮舰轰开古老中国的大门，发动了罪恶的鸦片战争。面对西方侵略者的坚船利炮，腐朽落后的清政府最终败下阵来，用屈辱的《南京条约》换取了苟延残喘。在此后的几十年间，各国列强纷至沓来，凭借武力从中国攫取了大量权益。在这场"千年未有之大变局"中，中国日益坠入半殖民地半封建社会的深渊，面临着空前严重的民族危机。

1842 年 8 月 29 日，清朝政府派钦差大臣与英国代表在南京签订了结束鸦片战争的丧权辱国的中英《南京条约》。图为中英签订《南京条约》的场景。

哪里有压迫，哪里就有反抗。西方列强的野蛮侵略，国内腐朽政权的落后反动，激起了中国人民革故鼎新求得新生的强烈愿望。自鸦片战争始，为摆脱内忧外患的悲惨命运，中国人民就开启了不屈不挠奋斗救国的艰辛历程。从长期以来各地人民反抗强敌的自发斗争，到历次反侵略战争期间广大爱国官兵的顽强作战；从轰轰烈烈的太平天国农民起义到资产阶级革命派发动的辛亥革命；从地主阶级开明官僚发起的洋

务运动到资产阶级维新派推动的戊戌变法；从震惊中外的武昌起义到清
王朝的寿终正寝，无数仁人志士、政党团体为寻求救国之道牺牲奉献，
然而革命果实却被袁世凯轻松取得，"无量头颅无量血，可怜购得假共
和"。正如毛泽东深刻指出的那样，"辛亥革命只把一个皇帝赶跑，中国
仍旧在帝国主义和封建主义的压迫之下，反帝反封建的革命任务并没有
完成"①。

　　城头变幻大王旗，忍看朋辈成新鬼。清王朝黯然退出历史舞台后，
一个无数人热切期待的中华民国诞生了。曾几何时，在清朝末代皇帝退
位、中华民国肇造之际，无数国人抱以无限遐想，甚至民主革命先行

　　1912 年 1 月 1 日，中华民国宣告成立，孙中山在南京宣誓就任临时大总统并发布《中华民国临时大总统宣言书》。随后，南京临时政府成立。图为孙中山和总统府职员合影。

---

　　① 《毛泽东选集》第二卷，人民出版社 1991 年版，第 564 页。

者孙中山也以为革命任务完成，他已经做好了辞去临时大总统职务而专做实业的准备，并信心满满地对袁世凯说，"让项城做总统十年，练兵百万，我经营铁路设计，把铁路线延长二十万里，民国即可富强"①。然而，无数人拼却头颅换来的中华民国从破壳而出的第一天起，就在北洋军阀的蹂躏操弄中变成了名不副实的空字招牌。以袁世凯为代表的北洋军阀，是近代中国社会发展中出现的政治军事怪胎和社会毒瘤，它以效忠于个人的军队作为统治支柱，对外依靠帝国主义，对内直接掠夺人民，尤其袁世凯死后，各军阀派系间不断爆发纷争混战。当时的中国，"情况不但无进步可言，且有江河日下之势。军阀之专横，列强之侵蚀，日益加厉，令中国深入半殖民地之泥犁地狱"②。

道路的选择，总是伴随着反复的试错。为挽救中国日益颓败的国运，中国人民进行了空前的道路试验。一时间，传统的、近代的，中国的、外国的，形形色色的思潮在中国传播流布，几乎近代文明发展中孕育形成的各种道路模式、救国方案、政治设计，都在中国进行了试验。辛亥革命前，充满旧时农民理想色彩的天国方案，初步尝试用资产阶级思想改造旧传统的维新方案，高唱中学为体、西学为用的地主阶级改良方案；辛亥革命后，资产阶级革命派幻想以西方社会政治制度为蓝本而提出的资产阶级共和国方案，以及在此间引进试验的内阁制、多党制、议会制等一套西方政治模式，最终都未能真正使中国摆脱被压迫奴役的噩梦。一系列尝试的失败落空，一次次努力的付之东流，留给中国人民无尽的绝望、苦闷和彷徨。敢问路在何方？这一发自肺腑的集体叩问，道出了人们对中国该往何处走的迫切期待。山重水复疑无路，柳暗花明又一村。近代中国虽然灾难深重，但希望"中国强"的呼声始终高涨，

---

① 何虎生：《孙中山传》，中国工人出版社 2016 年版，第 237 页。

② 张磊、张苹编：《中国近代思想家文库·孙中山卷》，中国人民大学出版社 2015 年版，第 249 页。

当各式救国主张粉墨登场却最终黯然谢幕后，马克思主义登上历史舞台就成为必然。

## （二）立起马克思主义旗帜奠定兴国强国的真理基石

一个社会的深刻变革，往往从思想界开始破冰。20 世纪初，资本主义的欧风美雨在中国引发了一系列令人炫目的政治社会试验，它俨然成为中国走向新生的唯一引领者。1915 年，轰轰烈烈的新文化运动兴起，打开了长期遏制中国新思想涌流的闸门，为中国社会注入了一股生气勃勃的清流。然而，尚未突破资产阶级民主主义思想局限的早期新文化运动，却未能为中国指明一条行得通的正确道路。对此，毛泽东在 1917 年 8 月写给黎锦熙的信中表示，东方思想固不切于实际生活，"西方思想亦未必尽是，几多之部分，亦应与东方思想同时改造"[①]。的确如此，如果缺乏新鲜力量的注入，这股清流必然摆脱不了干涸的命运，更无法贡献兴国强国的伟大事业。

真理的力量在于实践。在 20 世纪的人类史册上，十月革命无疑是具有划时代意义的大事件，一个曾经和中国国情有着很大相似度的沙皇俄国，却因为走上一条不同于西方资本主义的道路而获得新生，这不能不引发国人的深深思考。十月革命的胜利，就是马克思主义的胜利，深受鼓舞的李大钊、李达等先进分子开始以极大热情向国人宣传马克思主义。1919 年五四运动的爆发，进一步推动了新文化运动向以传播马克思主义为中心的思想运动转变。马克思主义在中国的广泛传播，迅速以其独特的革命气质在中国思想界引来瞩目的眼光，尤其对长期醉心并服膺资产阶级民主主义思潮的胡适等人而言，马克思主义所阐述的革命理论不啻于洪水猛兽、异端谬论。在欧风美雨长期浸染的中国思想界，问

---

① 《毛泽东年谱：1893—1949》修订本（上卷），中央文献出版社 2013 年版，第 28 页。

题与主义之争的上演，看似一场颇具学术味的观点争鸣和思想碰撞，但对于初入中国的马克思主义而言，无疑获得了一个分量感十足的发声舞台。

"主义譬如一面旗子，旗子立起来了，大家才有所指望，才知所趋赴。"① 近代中国从来不乏奋发图强的强烈意愿，也从来不乏琳琅满目的强国药方，但终究无法扭转国家沉沦的命运。究其根本，在于未能切实立起能够力挽狂澜的真理旗帜。不解决这个根本理论指导问题，强国就只能沦为空想。"问题"和"主义"之争，折射的正是旗帜之争，

1919 年 5 月 4 日，北京青年学生数千人高呼"还我青岛""外争主权，内除国贼""取消二十一条"等口号汇聚到天安门前，举行抗议集会和示威游行。图为五四运动时，天津学生包围警察厅，声援北京学生的爱国斗争。

① 《毛泽东年谱：1893—1949》修订本（上卷），中央文献出版社 2013 年版，第 70 页。

看似是一场资产阶级思想对马克思主义的阻遏战，实际上却是一场科学真理开始立起来的翻身仗。尤为重要的是，两种不同理念的辩论，俄国发生的巨大变化，共同推动了国内一批爱国青年从对资产阶级民主主义的迷恋中走出来，逐渐走上了信仰并热情传播马克思主义的道路。正如林伯渠所说，"辛亥革命前觉得只要把帝制推翻便可以天下太平，于是慢慢地从痛苦经验中，发现了此路不通，终于走上了共产主义的道路。这不仅仅是一个人的经验，在革命的队伍里是不缺少这样的人的"①。

坚信马克思主义的方志敏在《可爱的中国》一文中曾充满热情地描述新中国的未来，"到那时，中国的面貌将会被我们改造一新……到那时，到处都是活跃的创造，到处都是日新月异的进步，欢歌将代替了悲叹，笑脸将代替了哭脸，富裕将代替了贫穷，康健将代替了疾苦，智慧将代替了愚昧，友爱将代替了仇杀，生之快乐将代替了死之悲哀，明媚的花园将代替了凄凉的荒地！"② 这一切，都必须建立在中国得到自由与解放的基础之上，能够引领自由与解放之路的理论只能是马克思主义。马克思主义是放之四海而皆可与各国实际相结合的科学真理，是能够挽救中国、富强中国的唯一正确理论，马克思主义的旗帜就是引领强国伟业的胜利旗帜。

### （三）中国共产党的诞生是开天辟地的大事变

马克思主义是兴国强国的真理之光，但其真理力量的有效释放必须依赖马克思主义政党的推动转化。马克思在《1848年至1850年的法兰西阶级斗争》中曾引用法国哲学家爱尔维修讲过的一句话，"每一个社

---

① 林伯渠：《荏苒三十年》，《解放日报》1941年10月10日。
② 方志敏：《可爱的中国》，译林出版社2012年版，第154页。

会时代都需要有自己的大人物，如果没有这样的人物，它就要把他们创造出来"①。每个社会时代都呼唤杰出的政治集团，正如每个社会时代都呼唤杰出人物一样，中国共产党就是在马克思主义与中国工人运动相结合的时代大潮中应运而生的先进政党。

1921 年 7 月 23 日晚，上海法租界望志路 106 号，李汉俊之兄李书城的住宅内，一场改写历史的会议在热烈庄重的氛围中召开了，十三位来自各地的代表一起见证了一个伟大政党的诞生。然而，在反动统治白色恐怖下秘密成立的中国共产党，在当时政党林立、主义横行的社会大潮中，并未引起社会多大注意，甚至连曾经参会的代表刘仁静晚年接受采访时也直言，"当时并没有意识到它是一个非常重要的会议"。历史，往往经过时间沉淀后可以看得更加清晰。中国共产党一大的召开，看似波澜不惊，但它却预示着一个新的革命火种开始在笼罩于黑暗之中的中国大地上燃烧升腾。中国产生了共产党，这是开天辟地的大事变。这一开天辟地的大事变，深刻改变了近代以后中华民族发展的方向和进程，深刻改变了中国人民和中华民族的前途和命运，深刻改变了世界发展的趋势和格局②。

自从有了中国共产党，中国革命就拥有了坚强领导核心。近代以来，在追求民族复兴的革命洪流中，中国人民前赴后继、壮怀激烈，却屡遭重挫，其中一个最重要的原因，就在于缺乏一个先进的强有力的政党作为团结凝聚的核心。中国共产党的诞生，顺应了时代发展的潮流，回应了中国人民的深深渴盼，她作为一个用马克思主义武装起来的先进政党，不仅代表着中国工人阶级的利益，而且代表着中国人民和中华民族的利益，能够为中国人民的革命斗争指明方向，能够开辟中国革命走

---

① 《马克思恩格斯选集》第 1 卷，人民出版社 2012 年版，第 502 页。

② 习近平：《在庆祝中国共产党成立 95 周年大会上的讲话》，人民出版社 2016 年版，第 2 页。

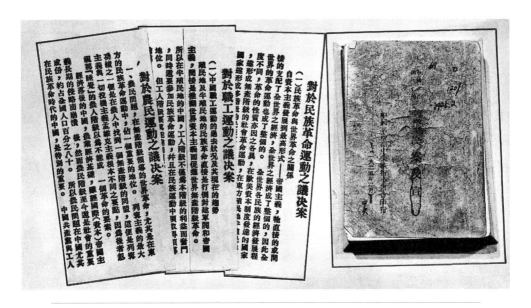

1925 年 1 月 22 日，中国共产党第四次全国代表大会发表的宣言和《对于民族革命运动之议决案》等文件。

向胜利的正确道路，能够擘画并引领中华民族朝着伟大复兴的宏伟目标坚定前行，因而迅速成为中国人民和中国革命的主心骨。中国共产党成立后，中国人民追求民族复兴的奋斗事业有了坚强的领导力量，中国革命的面貌焕然一新。

自从有了中国共产党，中国人民就焕发出"组织起来"的磅礴伟力。1924 年，民主革命先行者孙中山在谈到中国"一片散沙"的情况时表示，"因为是一片散沙，所以受外国帝国主义的侵略，受列强经济商战的压迫，我们现在便不能抵抗。要将来能够抵抗外国的压迫，就要打破各人的自由，结成很坚固的团体，像把士敏土参加到散沙里头，结成一块坚固石头一样。"[1] 应当承认，孙中山痛感中国"一盘散沙"的涣散状态并

---

[1]　张磊、张苹编：《中国近代思想家文库·孙中山卷》，中国人民大学出版社 2015 年版，第 328 页。

致力于改变这一局面，但却未能找到根本的解决之道，只有中国共产党才真正做到了把中国人民凝练成"一块整钢"。1943年11月，毛泽东在中共中央招待陕甘宁边区劳动模范大会上明确提出，"把群众力量组织起来，这是一种方针"①。用"组织起来"的方针凝聚人民力量，这是我们战胜一切困难、挫败一切敌人的最大凭借。中国共产党诞生后，果断拿起"组织起来"的有力武器，广泛动员工人农民，迅速掀起了中国革命的洪流，向世人展示了革命群众"组织起来"的强大力量。正是这种势不可挡的磅礴力量，强劲驱动着强国复兴进程。

## 二、生死关头点燃星星之火

以革命手段在旧中国的基础上缔造出新中国，是实现强国梦的必要条件。中国共产党成立后，迅速以斗争姿态投入到革命洪流之中，为中国革命注入了强劲动力。但是，要在一个反动势力异常强大的社会状态下夺取革命胜利，是一件极为艰难的开拓性事业。曾几何时，中国共产党的个别领导人把尚未与中国实际结合的马克思主义和苏联经验奉为圭臬，照搬照抄的结果，几乎使中国革命陷入绝境。正是以毛泽东同志为主要代表的中国共产党人以大无畏的气概逐渐摸索出一条适合中国国情的农村包围城市的革命道路理论，在中国革命遭遇严重挫折的生死关头点燃了星星之火，走出了一条国际共运史上从未有过的新路，从而引领中国革命取得胜利，最终缔造出一个崭新的中国，由此奠定了支撑强国的根本政治前提和制度基础。

---

① 《毛泽东选集》第三卷，人民出版社1991年版，第930页。

（一）从夺取城市到转入农村彰显了中国共产党人勇拓新路的创新创造品质

大革命失败，是中国共产党遭遇的首次大挫折，同时也是党痛定思痛独立探索的重要契机。正如毛泽东形象指出的，"第一次大革命的七年当中，党员的最高数字不超过六万人。被人家一巴掌打在地上，像一篮鸡蛋一样摔在地上，摔烂很多，但没有都打烂，又捡起来，孵小鸡"[①]。1917年俄国十月革命的胜利，开辟了人类由资本主义向社会主义、共产主义过渡的新纪元。处于这个伟大时代的中国革命，拥有着以往从未有过的光明前景，但要真正让前景变为现实，就必须付出更为艰巨的努力。中国共产党是在半殖民地半封建的旧中国从事革命运动的，

1917 年 11 月 7 日，俄国十月社会主义革命爆发。那一天下午，冬宫被包围。

---

① 《毛泽东文集》第三卷，人民出版社 1996 年版，第 292 页。

异常复杂的国情特点决定了她不可能像俄国十月革命那样，通过首先占领中心城市来取得革命在全国的胜利。然而，要走出一条前人从未走过的新路，又谈何容易？

1927年4月和7月，蒋介石和汪精卫先后发动反革命政变，白色恐怖笼罩全国。面对敌人的屠刀，中国共产党人用城市武装起义的枪声表达了决不屈服的顽强意志。用枪杆子回击敌人，这是我们党从大革命惨痛教训中得出的结论。但起义之后怎么办，是坚守城市还是转入农村发展，是以城市为重心还是以农村为重心，这是一件关乎道路选择的重大问题。中国共产党是用科学理论武装起来的先进政党，但中国共产党人并不是先验论者。在20世纪二三十年代的国际共运史上，十月革

1927年4月12日，蒋介石利用上海帮会头子黄金荣、杜月笙等雇佣一批流氓，冒充工人袭击工人纠察队队部；指挥国民党反动派军队借口"工人内讧"，捕杀大批共产党员和工人、学生、群众，制造了震惊中外的四一二反革命政变。

命开创了以城市为中心的革命道路模式，除此之外尚无其他成功先例可循。因此，大革命失败后我们党领导发动的一系列起义都是以夺取中心城市为目标的，这也充分反映了城市中心论在党内具有根深蒂固的影响。然而，正是处于对俄国革命胜利模式的排他性崇拜氛围下，毛泽东率领秋收起义部队转向农村发展的举动，事实上开启了中国共产党人寻找革命新道路的探索之门。

1927 年 9 月 9 日，以夺取长沙为目标的湘赣边界秋收起义爆发，但由于敌强我弱，起义部队在进军途中遭遇较大损失。19 日，中共湖南省委前委在文家市召开会议，师长余洒度力主继续向长沙进攻，毛泽东审时度势，力陈放弃进攻长沙计划，提议起义军向罗霄山脉南段进军，以保存实力并寻找立足之地。危急关头，大家接受了毛泽东的建议，从而避免了更大伤亡。随后，毛泽东带领队伍到达井冈山地区，在宁冈古城召开的前委扩大会议上，经过认真讨论，最终确定在井冈山建立根据地。10 月 7 日，毛泽东率部抵达宁冈县茅坪，开始了创建根据地的伟大斗争。

将革命力量转入敌人统治力量薄弱的农村，创建井冈山根据地，事实上开始了党的工作重心的转移，这一迥异于苏俄"城市中心论"的新探索，不仅直接解决了最现实的革命力量保存问题，而且为中国革命找到了可靠的立足点，其在理论和实践上都具有首创意义。由此，中国革命正确道路的希望星火逐渐呈现出燎原之势。罗荣桓曾说，"秋收起义是中国革命历史中的一个转折点，它开辟了中国革命前进的道路，这就是向农村进军，依靠农村建立革命根据地，借此积蓄和发展革命力量，逐渐包围城市并最后夺取城市的唯一正确的道路"。毛泽东领导创建井冈山根据地的同时，在波澜壮阔的革命斗争中，相似的探索也在各地先后出现。风起云涌的一系列武装起义，都因为转入农村而获得坚持发展的可能，这也从一个侧面印证了"城市中心论"在中

1927年9月初,为筹备秋收起义,刚成立的工农革命军第一军第一师奉命设计了起义的旗帜样式,图为工农革命军第一军第一师的军旗。

国走不通。

正确的思想总是在与错误思想作斗争中形成发展的。中国共产党诞生是历史和时代发展的必然,但理论准备不足也使得党对马克思主义和苏俄经验存在简单化理解、机械化贯彻的问题。尤其是教条主义思想在党内一度泛滥成灾,一切与经典作家的本本或十月革命模式不一致的理论和实践探索都被视为离经叛道,遭受种种责难甚至打压。坚守真理是需要勇气和智慧的。在教条主义盛行的时期,以毛泽东同志为主要代表的中国共产党人用活生生的实践和雄辩的分析回应质疑,形成了《中国的红色政权为什么能够存在?》《井冈山的斗争》《星星之火,可以燎原》《反对本本主义》等光辉著作,鲜明提出了农村包围城市、武装夺取政权思想。这一艰辛开拓的宝贵认识成果,内蕴着中国共产党人矢志强国、敢闯新路的创新创造品质,为中国革命胜利提供了科学指南。

### （二）农村包围城市、武装夺取政权道路是夺取中国革命胜利的唯一正确道路

实践出真知。农村包围城市、武装夺取政权道路是以毛泽东同志为主要代表的中国共产党人在实践中开拓的一条革命新路，也必然要在革命实践中接受检验。

1928 年 5 月初，在从永新撤回宁冈砻市的路上，毛泽东同陈毅边走边谈。从中国资产阶级民主革命讲到共产党领导中国革命要联系中国实际，从陈独秀、李大钊的历史作用讲到陈独秀的错误，毛泽东详细谈了他对党内思想尚不统一的诸多问题的看法，表明坚持在中国搞武装斗

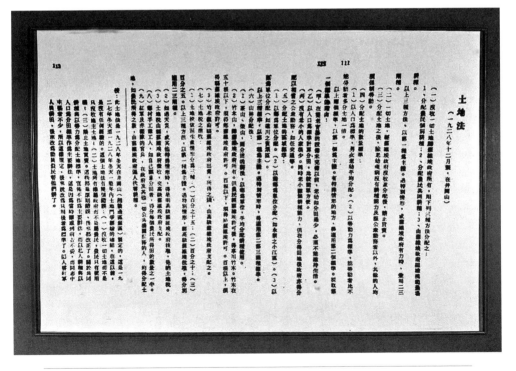

"农村包围城市"是中国共产党人将马克思主义的基本原理和中国革命的实践相结合的理论创举，是中国革命取得成功的重要法宝。图为 1928 年井冈山土地法。

争和群众运动的决心。此外，毛泽东还谈了建立罗霄山脉中段政权的构想，指出陈毅他们在湘南站不住脚的原因是地处交通要道，敌人过于强大。这次谈话，"使陈毅感到新奇，非常钦佩"①。事实上，从带领秋收起义部队转兵罗霄山脉时起，毛泽东就开始了对苏俄革命"城市中心论"的自觉反思。伴随着革命斗争的不断发展，这种反思更加系统化、理论化。尤其是 1928 年至 1930 年间，毛泽东用马克思主义观察中国革命，创造性地提出了工农武装割据思想，科学阐明了共产党怎样坚持革命，怎样发展壮大革命力量，为最终夺取革命胜利创造条件的问题，为农村包围城市道路的开辟奠定了基础。

科学的理论，能够穿透认识迷雾，指明正确方向。正如毛泽东指出的，"马克思主义者不是算命先生，未来的发展和变化，只应该也只能说出个大的方向，不应该也不可能机械地规定时日。但我所说的中国革命高潮快要到来，决不是如有些人所谓'有到来之可能'那样完全没有行动意义的、可望而不可即的一种空的东西。它是站在海岸遥望海中已经看得见桅杆尖头了的一只航船，它是立于高山之巅远看东方已见光芒四射喷薄欲出的一轮朝日，它是躁动于母腹中的快要成熟了的一个婴儿"②。

农村包围城市、武装夺取政权道路，不仅是个重大的理论问题，更是重大的实践问题。要在实践中走通这一正确道路，必须实现党的工作重心从城市到农村的转变。然而，实现这种转变并非易事。当时，我们党内还存在着严重的对共产国际指示神圣化、对苏俄革命经验教条化的"左"的倾向，共产国际的城市中心论对中国共产党产生了严重影响。毛泽东等人在领导创建农村革命根据地过程中，也不得不面临着来自党

---

① 《毛泽东年谱（1893—1949）》上，中央文献出版社 2013 年版，第 238—239 页。
② 《毛泽东选集》第一卷，人民出版社 1991 年版，第 106 页。

内的质疑，虽然毛泽东不厌其烦地对存在的争论进行精辟阐述，但这一道路理论并没有立即被全党接受。在王明"左"倾教条主义泛滥时期，以毛泽东为代表的正确力量更是遭到了"残酷斗争、无情打击"。

科学的道路理论具有顽强生命力。红军长征胜利后，毛泽东在深刻总结过去斗争经验教训基础上，继续从理论上丰富完善农村包围城市、武装夺取政权道路理论，这条道路也逐渐为全党所认同接受。抗日战争时期，我们党更自觉地立足农村，广泛依托根据地开展游击战争，为赢得抗日战争胜利打下了深厚基础。抗战胜利后，党继续坚定走农村包围城市的道路，并在全国革命即将胜利前夕果断将工作重心由乡村转移到城市，从而推动中国民主革命取得决定性胜利。1949 年 10 月 1 日，当鲜艳的五星红旗在天安门广场冉冉升起，古老的中国迎来了新生。那一刻，新的历史开始了，强国伟业开启了新征程。

### （三）中国革命道路理论的伟大胜利开辟了强国征途的新纪元

古往今来，内忧外患从来不是任何一个强国的标识，也没有任何一个国家能够在一盘散沙的状态下建成强国。鸦片战争后，中国逐渐沦为半殖民地半封建社会，一次次反侵略战争的失败，带来的是国家领土和主权的步步沦丧。与此同时，国内统治集团分裂分化导致的纷争战乱局面始终难以改变，致使好端端的中国变成列强肆意侵凌、内部军阀横行的悲惨世界。中国要强起来，首先要通过革命手段结束旧中国国将不国的乱象，缔造一个团结统一的新中国，从而为强国奠定坚实基础。农村包围城市、武装夺取政权革命道路理论，就是中国共产党人为奠定强国基石而艰辛开拓的科学理论。这一科学道路理论在革命实践中取得的伟大胜利，迈开了我们向强国昂首奋进的关键一步。

这一伟大胜利结束了旧中国四分五裂的局面，在国家统一的基础上凝聚起强大合力。近代以后，中国遭受着帝国主义列强的鲸吞蚕食，国

1949 年 10 月 1 日，中华人民共和国中央人民政府成立典礼，即开国大典，在北京天安门广场隆重举行。

内形形色色的军阀集团也无时不在明争暗斗，整个国家乱象纷呈，给人以奄奄一息的颓败之感。1921 年 4 月，孙中山发表谈话称，"中国人民对连绵不断的纷争和内战早已厌倦，并深恶痛绝。他们坚决要求停止这些纷争，将中国成为一个统一、完整的国家。"① 中国共产党甫一成立，就把"统一中国为真正的民主共和国"作为自己的奋斗目标，并为此进行了艰苦卓绝的斗争。正是在农村包围城市、武装夺取政权道路理论的指引下，党领导的民主革命才找到一条走向胜利的现实路径。在土地革命战争、抗日战争、解放战争的严峻考验中，党领导人民群众逐渐扫除内外敌人，消灭了割据势力，最终缔造了统一的新中国，告别了困扰近代

① 尚明轩：《孙中山传》下，西苑出版社 2013 年版，第 482 页。

中国百余年的力量内耗，为在新起点上推进强国事业提供了强大合力。

这一伟大胜利结束了中国人民受压迫的历史，极大激发了中国人民勠力强国的奋斗热情。近代以来，中国人民备受压迫，长期生活在水深火热之中。毛泽东在《中国革命和中国共产党》一文中深刻指出，"由于帝国主义和封建主义的双重压迫，特别是由于日本帝国主义的大举进攻，中国的广大人民，尤其是农民，日益贫困化以至大批地破产，他们过着饥寒交迫的和毫无政治权利的生活。中国人民的贫困和不自由的程度，是世界所少见的"①。要拯救人民于水火之中，靠温情脉脉的改良根本行不通，必须用革命的方式推翻旧社会的"三座大山"。正是在农村包围城市、武装夺取政权道路理论科学指导下，中国共产党领导人民铲除了旧社会的统治基础，广大人民从被压迫者变成了新社会的主人，长期被压抑的奋斗热情迅速激发起来，人们意气风发投入到热火朝天的国家建设中来。

这一伟大胜利扭转了民族日衰的颓势，振奋了中华民族自信自强的精神状态。中华民族是一个伟大的民族，历史上创造了璀璨的中华文明，长期以来走在世界前列，拥有十分深厚的民族自信。但近代以后，由于西方列强入侵、封建统治的腐败，中国落伍了，中华民族遭受了前所未有的苦难，整个民族的精神面貌呈现出极大的不自信状态。要从落后失败的迷茫中走出来，就必须用不断的胜利来驱散阴影。中国共产党成立后，抱定"达到中华民族完全独立"的初衷顽强奋斗，在血与火的革命斗争中逐渐蹚出一条农村包围城市、武装夺取政权的新道路，引领中国革命取得一个又一个胜利，唤醒了中华民族固有的自强精神，进一步奠定了强国复兴的精神基础。

---

① 《毛泽东选集》第二卷，人民出版社 1991 年版，第 631 页。

## 三、跳出老路开新路

自社会主义在苏联变为现实以来，先后有不少国家走上社会主义道路。然而，随着东欧剧变、苏联解体，世界范围内社会主义发展步入低潮，不少西方学者据此得出社会主义气数已尽的结论，"历史终结论"甚嚣尘上。但是，中国这个屹立在东方的社会主义大国，并没有成为多米诺骨牌中的一环，而是成功走出困境，谱写了世界社会主义发展的新篇章。究其原因，中国特色社会主义道路的成功开创是关键所在。这条道路，既不是传统社会主义的老路，也不是西方资本主义的邪路，而是符合中国国情、适应时代要求、彰显人民立场的独创性道路，是能达成强国夙愿的科学道路，是既能实现自身发展又避免沦为西方附庸的崭新道路，是能够最大限度凝聚人民奋斗共识的康庄大道。

### （一）中国特色社会主义道路是在充分借鉴正反两方面经验教训基础上走出的科学道路

1917 年十月革命的胜利，宣告了世界上第一个社会主义国家的诞生。但是，如何建设社会主义，却又是一个全新的课题，这对苏俄如此，对中国同样如此。中国共产党成立后，经过艰苦卓绝的拼搏奋斗，终于建立了新中国，又通过社会主义革命确立了社会主义基本制度，为当代中国一切发展进步奠定了根本政治前提和制度基础，为中国发展富强、中国人民生活富裕奠定了坚实基础。中国走上社会主义，有着历史发展的内在逻辑，是一种反复比较后的正确选择。然而，社会主义在中国的命运，并不是一次选择就一劳永逸的，如果找不到适合自身的发展道路，社会主义也会失去生命力。

1956 年底，伴随着社会主义改造的完成，社会主义基本制度在中

　　新中国成立后，随着国民经济迅速恢复，国营企业力量日益壮大，工人阶级领导地位迅速加强；土地改革过程中，广大农民组织起来，开展互助合作，成为农业集体化的开端。这是 1956 年，北京崇文区手工业者在加入手工业生产合作社登记站里踊跃地递交申请入社登记表。

国确立，中国人民走上了社会主义道路。建设社会主义，成为党和人民思考和实践的主题。在当时的历史条件下，对于什么是社会主义、怎样建设社会主义这个重大问题，我们党的认识是有限的甚至是不足的。值得一提的是，作为第一个建立并建设社会主义的国家，苏联在探索自身社会主义道路过程中形成了一整套思路模式，并对其他社会主义国家产生了深刻影响，中国也无法例外。必须看到，苏联式社会主义道路存在着一系列矛盾和缺陷，尤其当它被固化为斯大林模式后，弊端更是显而易见。对于这一点，中国共产党在自身社会主义建设起步之时就已经敏锐地意识到了。

1956年2月，苏共二十大召开，赫鲁晓夫在会议期间尖锐揭露和批判了斯大林领导苏联社会主义建设中的严重错误以及对他的个人崇拜造成的严重后果，引发了苏联国内及社会主义阵营的极大震动。对此，毛泽东在中央政治局扩大会议上指出，"他的秘密报告表明，苏联、苏共、斯大林并不是一切都是正确的，这就破除了迷信"①。4月4日，在中央书记处会议上，毛泽东明确提出，要把马克思主义的基本原理同中国实际进行第二次结合，努力找出在中国这块大地上建设社会主义的具体道路。为此，党中央和毛泽东从中国实际出发，以苏为鉴、大胆探索，以《论十大关系》和党的八大为标志，我们对中国社会主义建设道

1956年9月15日至27日，中国共产党第八次全国代表大会在北京全国政协礼堂隆重召开。图为参加大会的代表在小组会上讨论大会的报告。

① 《毛泽东年谱（1949—1976）》第二卷，人民出版社2013年版，第545页。

路的探索有了良好开端。

既然是探索，就难免出现曲折。在我们党领导推动中国社会主义建设道路探索过程中，由于国内形势的复杂变化，毛泽东对社会主义社会矛盾问题的认识出现偏差，进而导致在具体建设领域采取了不符合实际的政策策略，党内"左"倾思想不断发展，直至发生了"文化大革命"这一持续十年的全局性错误，使全国陷入严重的政治危机和社会危机，我国社会主义建设遭受严重挫折。

"文革"结束后，中国向何处去、社会主义道路怎么走，是走以前的老路，或者是走西方式的道路，还是开辟出一条新路，这个问题又一次现实地摆在党和人民面前。1982 年 9 月，在党的十二大开幕式上，邓小平郑重指出，"把马克思主义的普遍真理同我国的具体实际结合起来，走自己的道路，建设有中国特色的社会主义，这就是我们总结长期历史经验得出的基本结论"①。建设有中国特色的社会主义，这一重大命题的提出，是对改革开放后的中国走什么样的道路这一重大问题的有力回答，充分彰显了我们既不走封闭僵化的老路，也不走改旗易帜的邪路的决心意志。

中国特色社会主义道路，是一条前人从未走过的新路，也是一条凝结着无数革命先烈奋斗牺牲的新路，更是一条承载着近代以来中国人民热切期盼和梦想的新路。习近平总书记指出，这条道路既不是"传统的"，也不是"外来的"，更不是"西化的"，而是我们"独创的"。事实胜于雄辩。中国特色社会主义开辟以来的历史进程充分证明，这条道路能够既坚持社会主义的根本方向，确保奋进强国梦的征途中不偏向、不迷航，又能充分借鉴吸收人类一切文明进步有益经验，确保强国之路越走越宽广。

---

① 《邓小平文选》第三卷，人民出版社 1993 年版，第 3 页。

## （二）中国特色社会主义道路是实现我国社会主义现代化的必由之路

现代化，是一种人类历史发展的方向。对于中国这样一个古老的国家而言，实现现代化尤其艰难。

1601 年，罗马天主教教士利玛窦将一台庞大的机械钟表呈送给明朝万历皇帝，钟表整点报时的清脆声与中国传统的晨钟暮鼓声此起彼伏，恰似现代工业文明与中国传统农业文明的奇妙邂逅。

1919 年，孙中山在其撰写的《实业计划》中为国人描绘了一幅激动人心的美好蓝图，包括修建 11 万英里铁路、铺设 100 万英里碎石路、修浚现有运河、新开若干运河、大规模治理长江黄河淮河等大江大河、建设覆盖全国的电报及电话线路、建设三座与纽约相媲美的世界级港口等，意欲将中国打造成"吸收经济之大洋海"①。当年，澳大利亚人威廉·端纳面对孙中山拿出的画满铁路线的中国地图摇头叹息："这个如同游戏拼图一样的东西根本没有实现的可能。"

实现现代化，是中国人民孜孜以求的梦想。但是，正如美国学者亨廷顿所说的那样，发展中国家现代化运动发展的一般经验是，没有一个集中统一和强有力的政党充当领导核心是绝对不可行的。鸦片战争以来，中国探索现代化屡遭挫折的根本原因在于，缺乏一个具有鲜明现代化导向的先进政党，缺乏一条真正适合中国实际的现代化路径。中国共产党的诞生及其代表的社会主义现代化方向，真正为中国现代化提供了实现可能。

前途是光明的，道路是曲折的。1949 年 10 月 1 日，新中国诞生。

---

① 张磊、张苹编：《中国近代思想家文库·孙中山卷》，中国人民大学出版社 2015 年版，第 137 页。

1952 年，铁道部青岛四方铁路工厂制造出新中国第一个火车头"八一"号机车。图为四方铁路工厂职工欢送新机车"八一"号开出厂房。

但是，新中国继承的却是一个百废待兴的烂摊子，与汪洋大海般的农业经济相比，中国工业家底几乎可以忽略不计，党的领袖毛泽东这样感慨，"现在我们能造什么？能造桌子椅子，能造茶碗茶壶，能种粮食，还能磨成面粉，还能造纸，但是，一辆汽车、一架飞机、一辆拖拉机都不能造"①。实现现代化，既是迫切需要，又令人疑虑重重。对此，幸灾乐祸的敌对势力叫嚣，共产党军事 100 分、政治 80 分、经济是 0 分。然而，毛泽东代表我们党郑重宣誓，"关于中国的前途，就是搞社会

① 《毛泽东文集》第六卷，人民出版社 1999 年版，第 329 页。

主义"①，"我们一定会建设一个具有现代工业、现代农业和现代科学文化的社会主义国家"②。为此，党锚定社会主义方向，开始了披荆斩棘的艰辛探索，但由于理论认识上的不足，在很长一段时期未能真正找到一条行之有效的社会主义现代化道路。

路漫漫其修远兮，吾将上下而求索。党的十一届三中全会的召开，揭开了中国社会主义现代化探索的新篇章。不过，探索之路依然充满艰辛。1978年底，邓小平被美国《时代周刊》评为年度人物，但在其介绍邓小平一文的篇目中却使用了《中国的梦想家》这种暗含怀疑色彩的题目。正如有人曾质疑的那样，"能让一个人口众多的民族在极短时间内来个180度大转弯，就如同让航空母舰在硬币上转圈，难以置信"。事实是最有说服力的。在推动改革开放这场伟大革命的征程中，中国共产党团结带领人民把社会主义和现代化有机结合起来，成功开辟了中国特色社会主义道路，为中国实现现代化提供了最佳道路选择。

邓小平曾说，"中国搞现代化，只能靠社会主义，不能靠资本主义"。中国特色社会主义创立以来的历史实践表明，中国要实现现代化，必须也只能走中国特色社会主义道路，这是一条使当代中国大踏步赶上时代、引领时代的必由之路，是一条胜利通往现代化彼岸的必由之路。

### （三）中国特色社会主义道路是创造人民美好生活的必由之路

马克思、恩格斯在《共产党宣言》中写道，"代替那存在着阶级和阶级对立的资产阶级旧社会的，将是这样一个联合体，在那里，每个人的自由发展是一切人的自由发展的条件"③。实现人的自由全面发展，是

---

① 《毛泽东文集》第七卷，人民出版社1999年版，第124页。
② 《毛泽东文集》第七卷，人民出版社1999年版，第268页。
③ 《马克思恩格斯选集》第1卷，人民出版社2012年版，第422页。

马克思主义者永恒的价值追求，也是人类社会发展的理想目标。没有哪个人不向往美好生活，没有哪个国家不向往繁荣富强。但是，如果不从源头上解决实现路径问题，就无法真正满足人民对美好生活的渴望。

　　强国，是中国人民的共同期盼、共同事业；实现人民对美好生活的向往，是强国的题中应有之义。人民立场是中国共产党人的根本政治立场。从成立时起，我们党就致力于为民族谋复兴、为人民谋幸福，致力于让社会主义在中国大地上成为现实。全心全意为人民服务的根本宗旨，决定了我们党从一开始就把资本主义排除在选项之外。新中国成立后，党领导人民通过完成"三大改造"确立了社会主义基本制度，这就从源头上为我们标定了道路选择的正确方向。然而，仅仅立起政治方向

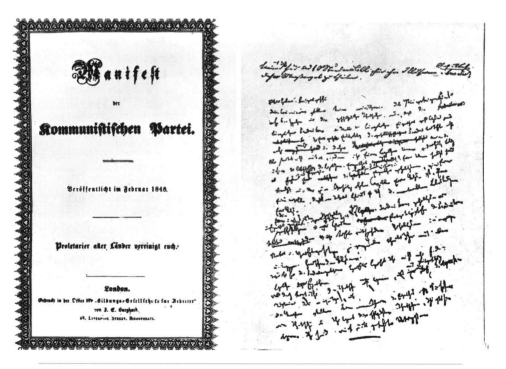

　　1847 年 11 月 29 日，共产主义者同盟第二次代表大会在伦敦召开。马克思、恩格斯受大会委托起草《共产党宣言》。这是《共产党宣言》第一版封面（左）和马克思所写《共产党宣言》草稿仅存的一页（头两行字为马克思夫人燕妮所写）。

是远远不够的，还必须找到科学管用的道路。

社会主义发展生产力，成果是属于人民的。中国特色社会主义道路，就是这样一条既能发展生产力又能确保发展成果由人民共享的人间正道。1987年4月30日，邓小平在会见西班牙工人社会党副总书记、政府副首相格拉时提出，"中国要解决十亿人的贫困问题，十亿人的发展问题。如果搞资本主义，可能有少数人富裕起来，但大量的人会长期处于贫困状态，中国就会发生闹革命的问题"①。2017年底，习近平总书记在党的十九届一中全会上强调，"为人民谋幸福，是中国共产党人的初心。我们要时刻不忘这个初心，永远把人民对美好生活的向往作为奋斗目标"②。时刻把人民的利益举过头顶，生动诠释了中国特色社会主义道路的根本价值属性。

中国特色社会主义道路是人民的选择，中国特色社会主义道路走得好不好，人民是最终的评判者。中国特色社会主义道路走过的40多年来，中国用几十年时间走完了发达国家几百年走过的工业化进程，经济总量已稳居世界第二，是世界第一制造业大国、第一大货物贸易国、第一大外汇储备国。与此同时，人民生活水平稳步提高，千百年来困扰中华民族的绝对贫困问题宣告终结，人民群众的获得感、幸福感不断增强。经过几十年的发展，我国社会主要矛盾发生历史性转化，中国特色社会主义道路既从根本上促成了这种历史性转化，更为我们破解新时代中国社会的主要矛盾提供了道路指南。中国特色社会主义道路，既具有质量效率优势又拥有道义价值优势，是一条既能加速强国进程又能捍卫人民利益的人间正道，只要坚定不移走下去，未来可期、强国必成。

---

① 《邓小平文选》第三卷，人民出版社1993年版，第229页。

② 习近平：《在党的十九届一中全会上的讲话》，《求是》2018年第1期。

## 四、以党的伟大自我革命引领伟大社会革命

办好中国的事情，关键在党；实现国家由大向强的关键一跃，关键在党。党的十八大以来，在以习近平同志为核心的党中央坚强领导下，我们始终以革命者特有的革命精神，坚定不移推进党的伟大自我革命，使党在革命性锻造中始终成为领航强国伟业的坚强领导核心，引领中华民族迎来了从站起来、富起来到强起来的伟大飞跃。习近平总书记指出，"实践证明，中国共产党能够带领人民进行伟大的社会革命，也能够进行伟大的自我革命"①。放眼新时代，要在强国征途上奋力实现由大向强的关键一跃，尤其需要协同推进伟大社会革命和党的伟大自我革命，特别要发挥党的伟大自我革命的引领保证作用。

### （一）推进党的伟大自我革命是有效破解现实矛盾问题的迫切要求

协同推进伟大社会革命和党的伟大自我革命，既是我们党领导中国革命、建设和改革事业的历史经验，也是我们不断从胜利走向胜利的科学方法论。中国共产党人是社会革命论者。党从诞生之日起，就把进行伟大社会革命、最终建立共产主义社会作为自己的奋斗目标。在推动伟大社会革命过程中，党始终注重自身锻造，以更好地承担起领导推动伟大社会革命的历史使命。不容忽视的是，由于历史发展的复杂性、曲折性，在党领导推动两个伟大革命过程中，在一定时期也存在着协同不足甚至畸重畸轻的情况。尤其党的十八大之前的一段时间，与伟大社会革

---

① 《习近平关于"不忘初心、牢记使命"论述摘编》，党建读物出版社、中央文献出版社 2019 年版，第 172 页。

命蓬勃发展的进程相比较，党的自我革命存在着力度不够、锐度不足的现象，在一定程度上影响了党和国家事业健康快速发展。积极推进党的伟大自我革命，正是破解矛盾问题的锐利武器。

1990 年，党中央果断作出开发开放浦东的重大战略决策，向全世界发出中国将继续坚持改革、扩大开放的强烈信号。浦东开发开放的成功实践，深刻诠释了改革开放是决定当代中国命运的关键一招，充分展示了中国特色社会主义的制度优势和旺盛生命力。图为上海浦东陆家嘴夜景。

人无远虑，必有近忧。长期以来，中国共产党领导人民创造了举世瞩目的发展奇迹。从 1978 年到 2023 年，我国经济总量由 3678 亿元攀升至 126 万亿元，占世界经济比重由 1.8% 变为超过 18% 左右，人均总收入由 385 元增至超过 1 万美元，已高于中等偏上收入国家水平。我们用短短几十年的时间走完了西方国家需要几百年才走完的路，充分诠释了中国共产党领导的卓越非凡。然而，成绩既可以催生自信，也容易造成自我迷失，而这正是一个政党的大忌。曾经一段时期，党内一些同志在巨大成就面前沾沾自喜，滋生了严重的形式主义、官僚主义、享乐主义和奢靡之风，一些人理想信念严重滑坡，对共产主义心存怀疑，认为那是虚无缥缈、难以企及的幻想，有的人不信马列信鬼神，从封建迷信中寻找精神寄托，有的人把艰苦奋斗抛到脑后，一门心思追求个人享受，甚至一些人狂妄自大，对党不忠诚、不老实，丧失了作为一名共产党员的党性原则。上述党内顽瘴痼疾的存在，严重损害了党的生命力、凝聚力、战斗力，把党的事业置于十分危险的境地。

"温水煮青蛙"的故事，很多人耳熟能详，习近平总书记在党的十八大后也多次提及。青蛙如此，一个人、一个政党同样如此。作为世界第一大执政党，没有人可以从外部摧毁我们，能打倒我们的只有我们自己。党的十八大以来，以习近平同志为核心的党中央直面矛盾、刮骨疗毒，本着对党和国家事业高度负责的态度，以刀刃向内的勇气推进自我革命，以壮士断腕的决心向顽瘴痼疾开战，以雷霆万钧之势持续推进全面从严治党，在最短时间内有效清除了党内存在的隐患，及时化解了党面临的政治风险，使党焕发出蓬勃向上的生命活力，为在新起点上推进强国伟业提供了坚强政治保证。

### （二）推进党的伟大自我革命是更好推进伟大社会革命的首要前提

以党的自我革命引领推动伟大社会革命，这是确保社会革命蹄疾步稳、有力前行的根本保证。社会发展有其内在规律，是不以人的意志为转移的。但是，人类在规律面前又不是无能为力的，如果能够揭示并把握规律，就能以更加积极主动的姿态更好推动社会发展。中国共产党作为伟大社会革命的领导者、推动者，只有不断在自我革命中实现自我提升，才能更加富有成效地把伟大社会革命推向前进。

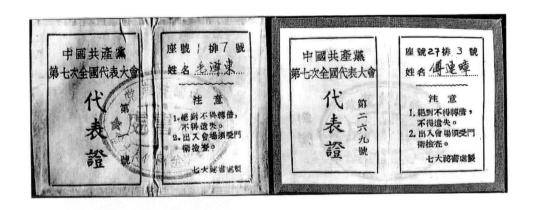

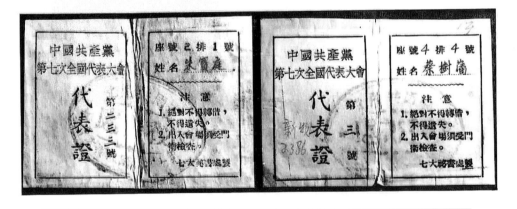

1945 年 4 月 23 日至 6 月 11 日，中国共产党第七次全国代表大会在陕北小山村——杨家岭召开。图为中共七大代表毛泽东等人的代表证。

　　办好中国的事情，关键在党。1945 年，党的七大在延安杨家岭的中央大礼堂隆重召开，会场墙壁的旗座上，"坚持真理、修正错误"八个醒目的大字赫然在目。坚持真理、修正错误，意味着敢于进行自我纠错、勇于实现自我突破，从而确保自身始终科学先进。革命年代如此，建设时期更是如此。中国特色社会主义道路开辟以来，中国共产党始终坚持和加强党的领导，积极应对在长期执政和改革开放条件下党面临的各种风险考验，持续推进党的建设新的伟大工程，保持党的先进性和纯洁性，保持党同人民群众的血肉联系。我们党在革命性锻造中坚定走在时代前列，始终是中国人民和中华民族的主心骨。

2019 年 6 月 24 日下午，在中国共产党 98 岁华诞前夕，习近平总书记主持十九届中央政治局第 15 次集体学习，学习主题就是"牢记初心使命，推进自我革命"。在这次集体学习中，习近平总书记振聋发聩指出，"越是长期执政，越不能丢掉马克思主义政党的本色，越不能忘记党的初心使命，越不能丧失自我革命精神。"① 党的十八大以来，以习近平同志为核心的党中央坚持问题导向，综合施策、标本兼治，以革命者的无畏精神，着力解决党内存在的各种矛盾和问题，把全面从严治党纳入"四个全面"战略布局，深入推进党的建设新的伟大工程，中国共产党的政治领导力、思想引领力、群众组织力、社会号召力显著增强。正是在持续不断的自我革命中，中国共产党始终走在时代前列，始终赢得人民群众衷心拥护，始终经得起各种风浪考验。正是有了党的伟大自我革命作为可靠保证，我们党才能科学擘画强国复兴的宏伟蓝图，统筹推进"五位一体"总体布局、协调推进"四个全面"战略布局，解决了许多长期想解决而没有解决的难题，办成了许多过去想办而没有办成的大事，推动党和国家事业取得历史性成就、发生历史性变革。今天的中国，正前所未有地靠近世界舞台中心，前所未有地接近实现中华民族伟大复兴的目标，前所未有地具有实现民族复兴的能力和信心，这必将为推动新时代中国实现由大向强的关键一跃夯实信心底气。

### （三）推进党的伟大自我革命是新时代赢得强国加速度的有效驱动

乘势而上千帆竞，扬鞭策马正当时。2020 年 10 月 26 日至 29 日，

---

① 习近平：《全党必须始终不忘初心牢记使命　在新时代把党的自我革命推向深入》，《解放军报》2019 年 6 月 26 日。

中国共产党第十九届五中全会在京召开，全会审议通过了《中共中央关于制定国民经济和社会发展第十四个五年规划和二〇三五年远景目标的建议》，从战略和全局高度对全面建设社会主义现代化国家作了精心擘画，吹响了奋进强国新征程的战斗号角。习近平总书记指出，"进入新发展阶段，国内外环境的深刻变化既带来一系列新机遇，也带来一系列新挑战，是危机并存、危中有机、危可转机"。要抓住新发展阶段的有利时机乘势而上，要获得持续稳定的强国加速度，关键还是要靠党的伟大自我革命的有效驱动。

提升对时代发展大势的把握，一刻离不开推进党的伟大自我革命。中国共产党是在一个开放的时代领导推进中国特色社会主义事业的，必

内蒙古锡林郭勒边境管理支队东乌珠穆沁边境管理大队马背警队的民警赶赴基层宣讲党的十九届五中全会精神（2020 年 12 月 7 日摄）。

须对世界发展变化有着很强的适应性和引领性。当前,世界百年未有之大变局进入加速演变期,经济全球化遭遇逆流,国际经济、科技、文化、安全、政治等格局都在深刻调整,中国发展的外部环境日趋错综复杂。在"更多逆风逆水的外部环境"下推动国家发展,压力之大、挑战之多,是前所未有的。面对百年未有之大变局,如何在"变"中求发展,如何科学研判"时"与"势",辩证把握"危"与"机",善于在危机中育先机、于变局中开新局,是时代给中国共产党出的必答题。世界是在变化中向前发展的,中国共产党要引领中国这艘航船在世界海洋中破浪前行,就必须善于把握"潮汐气候"的变化特征,对于未来发展的端倪走向有精准辨识,借力借势、趋利避害,顺势而为、乘势而上。我们党要做到这一点,就必须在不断推动自我革命中强能健体。

实现国家各项事业的高质量发展,一刻离不开推进党的伟大自我革命。强国,不仅强在单项上,更要强在整体上;不仅体现在发展速度上,更要体现在发展质量上。国家要强,经济是基础,稳健是保证,质量是关键。当前,我国经济发展整体上由原来的高速增长阶段转向高质量发展阶段,这要求我们必须跳出单纯经济增长范畴,综合考虑政治、文化、社会、生态等诸多领域谋划发展,不断提升国家各项事业的高质量发展水平。作为一个拥有 14 亿多人口的社会主义大国,要把握强国进程,实现跟上时代和引领时代,就必须在发展质量效益上更胜一筹。中国共产党是"中华号"巨轮的掌舵领航者,要充分适应强国事业发展提出的新要求,锻造出卓越的领航能力,靠的就是永不停顿的自我革命。

保持强国奋斗征途中的前进定力,一刻离不开推进党的伟大自我革命。历史只会眷顾坚定者、奋进者、搏击者,而不会等待犹豫者、懈怠者、畏难者。1949 年 3 月,中国革命胜利前夜,党召开了七届二中全会。在全党上下为革命即将全面胜利欢呼雀跃之时,毛泽东告诫全党,"夺取全国胜利，这只是万里长征走完了第一步……中国革命是伟大的，但革命以后的路程更长，工作更伟大，更艰苦。这一点现在就必须向党内讲明白，务必使同志们继续地保持谦虚、谨慎、不骄、不躁的作风，务必使同志们继续地保持艰苦奋斗的作风"①。强国，不是朝夕之功，而是需要付出艰辛努力的长期奋斗。在强国征途上，我们不可避免要遭遇这样那样的困难，甚至会经历惊涛骇浪，任何的犹豫徘徊、畏葸不前，都可能错失良机、功败垂成，始终保持前进定力至关重要。中国共产党是中国人民团结奋斗的坚强主心骨，党的前进定力就是中国人民矢志强国的最强劲引擎。必须认识到，党的前进定力不是与生俱来的，更不是一劳永逸的，而是要在坚定不移推进党的伟大自我革命中持续锻造、长期涵养的。只要党的伟大自我革命永不停息，我们党就能始终保持坚如磐石的前进定力，引领中国人民在强国复兴的征途上勇毅笃行。

---

① 《毛泽东选集》第四卷，人民出版社 1991 年版，第 1438—1439 页。

第三章

# 人民对美好生活的向往就是我们的奋斗目标

## ——强国就要紧贴民心校准前进方向

　　一个特定阶段的历史常常在开启时就昭示了前进的方向。2012 年 12 月 29 日，担任中共中央总书记 40 多天的习近平总书记冒着零下十几摄氏度的严寒，赶赴地处集中连片特困地区的河北省阜平县。29 日下午 3 时从北京出发，30 日下午 1 时离开，20 多个小时，往来奔波 700 多公里，习近平总书记只为看真贫。他踏着皑皑白雪，走进龙泉关镇骆驼湾村、顾家台村这两个特困村。在村民家中，他盘腿坐在炕上，同乡亲们手拉手，嘘寒问暖，了解他们日子过得怎么样。① 习近平总书记指出，全面建成小康社会，最艰巨最繁重的任务在农村、特别是在贫困地区。没有农村的小康，特别是没有贫困地区的小康，就没有全面建成小康社会。面对脱贫攻坚重任，习近平总书记强调，只要有信心，黄土变成金。各级党委和政府要把帮助困难群众特别是革命老区、贫困地区的困难群众脱贫致富摆在更加突出位置。在习近平总书记的心中，推进强国复兴，都是为了让人民获得幸福。强国的方向，就是民心企盼的方向。按照民心所向校准强国方向，党的事业就能得到人民群众的鼎力

---

① 陈二厚等：《庄严的承诺　历史的跨越——党的十八大以来以习近平同志为核心的党中央引领脱贫攻坚纪实》，《光明日报》2017 年 5 月 22 日。

支持，就能形成万众一心追梦圆梦的生动局面。

## 一、着眼民心擘画宏伟蓝图

习近平总书记指出，"人民是我们党执政的最大底气，是我们共和国的坚实根基"。① 着眼强国复兴擘画宏伟蓝图，必须紧贴人民内心真实需求，深入思考和切实解决好"为了谁、依靠谁、我是谁"的问题，把实现好、维护好、发展好最广大人民根本利益作为不懈追求。全面建成小康社会和全面建成社会主义现代化强国，不是一个"数字游戏"或"速度游戏"，而是实实在在的战略目标。在保持经济增长的同时，更重要的是落实以人民为中心的发展思想，想群众之所想、急群众之所急、解群众之所困，在学有所教、劳有所得、病有所医、老有所养、住有所居上持续取得新进展。人民群众关心的问题是什么？是食品安不安全、暖气热不热、雾霾能不能少一点、河湖能不能清一点、垃圾焚烧能不能不有损健康、养老服务顺不顺心、能不能租得起或买得起住房，等等。相对于增长速度高一点还是低一点，这些问题更受人民群众关注。如果只实现了增长目标，而解决好人民群众普遍关心的突出问题没有进展，即使到时候我们宣布达到了奋斗目标，人民群众也不会认同。

### （一）着眼民心擘画宏伟蓝图，就要把人民群众所思所想所盼放在心头

面对错综复杂的国际形势、艰巨繁重的国内改革发展稳定任务，以习近平同志为核心的党中央不忘初心、牢记使命，团结带领全党全国各

① 《习近平谈治国理政》第三卷，外文出版社 2020 年版，第 137 页。

族人民砥砺前行、开拓创新，奋发有为推进党和国家各项事业。全面深化改革取得重大突破，国家治理体系和治理能力现代化加快推进；经济实力、科技实力、综合国力跃上新的大台阶，经济运行总体平稳，经济结构持续优化，2022 年国内生产总值突破 121 万亿元；脱贫攻坚成果举世瞩目，在我们党百年华诞之际，历史性地解决了绝对贫困问题；粮食年产量连续九年稳定在 13000 亿斤以上；人民生活水平显著提高，高等教育进入普及化阶段，建成世界上规模最大的社会保障体系，基本医疗保险覆盖超过 13 亿人，基本养老保险覆盖超 10 亿人。中华民族伟大复兴向前迈出了新的一大步，社会主义中国以更加雄伟的身姿屹立于世界东方，开启了全面建设社会主义现代化国家新征程。

2019 年 10 月 8 日，在乌兹别克斯坦首都塔什干，乌兹别克斯坦学生在"2019 中国高等教育展"上与中国高校代表交流。"2019 中国高等教育展"10 月 8 日在乌兹别克斯坦首都塔什干举行，本次活动旨在介绍中国大学情况，促进乌兹别克斯坦学生赴华留学深造。

党领导人民之所以能创造历史性成就，根本原因在于倾听民心、集中民智、依靠民力。党的十九届五中全会审议通过的《中共中央关于制定国民经济和社会发展第十四个五年规划和二〇三五年远景目标的建议》明确把"坚持以人民为中心"作为"十四五"时期经济社会发展必须遵循的一项重要原则，提出"坚持人民主体地位，坚持共同富裕方向，始终做到发展为了人民、发展依靠人民、发展成果由人民共享，维护人民根本利益，激发全体人民积极性、主动性、创造性，促进社会公平，增进民生福祉，不断实现人民对美好生活的向往"，字里行间无不流露出始终如一的初心使命和深沉炽热的为民情怀。

从 2020 年 3 月"十四五"规划建议起草组成立，到同年 10 月 29 日十九届五中全会闭幕，习近平总书记走访全国各地开展调研，主持召开系列座谈会，充分倾听各方声音，了解人民所思所想所盼。在广大人民集思广益下，建议稿增写、改写、精简文字共计 366 处，覆盖各方面意见和建议 546 条，生动诠释了党的"根基在人民、血脉在人民、力量在人民"。

### （二）着眼民心擘画宏伟蓝图，就要紧贴民心实施战略筹划

党的十一届三中全会后，在准确把握人民群众意愿的基础上，我们党以实事求是的精神提出了"分三步走、基本实现现代化"的战略构想。党的十九大规划了新的宏伟蓝图。从十九大到二十大，是"两个一百年"奋斗目标的历史交汇期。同时也对"全面建成小康社会"以后的发展作出了安排。第一个阶段，从 2020 年到 2035 年，用 15 年时间基本实现社会主义现代化。第二个阶段，从 2035 年到本世纪中叶，再用 15 年时间把我国建成富强民主文明和谐美丽的社会主义现代化强国。党的十九届五中全会明确提出新发展阶段，习近平总书记在 2021 年 1 月省部级主要领导干部学习贯彻党的十九届五中全会精神专题研讨班开班式上指

出，"未来 30 年将是我们完成这个历史宏愿的新发展阶段"①。从有效解决人民温饱问题到人民生活总体上达到小康水平，再到全面建成小康社会，以及提出建成富强民主文明和谐美丽的社会主义现代化强国，无不体现人民群众对幸福美好生活的孜孜追求。可以说，我们党的长远发展规划和战略部署，都是与人民群众贴心交心作出的。

2020 年 11 月 5 日，《人民日报》刊发的《历史交汇点上的宏伟蓝图——〈中共中央关于制定国民经济和社会发展第十四个五年规划和二〇三五年远景目标的建议〉诞生记》中讲述了一个小故事——一位网名"云帆"的网友所提的"互助性养老"模式的建议，最终被写入全会文件。故事中的网友"云帆"名叫李电波，是内蒙古自治区达拉特旗蒲圪卜村党支部副书记。网络问政，农民建言，党的纲领性文件因此写入一个新提法。一个小故事，成为民之所望、政之所向的生动写照。②

"十四五"时期是我国在全面建成小康社会、实现第一个百年奋斗目标之后，乘势而上向第二个百年奋斗目标进军的重要时期。在这个时期，敌对势力势必还将使出各种手段，企图让我们在发展进程中偏向迷航。必须深刻认识到，只要坚持紧贴民心做好发展筹划，我们的发展就能聚力于自己的事情，不被别人牵着鼻子走，通过壮大自己赢得最终的胜利。要秉承人民至上的执政理念，坚守为民服务初心，时刻体察人民群众心里在想什么，时刻把强国复兴伟业推进到人民群众的心坎上。

### （三）着眼民心擘画宏伟蓝图，就要坚守为人民谋幸福的初心

2013 年 3 月 17 日，刚刚当选国家主席的习近平向人民作出庄严承诺："我将忠实履行宪法赋予的职责，忠于祖国，忠于人民，恪尽职守，

---

①　《深入学习坚决贯彻党的十九届五中全会精神　确保全面建设社会主义现代化国家开好局》，《人民日报》2021 年 1 月 12 日。

②　徐补生：《问计于民　共绘蓝图》，《人民日报》2020 年 11 月 19 日。

夙夜在公，为民服务，为国尽力，自觉接受人民监督，决不辜负各位代表和全国各族人民的信任和重托。"①这是习近平作为国家主席向全国人民作出的承诺。承诺，是一份沉甸甸的责任，要将兴党强国富民的重担扛在肩上。这承诺，是一种主动作为的担当，要带领亿万中国人民走稳走好实现伟大复兴中国梦的新长征之路，彰显了党的宗旨，更展现了党的核心、人民领袖"一切为了人民，为了人民的一切"的伟大情怀。

回望历史，我们党始终秉持初心描绘宏伟蓝图，有过辉煌，也有过曲折。无论是平坦大道还是走过的弯路，都烙印着为民的初心，因而始终得到人民群众的衷心拥护和爱戴。一程又一程，我们党犯的错误越来越少，铸就的里程碑越来越多，正在于人民群众的智慧越来越高，我们党对民心的把握也越来越准。

进入新时代，人民对美好生活的向往更加强烈，始终坚守为人民谋幸福的初心是成就强国复兴伟业之本。在规划设计和擘画蓝图的过程中，人民始终摆在习近平总书记心中最高位置，"人民"一词成为习近平总书记讲话中的高频词。比如，党的二十大报告中，"人民"一词出现了178次。各级党组织和党员干部谋划本单位本部门的发展，也必须想人民群众之所想，急人民群众之所急，谋人民群众之所需，切实用诚笃初心托起人民群众的梦想。

## 二、基于民心和现实需要确定社会主要矛盾

推进强国复兴伟业，必须紧紧扭住社会主要矛盾。如何把握社会主要矛盾，是具有深厚战略底蕴的一门艺术。从"人民日益增长的物质文

---

① 《习近平谈治国理政》第一卷，外文出版社 2018 年版，第 38 页。

化需要同落后的社会生产之间的矛盾"到"人民日益增长的美好生活需要和不平衡不充分的发展之间的矛盾",每一次我国社会主要矛盾的表述,都是观照民心与现实而提出来的。中国共产党作为全心全意为人民服务、把实事求是作为思想路线的马克思主义政党,必然从民心和现实这两个维度来确立社会主要矛盾,进而抓住推进强国复兴伟业的着力点和突破口。反观霸权主义国家的一些政客,一而再、再而三地罔顾民众的呼声、漠视民间的疾苦,一而再、再而三地甩锅、推责,妄图把国内矛盾转嫁到国外,必然也就无法准确聚焦国内社会主要矛盾,难以依靠自立自强保持强盛国力。

### (一) 基于民心才能发挥人民群众追求幸福生活的强大动力

回溯近代中国,一些"奇观"至今仍引人深思。甲午战争时,日军登陆辽东和胶东,肯花钱就能招募到大批当地苦力搬运弹药和补给。八国联军攻陷北京后,不少老百姓就像在看一场热闹的大戏,有的站在屋顶上,有的爬在大树上,有的挤在道路两旁。就这样带着新奇的眼光围观着浩浩荡荡的异族大军,甚至在八国联军攻城试图通过云梯爬上城墙时,有的老百姓竟然去帮联军把梯子扶稳。究其根源,几千年的剥削阶级统治,既没有从精神上启发民众觉醒,更没有从利益上关爱和照顾老百姓,他们考虑的只是自己的利益。谁不把群众放在心上,群众自然也不会把谁放在心上;谁剥削压榨群众,群众自然希望谁早日倒台。

但中国共产党是与人民群众心心相印的先进政党,始终从民心出发治国理政,因而能够唤醒群众追求幸福生活的热情。1978年12月的一个寒夜,在安徽省凤阳县小岗村,18位农民以"托孤"的方式,在土地承包责任书上按下鲜红的手印:"我们分田到户,每户户主签字盖章,如以后能干,每户保证完成每户的全年上交和公粮,不再向国家伸手要钱要粮"。① 有的媒体发表读者来信，明确反对农村一些地方包产到组的做法，认为这没有坚持"三级所有、队为基础"，包产到组搞的是三级半所有，将破坏"一大二公"的人民公社体制，应该坚决纠正。但包产到户这一"离经叛道"的行为，却得到了邓小平的肯定。1980 年 5 月，邓小平发表讲话指出："农村政策放宽以后，一些适宜搞包产到户的地方搞了包产到户，效果很好，变化很快。……有些同志担心，这样搞会不会影响集体经济。我看这种担心是不必要的。"② 在邓小平旗帜鲜

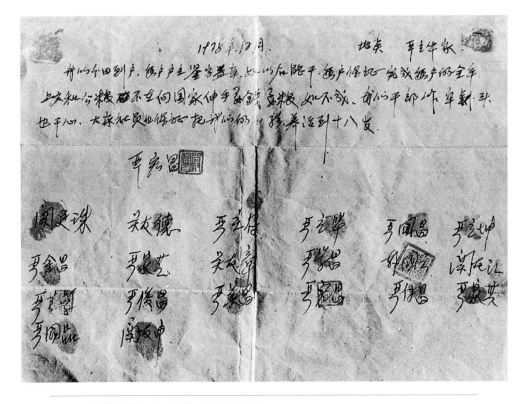

这是小岗村农民按下红手印的"大包干"契约。

---

① 户华为：《决定当代中国命运的关键抉择》，《光明日报》2018 年 12 月 10 日。
② 《邓小平文选》第二卷，人民出版社 1994 年版，第 315 页。

明的支持和推动下，1982 年到 1986 年连续出台 5 个中央一号文件，联产承包被逐步深化确认并在全国推开。中国共产党领导人民一路走来，靠的就是深谙民心、读懂民意，顺应人民群众的要求、汇聚人民群众的伟力创造新的历史，形成波澜壮阔、一往无前的时代洪流。马克思主义认为，人民群众对幸福生活的追求是推动人类文明进步最持久的力量。马克思主义执政党只要顺应这一追求治国理政，就能创造人间奇迹。

习近平总书记强调，人民生活显著改善，对美好生活的向往更加强烈，期盼有更好的教育、更稳定的工作、更满意的收入、更可靠的社会保障、更高水平的医疗卫生服务、更舒适的居住条件、更优美的环境、更丰富的精神文化生活。这"八个更"反映了人民群众的物质文化需要呈现出多样化多层次多方面的特点，也体现出我们党对新时代民心的精准把握。与人民群众的这些期盼相对照，我国发展还存在不平衡、不协调、不全面等矛盾问题。由此出发，把人民日益增长的美好生活需要和不平衡不充分发展之间的矛盾确定为新时代我国社会的主要矛盾，也就在情理之中了。

### （二）基于现实才能确保一步一个脚印迈向强国复兴

1958 年 5 月，党的八大二次会议通过了"鼓足干劲、力争上游、多快好省地建设社会主义"的总路线。这条总路线的出发点是要尽快改变我国经济文化落后的状况，但是偏离了我国当时的实际。这次会议正式改变了八大一次会议关于国内主要矛盾已经转变的正确分析，认为当时我国社会的主要矛盾仍然是无产阶级同资产阶级、社会主义道路同资本主义道路的矛盾。会后，全国各条战线迅速兴起"大跃进"高潮。"大跃进"和人民公社化运动是我国探索建设社会主义道路中的一次严重失误，高指标、瞎指挥、浮夸风等大肆泛滥，工农业生产遭到极大破坏，人民生活发生严重困难。历史表明，脱离现实追求"大跃进"只能是欲速不达、适得其反。

改革开放以来，我们从解决温饱到实现总体小康，再到全面建成小康社会，一步一步走来，不断创造历史的辉煌，一个重要原因就是每一步都依据当下的国情作出决策部署，使每一步前进的步伐都踩到鼓点、踏到实处。中国由大向强的发展，必须以新时代中国国情为现实基点。习近平总书记在十八届中央政治局第 20 次集体学习时强调：当代中国最大的客观实际，就是我国仍处于并将长期处于社会主义初级阶段，这是我们认识当下、规划未来、制定政策、推进事业的客观基点，不能脱离这个基点。既要看到社会主义初级阶段基本国情没有

2020 年中国国际服务贸易交易会综合展。

变，也要看到我国经济社会发展每个阶段呈现出来的新特点。这一重要论述，指明了新时代中国发展的客观基点和时代特征。马克思主义哲学揭示了量变质变规律，认为事物总是处于矛盾运动中，经历着从量变到质变、从渐进到突变，又从新的量变到新的质变、新的渐进到新的突变，以至无穷的发展过程。社会主义初级阶段不是一成不变的阶段，而是不断向前发展，使"不发达"的程度和成分越来越浅、越来越少，同时离现代化的标准要求越来越近的历史进程。用量变质变规律分析，初级阶段升级为更高阶段，是长期量变、总体量变引起的根本质变；在初级阶段期间的发展进步，属于包含部分质变的量变。当代中国越来越注重质的提升，不断积累部分质变，以便聚少成多、聚沙成塔，使部分质变积累成根本质变，最终超越初级阶段，进入社会主义的更高发展阶段。在每一个小的发展阶段，都准确把握现实，提出基于现实的发展方略，才能推进部分质变，最终引发进入更高发展阶段的根本质变。当然，这里所讲的质变不是政治上的，而是哲学意义上的。

　　新时代，在落后的社会生产基本解决之后，我国发展起来以后更突出的是发展不平衡不充分问题，发展质量和效益还不高，创新能力不够强，城乡区域发展和收入分配差距依然较大，民生领域还有不少短板，群众在就业、教育、医疗、居住、养老等方面面临不少难题，这已经成为满足人民日益增长的美好生活需要的主要制约因素。这些客观存在的新问题，决定了我国社会主要矛盾已经从人民日益增长的物质文化需要同落后的社会生产之间的矛盾，转化为人民日益增长的美好生活需要和不平衡不充分的发展之间的矛盾。为了解决这一主要矛盾，我们党有针对性地提出贯彻新发展理念，构建新发展格局，推进高质量发展。展望未来，经过新发展阶段的砥砺奋斗，党和人民必将解决新时代的社会主要矛盾，进入社会主义的更高阶段。

1979 年 7 月 8 日，蛇口轰然响起填海建港的开山炮，被称为改革开放的"第一炮"。

### （三）基于民心和现实确定主要矛盾是中国共产党人强国的杰出艺术

1989 年政治风波以后，中国改革处于历史的十字路口，反"和平演变"的呼声盖过改革开放，质疑改革"姓社姓资"的声浪渐响。有的公然提出要在以经济建设为中心之外再搞一个"以反和平演变为中心"。1991 年，《解放日报》头版发表以"皇甫平"为笔名的系列文章，呼吁继续坚持改革，与当时一些相对保守的媒体进行了一场关于"改革"的论战。对此，邓小平一直冷静观察和思考，最终正式决定到南边"走一走，看一看"。1992 年 1 月 18 日至 2 月 21 日，88 岁高龄的邓小平亲自到武昌、深圳、珠海和上海视察，在中国又一次处于历史十字路口的重要关头，发表了决定中国未来走向的南方谈话。邓小平强调："一些国家出现严重曲折，社会主义好像被削弱了，但人民经受锻炼，从中吸收教训，将促使社会主义向着更加健康的方向发展。因此，不要惊慌失措，不要认为马克思主义就消失了，没用了，失败了。"① 同时强调要坚持改革开放，提出"不坚持社会主义，不改革开放，不发展经济，不改善人民生活，只能是死路一条。基本路线要管一百年，动摇不得。只有坚持这条路线，人民才会相信你，拥护你。谁要改变三中全会以来的路线、方针、政策，老百姓不答应，谁就会被打倒"。② 邓小平所强调的社会主义初级阶段基本路线，以"一个中心、两个基本点"为核心内容，既紧贴中国人民的真实诉求，又紧扣中国的基本国情，是着眼破解社会主义初级阶段主要矛盾的正确路线。继续牢牢坚持这条基本路线，有效防止了因东欧剧变、苏联解体等外因导致中国发展偏向迷航的问题发生。

2017 年，特朗普就任美国总统后，将其早年著作《交易的艺术》一书中阐述的手段用于处理国际关系，大肆打压中国。同期，中国由大向强发展面临的各种风险挑战接踵而至，特别是 2020 年，新冠肺炎疫情突如其来，洪涝灾害多地发生，经济发展备受冲击，外部环境风高浪急，来自政治、经济、文化、军事、社会、国际、自然等领域的挑战纷至沓来。2020 年 12 月的中央政治局民主生活会，用"泰山压顶"描述当时的危难时刻。习近平总书记胸怀中华民族伟大复兴战略全局和世界百年未有之大变局，在前所未有的风险挑战面前"不畏浮云遮望眼"，科学把握新时代中国社会的主要矛盾，基于民心和现实清醒而坚定地掌舵领航，提出准确把握新发展阶段，深入贯彻新发展理念，加快构建新发展格局，推动高质量发展。其战略意涵在于：准确识变、科学应变、

---

① 《邓小平文选》第三卷，人民出版社 1993 年版，第 383 页。
② 《邓小平文选》第三卷，人民出版社 1993 年版，第 370—371 页。

主动求变，趋利避害，通过构建新发展格局有效规避"不稳定性不确定性明显增加"等来自国际社会的不利条件，强力解决"发展不平衡不充分"等国内发展的矛盾问题，从而占得先机，开创新局，赢得主动。新时代新阶段的发展，本质上是支撑国家由大向强的发展，是以"高水平的自立自强"为主要着眼点的发展，引领中国聚力内因，基于民心和现实确定自己的路向，从而实现稳健跃升。

上述事例，是中国共产党人聚焦国内社会主要矛盾推进强国复兴的鲜明体现。历史和现实表明，治国理政不在于在一时一事上有多高明，而必须在关系长远和全局的大方向大战略上高明，这样的高明关键在于紧紧扣住社会主要矛盾精准发力。从党的八大指出"人民对于经济文化迅速发展的需要同当前经济文化不能满足人民需要的状况之间的矛盾"，到党的十一届六中全会指出"人民日益增长的物质文化需要同落后的社会生产之间的矛盾"，再到党的十九大阐明"中国特色社会主义进入新时代，我国社会主要矛盾已经转化为人民日益增长的美好生活需要和不平衡不充分的发展之间的矛盾"，中国共产党人总体上始终从民心和现实两个层面锁定主要矛盾，进而提出一系列大政方针、作出一系列重大部署破解主要矛盾，引领强国复兴的伟业不断开辟新境界。

### 三、群众关注点就是工作着力点

2020 年 11 月上旬，一场采购金额过百亿元的国家级高值医用耗材集中采购开标。多年来位居高价位的心脏支架大幅降价，从均价 1.3 万元降至 700 元左右，降幅超过 90%。同年 12 月 28 日，新版医保药品目录面世，新调入 119 种药品，包括谈判调入的 96 种独家药品和直接调入的 23 种非独家药品，谈判药品平均降价 50.64%。群众利益无小事，一枝一叶总关

　　2017 年 7 月 18 日，就医人员在贵州省人民医院跨省异地医保出院结账办理处结账。近年来，每年都有医保新政策出台，体现了国家对于老百姓的真切关爱。

情。老百姓关注什么，就应该将心比心，牵动党员干部相应的情愫，着力去解决什么。我们党来自人民、扎根人民、造福人民，坚持把人民拥护不拥护、赞成不赞成、高兴不高兴、答应不答应作为制定政策的依据，顺应民心、尊重民意、关注民情、致力民生，既通过提出并贯彻正确的理论和路线方针政策带领人民前进，又从人民实践创造和发展要求中获得前进动力，始终让强国复兴伟业的亮点与人民的关注点合拍同步。

（一）积极倾听人民呼声，永葆鱼水情深的血肉联系

　　2013 年元旦前，就任总书记不久的习近平就冒着严寒，来到地处

太行山深处的全国扶贫开发重点县河北省阜平县，看望困难群众，共商脱贫致富之策。新时代以来，习近平总书记始终心系人民、情牵百姓，曾经绕过九曲十八弯，来到海拔2400多米的甘肃省定西市渭源县元古堆村，来到老党员马岗家，了解生产生活情况；曾经冒着严寒，深入千里冰封的内蒙古大草原，在锡林郭勒盟牧民玛吉格家的蒙古包中，询问少数民族群众的生活；曾经回到当年插队落户的陕西省延安市延川县文安驿镇梁家河村，在插队时的房东刘金莲、吕侯生家，忆往事、话家常；曾经乘车沿着崎岖山路，来到江西省井冈山市茅坪乡神山村，在贫困户张成德家一间一间屋子察看，和夫妇俩算收入支出账；曾经踏着皑皑白雪，走进张家口市张北县小二台镇德胜村，与村民徐学海的家人一起炸年糕……新时代的中国能够不断推出受人民群众欢迎的方略举措，正是得益于以习近平同志为核心的党中央感受人民疾苦、体察人民心声，始终保持与人民群众的血肉联系。

在希腊神话中，有一位英勇无敌的英雄叫安泰，是地神盖姬的儿子。他战无不胜的秘密武器在于，每当与敌人决战遇到困难时，就往他的母亲大地身上一靠，便获得了新的无穷无尽的力量。因此，任何敌人也不能战胜他。后来，敌人获知了这一秘密，便想方设法使他脱离和大地母亲的联系。在一次战斗中，敌人的阴谋终于得逞，把安泰举到空中，设法架空他，并在空中将其扼死。这个神话告诉我们：只有植根于人民这块坚实的土地，才能获得旺盛的生命力。刘少奇曾这样告诫全党："我们党必须和广大群众保持密切的联系，如果和群众联系不好，就要发生危险，就会像安泰一样被人扼死。共产党也会被人扼死的哩！党什么也不怕，就怕这一项。"①

新时代，有的党员干部不敢接触群众，甚至害怕群众，对群众反映

---

① 《刘少奇选集》上卷，人民出版社1981年版，第397页。

的问题一看就烦、一听就厌，甚至为保证自身"安全"，人为地设置一道"防火墙"挡在自己与人民群众中间。"临时工"是一个在计划经济时代耳熟能详的词汇，一个在法律意义上并不存在的用工形态，如今一定程度上引发"临时工现象"：暴力执法的是临时工，强制拆迁的是临时工，上班打牌的是临时工……在一些涉及政府部门和企事业单位的突发事件中，"临时工"往往成为最后的责任人[①]，成为一些领导干部的"挡箭牌"。这样的"挡箭牌"寒了群众的心，损害了党同人民群众的血肉联系。从类似这样的事可以看出，有的党员干部宗旨观念淡薄，公仆意识缺失，对群众疾苦漠不关心，对群众呼声置若罔闻，对群众利益麻木

山东省安丘市兴安街道办事处农管员在王家楼村葱地里取样，准备在流动监测车里进行农残快速检测。

---

① 冯华：《"临时工"是什么工》，《人民日报》2012 年 3 月 15 日。

不仁,对群众危难视而不见。这些脱离群众的现象,会伤害党群干群关系,影响党的执政地位的巩固和执政使命的实现。

"民有所呼,我有所应"。人民群众的期待,就是努力方向所在。到基层一线去,到群众中去,倾听群众的所思所想所盼,找准群众关注的热点难点痛点,才能找准前进方向和工作重点。习近平总书记要求领导干部要"接地气、通下情",提倡当县委书记要跑遍所有的村,当市委书记要跑遍所有的乡镇,当省委书记要跑遍所有的县市区,就是教育和引导各级党员干部要带头了解下情、倾听民声。要保持党密切联系群众这一最大政治优势,走进群众,扑下身子搞好调研,练就一双"火眼金睛",从群众身边事、细节处发现问题,找准解决问题的着力点。要增强学网用网能力,善于在网上和网下同时走好群众路线,全面及时准确了解掌握群众所急、所需、所盼。

### (二)高度关注民生福祉,提升人民群众的幸福指数

一张土炕、一盏煤油灯、几件简单家具,是 20 世纪 50 年代农村婚房的常见陈设;改革开放初期,城市家庭出现了电视、冰箱、缝纫机。这些家庭场景,呈现在"伟大历程 辉煌成就——庆祝中华人民共和国成立 70 周年大型成就展"展厅内。走在"时光隧道"中,不同年代家庭的场景变化,映射出新中国 70 年的民生变迁。一处展柜前人潮涌动,里面是 20 世纪 70 年代末 80 年代初的生活用品:二八自行车、手电筒、录音机……看到这些老物件,一位年轻的大学生对同伴说:"缝纫机我老家以前也有,我拍下来给家人看看!这种自行车也很少见了,我平时都骑共享单车。"从一衣穿多季到一季穿多衣,从填饱肚子到舌尖上的享受,从"车马邮件都慢"到互联网让"天涯若比邻"……70 多年的发展历程证明,人民群众的生活质量得到实实在在的提升,收获着满满的幸福感。小学净入学率从 1949 年的 20% 提高到 2018 年的 99.95%;

党的十八大以来，群众文化机构每年开展活动近 200 万次……一组组图表和数据，诠释着以人民为中心的发展思想。

"民者，国之根也"。增进民生福祉是提升民众的幸福感与获得感的直接源泉，同时也是改革成果由人民共享的必然要求。人民对美好生活的向往，就是全体党员干部的奋斗目标。无论面临多大挑战和压力，无论付出多大牺牲和代价，让人民过上好日子这一点始终不渝、毫不动摇。保障和改善民生没有终点，只有连续不断的新起点，14 亿人汇聚的民生需求点都是执政着眼点。治

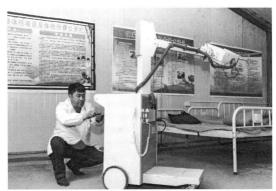

上图为 2020 年 5 月 1 日，在新疆叶城县西合休乡亚尔阿格孜村卫生室，乡卫生院医生买提托合提·依明在修理医疗设备（胡虎虎摄）；下图为 1999 年拍摄的设在新疆阿勒泰草原上的骆驼医院。牧民的毡房搬到哪里，医院就搬到哪里。

国理政有"千条线"，如何在千头万绪中"绣出"令人满意的图景，关键是要抓住那些影响人民群众幸福感的痛点，拿出"绣花功夫"绣出顶格的满意度。

长期以来，城市老旧社区没有物业管理、配套设施陈旧影响了群众生活幸福指数。一些地方探索党建引领社会治理新方式，由基层社区党组织引领，通过居民自治或引进第三方物业公司的办法，为老旧社区建立物业服务站，探索解决老旧社区物业服务难题。看着干净整洁的小区

道路、定时巡查的小区巡逻队，生活在重庆市大渡口区跃进村街道东正社区的老居民张定忠高兴地说："没想到我们这个 30 多年的老旧社区也能享受到物业服务。"①

在取得辉煌成就的同时，也要清醒看到，提升人民群众幸福感，既要尽力而为，也要量力而行，不能吊高胃口。既要积极发挥主观能动性，不遗余力地推进民生改善，也要认识到，民生领域具有福利刚性增长、水平"易升难降"的内生发展规律，要科学面对各种战略资源、保障能力及主客观条件的制约，合理确定民生工作目标，做到循序渐进，让保障民生有后劲、可持续、更科学。

### （三）急群众之所急，干群众之所需

2020 年对于世界历史来说，是极不平凡的一年。习近平总书记在 2021 年新年贺词中指出，我们以人民至上、生命至上，诠释了人间大爱，用众志成城、坚韧不拔，书写了抗疫史诗。无数人以生命赴使命，用挚爱护苍生，将涓涓之力汇聚成磅礴伟力，构筑起守护生命的铜墙铁壁。当凶猛的疫情汹涌袭来，习近平总书记坚持把人民安危作为最大牵挂，强调"把人民群众生命安全和身体健康放在第一位"，采取一系列强有力举措挽救了数万患者的生命。我军任务部队闻令而行，以为人民牺牲奉献的感人事迹，彰显了我党我军心系人民、为人民而奋斗的不变初心和价值追求。

有这样一组统计数据令人感动：在新冠疫情防控过程中，全国 3900 多万名党员、干部战斗在抗疫一线，1300 多万名党员参加志愿服务，近 400 名党员、干部为保卫人民生命安全献出了宝贵生命。人

---

① 刘奕湛、刘硕：《二〇二〇，我国社会治理水平迈上新台阶》，《解放军报》2021 年 1 月 10 日。

　　2020 年 8 月 27 日，安徽省黄山市，呈坎古村村民在晒场上晾晒农作物，拼出创意图案向"最美逆行者"致敬。

们常常以"特殊材料制成的人"来赞誉共产党员，其所以特殊，最突出的表现，就在于中国共产党没有自己的特殊利益；共产党员常常以"紧急时刻、党员先上"要求自己，就在于每个人在入党时都宣誓"随时准备为党和人民牺牲一切"。环顾全球，世界上很少有哪个政党像中国共产党这样，在理论上鲜明提出、在实践中明确要求以人民利益为出发点和落脚点；很少有哪个政党像中国共产党这样，把公而忘私、奉献牺牲作为对党员的基本道德要求。正是这种无私的精神境界、强大的人格力量，让中国共产党始终保持持久的向心力，让鲜红的党旗始终能凝聚起最大向心力，把中华民族变成一个坚强的命运共同体。

人心向背是决定一个国家盛衰的根本因素。我们之所以能战胜各种艰难险阻并最终取得辉煌胜利，就是因为党的根本宗旨是全心全意为人民服务，就是因为党得到了广大人民群众的支持和拥护。面对新时代前所未有的机遇与挑战，习近平总书记指出，党与人民风雨同舟、生死与共，始终保持血肉联系，是党战胜一切困难和风险的根本保证。全党同志要把人民放在心中最高位置，坚持全心全意为人民服务的根本宗旨。共产党员永远是劳动人民的普通一员，除了法律和政策规定范围内的个人利益和工作职权以外，所有共产党员都不得谋求任何私利和特权。真情关心群众疾苦，就要求领导干部牢记"群众利益无小事"，对人民群众的冷暖疾苦感同身受，把人民群众的事情当成自己的事情来办，努力为群众诚心诚意办实事、尽心竭力解难事、坚持不懈做好事，切实把党中央制定的各项政策措施落到实处，想群众所想，急群众所急，办群众所需，使群众真正感受到党和政府的关怀和温暖。要满腔热忱面对群众，真正把广大人民群众当作自己的亲人，以心换心，始终对他们充满真情挚爱。今天，我们党已经走过了100多年的峥嵘岁月。时代进步了，环境发生了变化，但为人民服务的宗旨没有变，人民的利益大于一切、高于一切、重于一切的原则没有变。唯有始终坚守全心全意为人民服务的根本宗旨，才能带领全国人民创造更加美好的未来。

## 四、让人民群众当好真正的英雄

习近平总书记深刻指出："波澜壮阔的中华民族发展史是中国人民书写的！博大精深的中华文明是中国人民创造的！历久弥新的中华民族精神是中国人民培育的！中华民族迎来了从站起来、富起来到强起来的伟大飞跃是中国人民奋斗出来的！"①"平凡铸就伟大，英雄来自人民，每个人都了不起！"实践充分证明，一切伟大的奇迹都是人民群众奋斗创造的成果。正是我们党紧紧依靠人民，充分尊重人民首创精神、鼓励人民群众进行开创性探索，我们用几十年的时间走过了西方发达国家几百年走过的现代化历程，将新中国从成立之初的"一穷二白"建设成为世界上第二大经济体以及制造业、货物贸易、外汇储备第一大国，推动了中国从落后时代到大踏步赶上时代、引领时代的历史性跨越，使中华民族迎来了从站起来、富起来到强起来的伟大飞跃，前所未有地接近实

2018 年 7 月 28 日的夏日塞罕坝，树木葱茏，水草丰沛，山川绿意融融，铺展开一幅美丽的生态画卷。
(陈晓东摄)

①　《习近平谈治国理政》第三卷，外文出版社 2020 年版，第 139 页。

现中华民族伟大复兴的目标。

## （一）人民群众具有无限的智慧

在蒙冀交界之处，有一片茂密的林海——它就是塞罕坝。50 多年，它从人迹罕至的荒原变成了如今包含 6 个林场，112 万亩林地，森林覆盖率达 80% 的"天然氧吧"，成为目前世界上面积最大的人工林。"从沙地变林海，让荒原成绿洲"，是塞罕坝人通过不懈的努力和艰苦的奋斗，创造出的绿色奇迹。从一棵树到一片林，塞罕坝取得的成绩是显著的。如今，塞罕坝的林木总蓄积量已经达到 1012 万立方米，所释放的氧气可供199.2 万人呼吸一年之用。同时，它所创造的森林资源总价值约 202 亿元，成为京津地区重要的防沙屏障和生态旅游之地。半个多世纪以来，三代塞罕坝人坚韧不拔、永不言败、敢于担当，在荒寒遐僻的塞北高原营造林海，演绎了荒原变林海、沙地成绿洲的人间奇迹，创造出了巨大的生态效益、社会效益和经济效益，铸就了钢铁般的塞罕坝精神。

"得民心国家必安，失民心国家必危。"历史是人民群众创造的，这是马克思主义历史唯物主义的一个基本原理，也是中国古老哲学智慧揭示的颠扑不破的真理。从老子"圣人无常心，以百姓为心"、孟子"民为贵，社稷次之，君为轻"，到董仲舒"君者，民之心也；民者，君之体也"、王安石"百姓所以养国家也，未闻以国家养百姓者也"，再到黄宗羲"我之出而仕也，为天下，非为君也；为万民，非为一姓也"，古往今来，民心就是"谁主沉浮"的根本力量。习近平总书记强调："大道之行，天下为公"，以此激励全党全国各族人民紧密团结在党中央周围，为夺取新时代中国特色社会主义伟大胜利、实现中华民族伟大复兴的中国梦、实现人民对美好生活的向往继续奋斗。

马克思、恩格斯在《神圣家族》中指出，"历史的活动和思想就是'群众'的思想和活动"。回首来时路，中国共产党激励与召唤着亿万人民自力更生、艰苦奋斗，创造了举世瞩目的中国奇迹。革命时期，500 多万民工用 80 多万辆小车，推出淮海战役的胜利；建设岁月，河南林县的农民腰悬吊索，一锤一锤在山崖上凿出红旗渠；改革年代，"三天一层楼"的深圳速度，让一座新城在南海之滨拔地而起……蕴藏于人民之中的力量一旦被激发出来，就会创造惊天动地的成就。近年来，年轻的航天团队开启星辰大海的征途，近 20 万"第一书记"奋战在脱贫一线，运动员和大国工匠在世界赛场争金夺银……有了人民的支持和信任，依靠人民的奋斗和拼搏，中华民族迎来了从站起来、富起来到强起来的伟大飞跃。

坚信"人民群众是我们力量的源泉"，强调"始终要把人民放在心中最高的位置"，要求"坚持以人民为中心的发展思想"，热爱人民、尊崇人民、依靠人民，是中国共产党推进强国复兴伟业一以贯之的"人民观"。对于我们党治国理政而言，"人民"二字是最深厚的底气、最坚强的支撑。新中国的成立，使中华民族从此进入了发展进步的历史新纪元，勤劳的中国人民响应党和国家号召积极投身社会生产建设、修建基础设施、支援边疆开发等，为恢复发展国民经济和社会主义现代化建设作出了巨大贡献。改革开放以后，从实行家庭联产承包、乡镇企业异军突起到农村承包地"三权"分置、打赢脱贫攻坚战，从兴办深圳等经济特区、沿海沿边沿江沿线和内陆中心城市对外开放到加入世界贸易组织，从搞好国营大中小企业、发展个体私营经济到深化国资国企改革、发展混合所有制经济……我国以前所未有的速度快速发展，大踏步赶上时代潮流。这一切，既是党坚强领导的结果，也是人民群众辛勤创造的结果。邓小平指出："农村改革中的好多东西，都是基层创造出来，我们把它拿来加工提高作为全国的指导。"

新征程上，面对"两个大局"，仍有乱云飞渡、风吹浪打甚至惊涛骇浪，但只要始终同人民想在一起、干在一起，就没有战胜不了的困难。过去 70 多年，中国人民坚持自力更生、艰苦奋斗，让许多不可能成为可能；未来道路上，仍需我们党团结带领亿万人民，以坚如磐石的信心、只争朝夕的劲头、坚韧不拔的毅力，一步一个脚印走向伟大复兴。我们党引领人民绘就了一幅波澜壮阔、气势恢宏的历史画卷，谱写了一曲感天动地、气壮山河的奋斗赞歌。展望未来，在以习近平同志为核心的党中央坚强领导下，亿万人民一起拼搏、一起奋斗，就一定能在新时代创造让世界刮目相看的新的更大奇迹。

### （二）调动人民群众的自主性和积极性

让人民群众当好真正的英雄，关键是要调动人民群众的自主性和积极性。在这个方面，中央关于农村土地制度的改革就是生动的缩影。改革伊始，以小岗村为代表的部分地方率先实行大包干改革，也就是推行家庭联产承包责任制，农民获得了生产经营自主权，交够国家的，留足集体的，剩下全是自己的。20世纪80年代中期开始，乡镇企业异军突起，土地承包经营权开始发生流转。1984年中央1号文件规定，土地承包期一般应在15年以上。1993年中央11号文件规定，在原定的耕地承包期到期之后，再延长30年不变。党的十九大报告明确指出，保持土地承包关系稳定并长久不变，第二轮土地承包到期后再延长30年。经过40多年的演变，农民与土地的关系发生了巨大变化，农民的自主性、积极性在不断增强。对没有发生流转的土地而言，实现了土地集体所有权与农户承包经营权的"两权分离"，而且农户承包经营权的权能不断扩大；对发生了流转的土地而言，土地经营权从承包经营权中分离出来，出现了所有权承包权经营权的"三权分置"。"两权分离"和"三权分置"，充分调动了亿万农民群众的生产积极性，也为农业剩余劳动力大规模转移就业、进城农民市民化提供了可能。[1]

---

[1] 叶兴庆：《农村改革的历史脉络与未来趋势》，《经济日报》2018年11月8日。

2017 年 4 月 5 日在江苏省南通市海安县南莫镇唐庄村拍摄的《农村土地承包经营权证》。当日，江苏省南通市海安县 184 个村，已全面完成土地确权登记主体工作。

新中国成立 70 多年来，正是把蕴藏在人民群众中的无穷智慧和力量充分激发出来，才创造了令世界惊叹的"中国奇迹"。纵观历史，坚持人民主体地位，充分调动人民积极性，始终是推进强国复兴伟业的力量源泉。在人民面前，我们永远是小学生，必须自觉拜人民为师，向能者求教，向智者问策；必须充分尊重人民所表达的意愿、所创造的经验、所拥有的权利、所发挥的作用，必须最大限度地发挥人民群众建设美好生活的积极性、主动性和创造性。

党的十八大以来，全面从严治党强力推进，坚持严字当头、全面从严、一严到底，下大气力治松、治散、治虚、治软，向一切不严不实问题开刀，取得了历史性成就。特别是全方位扎紧制度笼子，构建起一套行之有效的权力监督制度和执纪执法体系。要清醒地看到，有的领导干部感到自己的权力被关进了制度的笼子里，便想方设法把群众的积极性和自主性也关进制度的笼子里，让想干事的人动弹不得。习近平总书记面向党员领导干部指出："紧一点自然就不舒服了，舒适度就有问题了，就是要不舒服一点、不自在一点，我们不舒服一点、不自在一点，老百姓的舒适度就好一点、满意度就高一点，对我们的感觉就好一点。"① 各级领导干部要自觉以习近平总书记的重要论述为镜，观照自己的想法和做法，心甘情愿把手中的权力关进制度的笼子里，同时满心欢喜地放手让人民群众投身于伟大社会革命的时代洪流，释放出人民群众创造历史的伟力。

### （三）恪守人民评判标准

百代兴盛依清正，千秋基业仗民心。人民满意，人民生活美好，国家才会好。人民是国家的主人，党员领导干部是人民的公仆，这种理念必须坚持，这种关系不能颠倒。为什么有些地方"好心办了坏事"，为什么一些"民生实事"却被群众评价为"虚头巴脑"，很重要的原因就是立场偏了、标尺歪了。只有接受人民监督，才能真正贯彻落实好以人民为中心的发展思想。一位哲人说过，能够听到别人给自己讲实话，使自己少走或不走弯路，少犯错误或不犯大的错误，这实在是福气和造化。人民是最好的监督员，人非圣贤，孰能无过。关键是要有闻过则喜的雅量，有从谏如流的胸襟，习惯在群众监督和约束下做各项工作。事实证明，重视群众的批评和监督，恪守人民评判标准，就容易找到问题症结、发现短板瓶颈，有针对性地改进自身工作。

"金杯银杯，不如老百姓的口碑"。评判一个地方的经济是否发展、收入是否增长、环境是否改善，干部工作是否有成效，群众最有发言权。党的执政水平和执政成效只能由人民来评判，最终都要看人民是否真正得到了实惠，人民生活是否真正得到了有效改善，人民权益是否真正得到了有力保障。作为人民的勤务员，共产党人必须深刻认识到，无论什么情况下，都应把群众利益放在第一位。在新时代新征程上，党员

---

① 《习近平关于全面从严治党论述摘编》，中央文献出版社 2016 年版，第 148 页。

干部一定要抓住人民最关心最直接最现实的利益问题，把人民群众关心的事当作自己的大事，在幼有所育、学有所教、劳有所得、病有所医、老有所养、住有所居、弱有所扶上不断取得新进展，不断促进社会公平正义，不断促进人的全面发展、全体人民共同富裕。共产党人，尤其是作为"关键少数"的领导干部要提高政治站位，做到信念过硬、政治过硬、责任过硬、能力过硬、作风过硬，发挥"头雁效应"，带动人民群众勠力同心、发愤图强。

"知屋漏者在宇下，知政失者在草野"。改革开放以来，我们党坚持人民标准，成功开辟和拓展了中国特色社会主义道路，取得举世瞩目的发展成就。中国特色社会主义进入新时代，我们面临的挑战和问题依然严峻复杂，党面临的"赶考"远未结束。民生领域还有不少短板，城乡区域发展和收入分配差距依然较大，群众在就业、教育、医疗、居住、养老等方面面临不少难题，这些都必须着力加以解决。让人民群众满意是我们党做好一切工作的价值取向和根本标准。我们必须做到坚持和发展中国特色社会主义要一以贯之，推进党的建设新的伟大工程要一以贯之，增强忧患意识、防范风险挑战要一以贯之，决不能因为胜利而骄傲，决不能因为成就而懈怠，决不能因为困难而退缩。

群众意见是一把最好的尺子，中国共产党人只有不断倾听人民呼声、虚心接受人民监督，居安思危，迎难而上，开拓进取，始终把人民拥护不拥护、赞成不赞成、高兴不高兴、答应不答应作为衡量一切工作成败得失的根本标准，才能在新时代的长征路上向历史、向人民交出更加优异的答卷。要增加民意分量，畅通民主监督，把民意融入考核评价机制的全过程，让民意在干部考核中发挥指挥棒效应，助推经济社会高质量发展。坚持群众路线，开门纳谏，采用民主测评、网上评议、入户征询等方式，最大范围吸收民意，切实把答卷交给人民评判，让人民成为工作业绩的最高裁决者。

第四章

# 打破"现代化＝西方化"的迷思

## ——强国就要不断推进和拓展中国式现代化

　　现代化是人类社会的共同愿景。世界上既不存在定于一尊的现代化模式，也不存在放之四海而皆准的现代化标准。现代化之所以长期被等同于西方化，是由于西方国家是现代化的先发国。但是，西方资本主义现代化是建立在对外殖民血腥掠夺、对内残酷剥削人民的原始积累基础上的。从英国的"圈地运动"，到美国的"西进运动"，再到罪恶的奴隶贸易，都标注了西方资本主义现代化的"原罪"。2023 年 11 月，来自非洲联盟和加勒比共同体的代表在加纳举行的峰会上一致同意，建立一个全球赔偿基金，以推动欧洲国家对跨大西洋奴隶贸易期间被奴役的非洲人进行正式道歉及赔偿。加纳总统阿库福—阿多在峰会上表示："整个奴隶制时代扼杀了我们在经济、文化和心理上的进步，很多家庭遭到拆散……你无法量化这类悲剧的影响"。①

　　习近平总书记深刻指出："在新中国成立特别是改革开放以来的长期探索和实践基础上，经过党的十八大以来在理论和实践上的创新突

---

　　①　马汉智：《对奴隶贸易的清算是人间正道》，《光明日报》2023 年 12 月 11 日。

破，我们成功推进和拓展了中国式现代化。"① 在推进和拓展中国式现代化的历史进程中，我们开辟了彰显中国特色、符合中国实际的现代化道路，打破了西方现代化模式的唯一性，展现出人类社会现代化的光明前景。中国式现代化，走出了"两极分化、阶级对立"的文明困境，破解了"扩张掠夺、国强必霸"的文明陷阱，克服了资本主义现代化所固有的先天性弊端，打破了只有走西方资本主义道路才能实现现代化的神话。这充分表明，治理一个国家、推动一个国家实现现代化，并不只有西方制度模式这一条道，各国完全可以走出自己的道路来。

## 一、永葆中国式现代化的根本性质

党的二十大报告提出，"中国式现代化，是中国共产党领导的社会主义现代化"②。在新进中央委员会的委员、候补委员和省部级主要领导干部学习贯彻习近平新时代中国特色社会主义思想和党的二十大精神研讨班开班式上，习近平总书记深入阐释党在中国式现代化建设中的领导地位，深刻指出："这是对中国式现代化定性的话，是管总、管根本的。为什么要强调党在中国式现代化建设中的领导地位？这是因为，党的领导直接关系中国式现代化的根本方向、前途命运、最终成败。"③ 正因为中国共产党领导，"当官发财两条道，当官就不要发财，发财就不要当官"。但西方资本主义发达国家，虽然已经实现现代化，但它们的现代

---

① 《习近平在省部级主要领导干部"学习习近平总书记重要讲话精神，迎接党的二十大"专题研讨班上发表重要讲话强调　高举中国特色社会主义伟大旗帜　奋力谱写全面建设社会主义现代化国家崭新篇章》，《人民日报》2022 年 7 月 28 日。

② 《习近平著作选读》第一卷，人民出版社 2023 年版，第 18 页。

③ 习近平：《中国式现代化是中国共产党领导的社会主义现代化》，《求是》2023 年第 11 期。

化性质决定了当官发财是一条道。2023 年 10 月，美国前纽约州国会议员苏奥齐宣布"复出"，重新角逐众议院议员职务。2024 年 1 月，苏奥齐公开了自己过去一年的收入及财务状况。财报显示，苏奥齐在卸去议员职务后的一年内收入 62.25 万美元，是他任议员时薪酬待遇的 3.75 倍，超过了 2022 年全美 80% 家庭的年收入。其中，有 53.5 万美元来自他刚离开国会就创办的咨询公司的营收。同时，他还兼任多家企业的高管。在苏奥齐还是议员时，曾与一家制药公司的总裁进行会晤，会面前他声称要"好好整治药价飞涨"，会晤后就立马呼吁对整治药价采取更加"深思熟虑、慎重的程序"，并谴责起"一味指责"制药公司的同僚。此外，苏奥齐还曾因瞒报股票交易而受到调查。① 从这一故事，我们能够深刻理解为什么要强调中国共产党在中国式现代化建设中的领导地位。党的领导直接关系中国式现代化的根本方向、前途命运、最终成败。

## （一）党领导人民开创了中国式现代化道路

2021 年 7 月 1 日，天安门广场红旗猎猎，歌声、号角声、脚步声回荡长空。登上城楼，身后朱红色大门合拢，面前开启一段新的历程。在庆祝中国共产党成立 100 周年大会上，习近平总书记向世界庄严宣告第一个百年奋斗目标实现，"正在意气风发向着全面建成社会主义现代化强国的第二个百年奋斗目标迈进"②。掌声如潮，响彻天地间。中国式现代化的实现不是一个自发的、在偶然性中缓慢演进的过程，而是我们党率领中华民族优秀儿女自觉推进的过程。党的百余年奋斗史，就是党领导人民追求现代化、创造现代化、发展现代化的伟大历史。

---

① 刘皓然：《美媒：议员"复出"后公开财务状况，"旋转门"惊人细节曝光》，环球时报公众号，2024 年 1 月 18 日。

② 习近平：《在庆祝中国共产党成立 100 周年大会上的讲话》，《人民日报》2021 年 7 月 2 日。

2021 年 7 月 1 日上午，庆祝中国共产党成立 100 周年大会在北京天安门广场隆重举行。这是庆祝大会现场放飞气球。

在 100 多年的非凡奋斗历程中，中国共产党团结带领中国人民创造了中国式现代化新道路，创造了人类现代化史上的奇迹。中国从一穷二白发展成为世界第二大经济体，创造了经济快速发展的奇迹；中国社会在现代化的急剧变革中保持和谐稳定，中国人民安居乐业，中国成为世界上最有安全感的国家之一，创造了社会长期稳定的奇迹；中国人民从温饱不足到全面小康，历史性地消除绝对贫困，正朝着共同富裕的目标稳步前进，这是人民生活水平显著提高的奇迹；中国从落后时代到赶上时代、从赶上时代到引领时代，成为世界和平的建设者、全球发展的贡献者、国际秩序的维护者、公共产品的提供者，这是不断为世界作出重大贡献的奇迹。从"四个现代化"到"社会主义现代化"，再到"中国式现代化",推动物质文明、政治文明、精神文明、社会文明、生态文明协调发展,用几十年时间走完了发达国家几百年走过的工业化历程,使具有5000多年文明历史的中华民族全面迈向现代化,使具有500多年历史的科学社会主义在21世纪焕发出新的蓬勃生机,从根本上扭转了中华民族的历史命运,深刻影响着世界现代化进程,在人类历史上具有重大意义。实践证明,没有中国共产党、没有社会主义就没有中国式现代化道路和人类文明新形态。

### (二)党的领导决定中国式现代化的根本性质

"扶一把老百姓特别是农民""让农民挑上'金扁担'"。从梁家河一路走来,习近平总书记心里始终惦念着农村、牵挂着农民,在实践中不断思考并擘画着中国特色农业农村现代化之路。2020年全国两会"下团组"时,习近平总书记讲了一个"金扁担"的故事。当年,乡亲们谈起在吃饱吃好之后更高的愿望时说,将来上山干活就挑着金扁担。"'金扁担',我把它理解为农业现代化。"习近平总书记"让农民挑上'金扁担'"的牵挂里,既有锚定建设农业强国目标的壮阔擘画,也有"让老百姓过上好日子"的殷殷期许,是"党的领导决定中国式现代化的根本性质"在农业现代化中的生动彰显。放眼全国,400多万家家庭农场、222万多家农民合作社,县级以上龙头企业引领各类农业产业化组织辐射带动农户1.2亿多户。"村两委+合作社+农户""企业+合作社+农户"……联农带农,兴农惠农,各类新型经营模式在广袤田野扎根。"金扁担"越挑越稳,成色越来越足,农业现代化的进程正带动越来越多的农民走上具有社会主义性质的共同富裕道路。①

习近平总书记鲜明指出:"党的性质宗旨、初心使命、信仰信念、

---

① 朱隽、郁静娴:《"让农民挑上'金扁担'"》,《人民日报》2024年1月19日。

政策主张决定了中国式现代化是社会主义现代化,而不是别的什么现代化。"① 党的十八大以来,习近平总书记牢牢把握"中国共产党是什么、要干什么"② 这个根本问题,旗帜鲜明地把"坚持中国共产党领导"作为中国式现代化本质要求的第一条。从道路看,中国共产党始终高举中国特色社会主义伟大旗帜,既坚持科学社会主义基本原则,又不断赋予其鲜明的中国特色和时代内涵,坚定不移地走中国特色社会主义道路,确保中国式现代化在正确的轨道上顺利推进。从理论看,我们党坚持把马克思主义作为根本指导思想,不断深化对共产党执政规律、社会主义建设规律、人类社会发展规律的认识,不断开辟马克思主义中国化时代化新境界,为中国式现代化提供科学指引。从制度看,我们党坚持和完善中国特色社会主义制度,不断推进国家治理体系和治理能力现代化,形成包括中国特色社会主义根本制度、基本制度、重要制度等在内的一整套制度体系,为中国式现代化稳步前行提供坚强制度保证。从文化看,我们党坚持和发展中国特色社会主义文化,激发全民族文化创新创造活力,为中国式现代化提供强大精神力量。只有毫不动摇坚持党的领导,中国式现代化才能前景光明、繁荣兴盛;否则就会偏离航向、丧失灵魂,甚至犯颠覆性错误。

## (三)党的领导确保中国式现代化锚定目标行稳致远

2024 年 1 月 31 日,习近平总书记主持二十届中央政治局第十一次集体学习时指出,新质生产力是创新起主导作用,摆脱传统经济增长方式、生产力发展路径,具有高科技、高效能、高质量特征,符合新

---

① 习近平:《中国式现代化是中国共产党领导的社会主义现代化》,《求是》2023 年第 11 期。

② 《中共中央关于党的百年奋斗重大成就和历史经验的决议》,《人民日报》2021 年 11 月 17 日。

发展理念的先进生产力质态。它由技术革命性突破、生产要素创新性配置、产业深度转型升级而催生，以劳动者、劳动资料、劳动对象及其优化组合的跃升为基本内涵，以全要素生产率大幅提升为核心标志，特点是创新，关键在质优，本质是先进生产力，强调发展新质生产力是推动高质量发展的内在要求和重要着力点，必须继续做好创新这篇大文章，推动新质生产力加快发展。① 截至 2023 年底，我国国内（不含港澳台）发明专利拥有量达到 401.5 万件，成为世界上首个国内有效发明专利数量突破 400 万件的国家。在这 400 多万件有效发明专利中，高价值发明专利拥有量 166.5 万件，占 41.5%，较 2022 年提高 1.1 个

2023 年 5 月 28 日，东航首架 C919 飞机停在上海虹桥机场停机坪上。

---

① 《习近平在中共中央政治局第十一次集体学习时强调　加快发展新质生产力　扎实推进高质量发展》，《人民日报》2024 年 2 月 2 日。

百分点；国内企业拥有有效发明专利 290.9 万件，占比首次超过七成，企业创新主体地位进一步凸显。[①] 以习近平同志为核心的党中央，以"咬定青山不放松"的韧劲和定力领导推动高质量发展，正在取得实质性重大进展。历史发展是连续性和阶段性的统一，一个时期有一个时期的历史使命和任务。我们党始终坚持把远大理想和阶段性目标统一起来，一旦确定目标，就持之以恒地接力推进，并不断取得举世瞩目、彪炳史册的辉煌业绩。

需要看到，高质量发展不是轻轻松松就能实现的，必须迎难而上、攻坚克难。越是任务艰巨、挑战严峻，越要发挥党中央集中统一领导的定海神针作用，沉着应对重大挑战，步调一致向前进。从党的十八大锚定第一个百年奋斗目标，到党的十九大对实现第二个百年奋斗目标作出分两个阶段推进的战略安排；从党的十九届五中全会着眼于"两个一百年"奋斗目标有机衔接、接续推进，谋划"十四五"时期和到 2035 年的发展图景，到党的二十大更加清晰擘画了到 2035 年我国发展的目标要求，科学描绘了全面建成社会主义现代化强国、全面推进中华民族伟大复兴的宏伟蓝图，我们推进社会主义现代化建设的奋斗目标是循序渐进、一以贯之的，随着实践的发展不断丰富完善。

## （四）党的领导凝聚建设中国式现代化的磅礴力量

肯文·史密斯博士和大卫·伯格博士在他们的著作《群体生活的悖论》中指出，个人评价体系由于只存在单一维度，因而是最简单的。相比而言，群体评价体系就复杂多了，竞争关系、个人喜好与性格等各种矛盾交织，信息隔离、各行其是乃至互相拆台等情况交织，导致

---

① 佘惠敏：《400 万件发明专利为发展蓄能》，《经济日报》2024 年 1 月 21 日。

群体能力与个人能力之和并无明确对应关系。而且，越是由优秀个体组成的群体，越容易爆发激烈的矛盾，弥合分歧的难度越大。1992 年，美国男篮派出"梦之队"征战奥运。这支队伍囊括了当时 NBA 大量顶级球星，包括查尔斯·巴克利、拉里·伯德、帕特里克·尤因、埃尔文·约翰逊、迈克尔·乔丹、斯科蒂·皮蓬和卡尔·马龙等。他们都是顶级职业球员，战绩辉煌。但在集训第一个月的一场比赛中，"梦之队"以 8 分之差输给了大学生联队。① 这个故事告诉我们，一个团队如果没有形成合力，再优秀的个体也难以创造胜绩。中国共产党领导的威力，正在于总揽全局、协调各方，汇聚起推进中国式现代化的磅礴力量。

江山就是人民，人民就是江山。习近平总书记在学习贯彻党的二十大精神研讨班开班式上强调："党的领导凝聚建设中国式现代化的磅礴力量，我们党坚持党的群众路线，坚持以人民为中心的发展思想，发展全过程人民民主，充分激发全体人民的主人翁精神。"② 在中国式现代化的诸多特征中，"人民性"是最为显著的特征之一。党的根基在人民、血脉在人民、力量在人民，人民是党执政兴国的最大底气。党代表中国最广大人民根本利益，没有任何自己特殊的利益，从来不代表任何利益集团、任何权势团体、任何特权阶层的利益，这是党立于不败之地的根本所在。现代化的开辟和发展首先要解决的是主体和动力问题。中国式现代化的实践主体和根本动力是人民群众。北京市海淀区海淀街道小南庄社区，是一个有着 50 多年历史的老旧小区。2023 年底，一个新的社区花园在 14 号楼前动工。"小区空间比较紧张，建花园是大家商量的结果。""花园怎么建，也是大家商量着定。"社区居民

① 江子扬:《团队的力量》,《经济日报》2023 年 12 月 24 日。
② 《习近平在学习贯彻党的二十大精神研讨班开班式上发表重要讲话强调　正确理解和大力推进中国式现代化》,《人民日报》2023 年 2 月 8 日。

对未来的生活充满期盼："生活品质肯定一下子提升不少，都盼着早点完工。"近些年来，北京市海淀区推行"大家商量着办"议事协商机制，广泛发动群众积极参与社区提升改造事务，干什么、谁来干由大家提，怎么干、好不好由大家议，有针对性地解决问题，把老百姓关心的事办实、办好。[1]"有事好商量，众人的事情由众人商量"，成为党领导人民聚力推进中国式现代化的生动缩影。

## 二、彰显中国式现代化的中国特色

2024 年 1 月，随着各地 2023 年经济年报揭晓，常州、烟台相继官宣 GDP 突破万亿元，武汉、杭州携手跨过 2 万亿元大关，广州、重庆双双晋级"3 万亿元俱乐部"。如今，我国 GDP 万亿元以上城市数量扩容至 26 个。[2] 在同一个国家，有这么多的"万亿之城"，这在世界上是罕见的，体现了中国式现代化不同于其他国家的特色。中国式现代化是现代化模式中的一种，既有各国现代化的共同特征，更具备基于自己国情的中国特色。

### （一）人口规模巨大的现代化

得益于 2023 年开展实施的"光伏＋采暖"项目，西藏自治区那曲市聂荣县尼玛乡的村民最近用上了"零费用"的光伏供热暖气片。从牛粪取暖、围炉取暖到光伏采暖，当地村民感受到现代化生活条件带来的暖意。同样的暖意，也出现在河北的山沟中、出现在蒙东高寒的村镇

---

① 王昊男、王洲：《干什么由群众提　怎么干由群众议》，《人民日报》2024 年 1 月 3 日。

② 熊丽：《"万亿之城"再出发》，《经济日报》2024 年 2 月 2 日。

里。据统计，截至 2022 年底，中国北方地区清洁供热率超过 70%，对相关地区秋冬季空气质量改善的贡献率达 30% 以上。中国广大农村地区暖气片的变化，折射了中国农村生产生活条件改善，牵动着光伏产业链和全球清洁供热市场，也关乎联合国 2030 年可持续发展目标的第七个指标：可承受的清洁能源。中国式现代化不同于几十万人、几百万人、几千万人的现代化，而是 14 亿多人口的现代化。18 世纪下半叶英国开启现代化时人口是千万级的，其后的国家像德国、英国、法国、意大利、西班牙、澳大利亚、韩国、加拿大等人口规模都处在数千万的量级，20 世纪后美国逐渐领跑现代化时人口是上亿级的，而中国式现代化是 14 亿多人口的现代化，完全称得上是人口规模巨大的现代化。

人口规模巨大，决定了我国现代化必须走一条属于自己的道路。2022 年 10 月 17 日，在参加党的二十大广西代表团讨论时，习近平总书记感慨地说："我们的现代化既是最难的，也是最伟大的。"[1] 人口规模不同，现代化的任务就不同，其艰巨性、复杂性就不同，发展途径和推进方式也必然具有自己的特点。以中国的体量，再大的成就除以 14 亿多人都会变得很小，再小的问题乘以 14 亿多人都会变得很大。光是解决 14 亿多人的吃饭问题，就是一个不小的挑战。还有就业、分配、教育、医疗、住房、养老、托幼等问题，哪一项解决起来都不容易，哪一项涉及的人群都是天文数字。党的十八大以来，以习近平同志为核心的党中央团结带领人民打赢脱贫攻坚战，近 1 亿农村贫困人口脱贫，如期全面建成小康社会；积极推进以人为核心的新型城镇化，常住人口城镇化率超过 65%；形成超 4 亿人口的世界最大规模中等收入群体；推动实现更加充分、更高质量的就业，建成世界上规模最大的教育体系、社会保障体系、医疗卫生体系，人民群众的获得感、幸

---

① 杜尚泽：《"既是最难的，也是最伟大的"》，《人民日报》2022 年 10 月 18 日。

福感、安全感不断增强。

中国 14 亿多人口整体迈入现代化，规模超过现有发达国家人口的总和，将极大改变现代化的世界版图。大有大的优势，大也有大的难处。这是人类历史上规模最大的现代化，也是难度最大的现代化。我们始终从国情出发，首先要考虑人口基数问题，考虑我国城乡区域发展水平差异大等实际，既不好高骛远，也不因循守旧，保持历史耐心，坚持稳中求进、循序渐进、持续推进。要完善新时代人口发展战略，认识、适应、引领人口发展新常态，在充分发挥人口规模巨大优势的同时，处理好人口发展面临的突出问题，优化人口结构，维护人口安全，以人口高质量发展支撑中国式现代化。

### （二）全体人民共同富裕的现代化

几年前，在四川凉山州布拖县阿布洛哈村，村民阿达么友杂开了村里第一家小卖部。开业之初，路还没有修好，她借了 3 匹马，花了整整 2 天，才把货从县城运来。阿布洛哈，彝语意思为"高山里的深谷"，坐落于金沙江大峡谷深处，三面环山、一面临崖。2019 年 6 月，阿布洛哈的通村公路开工。因地形复杂，4 个月才修了 3 公里和 1 个隧道。"现在公路通到了家门口，想进什么货打个电话就可以送上门。"2021 年，阿达么友杂办起网店销售农产品，带动村里十多户村民增收 10 余万元。为阿布洛哈村 65 户 253 个人在绝壁上修建一条 3.8 公里长、4.5 米宽的通村公路，要耗费多少成本？有的国家和地区也许要精算一笔投入产出的经济账，但在中国，这是笔"民之所盼，政之所向"的民心账。

从《周礼·天官冢宰·小宰》提到"以富邦国，以养万民，以生百物"到《礼记·礼运》中的"大道之行也，天下为公"，几千年来，中华民族始终期盼共同富裕的美好愿景。西方现代化强国在几百年的进程

2020 年 6 月 30 日，一辆客运面包车行驶在四川凉山州布拖县阿布洛哈村新完工的村道上（无人机照片）。

中，把贫困转嫁给广大发展中国家，即使在本国也是在分配领域极为不公，使贫者愈贫、富者愈富。2024 年 1 月 15 日，英国慈善组织乐施会发布《全球不平等报告》，指出，自 2020 年以来，全球最富 5 人[①] 所拥有的财富翻了一倍多，全球 1% 最富有的人拥有全球 43% 的金融资产，而与此同时，"50 亿人在变穷"。[②] 有关数据显示，美国最富有的 1% 人群的资产超过底层 90% 人群的资产。美国无家可归者近年来大幅度上升。根据美国住房和城市发展部的数据，2022 年美国日均有 58.25 万人无家可归，其中 40% 只能居住在缺乏庇护的街道、废弃建筑或其他恶

---

① 这 5 人分别是特斯拉首席执行官马斯克、法国 LVMH 集团创始人阿诺特、亚马逊创始人贝索斯、甲骨文创始人埃里森和脸书创始人扎克伯格。

② 甄翔：《过去 4 年，全球最富 5 人财富翻倍》，环球时报公众号 2024 年 1 月 16 日。

劣环境中。① 西方现代化的最大弊端，就是以资本为中心而不是以人民为中心，追求资本利益最大化而不是服务绝大多数人的利益，导致贫富差距过大、两极分化严重。一些发展中国家因盲目效仿西方现代化，没有解决好两极分化、阶层固化等问题，结果掉进了"中等收入陷阱"。

中国式现代化则与之不同，坚持发展为了人民、发展依靠人民、发展成果由人民共享，是以实现全体人民共同富裕为目的的现代化。这与社会主义本质要求相一致，也与中国共产党的性质宗旨相吻合，是"人心所归，惟道与义"的现代化。

### （三）物质文明和精神文明相协调的现代化

2022 年夏天，贵州省"美丽乡村"篮球联赛黔东南州半决赛在苗族村落台盘村开赛。16 支球队，4 天 27 场比赛。看台座无虚席，网络直播累计观看人次上亿。在台盘村，每逢苗家农事节日"吃新节"，举行篮球赛都是重头戏。党的十八大以来，当地基础设施不断完善，民众开车出村 10 分钟可以上高速、20 多分钟能坐上高铁，5G 网络实现覆盖。"过去 10 年，中国城市变得更现代、乡村变得更美丽，中国人民的自信心与获得感与日俱增。"在泰国泰中"一带一路"研究中心主任威伦·披差翁帕迪看来，这是中国取得的巨大发展成就，也给世界其他国家提供了很好的借鉴。② 中国式现代化是独具特色的社会主义现代化，强调物质文明和精神文明协调发展，人民群众物质生活和精神生活同步改善，物质力量和精神力量全面增强。

物质贫困撑不起现代化，精神贫乏也够不上现代化。习近平总书记强调："要在坚持以经济建设为中心的同时，全面推进经济建设、政治

---

① 曲青山：《深刻理解中国式现代化五个方面的中国特色》，《求是》2023 年第 16 期。

② 龚鸣、肖新新：《物质文明和精神文明相协调的现代化》，《人民日报》2022 年12 月 1 日。

这是 2023 年 3 月 27 日在贵州省黔东南州台江县台盘村拍摄的贵州省首届"美丽乡村"篮球联赛总决赛现场（无人机照片）。

建设、文化建设、社会建设、生态文明建设，促进现代化建设各个环节、各个方面协调发展，不能长的很长、短的很短"①。中国式现代化不只是体现在物质层面，不局限于传统的、单纯意义上的经济增长，不仅仅是体现在国民生产总值和人均收入指标的增长上，而是坚持以人民为中心，满足人民日益增长的美好生活需要，以全方位的社会进步彰显发展的系统性和全面协调性，是物质文明和精神文明相协调的现代化，是在充分挖掘中国本土文化资源基础上，对包括西方文明在内的一切人类

① 《习近平著作选读》第一卷，人民出版社 2023 年版，第 379 页。

优秀文明成果的吸收借鉴和创造性应用，既要物质财富极大丰富，也要精神财富极大丰富。

《管子》曰："仓廪实而知礼节，衣食足而知荣辱"。马克思强调物质生活的作用，"人们为了能够'创造历史'，必须能够生活，但是为了生活首先就需要吃喝住穿以及其他一些东西，因此第一个历史活动就是生产满足这些需要的资料，即生产物质生活本身"①，又强调"物质存在方式虽然是始因，但是这并不排斥思想领域也反过来对物质存在方式起作用"②。党的二十大报告指出，物质贫困不是社会主义，精神贫乏也不是社会主义。我们党始终注重推动物质文明和精神文明协调发展，新时代全面建设社会主义现代化国家，需要以更大决心、下更大力气推动两个文明相互促进、协调发展。要把握物质文明和精神文明的协调性，破除"物质文明是主、精神文明是次""物质文明上去、精神文明自然好"等错误认识，在实践中坚持物质文明和精神文明并重，在经济发展创造奇迹的同时书写精神文明建设新篇章。

### （四）人与自然和谐共生的现代化

2021 年，云南一群亚洲象的北上及返回之旅，吸引全球网民在线"围观"，让世界看到中国保护野生动物的成果。曾经"濒危"的大熊猫降为"易危"等级，"吉祥鸟"朱鹮初步摆脱灭绝的紧迫风险，"微笑天使"长江江豚追逐嬉戏。人与自然和谐共生的现代化，是中国式现代化的鲜明特点。党的二十大报告提出，尊重自然、顺应自然、保护自然，是全面建设社会主义现代化国家的内在要求。

继承和发扬中华优秀传统生态文化。中华优秀传统文化历来强调

---

① 《马克思恩格斯选集》第一卷，人民出版社 2012 年版，第 158 页。
② 《马克思恩格斯选集》第四卷，人民出版社 2012 年版，第 598 页。

这是 2023 年 6 月 29 日，三头长江江豚在白鱀豚馆水中游动。

天人合一、尊重自然。与古代希腊人、印度人发展的机械原子论不同，古代中国人发展了有机宇宙（有机整体）的哲学。从《老子》讲"人法地，地法天，天法道，道法自然"，到《周易》讲"推天道以明人事"，再到儒家以天人合一为其思想主流，都无不强调人和宇宙的统一性。党的十八大以来，我们党在处理自然与社会诸问题时，提出了更为宏远的"人与自然和谐共生"的主张，并作为新时代坚持和发展中国特色社会主义的基本方略之一加以贯彻落实，实现了对"天人合一"思想的传承与发展。

人与自然和谐共生的现代化和西方生态现代化有所不同。在人类走向工业化、现代化的进程中，西方发达国家普遍走的是一条"先污染后治理"的道路。由于物质主义的驱使，整体上没有改变对自然资源过度消耗的模式。美国以占世界不到 5% 的人口，消耗世界能源产量的 34%，并制造出大致相当的污染物，但美国早在 2001 年就退出《京都议定书》，拒不履行减少全球温室气体排放量的责任。这种现代化的方式是文明的病态，也是地球的灾难。中国建设现代化国家要走出一条新路。新时代以来，我国生态文明建设从理论到实践都发生了历史性、转折性、全局性变化，美丽中国建设迈出重大步伐。

2012 年至 2022 年底，我国单位国内生产总值能耗、水耗（用水量）、地耗（建设用地使用面积）分别下降 26.4%、46.5%、38.6%，主要资源产出率累计提高近 60%。清洁能源消费占比大幅提升，水电、风电、光伏发电装机容量均居世界第一，2022 年全国单位国内生产总值二氧化碳排放比 2012 年下降 40.1%，清洁能源消费比重由 14.5% 升至 25.9%，煤炭在一次能源消费中的比重由 68.5% 降至 56.2%。在青藏高原、黄河流域、长江流域等重要生态区部署实施 50 余项山水林田湖草沙一体化保护和修复重大工程（即"中国山水工程"），完成修复治理面积 5.37 万平方公里；实施海洋生态保护和修复重大工程，整治修复海岸线近 2000 公里、滨海湿地超过 4 万公顷；森林覆盖率由 21.63% 提高到 24.02%，是世界上森林资源增长最多的国家。[①] 新时代新征程，统筹经济社会发展和生态环境保护，必须牢固树立和践行绿水青山就是金山银山的理念，坚持节约优先、保护优先、自然恢复为主的方针，坚定不移走生产发展、生活富裕、生态良好的文明发展道路，实现中华民族永续发展。2023 年 12 月的《中共中央国务院关于全面推进美丽中国建设的意见》提出，全面推进美丽中国建设要坚持做到"全领域转型""全方位提升""全地域建设""全社会行动"，这四个"全"是全面推进美丽中国建设的总原则和总方法，将引领人与自然和谐共生的现代化达到新境界。

### （五）走和平发展道路的现代化

二十四节气、黄河之水、中国结、迎客松、折柳寄情、雪花主题

---

① 自然资源部：《全面推进人与自然和谐共生的现代化》，《求是》2023 年第 22 期。

歌……展现圆融和合等中国理念的北京冬奥会开、闭幕式，让世界领略中华文化和奥林匹克精神和合共生。这场连接东西方文明的"冬奥之约"，搭建起中华文明与世界文明交流互鉴的桥梁。

在人类走向现代化的历史进程中，过去演绎的大都是大国崛起"你方唱罢我登场"的零和之路，而中国式现代化走的是一条"美美与共、天下大同"的共赢之路。党的十八大以来，以习近平同志为核心的党中央统筹"两个大局"，始终不渝走和平发展道路、推动构建新型国际关系、奉行互利共赢开放战略、推进全球治理体系变革，为应对世界经济危机、国际公共卫生危机等世界难题贡献了中国智慧和中国方案。中国式现代化秉持为人类谋进步、为世界谋大同的天下情怀，具有最大的包容性和开放性，以新的文明形态促进世界和平与发展，推动构建人类命

2022 年 1 月 27 日，"小鸽子们"在北京冬奥会彩排中。在灯光下，手持发光"白鸽"，脚踩着"小雪花"，孩子们奔跑着，从四面八方汇聚到体育场中央组成心形。

广东茂名是荔枝之乡，全市荔枝种植面积近 140 万亩，年产量近 60 万吨。近年来，茂名市在努力做好荔枝种植和销售的同时，大力发展精深加工，推动荔枝从"小特产"向"大产业"转变。

运共同体。①

　　坚持走和平发展道路，就是要在中国与世界各国的良性互动和互利共赢中实现中华民族伟大复兴和促进人类文明进步。习近平总书记指出："中国走和平发展道路，其他国家也都要走和平发展道路，只有各国都走和平发展道路，各国才能共同发展，国与国才能和平相处。"② 坚持走和平发展道路，既是中国式现代化顺利推进的重要前提，也是其有效保障和有力支持；既反映出中国共产党对有利国际环境的主动战略塑造，更赋予中国式现代化强大的道义力量。我们坚定站在历史正确的一

---

　　①　《中国式现代化面对面》，学习出版社、人民出版社 2003 年版，第 197 页。
　　②　《习近平谈治国理政》，外文出版社 2014 年版，第 249 页。

边、站在人类文明进步的一边，坚持在和平发展道路上推进现代化，造福中国、利好世界，为推动人类文明进步作出更大贡献。

## 三、贯彻中国式现代化的本质要求

习近平总书记在不同场合的重要讲话中多次提出"本质要求"的问题。比如，在庆祝中国人民政治协商会议成立 65 周年大会上指出"大团结大联合是统一战线的本质要求",[①] 在党的十九大报告中强调"解放和发展社会生产力，是社会主义的本质要求"，"全面依法治国是中国特色社会主义的本质要求和重要保障",[②] 在中共中央召开的党外人士座谈会上指出"广大人民群众共享改革发展成果，是社会主义的本质要求",[③] 等等。"本质要求"，既是讲本质，也是讲要求。扭住"本质要求"，体现了马克思主义关于深入揭示规律，以及抓主要矛盾和矛盾主要方面的重要思想方法。

党的二十大报告指出："中国式现代化的本质要求是：坚持中国共产党领导，坚持中国特色社会主义，实现高质量发展，发展全过程人民民主，丰富人民精神世界，实现全体人民共同富裕，促进人与自然和谐共生，推动构建人类命运共同体，创造人类文明新形态。"[④] 中国式现代化的本质要求各方面紧密联系、内在贯通，构成了一个系统完备、科学严

---

① 习近平：《在庆祝中国人民政治协商会议成立 65 周年大会上的讲话》，人民出版社 2014 年版，第 5 页。

② 习近平：《决胜全面建成小康社会 夺取新时代中国特色社会主义伟大胜利——在中国共产党第十九次全国代表大会上的报告》，人民出版社 2017 年版，第 22、35 页。

③ 中共中央文献研究室编：《习近平关于社会主义社会建设论述摘编》，中央文献出版社 2017 年版，第 34 页。

④ 《习近平著作选读》第一卷，人民出版社 2023 年版，第 20 页。

密的有机整体，饱含着我们党治国理政的宝贵经验和智慧结晶，为坚定不移走中国式现代化道路、以中国式现代化全面推进中华民族伟大复兴提供了科学指南和根本遵循。

从规律探索把握中国式现代化的本质要求。中国式现代化本质要求，是我们党着眼"建设什么样的社会主义现代化强国，怎样建设社会主义现代化强国"这一重大时代课题进行理论探索和实践创新的重大成果。中国式现代化本质要求的提出，不仅深刻诠释了中国式现代化与西方主要资本主义国家现代化的根本区别，而且系统阐明了中国在自立自强推进社会主义现代化进程中必须坚守的基本原则和经由的实现路径，是对我国这样一个东方大国如何加快实现现代化在认识上不断深入、战略上不断成熟、实践上不断丰富而形成的思想理论结晶，充分体现了百年大党高度的历史自觉、理论自觉和实践自觉，具有重大现实意义和深远历史意义。

从美好生活把握中国式现代化的本质要求。习近平总书记指出："一切成功发展振兴的民族，都是找到了适合自己实际的道路的民族。"[①] 中国人民和中华民族从近代以后的深重苦难走向伟大复兴的光明前景，从来就没有教科书，更没有现成答案。中国的问题必须从中国基本国情出发，由中国人自己来解答。中国式现代化的本质要求，是我们党领导人民在创造美好幸福生活的历史进程中对社会主义现代化的实践探索和理论创新，展现了中国人民"走自己的路"的坚定自信，必将继续激励全党全军全国各族人民为全面建成社会主义现代化强国、全面推进中华民族伟大复兴而奋斗。

从方向保证把握中国式现代化的本质要求。"坚持中国共产党领导"

---

① 习近平：《在纪念孙中山先生诞辰 150 周年大会上的讲话》，《人民日报》2016 年 11 月 12 日。

和"坚持中国特色社会主义"这两条，明确了中国式现代化的根本政治保证和正确政治方向，揭示了中国式现代化的根本原则和根本要求。其中，中国共产党的领导既是中国特色社会主义最本质的特征和中国特色社会主义制度的最大优势，也是中国式现代化最显著的特点和最本质的要求，是中国式现代化始终坚持社会主义根本方向、向着实现中华民族伟大复兴目标砥砺前行的根本保证。中国特色社会主义是改革开放以来党的全部理论和实践的主题，是实现中华民族伟大复兴的必由之路。只有坚定不移加强党的全面领导，坚定不移沿着中国特色社会主义道路奋楫笃行，才能不断战胜前进道路上各种可以预料和难以预料的风险挑战，确保中国特色社会主义巍巍巨轮乘风破浪、行稳致远。

从布局路径把握中国式现代化的本质要求。"实现高质量发展，发展全过程人民民主，丰富人民精神世界，实现全体人民共同富裕，促进人与自然和谐共生"这五条，是着眼于推动物质文明、政治文明、精神文明、社会文明、生态文明协调发展提出来的本质要求，明确了中国式现代化的布局和路径。物质文明、精神富有是社会主义现代化的根本要求，"实现高质量发展"和"丰富人民精神世界"就是要不断厚植现代化的物质基础和精神基础，促进物的全面丰富和人的全面发展。人民民主是社会主义的生命，是全面建设社会主义现代化国家的应有之义，"发展全过程人民民主"，就是要坚定不移走中国特色社会主义政治发展道路，全链条、全方位、全覆盖地保证人民当家作主。"实现全体人民共同富裕"，就是要坚持把实现人民对美好生活的向往作为现代化建设的出发点和落脚点，着力维护和促进社会公平正义，着力促进全体人民共同富裕，坚决防止两极分化。尊重自然、顺应自然、保护自然，是全面建设社会主义现代化国家的内在要求，"促进人与自然和谐共生"就是要牢固树立和践行"绿水青山就是金山银山"的理念，站在人与自然和谐共生的高度谋划中华民族永续发展。在推进中国式现代化的实践过程中，这五条本质要求相辅相成、相得益彰，同频共振、同向发力，共同凝聚起建设社会主义现代化国家、全面推进中华民族伟大复兴的强大合力。

从前途命运把握中国式现代化的本质要求。"万物并育而不害，道并行而不悖。"构建人类命运共同体是世界各国人民前途所在，也是中国式现代化区别于奉行扩张主义、霸权主义的西方现代化发展模式的显著标识和鲜明优势，充分展现了中国共产党为人类谋进步、为世界谋大同的崇高追求和使命担当，为解决人类面临的共同问题贡献了中国智慧、中国方案、中国力量。将"推动构建人类命运共同体"纳入中国式

2023年5月16至18日，2023世界电信和信息社会日大会暨系列活动在安徽省合肥市举行。作为大会重要内容之一的"信息化助力中国式现代化发展成果展"，吸引了中国电信、中国移动、华为等企业参展。展会上展示了"量子科技及网络安全""5G新基建""云网融合"等一系列信息化新成果。

现代化的本质要求，意味着在现代化进程中愈益强起来的中国将坚决摒弃"国强必霸"的陈旧逻辑，坚定站在历史正确的一边，站在人类文明进步的一边，高举和平、发展、合作、共赢旗帜，与世界各国人民携手解决全球性问题，推动建设持久和平、普遍安全、共同繁荣、开放包容、清洁美丽的世界。中国将始终坚持维护世界和平、促进共同发展的外交政策宗旨，致力于推动构建人类命运共同体，在与世界各国人民携手解决全球治理难题的过程中推动国际秩序朝着更加公正合理的方向发展。

从实践旨归把握中国式现代化的本质要求。创造人类文明新形态，是以上六条本质要求的实践旨归和集中展现。中国式现代化，不仅解决了新征程上如何继续推进中华民族伟大复兴的重大问题，而且超越了所谓"文明优越论""文明冲突论"，拓宽了人类文明迈向现代化以及实现全人类共同价值的路径选择。中国式现代化与创造人类文明新形态是相辅相成、内在统一的。中国式现代化的形成和发展，孕育了人类文明新形态；创造人类文明新形态、推动人类社会朝着更文明的目标迈进，是中国式现代化的必然要求和应有之义。中国式现代化破解了人类社会发展的诸多难题，彻底摒弃了西方以资本为中心的现代化、两极分化的现代化、物质主义膨胀的现代化、对外扩张掠夺的现代化老路，拓展了发展中国家走向现代化的途径，给世界上那些既希望加快发展又希望保持自身独立性的国家和民族提供了全新选择，必将继续推进人的全面发展和社会共同进步，引领中华文明和人类文明迎来更加光明的前景。

"天下之势不盛则衰，天下之治不进则退。"全面建设社会主义现代化国家，是一项伟大而艰巨的事业，前途光明，任重道远。新征程上，我们必须牢牢把握中国式现代化的本质要求并在实践中不断丰富和发展，永葆赶考的清醒和坚定，踔厉奋发、勇毅前行，不断书写推进中国

2023 年 9 月 26 日，国务院新闻办公室在北京举行《携手构建人类命运共同体：中国的倡议与行动》白皮书新闻发布会。

式现代化的绚丽篇章。要保持走中国式现代化道路的强大定力，坚持道不变、志不改，既不走封闭僵化的老路，也不走改旗易帜的邪路，坚持把国家和民族发展放在自己力量的基点上，把中国发展进步的命运牢牢掌握在自己手中，做到"风雨不动安如山"，确保我国沿着中国式现代化的正确道路稳步前行，不断赢得新的胜利和荣光。中国式现代化的本质要求，是在推进和拓展中国式现代化的伟大实践中深刻总结凝练出来的，必须长期坚持并结合强国复兴的新实践不断丰富发展。要坚持马克思主义基本原理不动摇、坚持党的全面领导不动摇、坚持中国特色社会主义不动摇，紧跟时代步伐，顺应实践发展，不断拓展对中国式现代化本质要求认识的广度和深度，以更加积极的历史担当和创造精神，为推进中国式现代化理论创新与实践创新作出更大贡献。

## 四、厚植中国式现代化的文化根基

上下五千年，泱泱中华风。"中国"之称从何而来？中华文明起源和发展遵循怎样的历史脉络？从刻有"宅兹中国"四个字的何尊，到织有隶书"五星出东方利中国"的锦护膊，从长江下游的良渚遗址，到黄河中游的陶寺遗址……这些宝贵文物、文明遗址，实证了我国百万年的人类史、一万年的文化史、五千多年的文明史。中国式现代化，背后承载着深厚的文化底蕴和深邃的文明价值，完整展现了人类现代化中国方案的深邃智慧、价值内核和独特气韵。

文化自信自强是我们党领导人民成功走出中国式现代化道路的重要支撑。习近平总书记强调："文化自信是更基础、更广泛、更深厚的自

图为观众在北京中国国家博物馆"宅兹中国——宝鸡出土青铜器与金文精华"展上参观西周早期礼器何尊（2020 年 8 月 14 日摄）。

信，是更基本、更深沉、更持久的力量。"① 文化自信自强，与党和国家事业的兴衰成败，与文化安全和民族精神独立性密切相关。近代以来，中华民族从磨难中奋起、从民族危亡走向民族复兴的历程，正是中华文化焕发活力、走向复兴的历程。我们党之所以能成功推进和拓展中国式现代化，离不开文化自信自强的重要支撑。党的十八大以来，以习近平同志为核心的党中央高度重视文化建设，推动我国文化事业在正本清源、守正创新中取得历史性成就、发生历史性变革。新时代文化建设气象万千，全党全国各族人民的文化自信显著增强、日益坚定。新征程上，我们要坚定中国特色社会主义道路自信、理论自信、制度自信，说到底是要坚定文化自信。要把文化自信自强融入全民族的精神气质与文化品格中，养成昂扬向上的风貌和理性平和的心态。要立足中华民族伟大历史实践和当代实践，用中国道理总结好中国经验，把中国经验提升为中国理论，坚持以人民为中心，促进人的全面自由发展，不断铸就中华文化新辉煌，谱写波澜壮阔的中国式现代化建设华章。

中华优秀传统文化是我们推进中国式现代化必须深深扎根的精神沃土。每个国家和民族的历史传统、文化积淀、基本国情不同，其发展道路必然有着自己的特色。数千年来，中华民族走着一条不同于其他国家和民族的文明发展道路。我们开辟了中国特色社会主义道路，成功推进中国式现代化，这些不是偶然的，是我国历史传承和文化传统决定的。习近平总书记指出："独特的文化传统，独特的历史命运，独特的国情，注定了中国必然走适合自己特点的发展道路。"② 中华优秀传统文化是我们最深厚的文化软实力，蕴含的天下为公、民为邦本、为政以德、革故鼎新、任人唯贤、天人合一、自强不息、厚德载物、讲信修睦、亲仁善

---

① 中共中央党史和文献研究院编：《十八大以来重要文献选编》（下），中央文献出版社 2018 年版，第 474 页。

② 《习近平外交演讲集》第一卷，中央文献出版社 2022 年版，第 126 页。

邻等，是中国人民在长期生产生活中积累的宇宙观、天下观、社会观、道德观的重要体现。中华优秀传统文化中蕴藏着解决当代人类面临的难题的重要启示。对传统文化中适合于调理社会关系和鼓励人们向上向善的内容，我们要结合时代条件加以继承和发展，赋予其新的含义。要加强对中华优秀传统文化的挖掘和阐释，使中华民族最基本的文化基因与当代文化相适应、与现代社会相协调，把跨越时空、超越国界、富有永恒魅力、具有当代价值的文化精神弘扬起来。

"两个结合"特别是"第二个结合"使中国式现代化的文化力量更加彰显。习近平总书记在党的二十大报告中指出："只有把马克思主义基本原理同中国具体实际相结合、同中华优秀传统文化相结合，坚持运用辩证唯物主义和历史唯物主义，才能正确回答时代和实践提出的重大问题，才能始终保持马克思主义的蓬勃生机和旺盛活力。"①"两个结合"特别是"第二个结合"，造就了一个有机统一的新的文化生命体。一方面，马克思主义把先进的思想理论带到中国，以真理之光激活了中华文明的基因，引领中国走进现代世界，推动中华文明的生命更新和现代转型；另一方面，中华优秀传统文化充实了马克思主义的文化生命，推动马克思主义不断实现中国化时代化的新飞跃，显示出日益鲜明的中国风格与中国气派。新时代新征程上，我们要坚持马克思主义基本原理不动摇，坚持马克思主义在意识形态领域指导地位的根本制度，坚定不移走中国特色社会主义文化发展道路，做好中华优秀传统文化的创造性转化和创新性发展。要坚持把马克思主义思想精髓同中华优秀传统文化精华贯通起来、同人民群众日用而不觉的共同价值观念融通起来，传承发展中华优秀传统文化，促进外来文化本土化，不断培育和创造新时代中国特色社会主义文化，为扎实推进中华民族现代文明和社会主义文化强国

---

① 《习近平著作选读》第一卷，人民出版社 2023 年版，第 14 页。

建设汇聚强大精神动力。

通过文明交流互鉴不断丰富中国式现代化的内涵、增进中国式现代化的活力。中华文明是在同其他文明不断交流互鉴中形成的开放体系。习近平总书记指出："没有多样性，就没有人类文明。多样性是客观现实，将长期存在。差异并不可怕，可怕的是傲慢、偏见、仇视，可怕的是想把人类文明分成三六九等，可怕的是把自己的历史文化和社会制度强加给他人。"① 环顾全球，百年大变局不断演进。"文明优劣论""文明冲突论""制度对抗论"沉渣泛起，搞"小圈子"、组建"价值观同盟"、挑起意识形态对抗等做法令人忧心。冲突还是合作，倒退还是进步，很大程度上取决于人们如何看待和处理不同文明之间的差异。中国式现代

2023 年 12 月 3 日，以"践行全球文明倡议，推动文明交流互鉴"为主题的首届"良渚论坛"在浙江省杭州市开幕。

① 中共中央党史和文献研究院编：《十九大以来重要文献选编》（下），中央文献出版社 2023 年版，第 120 页。

化，深深植根于中华优秀传统文化，体现科学社会主义的先进本质，借鉴吸收一切人类优秀文明成果，代表人类文明进步的发展方向，展现了不同于西方现代化模式的新图景，是一种全新的人类文明形态。推进中国式现代化，我们要积极推动中华文明创造性转化、创新性发展，激发其生命力，让中华文明同各国人民创造的多彩文明一道，为人类提供正确精神指引。要积极学习借鉴人类文明的一切有益成果，欢迎一切有益的建议和善意的批评，但我们绝不接受"教师爷"般颐指气使的说教！坚持把国家和民族发展放在自己力量的基点上，把国家发展进步的命运牢牢掌握在自己手中，尊重和支持各国人民对发展道路的自主选择，共同绘就百花齐放的人类现代化新图景。

## 五、升华中国式现代化的辩证智慧

2023 年 2 月 7 日，在新进中央委员会的委员、候补委员和省部级主要领导干部学习贯彻习近平新时代中国特色社会主义思想和党的二十大精神研讨班上，习近平总书记强调，推进中国式现代化是一个系统工程，需要统筹兼顾、系统谋划、整体推进，正确处理好顶层设计与实践探索、战略与策略、守正与创新、效率与公平、活力与秩序、自立自强与对外开放等一系列重大关系。① 这一重要论述，对推进中国式现代化需要处理好的若干重大关系作出深刻阐释、提出明确要求，充分体现了马克思主义唯物辩证的思想方法，升华了中国式现代化的辩证智慧，对于全党正确理解中国式现代化，深刻认识实现全面建设社会主义现代化国家各项目标任务的艰巨性和复杂性，增强贯彻落实的思想自觉、政治

---

① 习近平：《推进中国式现代化需要处理好若干重大关系》，《求是》2023 年第 19 期。

自觉、行动自觉，不断开创党和国家事业发展新局面，具有十分重要的意义。

处理好顶层设计与实践探索的关系。党的二十大胜利闭幕后，习近平总书记来到陕西省延安市安塞区高桥镇南沟村。习近平总书记十分关心灌溉和用水问题，老乡们告诉总书记，他们通过筑水坝、搞滴灌和精细化管理，有效解决了用水和灌溉问题。一个微小视角，映射着中国乡村的沧桑巨变，也彰显着顶层设计与实践探索的辩证统一：国家围绕全面推进乡村振兴进行顶层设计，各地因地制宜创造性落实党中央决策部署，为推动农业强、农村美、农民富注入强劲动能。① 加强顶层设计、完善"四梁八柱"是中国特色社会主义制度的优势。党的二十大报告深刻阐述了中国式现代化的中国特色、本质要求和重大原则，是对推进中国式现代化的最高顶层设计。中国式现代化是分阶段、分领域推进的。实现各阶段发展目标，落实各领域发展战略，同样需要进行顶层设计。今天，实现"双碳"目标、走好绿色发展之路，突破"卡脖子"技术、实现高水平科技自立自强，持续保障和改善民生、扎实推动共同富裕，推动文化发展、建设文化强国……强国建设、民族复兴伟业方方面面的事情，都需要进行顶层设计，做好系统谋划。进行顶层设计，需要深刻洞察世界发展大势，准确把握人民群众的共同愿望，深入探索经济社会发展规律，使制定的规划和政策体系体现时代性、把握规律性、富于创造性，做到远近结合、上下贯通、内容协调。同时还应看到，推进中国式现代化是一个探索性事业，还有许多未知领域，需要我们在实践中去大胆探索，通过改革创新来推动事业发展，决不能刻舟求剑、守株待兔。正确处理好顶层设计与实践探索关系，要坚持解放思想、实事求

① 《处理好顶层设计与实践探索的关系——推进中国式现代化需要处理好若干重大关系①》，《人民日报》2023 年 2 月 21 日。

是、与时俱进、求真务实，结合具体实际开拓创新，敢于说前人没有说过的新话，敢于干前人没有干过的事情，切实寻求有效解决新矛盾新问题的思路和办法，努力创造可复制、可推广的新鲜经验。

处理好战略与策略的关系。习近平总书记指出："战略与策略是我们党领导人民改造世界、变革实践、推动历史发展的有力武器。正确运用战略和策略，是我们党创造辉煌历史、成就千秋伟业、战胜各种风险挑战，不断从胜利走向胜利的成功秘诀。"① 党的十八大以来，提出高质量发展引领经济转型升级，提出科技自立自强破解"卡脖子"问题，提出构建新发展格局应对外部环境变化……正是战略上的前瞻性思考，使我国在面对不确定性因素时总能收放自如、应对裕如。推进中国式现代化，必须把这一成功秘诀传承好、运用好、发展好。要增强战略的前瞻性，准确把握事物发展的必然趋势，敏锐洞悉前进道路上可能出现的机遇和挑战，以科学的战略预见未来、引领未来。战略应当有前瞻性、全局性、稳定性，是从全局、长远、大势上作出的判断和决策。我们要提高政治站位，树立世界眼光，胸怀"国之大者"，把历史、现实、未来贯通起来，把中国和世界连接起来，增强战略思维能力，使我们制定的战略符合实际、行之有效，为中国式现代化提供强大的战略支撑。策略是在战略指导下为战略服务的，是战略实施的科学方法。实施战略的环境条件随时都在发生变化，每时每刻都会遇到新情况新问题，这就需要我们把战略的坚定性和策略的灵活性有机结合起来，灵活机动、随机应变、临机决断，在因地制宜、因势而动、顺势而为中把握战略主动。

处理好守正与创新的关系。守正创新是我们党在新时代治国理政的重要思想方法。党的二十大报告指出，我们从事的是前无古人的伟大事

---

① 中共中央党史和文献研究院编：《习近平关于中国式现代化论述摘编》，中央文献出版社 2023 年版，第 231 页。

业，守正才能不迷失方向、不犯颠覆性错误，创新才能把握时代、引领时代。① 守正创新，既与中华民族几千年来恪守正道、革故鼎新的文化传统相承袭，又与我们党一贯坚持的解放思想、实事求是、与时俱进、求真务实的品格相贯通。习近平总书记指出："中国式现代化的探索就是一个在继承中发展、在守正中创新的历史过程。"② 守正绝不是墨守成规、一成不变，创新绝不是无本之木、无源之水。守正与创新相辅相成。在守正中把稳舵盘、保持航向，在创新中寻求突破、扬帆远航，要以科学的态度对待科学，以真理的精神追求真理。一方面，要守好中国式现代化的本和源、根和魂，确保中国式现代化正确方向；另一方面，要把创新摆在国家发展全局的突出位置，顺应时代发展要求，着眼于解决重大理论和实践问题，积极识变应变求变，不断塑造发展新动能新优势，不断开辟发展新领域新赛道。③ 新征程上，只要我们锚定战略目标、保持战略定力，紧跟时代步伐，顺应实践发展，以满腔热忱对待一切新生事物，不断拓展认识的广度和深度，敢于说前人没有说过的新话，敢于干前人没有干过的事情，我们定能沿着中国式现代化这条康庄大道，实现中华民族伟大复兴。

处理好效率与公平的关系。当前和未来一段时期，我国仍处于社会主义初级阶段，发展是解决我国一切问题的基础和关键。党的十八大以来，以供给侧结构性改革提高供给体系质量和效率，以深入推进简政放权激发市场活力，以大力减税降费为企业纾困解难等一系列改革举措不断推出，极大提升了经济社会发展的效率。习近平总书记指出："让广

---

① 《习近平著作选读》第一卷，人民出版社 2023 年版，第 16—17 页。

② 中共中央党史和文献研究院编：《习近平关于中国式现代化论述摘编》，中央文献出版社 2023 年版，第 232 页。

③ 周人杰：《运用辩证思维处理好中国式现代化若干重大关系》，《红旗文稿》2023 年第 5 期。

大人民群众共享改革发展成果，是社会主义的本质要求，是社会主义制度优越性的集中体现，是我们党坚持全心全意为人民服务根本宗旨的重要体现。"[1] 中国式现代化既要创造比资本主义更高的效率，又要更有效地维护社会公平，更好实现效率与公平相兼顾、相促进、相统一。只有处理好效率与公平的关系，在做大蛋糕的同时分好蛋糕，才能让现代化建设成果更多更公平惠及全体人民。要坚持和完善社会主义基本经济制度，毫不动摇巩固和发展公有制经济，毫不动摇鼓励、支持、引导非公有制经济发展，充分发挥市场在资源配置中的决定性作用，更好发挥政府作用，构建全国统一大市场，深化要素市场化改革，建设高标准市场体系，营造市场化、法治化、国际化一流营商环境，着力提高全要素生产率。促进全体人民共同富裕，让所有人都有机会凭自己的能力参与现代化进程，避免贫富悬殊、两极分化，这体现了中国式现代化鲜明的价值底色。对于我们这样一个人口众多、发展不平衡的大国来说，实现共同富裕是一项艰巨而复杂的战略任务。我们必须坚持发展为了人民、发展依靠人民、发展成果由人民共享，作出更有效的制度安排，使全体人民朝着共同富裕方向稳步前进，绝不能出现"富者累巨万，而贫者食糟糠"的现象。要加快建立以权利公平、机会公平、规则公平为主要内容的社会公平保障体系，深入推进司法体制改革，破除阶层固化的体制机制障碍，畅通社会上升通道，健全基本公共服务体系，扎实推动共同富裕取得更为明显的实质性进展。

处理好活力与秩序的关系。世界现代化历程一般规律表明，一个国家在从传统社会向现代社会转变的过程中，往往都要经历一个社会矛盾和风险的高发期，处理好活力与秩序的关系是一道世界性难题。"一个现代化的社会，应该既充满活力又拥有良好秩序，呈现出活力和秩序有

---

[1] 《习近平谈治国理政》第二卷，外文出版社 2017 年版，第 200 页。

近年来，浙江省杭州市富阳区银湖街道积极推动新乡贤助力乡村振兴工作，充分调动新乡贤的示范引领作用，广泛凝聚新乡贤力量，围绕产业发展、基层治理等实际需求，招引优秀人才，发展特色农旅产业，助力乡村振兴和共同富裕。

机统一。"① 秩序代表着社会的有序、和谐与稳定，而活力则蕴含着社会的丰富性、多样性。健康、良好的社会秩序是社会焕发活力的前提和保障，社会活力的奔涌则会进一步促进社会秩序的提升，活力和秩序两者相辅相成、辩证统一。习近平总书记深刻指出："社会治理是一门科学，管得太死，一潭死水不行；管得太松，波涛汹涌也不行。要讲究辩证法，处理好活力和秩序的关系，全面看待社会稳定形势，准确把握维护社会稳定工作，坚持系统治理、依法治理、综合治理、源头治理。"② 中国式现代化应当而且能够实现活而不乱、活跃有序的动态平衡。我们

---

①　《习近平著作选读》第二卷，人民出版社 2023 年版，第 332 页。

②　中共中央党史和文献研究院编：《习近平关于总体国家安全观论述摘编》，中央文献出版社 2018 年版，第 134 页。

要深化各方面体制机制改革，充分释放全社会创造潜能，鼓励科学家、企业家、文艺家等各方面人才特别是青年人才创新、创造。采取切实有效措施解决不愿担当、不敢担当、不善担当等问题，充分调动广大党员干部干事创业的积极性，形成劳动创造财富、实干创造业绩、奋斗创造幸福的正确导向，充分激发全社会创造活力。实践充分表明，只有在秩序的框架下，保持稳定安全的社会环境，才能不断释放经济社会发展活力，汇聚源源不断的发展动力。要统筹发展和安全，贯彻总体国家安全观，健全国家安全体系，增强维护国家安全能力，坚定维护国家政权安全、制度安全、意识形态安全和重点领域安全；提高公共安全治理水平，完善社会治理体系，提升社会治理效率；发展全过程人民民主，努力把矛盾纠纷化解在基层、消除在萌芽状态。建秩序于活力之中，激活力于秩序之上，实现社会有序运行与社会活力迸发相统一、相协调，确保人民安居乐业、社会安定有序、国家长治久安，确保中国式现代化稳步向前。

处理好自立自强与对外开放的关系。习近平总书记指出："推进中国式现代化，必须坚持独立自主、自立自强，坚持把国家和民族发展放在自己力量的基点上，坚持把我国发展进步的命运牢牢掌握在自己手中。"①100 多年来，正是由于我们党始终坚持独立自主开拓前进道路，坚持自立自强，才能够"任凭风浪起，稳坐钓鱼台"，克服了无数困难挑战，取得举世瞩目的辉煌成就。中国式现代化，既有各国现代化的共同特征，更有基于自己国情的中国特色；既是追求自主，向世界展现出中华民族自信自立形象的现代化，也是面向世界，保持与各国深度联结和合作的现代化。新征程上，要加快构建新发展格局，夯实我国经济发

---

① 中共中央党史和文献研究院编：《习近平关于中国式现代化论述摘编》，中央文献出版社 2023 年版，第 235 页。

展的根基、增强发展的安全性稳定性，在各种可以预见和难以预见的狂风暴雨、惊涛骇浪中增强我国的生存力、竞争力、发展力、持续力；要健全新型举国体制，继续抓好关键核心技术攻关，强化国家战略科技力量，加快科技自立自强步伐。当代中国的伟大社会变革，不是简单延续我国历史文化的母版，不是简单套用马克思主义经典作家设想的模板，不是其他国家社会主义实践的再版，也不是国外现代化发展的翻版。随着人类越来越成为你中有我、我中有你的命运共同体，不自立自强就难免随波逐流，不对外开放就难免故步自封，只有在自立自强的前提下扩大对外开放，吸收借鉴人类文明的一切有益成果，才能推动中国式现代化行稳致远。要不断扩大高水平对外开放，深度参与全球产业分工和合作，稳步拓展规则、规制、管理、标准等制度型开放，推动共建"一带一路"高质量发展，维护多元稳定的国际经济格局和经贸关系，用好国内国际两种资源，不断拓展中国式现代化的发展空间。

第五章

# 立时代潮头　担历史使命

## ——强国就要统揽伟大斗争、伟大工程、伟大事业、伟大梦想

2020 年 12 月，党中央的两个会议作出了令人耳目一新的重大结论。一是中央经济工作会议强调，2020 年交出了一份人民满意、世界瞩目、可以载入史册的答卷。党中央权威是危难时刻全党全国各族人民迎难而上的根本依靠。① 二是中央政治局民主生活会强调，以习近平同志为核心的党中央在领导全党全国各族人民战胜史所罕见的风险挑战、奋力推进新时代中国特色社会主义事业中发挥了决定性作用，在这极不寻常的年份创造了极不寻常的辉煌。实践再次证明，重大历史关头、重大考验面前，领导力是最关键的条件，党中央的判断力、决策力、行动力具有决定性作用。② 这些评价和结论表明，以习近平同志为核心的党中央统揽伟大斗争、伟大工程、伟大事业、伟大梦想，创造了经得起历史和人民检验的丰功伟绩。党的十八大以来，习近平总书记高度重视顶层设计，统揽"四个伟大"，推进强国复兴，党和国家事业取得历史性成就、发生历史性变革。历史已经并将继续证明，统揽"四个伟大"是我们党推进强国复兴的恢宏战略和强大法宝。

---

① 《中央经济工作会议在北京举行》，《人民日报》2020 年 12 月 19 日。
② 《加强政治建设提高政治能力坚守人民情怀　不断提高政治判断力政治领悟力政治执行力》，《人民日报》2020 年 12 月 26 日。

# 一、我们的一切奋斗都是为了实现伟大梦想

2020 年 12 月，有媒体评论指出，美国在应对新冠肺炎疫情中的糟糕表现，无疑是 2020 年全球最大的"黑天鹅"事件之一。2020 年 9 月下旬，美国《时代》周刊以布满死亡数字的黑白封面发出"美国式失败"的哀叹；10 月 8 日，《新英格兰医学杂志》发表社论指出，美国"将一场危机变成了一场悲剧"；11 月 30 日出版的《时代》周刊再次警告：美国现在陷入了一个致命的循环……① 有识之士指出，特朗普让美国梦变成了"美国噩梦"。与之形成鲜明对比的是，截至 2020 年底，中国统筹疫情防控和经济社会发展工作取得重大成果，如期完成新时代脱贫攻坚目标任务，提前 10 年实现《联合国 2030 年可持续发展议程》的减贫目标，取得了令全世界刮目相看的重大胜利，中国人民正在实现伟大梦想的道路上阔步前行。

## （一）伟大梦想寄托深沉厚重的精神追求

拿破仑战争时期，被称为"高卢雄鸡"的法国曾经高歌猛进，盛极时占据欧洲大陆半壁江山。然而，令后人惋惜的是，这场轰轰烈烈的法兰西革命"其兴也勃焉，其亡也忽焉"：莱比锡一战，拿破仑帝国大厦轰然倒塌；滑铁卢一役，大革命和拿破仑时代走到了终点。有识之士指出，拿破仑之所以战败，一个很重要的原因是，他错把霸权当作伟大，没有把握住真正的"伟大"究竟是什么。法国人民最想要的是独立、自由和幸福，按照这个价值目标，拿破仑应当早早结束霸权争夺，尽快签订和平协议以巩固战果，而不是贪得无厌，进行无休止的战争。

---

① 语岸：《美国深度分裂加剧疫情失控》，《人民日报》2020 年 12 月 28 日。

中华民族伟大复兴这个梦想，与拿破仑的"霸权梦"截然不同，它是熔铸着中华文化和民族情感的梦想。秦始皇统一六国后，历经汉唐盛世，中国始终走在世界前列；虽经朝代更迭，中华文明始终保持着强劲的韧性和延续性。然而，1840 年鸦片战争后，中国人民经历了长达一个世纪的社会动荡、外族侵略和战争磨难。在苦难中，中国人民自强不息、顽强斗争，从未放弃对美好梦想的向往和追求。1933 年，《东方杂志》曾发起关于"梦想中的未来中国"的全国性"征梦"活动。有许多人梦想"自由平等的中国""伟大的快乐的国土""全国的人，都有饭可吃，有衣可穿，有屋可住，有人可爱""到处建设医院、大众食堂、洗衣所、

1840 年 6 月，英国挑起了侵华战争——鸦片战争，清政府失败后割地赔款，中国开始成为半殖民地半封建社会，中国人民开启了长达百余年的艰苦抗争。图为清军水师同英国侵略者在广州湾海面激战的情形。

托儿所、电影院、俱乐部、图书馆、公园""全国无一人不会读报""个个人有饭吃，个个人有工作做"。鲁迅先生读后，写了题为《听说梦》的杂文。他写道："要实现这'梦'境的人们是有的，他们不是说，而是做，梦着将来，而致力于达到这一种将来的现在。"① 完全可以说，中国梦是中华民族辉煌灿烂的历史经纬编织而成的梦想，也是耻于近代中国深重灾难而发愤图强的梦想，因此成为最能触动中华儿女情感痛点和兴奋点的梦想。从历史深处走来的中国梦，能在中华儿女心中激起深远的情感共鸣，打开亿万中国人的情感闸门，形成奔涌奋进的情感大潮。

伟大梦想的深沉厚重也体现在对人民利益的不懈追求上。它最鲜明的特点，就是把国家、民族和个人的利益紧紧交织在一起，如大海般广阔、如大地般坚实，表达了每一个中华儿女的共同愿景，具有最广泛的包容性。每个中华儿女独特的梦想犹如溪流，伟大复兴的梦想犹如大海，涓涓细流共聚大海方不会耗竭，海纳百川不遗小流方成其广大。国家好，民族好，大家才会好。伟大的中国梦是中华民族的梦，也是每个中国人的梦，融汇着中国人民最殷切的期盼。

伟大梦想的深沉厚重还体现在与世界人民的梦想息息相通上。实现中国梦给世界带来的是机遇不是威胁，是和平不是动荡，是进步不是倒退。中国人信奉"万物并育而不相害，道并行而不相悖"②，中国梦与世界各国人民的梦都可以在人类文明的大观园里竞相绽放，不断创新发展的中华文明将与世界其他文明互容、互鉴、互通。当今世界，总有些国家抱有"强权梦""霸权梦"，老想同化和奴化其他国家，这种逆历史潮流的幻想注定是"黄粱一梦"。面对中国的发展壮大，有些人担心中国国强必霸，甚至把中国描绘成歌德《浮士德》中可怕的"墨菲斯托"，这种担

---

① 　李君如：《肩负起民族复兴的历史使命》，《人民日报》2019 年 1 月 7 日。
② 　这是习近平总书记在纪念马克思诞辰 200 周年大会上的讲话中引用的一句话，原文出自《礼记·中庸》第三十章。

心是对中国梦彻头彻尾的误读和曲解。中国始终不渝走和平发展道路，奉行互利共赢开放战略，不仅致力于自身发展，也主动承担了对世界的责任和贡献，这是实实在在的、可以实现的、符合历史潮流的愿景，与"强权梦""霸权梦"高下立判，必将引领世界朝着更美好的方向前行。

2019 年，中国红十字会再次启动阿富汗先心病患儿救助行动，这是"天使之旅——'一带一路'大病患儿人道救助计划"阿富汗二期行动启动后，首次到中国接受救治的孩子。

### （二）伟大梦想宣示庄严崇高的执政承诺

2012 年 11 月，习近平总书记在同中外记者见面时指出："我们的人民热爱生活，期盼有更好的教育、更稳定的工作、更满意的收入、更可靠的社会保障、更高水平的医疗卫生服务、更舒适的居住条件、更优美的环境，期盼孩子们能成长得更好、工作得更好、生活得更好。人民对美好生活的向往，就是我们的奋斗目标。"① 这段重要论述，彰显了新时代中国共产党人的执政承诺和价值旨归。

要让老百姓过得好，就要消除绝对贫困和区域性整体贫困。脱贫攻坚路上，习近平总书记牵挂着每一个贫困地区的群众：2013 年 11 月 3 日，来到湖南省湘西土家族苗族自治州花垣县的贫困山村，首次提出"精准扶贫"。②11 月 26 日，在同菏泽市及县区主要负责同志座谈时的讲话中指出："贫困之冰，非一日之寒；破冰之功，非一春之暖。做好扶贫开发工作，尤其要拿出踏石留印、抓铁有痕的劲头，发扬钉钉子精神，锲而不舍、驰而不息抓下去。"③ 在深度贫困地区脱贫攻坚座谈会上立下"军令状"，2020 年现行标准下农村贫困人口全部脱贫，贫困县全部摘帽，解决区域性整体贫困。④2020 年 11 月 23 日，贵州省宣布所有贫困县摘帽出列，至此，全国 832 个国家级贫困县全部脱贫摘帽，我们党如期完成了新时代脱贫攻坚目标任务，这是人类减贫史上的奇迹，中华民族向着伟大梦想迈进了历史性的一大步。

脱贫攻坚的巨大成就是中国共产党人践行执政承诺的生动范例。有识之士指出，伟大梦想绝不仅仅是一个行动口号，而是针对中国现实问题和未来走向的行动宣示，代表着对人民、历史和实践的庄严承诺和责任担当。一个执政党的承诺，必须靠实打实的践诺赢得最深厚的执政根基。习近平总书记提出的实现中华民族伟大复兴的中国梦，不仅以形象的、老百姓喜闻乐见的表达见长，更以承诺践诺的实际行动赢得人心，成为激励全国人民团结奋进的精神旗帜和高昂旋律，必将引领强国复兴

---

① 《习近平谈治国理政》第一卷，外文出版社 2018 年版，第 3 页。

② 《深化改革开放推进创新驱动　实现全年经济社会发展目标》，《人民日报》2013 年 11 月 6 日。

③ 《做焦裕禄式的县委书记》，中央文献出版社 2015 年版，第 30 页。

④ 习近平：《在深度贫困地区脱贫攻坚座谈会上的讲话》，人民出版社 2017 年版，第 12—13 页。

步步迈向光明。

### （三）伟大梦想指引高远务实的奋斗航向

美国前国务卿亨利·基辛格曾将中国形容为一个"神秘的国度"。2015 年他在一次访谈中提到，自己第一次访华时，绝不相信中国能发展成现在这个样子。出乎意料的是，经过 40 多年的发展，中国已经在向"两个一百年"奋斗目标奋进，如今他相信中国一定能够实现这一目标。① 而今，中国已经实现第一个百年目标，并乘势而上继续向第

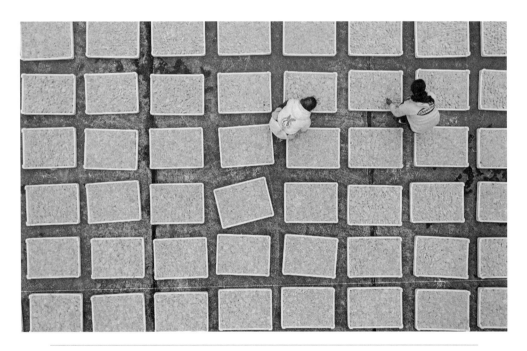

2019 年，贵州省黔南布依族苗族自治州龙里县洗马镇金溪村的 166 户贫困户，通过"扶贫菊花"走上致富路，全部实现脱贫。

---

① 基辛格：《中国一定能够实现习主席的"两个一百年"目标》，国务院新闻办公室网站，2015 年 11 月 2 日，http://www.scio.gov.cn/37259/Document/1596850/1596850.htm，访问时间：2020 年 12 月 18 日。

二个百年目标进军，"复兴号"巨轮正乘风破浪，稳健驶向伟大梦想的彼岸。

　　党的十九大将实现第二个百年目标分两个阶段予以推进：第一个阶段从 2021 年到 2035 年，基本实现社会主义现代化；第二个阶段从 2035 年到本世纪中叶，建成富强民主文明和谐美丽的社会主义现代化强国，明确了强国复兴的实现节点。2020 年 10 月，在第一个百年奋斗目标即将达成、全面建成小康社会胜利在望之际，党的十九届五中全会锚定 2035 年远景目标，并对"十四五"时期我国发展作出系统谋划和战略部署。可以说，站在"两个一百年"奋斗目标的历史交汇点上，短期、中期和长期目标都已经精确瞄准，强国复兴的每一步都无比清晰明确、

　　2019 年 11 月 21 日，美国前国务卿亨利·基辛格（左）在创新经济论坛上发言，称中国一定能够实现"两个一百年"奋斗目标。

坚实可靠。

从短期看，2021年到2025年是"十四五"时期，是全面建成小康社会、实现第一个百年奋斗目标之后，乘势而上开启全面建设社会主义现代化国家新征程、向第二个百年目标进军的第一个五年，是强国复兴进程中继往开新、化危为机的关键时期。这段时期的突出特点是，我国发展仍处于重要战略机遇期，但机遇和挑战都有新的发展变化。经济社会发展必须遵循五项原则，即：坚持党的领导，坚持以人民为中心，坚持新发展理念，坚持改革开放，坚持系统观念。① 只要把握好"十四五"这一关键时期，我们的综合国力将更加强大、发展将更平稳，强国复兴的势头将更加强劲、不可阻挡。

从中期看，2021年到2035年这15年是新时代"两步走"战略安排中关键一步、强国复兴的奋发有为期。党中央确立的2035年远景目标，是"十四五"以至未来15年引领我国发展的总目标，对于团结动员全国人民为强国复兴而奋斗具有重大意义。党的十九届五中全会对2035年社会主义现代化国家新图景进行了前瞻擘画：到2035年，我国经济实力、科技实力、综合国力将大幅跃升，经济总量和城乡居民人均收入将再迈上新的大台阶，关键核心技术实现重大突破，进入创新型国家前列；基本实现新型工业化、信息化、城镇化、农业现代化，建成现代化经济体系；等等。② 这一远景目标共有九个方面的内涵，每一条都反映了人民群众的殷切期盼。党在制定这些目标时，充分考虑了发展的优势条件和风险挑战，因而实现这些目标完全是有基础、有条件、有把握的。

从长期看，在2035年基本实现现代化的基础上，再奋斗15年，将

① 《中共中央关于制定国民经济和社会发展第十四个五年规划和二〇三五年远景目标的建议》，《人民日报》2020年11月4日。

② 《历史交汇点上的宏伟蓝图》，《人民日报》2020年11月5日。

是"第二个百年"奋斗目标实现之时，也是强国复兴圆梦之时。按照党的十九大所作出的谋划设想，到时候，把我国建成富强民主文明和谐美丽的社会主义现代化强国。我国物质文明、政治文明、精神文明、社会文明、生态文明将全面提升，实现国家治理体系和治理能力现代化，成为综合国力和国际影响力领先的国家，全体人民共同富裕基本实现，我国人民将享有更加幸福安康的生活，中华民族将以更加昂扬的姿态屹立于世界民族之林。① 这一目标虽然宏大长远，但完全是可操作、可落实、可实现的，我们党将会在不同时期细化目标和指标，确定具体任务和发展步骤。生活在伟大梦想步步接近的新时代，人民群众的生活将会越来越有盼头，寻梦追梦之旅中的串串音符，正在奏响慷慨激昂的复兴乐章。

## 二、实现伟大梦想必须进行伟大斗争

新中国刚刚成立之时，百废待兴，百业待举，中国人民对和平安宁的生活怀有无比的渴望。然而美帝国主义悍然出兵朝鲜、派遣第七舰队侵入中国台湾海峡，还一再无视警告越过三八线、将战火烧至中朝边境。中国共产党和中国人民在忍无可忍的情况下，毅然决然派志愿军奔赴朝鲜，抗美援朝、保家卫国。这场立国之战打出了我们的国威军威，拼来了山河无恙、家国安宁。今天，强国复兴依然没有任何捷径可走，唯有靠斗争开启、靠斗争成就、靠斗争续写，这样才能跨越深沟险壑、闯过激流险滩，进入"潮平两岸阔"的新境界。

———————
① 《习近平谈治国理政》第三卷，外文出版社 2020 年版，第 23 页。

### （一）领悟新的伟大斗争的新特点

新时代，以习近平同志为核心的党中央作出重大判断，指出我们正在进行具有许多新的历史特点的伟大斗争。习近平总书记强调："'新的历史特点'这个概念，含义是很深刻的，是全面审视和判断国内国际两个大局发展大势得出的重要判断。"① 要准确把握伟大斗争重要论述的重大意义之所在，就需要深入剖析"新的历史特点"的具体内涵，做到知微知彰、见于未萌。

首先，伟大斗争必须更具预见性。《周易·系辞下》曰："安而不忘危，存而不忘亡，治而不忘乱"②，说的是在任何时候，我们都要头脑清醒，千万别被眼前的顺境、平稳所迷惑，时刻想到前进道路上还有各种危险，必须提前做好应对准备。改革开放以来，我国积极参与全球分工，以出口导向型战略实现经济高速发展，然而外贸依存度过高、经济安全风险大、关键核心技术受限等缺陷也逐渐显露。从 1998 年应对亚洲金融危机开始，我国就将经济发展立足点转向扩大内需；2008 年国际金融危机暴发后，我国更加重视国内市场和消费的拉动作用；2020 年提出以国内大循环为主体、国内国际双循环相互促进的新发展格局，中国成为新冠肺炎疫情影响之下全球唯一正增长的主要经济体，成功应对美国单方面挑起的贸易战，保持强劲发展势头，这完全得益于我们提早"育新机""开新局"，通过主动的战略选择赢得了国际竞争的新优势。

其次，伟大斗争必须更具进取性。新时代，我们面临不少前所未有的风险挑战，已处在愈进愈难、愈进愈险而又不进则退、非进不可的历史当口。实现伟大梦想，不能靠等、靠喊，要靠一代代人前赴后继地

<hr />

① 《习近平谈治国理政》第一卷，外文出版社 2018 年版，第 411 页。
② 周振甫：《周易译注》，中华书局 2011 年版，第 263 页。

拼、抓铁有痕地干。1980 年中央批准设立深圳经济特区时，并无成熟的经验可借鉴，就是要"摸着石头过河"，"杀出一条血路"。深圳特区取得的辉煌成就，是党中央坚强领导的结果，是广大干部群众开拓进取的结果，也是全国人民和四面八方广泛支持的结果。如今进入强国复兴的关键时期，深圳正朝着建设中国特色社会主义先行示范区的方向前进，将会充分利用好中央的政策支持、特区建设的宝贵经验、宝贵的发展机遇，在更高的起点上开拓进取，为强国复兴征程续写更多"春天的故事"。

再次，伟大斗争还必须更具坚韧性。《周易·恒卦》九三爻辞讲

1983 年，广东深圳特区基本建设加紧进行。当时，正在施工的 40 余幢高层建筑中，有 15 幢将于 1983 年内竣工。

到"不恒其德，或承之羞"，①《象传》解释道："不恒其德，无所容也。"②都强调了恒心、坚持的重要性。习近平总书记讲过这样一个事例："泰山半腰有一段平路叫'快活三里'，一些人爬累了，喜欢在此歇脚。然而，挑山工一般不在此久留，因为休息时间长了，腿就会'发懒'，再上'十八盘'就更困难了。"③ 这启示我们，强国复兴道路上容不得"歇脚"，必须持之以恒地攻坚克难。新时代改革步入攻坚期和深水区，阻力大，暗礁、潜流、漩涡多，发展中的问题和发展后的问题、一般矛盾和深层次矛盾交织叠加、错综复杂，剩下的都是难啃的硬骨头。回望党的十八大以来的改革工作，我们提出的一系列创新理论、采取的一系列重大举措、取得的一系列重大突破，都是革命性的，开创了以改革开放推动党和国家各项事业取得历史性成就、发生历史性变革的新局面。但要清醒看到，改革道路上仍面临着很多复杂的矛盾和问题，我们已经啃下了不少硬骨头但还有许多硬骨头要啃，我们攻克了不少难关但还有许多难关要攻克。推进伟大斗争贵在有恒心、肯坚持。必须不断增强改革发展的定力和韧性，做到"千磨万击还坚劲，任尔东西南北风"。

## （二）聚焦重大风险挑战推进伟大斗争

《周易》首卦《乾卦》讲到一个深刻的辩证思想："夫乾，天下之至健也，德行恒易以知险。"④ 也就是说，能够预知风险并且化解风险，方才成其最为刚健的品质，这句话用来描述中国共产党人是极其恰当的。中国共产党人向来以不怕困难著称，从来都是奔着矛盾问题、风险挑战

---

① 周振甫：《周易译注》，中华书局 2011 年版，第 114 页。
② 周振甫：《周易译注》，中华书局 2011 年版，第 115 页。
③ 习近平：《推进党的建设新的伟大工程要一以贯之》，《求是》2019 年第 19 期。
④ 周振甫：《周易译注》，中华书局 2011 年版，第 272 页。

去的，正是在一次次攻坚克难的斗争历程中，中国共产党人赢得了民心、壮大了队伍、推进了事业。如今正值强国复兴的关键时期，面对波谲云诡的国际形势、复杂多变的周边环境、艰巨繁重的改革发展稳定任务，更要居安思危、未雨绸缪，打好有准备之战，应对好每一次重大风险挑战。

推进新时代的伟大斗争，主要针对的重大风险挑战。究竟哪些风险挑战是"重大"的呢？具体而言，就是习近平总书记说的五个方面的"风险挑战"，也就是说，"凡是危害中国共产党领导和我国社会主义制度的各种风险挑战，凡是危害我国主权、安全、发展利益的各种风险挑战，凡是危害我国核心利益和重大原则的各种风险挑战，凡是危害我国人民根本利益的各种风险挑战，凡是危害我国实现'两个一百年'奋斗目标、实现中华民族伟大复兴的各种风险挑战，只要来了，我们就必须进行坚决斗争，而且必须取得斗争胜利。"① 这些重大风险挑战对强国进程危害极大，而且容易内外联动、累积叠加，必须提前防范和积极应对，决不能任其迟滞、阻断中华民族伟大复兴的进程。

当年党中央作出抗美援朝决定时，许多人不理解，质疑为什么要与美国这个最强大的帝国主义国家进行战争较量，为什么不能先"忍耐"一下，集中精力搞好国内的恢复建设，之后再想办法解决问题。但是，"绝对忍耐"换不来真正的和平！面对烧到家门口的侵略战火，唯有举起反侵略的大旗，同邪恶势力斗争到底，才能赢得和平。虽然今天我们不用像先烈一样经历如此惨烈的战斗，但强国复兴依然要抓住历史关节点的重大风险进行斗争。我们要像当年抗美援朝那样，不管碰到再大的困难、再艰巨的挑战，都要敢接招、善出拳。

---

① 《习近平谈治国理政》第三卷，外文出版社 2020 年版，第 226 页。

站在实现"两个一百年"奋斗目标的历史交汇点上，全面建成小康社会已经取得胜利，全面建设社会主义现代化国家前景光明。这是近代以来，我们的"复兴号"巨轮离伟大复兴的彼岸最近的时刻了。但越靠近目标，越要警惕暗礁、避免触礁搁浅。必须以战略思维和忧患意识辩证看待风险挑战和伟大斗争的关系，做到既有逢山开路、遇水架桥的智慧勇气，又有战战兢兢、如履薄冰的谨慎态度，不怕风险挑战、认真对待风险挑战，以伟大斗争劈开复兴之路上的重重阻障，迎来复兴征程上的璀璨荣光。

图为 1951 年，在抗美援朝战场上中国人民志愿军战士向美军进攻的情形。

### （三）观照新时代伟大斗争的多重意蕴

自从党的十八大报告提出"必须进行具有许多新的历史特点的伟大斗争"以来，习近平总书记在多个重要讲话中不断明晰新时代伟大斗争的丰富内涵。

2015 年 12 月，习近平总书记主持中央政治局会议，会议强调，全面从严治党，推进党风廉政建设和反腐败斗争，是新形势下我们党进行具有许多新的历史特点的伟大斗争的重要方面。①2016 年 1 月，在省部级主要领导干部学习贯彻党的十八届五中全会精神专题研讨班上强调："做好应对任何形式的矛盾风险挑战的准备，做好经济上、政治上、文化上、社会上、外交上、军事上各种斗争的准备。"② 同年 6 月，在十八届中央政治局第 33 次集体学习时指出："严肃党内政治生活、净化党内政治生态是伟大斗争、伟大工程的题中应有之义。"③2017 年 8 月，在中央深改组第 38 次会议上强调："改革是我们进行具有新的历史特点的伟大斗争的重要方面。"④ 同年 11 月，在视察军委联合作战指挥中心时强调，"军事斗争是进行伟大斗争的重要方面"。⑤ 这些重要论述，明确了新时代伟大斗争的内涵，充分彰显了斗争的多重意涵。

强国复兴的进程中，我们所面临的矛盾问题是多方面的，我们所投

---

①　《中共中央政治局召开会议　研究部署党风廉政建设和反腐败工作　审议〈关于全面振兴东北地区等老工业基地的若干意见〉》，《人民日报》2015 年 12 月 31 日。

②　习近平：《在省部级主要领导干部学习贯彻党的十八届五中全会精神专题研讨班上的讲话》（2016 年 1 月 18 日），《人民日报》2016 年 5 月 10 日。

③　《严肃党内政治生活净化党内政治生态　为全面从严治党打下重要政治基础》，《人民日报》2016 年 6 月 30 日。

④　《加强领导总结经验运用规律　站在更高起点谋划和推进改革》，《人民日报》2017 年 8 月 30 日。

⑤　《强化备战打仗的鲜明导向　全面提高新时代打赢能力》，《人民日报》2017 年 11 月 4 日。

身的伟大斗争也必然是多方面的。西方大国的遏制围堵、转型升级的历史阵痛、社会变革的难题障碍、文化领域的精神较量等等，都是实现中华民族伟大复兴必须闯过去的关隘。坚持马克思主义在意识形态领域的指导地位、全面深化改革、推动高质量发展、保障和改善民生、治理生态环境、应对重大自然灾害、全面依法治国、全面从严治党、维护国家安全等等，每一个领域都面临重大斗争，都需要我们发扬斗争精神、提高斗争本领。伟大斗争，归根到底就是要破除国家由大向强进程中的重大阻力和挑战，就是要为推进民族复兴全方位排除障碍，就是为实现人民对美好生活的向往而不懈奋斗。这是一个意蕴深邃的时代课题，也是我们党义无反顾的历史使命，必须透过现象把握斗争的内在本质，以坚韧不拔的政治定力将伟大斗争进行到底，把有利于民族复兴的积极因素充分调动起来，向着创造新时代更大奇迹的目标砥砺前行。

### （四）在复杂严峻的斗争中锻造烈火真金

电视剧《人民的名义》自开播以来就在社会上引发了极大的反响，除了跌宕起伏的剧情、精彩的表演外，更重要的原因在于，它生动反映了新时代反腐败斗争的实践。剧中，面对"汉东省"错综复杂的反腐形势，反贪局长侯亮平细心收集证据、抽丝剥茧，步步逼近真相；在遭到贪腐分子的蓄意反扑与诬陷时，他一身正气、毫不畏惧，继续坚持斗争；面对穷凶极恶的贪腐分子，他只身涉险、深入"虎穴"，誓将贪腐分子绳之以法，充分展现了敢于斗争、善于斗争的共产党员形象。今天，强国复兴的新征程上，斗争形势远比电视剧中的更为严峻复杂，每名党员干部必须努力提升斗争本领，把自己锻造成为堪当大任的"烈火真金"。

斗争本领不是与生俱来的，而是在经过复杂严峻的斗争考验中锻造出来的。天欲成就人，必然要"苦其心志，劳其筋骨，饿其体肤，空乏其身，行拂乱其所为"，进而能"动心忍性，曾益其所不能"。①古人讲"不经一番寒彻骨，怎得梅花扑鼻香"也是这个道理。一个人往往是从磨炼中成长起来的，一个民族、一个国家也总是从战胜重大风险挑战中壮大的。越是条件艰苦、困难大、矛盾多的地方，越能锤炼意志品质。练就过硬的斗争本领，主要体现在三个方面：

一是在思想淬炼中夯实斗争根基。要以科学理论为武装，深入学习贯彻习近平新时代中国特色社会主义思想，掌握其中蕴含的马克思主义立场观点方法，以崇高的理想信念、正确的价值追求、深厚的理论功底建构斗争的深厚思想政治基础，用井冈山精神、长征精神、延安精神、抗美援朝精神、红旗渠精神、焦裕禄精神等党的宝贵精神汇聚投身斗争、实现梦想的强大力量。

二是在政治历练中激发斗争意志。特别是面对利益固化藩篱、复杂矛盾症结，必须迎难而上、敢打敢冲，勇当攻坚克难的领头雁、排头兵。对于涉及自身的问题，敢于刀刃向内、壮士断腕，以无私无畏的自我革命立起威信。

三是在实践锻炼中磨砺斗争筋骨。习近平同志在正定的岁月中，骑着甚至扛着自行车走遍全县每一个村。

50 多年前，焦裕禄亲手种下的一株小树苗，如今已是华盖如云。焦裕禄精神是我们党宝贵的精神财富。

---

① 　朱熹：《四书章句集注》，中华书局 2012 年版，第 354 页。

他忘我地开展工作，一段时间内几乎每个月都累病一场。艰苦的生活磨砺出的斗争本领，成为治国理政的宝贵财富。在 2020 年抗击新冠肺炎疫情的斗争中，习近平总书记亲自指挥、亲自筹划、亲自部署，多次主持召开中央政治局常委会会议和中央政治局会议，亲赴一线视察指导和考察调研，为打赢疫情防控的人民战争、总体战、阻击战提供了有力保证。我们要冲锋在前、主动投身到各种斗争中去，在经风雨、见世面中长才干、壮筋骨，不断创造无愧于新时代、无愧于党和人民的光辉业绩。

## 三、将前无古人的伟大事业推向前进

从人口数量上划分，人类社会的现代化有三个阶段：第一个阶段以英国、法国为代表，实现了百万到千万级人口的现代化；第二个阶段以美国为代表，实现了亿级人口的现代化；我们现在正处在第三个阶段，要实现十亿级人口的现代化，这在人类历史上是绝无仅有的。在中国这样一个有着 5000 多年文明史、14 亿多人口的大国推进改革发展，没有可以奉为金科玉律的教科书，也没有可以对中国人民颐指气使的教师爷。[①] 中国特色社会主义既不是简单延续我国历史文化的母版，也不是机械套用马克思主义经典作家设想的模板，更不是其他国家社会主义实践的再版，而是科学社会主义与中国实际相结合的"中国版"。中国特色社会主义是根据新的历史条件和中国实际开创出来的社会主义实践新道路、新模式，是人类现代化历史上具有重大意义的伟大创举。

---

① 《习近平谈治国理政》第三卷，外文出版社 2020 年版，第 184 页。

## （一）增强"四个自信"的底气

40 多年来，在中国特色社会主义伟大旗帜指引下，中华大地发生了翻天覆地的变化，社会主义建设取得巨大成就。中国高铁、华龙一号、港珠澳大桥等国家名片享誉全球，一大批关键技术领跑世界，无不彰显出中国特色社会主义的巨大活力。当今世界，要说哪个政党、哪个国家、哪个民族能够自信的话，中国共产党、中华人民共和国、中华民族是最有理由自信的。

增强道路自信。中国特色社会主义道路，是实现社会主义现代化的必由之路，是国家富强、民族振兴、人民幸福的根本保证。新中国成立

2019 年，我国时速 600 公里高速磁浮试验样车在青岛下线，标志着我国在高速磁浮技术领域实现重大突破。

70 多年来，改革开放 40 多年来，尤其是进入新时代以来，我们把国家制度和国家治理体系的显著优势转化为治理效能，促进经济社会发生翻天覆地的变化，这些都印证了中国特色社会主义道路既符合国情又适应时代发展要求，是取得辉煌成就的唯一正确道路。

增强理论自信。即增强对中国化马克思主义的自信，特别是对习近平新时代中国特色社会主义思想的自信。习近平新时代中国特色社会主义思想，与毛泽东思想、邓小平理论、"三个代表"重要思想、科学发展观既一脉相承又与时俱进，从理论和实践结合上系统回答了新时代坚持和发展什么样的中国特色社会主义、怎样坚持和发展中国特色社会主义，建设什么样的社会主义现代化强国、怎样建设社会主义现代化强国，建设什么样的长期执政的马克思主义政党、怎样建设长期执政的马克思主义政党等重大时代课题。要坚持用习近平新时代中国特色社会主义思想武装全党、教育人民，在学懂弄通做实上下功夫，增进政治认同、思想认同、情感认同，切实做到学思用贯通，知信行统一。

增强制度自信。即增强对中国特色社会主义制度优势的自信。党的十九届四中全会指出，我国国家制度和国家治理体系具有多方面的显著优势，并将其概括为"13 个坚持"，强调这些显著优势，是我们坚定中国特色社会主义道路自信、理论自信、制度自信、文化自信的基本依据。①"13 个坚持"的显著优势，每一条都经历了历史和实践的检验，具有无比深厚的历史底蕴，我们绝不能割断历史，想象搬来一座制度上的"飞来峰"。

增强文化自信。坚定文化自信，是事关国运兴衰、事关文化安全、事关民族精神独立性的大问题。古往今来，中华民族之所以在世界上有地位、有影响，不是靠穷兵黩武，不是靠对外扩张，而是靠中华文化的

---

① 《中共十九届四中全会在京举行》，《人民日报》2019 年 11 月 1 日。

强大感召力和吸引力。我们的文化自信，是对中国特色社会主义文化的自信。中国特色社会主义文化，源自中华民族 5000 多年文明历史所孕育的中华优秀传统文化，熔铸于党领导人民在革命、建设、改革中创造的革命文化和社会主义先进文化，植根于中国特色社会主义伟大实践。今天的中国是历史逻辑、理论逻辑、实践逻辑合乎客观规律的必然结晶，独特的文化传统、独特的历史命运、独特的基本国情，决定了我们必然要走适合自己特点的发展道路。我们一方面要积极吸收人类文明的优秀成果，另一方面要扎根中华文明的深厚土壤，传承中华文明的优长，努力为人类文明进步提供中国智慧、中国方案。

### （二）新时代中国特色社会主义面临的突出矛盾困难

近几年来，美国一些政客对中国的快速发展普遍感到焦虑，倾向于用零和博弈的观点看待对华关系。《纽约时报》专栏作家托马斯·弗里德曼的评论写道："当前的局势完全是一场斗争，为的是重新制定全球最老和最新的超级大国——美国与中国——经济和权力关系的规则。这不是一场贸易口角。"① 有人认为，中美贸易摩擦背后是两种不同的发展模式、社会制度和意识形态的斗争，相比改革开放初期，新时代中国特色社会主义面临的外部困难和挑战更加尖锐了。

习近平总书记深刻指出："在新时代，我们党领导人民进行伟大社会革命，涵盖领域的广泛性、触及利益格局调整的深刻性、涉及矛盾和问题的尖锐性、突破体制机制障碍的艰巨性、进行伟大斗争形势的复杂性，都是前所未有的。"② 这些前所未有的问题，并没有现成可用的处理

---

① 钟展梅：《一封驻美记者朋友的来信：美国对话政策，连常识都守不住了？》，参见观察者网，https://www.guancha.cn/GuanChaZheWang/2018_10_11_475110.shtml。访问时间：2020 年 12 月 16 日。

② 《习近平谈治国理政》第三卷，外文出版社 2020 年版，第 516 页。

2019 年 6 月 13 日，针对中美经贸磋商相关问题，商务部新闻发言人高峰表示，中方在重大原则问题上决不会让步。如果美方一意孤行，继续升级贸易摩擦，我们将奉陪到底。

模式和解决办法，只能靠实践探索来逐步攻坚克难。

比如，从收入分配上讲，强国就要缩小贫富之间的差距。但缩小收入和贫富差距并非易事，这里面既有均不均的问题，也有公不公的问题。要解决公不公的问题，就必然触及现有的利益格局，触及一些既得利益群体，这是改革的难点所在。要不断解决发展不平衡不充分的问题，就必须改变粗放的发展模式，从重视量的积累向更注重质的提升转变，不断推动高质量发展，蹚出一条新路。

再比如，改革发展步入克难攻坚重要阶段，强国复兴面临的矛盾更加复杂严峻。40 多年前的改革开放初期，世界笼罩在冷战阴影下，我们和西方资本主义强国之间的矛盾尚未如此尖锐，外部环境反而宽松一些。如今，随着我国由大向强跃升，美国开始把我国视为主要战略对手，紧盯我国制造业、尖端科技等领域，不遗余力地打压。我们注定要与资本主义强国既合作共赢又激烈竞争，必须赢得与资本主义的比较优势。从短期到长期、从内部到外部、从表层到深层看，改革发展的矛盾都不会少，推进新时代中国特色社会主义事业任重道远，丝毫不能懈怠。

### （三）实事求是蹚出中国自己的路

1935年，中共中央政治局在苟坝召开会议，讨论是否攻打打鼓新场。会开了一天，经民主表决，毛泽东的意见未得到采纳。会后的深夜，担忧革命前途的毛泽东提起马灯，沿着崎岖的小道，找周恩来详陈利害并说服了他。次日，与会成员最终接受了毛泽东、周恩来的主张，放弃攻打打鼓新场。① 一盏马灯，以实事求是的真理光明照亮长征的艰险前路；这条被称为"毛泽东小道"的崎岖山路，也成为通往革命胜利的坦途大路。

毛泽东说过："共产党不靠吓人吃饭，而是靠马克思列宁主义的真理吃饭，靠实事求是吃饭，靠科学吃饭。"② 过去革命战争年代，我们党取得了伟大胜利，也走过不少弯路，但我们党总能战胜一次又一次困难，靠的就是实事求是这一法宝；改革开放40多年的实践中，我们的道路越走越宽，事业也越来越红火，通过把马克思主义基本原理与中国具体实际相结合、与中华优秀传统文化相结合，探索出一条符合我国国情的中国特色社会主义道路，同样也是靠实事求是。

道路选择攸关党和国家事业兴衰成败，是实现伟大梦想的首要问题。道路选择正确，人民就可以步入幸福和安康的坦途；道路选择错误，复兴之路受阻，受苦受难的还是人民。中国特色社会主义道路的内涵、指向与实现中华民族伟大复兴的目标是一致的、吻合的，只有经由

---

① 石羚：《实事求是为胜利法宝》，《人民日报》2019年7月24日。
② 《毛泽东选集》第三卷，人民出版社1991年版，第835—836页。

这是长征路上，毛泽东同志在苟坝会议期间用过的马灯的复制品。

中国特色社会主义道路，才能实现中华民族伟大复兴。

　　这里关键是要抓住"实事求是"这个精髓，不唯书、不唯上，只唯实。"实事"就是客观存在又瞬息万变的一切事物，"是"就是事物的内部联系，即规律性；"求"就是研究、求索。马克思、恩格斯经典著作中没有直接用过"实事求是"这个词汇，但他们的一切理论和实践所强调的，就是"实事求是"。2020年，习近平总书记根据我国发展阶段、环境、条件变化，提出"构建以国内大循环为主体、国内国际双循环相互促进的新发展格局"①，这是我们党主动作出的新的战略抉

---

　　① 《中共中央关于制定国民经济和社会发展第十四个五年规划和二〇三五年远景目标的建议》，《人民日报》2020年11月4日。

择，是实事求是蹚出的国家由大向强发展的新路，是要在一个更加不稳定不确定的世界中谋求强国复兴。如果再延续过去那种市场和资源"两头在外"的"世界工厂"发展模式，不仅难以为继，还可能给我国的发展带来重大风险。通过依托国内大市场优势、充分挖掘内需潜力，有利于化解外部冲击和外需下降带来的影响，也有利于在极端情况下保证我国经济基本正常运行和社会大局总体稳定。我们一定要用好实事求是这个法宝，在实践基础上探索创新，开辟一条世界上其他国家未曾走过的崛起新路。

### （四）伟大事业始于梦想、基于创新、成于实干

中国人的飞天梦由来已久，技术上的尝试最早可追溯至《墨子·鲁问》中鲁班制"木鹊"的相关记载。明代一次载人航天试验，以航天员殒命献身的悲剧而告终。当时一名叫万户（又称"万虎"）的航天员在一把座椅背后装上 47 枚火箭（当时的一种火药武器），把自己捆绑在椅子上，双手各拿一个大风筝。万户从山头出发，命人同时点燃 47 枚火箭，想借助火箭推力与风筝的上升力与平衡力飞上天空。不料飞行不久，火光就消失了，万户落下山崖丧生。① 有人或许会嘲笑万户自不量力、可笑可悲，但从对航天事业先驱探索的角度来说，万户是可敬可爱的，因为他勇于追梦、敢于探索。

伟大事业始于梦想，梦想牵引伟大事业。自古以来中华民族始终执着于圆梦飞天，特别是新中国成立后，一次又一次挑战古人遥不可及的梦想，才使得中国航天事业能够在那么薄弱的底子上迅速发展起来，走在世界前列。1958 年 5 月 17 日，毛泽东发出号召："我们也要搞人造卫星！"全国各地科研机构和院校闻令而动。仅仅两年后，就将我

---

① 参考魏晓彦：《中国古人的飞天梦》，《文史月刊》2014 年第 1 期。

国自己研制的第一枚液体火箭送入太空，使中华民族迈出远征太空的第一步。① 我们今天的伟大事业是在前人基础上推进的，梦想是在前人梦想基础上提升的。在全面建设社会主义现代化强国、实现中华民族伟大复兴的征途上，每个中国人都胸怀梦想、奋勇拼搏，接力前行、步履铿锵，复兴之梦就会逐步实现。

伟大事业基于创新，创新驱动伟大事业。勇于创新者进，勇于创新者胜。不管时代如何发展，创新都是伟大事业的强大引擎。1986 年 3 月 3 日，王淦昌、陈芳允、杨嘉墀、王大珩 4 位科学家撰写的《关于

2020 年 5 月 5 日，为我国载人空间站工程研制的长征五号 B 运载火箭在海南文昌首飞成功，正式拉开我国载人航天工程"第三步"任务的序幕。

---

① 参考《谱写航天梦的壮丽篇章——党中央推进载人航天工程纪实》，《光明日报》2013 年 7 月 26 日。

跟踪世界战略性高技术发展》的建议，呈送到邓小平案头。邓小平阅后立即作出重要批示："此事宜速决断，不可拖延。"①这几个字显示出我们党的领导人对自主创新的高度重视，批准的"863"计划有力提升了我国自主创新能力和综合国力。不管时代如何发展，我们都要激发守正创新、奋勇向前的民族智慧，积极探索、稳步向前，不断创造让世界惊叹的更大奇迹。

伟大事业成于实干，实干铸就伟大事业。新时代是奋斗者的时代，只有脚踏着祖国大地、胸怀着人民期盼，才能够无愧于这个伟大时代。要多下基层调查研究、及时掌握第一手情况，遇到政策、业务、技术上不熟练的地方，就赶紧学习充电、消化吸收，把情况摸透吃透再下决断。要敢于担当，勇于直面矛盾，善于解决问题。豫剧《七品芝麻官》中有一句台词，叫作"当官不为民做主，不如回家卖红薯"，这句话说得很实在。党员、干部就是帮助人民解决实际问题的，每个普普通通的工作岗位都是为人民服务的大舞台，决不能幻想高高在上、脱离群众、享受特权。只有肯干事、干成事的干部越来越多，每个人都尽心尽力干好本职工作，伟大事业才会越来越红火，强国复兴才能早日实现。


## 四、建设好"起决定性作用"的伟大工程


1991年苏联解体，苏共负有不可推卸的责任。正是由于苏共在党的建设等领域出现严重问题，导致党群关系紧张、内部危机重重，才使西方有机可乘，策动和平演变，苏联最终亡党亡国，教训不可谓不深

---

① 赵永新：《助推我国高技术进入新阶段》，《人民日报》2019年12月11日。

刻！前车之覆，后车之鉴。如今，强国复兴已到紧要关头，我们一定要把党建设好，确保我们党永葆旺盛生命力和强大战斗力。

## （一）大党就要有大的样子

据统计，截至 2022 年 12 月 31 日，中国共产党党员总数为 9804.1 万名，比 2021 年底净增 132.9 万名。① 这个数目规模有多大呢？我们可以拿 2019 年世界人口数量排名来作一个直观对比，第 16 名刚果民主共和国和第 15 名越南的总人口分别为 8264.3 万和 9649.1 万，也就是说，单论党员数量就已经超过世界上 180 多个国家的人口规模了。换个角度，与中国的总人口相比，大致每 15 个人中就有 1 名共产党员；与 18 岁以上成年人相比，大致每 12 个成年人中就有 1 名党员，这在其他任何国家都是绝无仅有的。

在"四个伟大"中，中国共产党是进行具有许多新的历史特点的伟大斗争、开拓伟大事业的领导主体，推进党的建设新的伟大工程是实现伟大梦想的根本政治保证，也是强国复兴的关键所在。

曾经一段时期，党内出现的不正之风严重损害了共产党人的形象：有的只想要"共产党员"这个身份而不想也不去做"共产主义者"，不信马列信鬼神，不愿意为共产主义奋斗终身，甚至公开质疑嘲弄党的宗旨、主义、纲领，还美其名曰"解放思想"；有的不守纪律、不讲规矩，把党组织当成来去自由的"大车店"、各取所需的"大卖场"、自行其是的"私人俱乐部"，甚至拉帮结派、团团伙伙，搞"独立王国"；② 还有的不顾党中央三令五申，依然不收敛、不收手，以权谋私、腐败堕落，③ 等等。"复兴号"巨轮决容不得"蠹虫"侵蚀，大党就要有大的样子，

① 中共中央组织部：《中国共产党党内统计公报》，《人民日报》2023 年 7 月 1 日。
② 辛鸣：《中国共产党人的忠诚观》，《光明日报》2019 年 5 月 10 日。
③ 《习近平谈治国理政》第三卷，外文出版社 2020 年版，第 516 页。

必须与党内不正之风和腐败现象作坚决斗争。

"大的样子"关键在于"大"。中国共产党因使命非凡而壮大，因道路壮阔而伟大，因本领高超而强大。习近平总书记在中国共产党与世界政党高层对话会上的主旨讲话中，从强国复兴的全局高度指出："大就要有大的样子。中国共产党所做的一切，就是为中国人民谋幸福、为中华民族谋复兴、为人类谋和平与发展。"① 在党的十九大报告中，习近平总书记明确指出，中国共产党应是"始终走在时代前列、人民衷心拥护、勇于自我革命、经得起各种风浪考验、朝气蓬勃的马克思主义执政党"②。这是对我们党"大的样子"的全面概括，集中体现了党的性质、宗旨和纲领，体现了中国共产党人的初心本色和使命担当。正如有识之士指出，中国共产党有"大的样子"，就要处处从"大"着眼：有为民族复兴的"大抱负"，有以人民为中心的"大情怀"，有擘画伟大复兴的"大手笔"，有应对严峻复杂挑战的"大定力"，有胸怀天下、放眼全球的"大视野"，有集中力量办大事的"大智慧"，有改变中国和世界面貌的"大贡献"。③

2017 年 3 月 23 日，联合国人权理事会第 34 次会议通过了关于"经济、社会、文化权利"和"粮食权"两个决议，明确表示要"构建人类命运共同体"，并将这一理念载入了联合国人权理事会决议。可以说，集中体现中国共产党开放包容精神和天下情怀的"中国理念""中国倡议""中国方案"，蕴含强大正能量，引发了国际社会日益强烈的共鸣，已超越国界、影响世界。④ 不管时代怎么变化，中国共产党始终要有大

---

① 习近平：《在中国共产党与世界政党高层对话会上的主旨讲话》，《人民日报》2017 年 12 月 2 日。

② 《习近平谈治国理政》第三卷，外文出版社 2020 年版，第 48 页。

③ 林建华：《论大就要有大的样子》，《前线》2018 年第 9 期。

④ 张文红：《世界为何聚焦中国共产党》，《人民日报》2017 年 4 月 9 日。

2017 年 3 月 23 日，联合国人权理事会通过中国提出的"在人权领域促进合作共赢"决议，呼吁构建新型国际关系，构建人类命运共同体。

党胸怀，始终把为人类作出新的更大贡献作为自己的使命，始终做世界和平的建设者、全球发展的贡献者、国际秩序的维护者，以胸怀天下、开放包容的大境界，在强国复兴的征程上引领世界朝着更加美好的方向发展。

## （二）铸就坚如磐石的执政根基

世界大型企业研究会作过一项调查，让约 70 名跨国公司首席执行官评价世界经济和政治，在被问及哪个全球组织最具竞争力和可信度时，绝大多数受访者给中国共产党以肯定。美国著名学者约瑟夫·奈表示，"中国共产党带领数以亿计的中国人摆脱贫困，在经济管理上取得了巨大成功，这是中国共产党软实力的重要来源。"①"中国奇迹"能够发生，最根本的一条在于有中国共产党的有力领导，这是任何严谨的、不戴有色眼镜的学者都能得出的结论，而且中国共产党是一个善于学习的政党，这使得中国共产党永远保持一种积极进取的姿态，不断提升执政能力、执政水平、执政境界，让世界刮目相看。

在我国政治生活中，加强党的领导具有至关重要的地位和作用，是建设伟大工程的首要任务，是强国复兴的"命门"所在。党政军民学，东西南北中，党是领导一切的。坚持党的领导是根本性、方向性问题，必须旗帜鲜明、立场坚定，决不能羞羞答答、语焉不详，决不能遮遮掩掩、搞自我麻痹。强国复兴的"新长征"路上，如果在政治方向、政治根基上出现偏差，就会犯颠覆性错误。对此，必须有十分清醒的认识。

加强党的领导，必须坚定拥护"两个确立"、坚决做到"两个维护"。"两个维护"的内涵是特定的、统一的，必须坚决维护习近平总书记党中央的核心、全党的核心地位，坚决维护党中央权威和集中统一领导。只有这样，才能"如身使臂，如臂使指，叱咤变化，无有留难，则天下之势一矣"②，强国复兴才能稳如泰山。对党中央决策部署，必须坚定坚决、不折不扣、落实落细，坚决扭转一些地方和部门党的领导弱化、党的建设缺失、全面从严治党不力的现象，确保全党在思想上政治上行动上同党中央保持高度一致。

"国以民为本，社稷亦以民为本。"党员领导干部的楷模孔繁森有一句名言："一个人爱的最高境界是爱别人，一个共产党人爱的最高境界

---

① 　转引自金鑫、林永亮：《中国共产党的世界影响力不断增强》，《人民日报》2017年4月9日。

② 　这是习近平总书记2018年7月3日在全国组织工作会议上的讲话中，引自南宋吕中《类编皇朝大事记讲义·太祖皇帝》的一句话，《习近平谈治国理政》第三卷，外文出版社2020年版，第86页。

是爱人民。"[1] 始终保持同人民群众的血肉联系，是党战胜一切困难和风险的根本保证。强国复兴使命重大，中国共产党人决不能为过去的成绩而自满、懈怠，也决不能在困难面前腿软、退缩，必须把人民群众摆在第一位，把党的事业摆在第一位，练就过硬内功，始终成为引领时代潮流、担负时代重任的马克思主义执政党。要紧扣民心这个最大的政治，把赢得民心民意、汇集民智民力作为重要着力点，坚决反对"四风"特别是形式主义、官僚主义；要与一切不思进取、懒政怠政、明哲保身、得过且过的思想和行为作斗争；要鼓励敢担当、会担当的干部，同时对尸位素餐、光说不练、对实干者评头论足甚至诬告陷害的人严肃批评、严厉问责，激励广大党员干部以强烈的责任心为建设伟大工程、实现伟大梦想添砖加瓦。

### （三）引领伟大自我革命行稳致远

纵观历史上大国兴衰、王朝更迭，根本都在于自己解决不了自己的问题，跳不出"历史周期率"。有识之士指出，搞革命，难就难在自我革命；而不主动搞自我革命，就会有别人来革自己的命。这句话可谓一语中的！中国共产党人要勇于进行自我革命，练就自我净化的"绝世武功"，为强国复兴提供坚强保证。

强大的政党是在自我革命中锻造出来的，勇于自我革命是我们党最鲜明的品格和最大优势。建设好"起决定性作用"的伟大工程，必须从严管党治党，把党的自我革命推向深入。毛泽东在革命时期曾讲过，以中国最广大人民的最大利益为出发点的中国共产党人，随时准备拿出自己的生命去殉我们的事业，"难道还有什么不适合人民需要的思

---

① 林威、汤阳：《孔繁森："一个共产党员爱的最高境界是爱人民"》，《人民日报》2016 年 7 月 7 日。

想、观点、意见、办法，舍不得丢掉的吗？难道我们还欢迎任何政治的灰尘、政治的微生物来玷污我们的清洁的面貌和侵蚀我们的健全的肌体吗？"①70 多年来，我们党以伟大自我革命引领伟大社会革命，在这场"赶考"中交出一份又一份优异答卷。近几年来，以习近平同志为核心的党中央带领全党开展"不忘初心、牢记使命"主题教育，在新的历史条件下推进党的自我革命持续走向深入。站在强国复兴的新起点上，要确保党的建设新的伟大工程起决定性作用，更要发扬彻底的自我革命精神，把党建设成为始终走在时代前列、人民衷心拥护、勇于自我革命、经得起各种风浪考验、朝气蓬勃的马克思主义执政党。

有人质疑，自我革命是个伪命题，就像人不可能拿利剑刺向自己一样。这些人和以往持知性立场的哲学家所犯的错误一样，不知道天上地下没有一个事物不是在时刻变化、更新，没有一个不是在"自我革命"的，但区别在于自觉、主动与否。扁鹊见蔡桓公，先后告之疾在腠理、肌肤、肠胃，然而蔡桓公刚愎自用，不听扁鹊的建议，以致疾病深入骨髓，神医也无能为力了。蔡桓公身体的变化时刻在发生，由于他缺乏自觉和主动，讳疾忌医，以致每况愈下、追悔莫及；我们党面对党内存在的不正常现象，能够站在人民的立场上，跳出自身观照自身，主动进行自我检视、自我剖析，随时准备施刀用药、刮骨疗毒，并且不断增强政治免疫力，所以能"日新其德""其命维新""风华正茂"。今天，我们党仍然面临"四大考验""四种危险"，有些甚至是生死考验，关键看愿不愿面对问题、想不想解决问题。必须发扬彻底的自我革命精神，时刻提振我们党自我革命的主体性，以积极主动、实事求是的态度对治自身的问题，刀刃向内、真刀真枪地加以解决。

推进党的自我革命，就要做到自我净化、自我完善、自我革新、自

① 《毛泽东选集》第三卷，人民出版社 1991 年版，第 1097 页。

我提高。自我净化，就像治病救人，尤其是针对顽症痼疾，要下猛药、割毒瘤，来保证党的肌体健康；自我完善，就像人身子骨虚弱时要补，以增强免疫力，我们党也要及时堵塞制度漏洞，健全监督机制，防微杜渐、固本培元；自我革新，就是要革故鼎新、自我超越，深刻把握时代大势，坚决破除不合时宜的思想观念和体制机制弊端，推进各个方面的创新；自我提高，就是要自觉向书本学习、向实践学习、向人民群众学习，加强党性锻炼和政治历练，不断提升政治境界、思想境界、道德境界。"四个自我"紧密联系、辩证统一，既有破又有立，既有治病之法又有强身之举，既治"已病"又治"未病"，是党永葆先进性和纯洁性的制胜法宝。① 只有在"四个自我"上下功夫，全面从严管党治党，才能牢固确立党的自我革命的主体性，保持自身肌体健康，始终做指引方向的指南针、凝心聚力的主心骨。

### （四）永葆革命党的本色

有人说，我们党现在已经从"革命党"转变成了"执政党"。这个说法是不准确的。无疑，我们党已经成为领导人民掌握全国政权并长期执政的党，但从来没有把革命和执政当作两个截然不同的事情。② 这些人之所以回避"革命"，想把革命用作"过去时"，和他们对革命的误解分不开。在他们看来，革命就是暴力革命、革命战争、革命运动，这种认识是片面的。毛泽东指出："生产力是最革命的因素。生产力发展了，总是要革命的。"③ 无产阶级革命夺取政权，成为统治阶级后，必须利用手中的权力，确立起新的生产关系，进而顺应解放和发展生产力的需要，展开广泛而深刻的社会革命。从这个意义上讲，社会革命以生产力

---

① 思力：《在"四个自我"上下功夫》，《求是》2019 年第 15 期。
② 欧阳辉：《永葆共产党人的革命精神》，《人民日报》2018 年 3 月 16 日。
③ 辛鸣：《永远保持共产党人的革命精神》，《人民日报》2018 年 3 月 1 日。

和生产关系的矛盾运动为基础和动力，随着生产力的解放和发展而深入推进，不仅仅是一种破除旧的政治上层建筑的社会运动，更是一种新的社会建设运动。以改变旧的生产关系，建立和发展新的生产关系为主要任务的社会革命是一场大规模、长时间的革命，往往需要一个漫长的历史过程，不可能一蹴而就、一劳永逸。新民主主义革命、社会主义革命和建设、改革开放新的伟大革命，实质上都是以解决生产力和生产关系矛盾为根本目的的革命性实践，都是建立和建设社会主义、最终实现共产主义的伟大社会革命的不同阶段。新时代坚持和发展中国特色社会主义，本质上也是解放和发展生产力的伟大社会革命。生产力发展到哪里，伟大社会革命就必须推进到哪里。习近平总书记指出，"新时代中国特色社会主义是我们党领导人民进行伟大社会革命的成果，也是我们党领导人民进行伟大社会革命的继续，必须一以贯之进行下去"。①

不要谈革命色变，强国复兴必须有革命精神。习近平总书记深刻指出，我们是革命者，不要丧失了革命精神。② 我们党已经是领导人民长期执政的党，但中国共产党永远是革命党，是具有革命精神的执政党。诚然我们党带领人民打碎旧世界、推翻三座大山的革命时代已结束，但带领人民建设新世界的革命仍在进行中。革命只有进行时，没有休止符。伟大社会革命的任务还未完成，我们必须始终保持革命精神、革命斗志，把伟大社会革命继续推进下去。

从本质上看，革命是要革除私心，革特权思想、特殊利益。马克思、恩格斯在《共产党宣言》中庄严宣告："过去的一切运动都是少数人的，或者为少数人谋利益的运动。无产阶级的运动是绝大多数人的，

---

① 《习近平谈治国理政》第三卷，外文出版社 2020 年版，第 69—70 页。
② 《以时不我待只争朝夕的精神投入工作　开创新时代中国特色社会主义事业新局面》，《人民日报》2018 年 1 月 6 日。

为绝大多数人谋利益的独立的运动。"① 我们党是用马克思主义武装起来的政党，具有鲜明的人民性，始终跟最大多数人民群众在一起，除了国家、民族、人民的利益，没有任何自己的特殊利益。党的十九大报告提出"坚决防止党内形成利益集团"②，习近平总书记在庆祝中国共产党成立 100 周年大会上指出："中国共产党始终代表最广大人民根本利益，与人民休戚与共、生死相依，没有任何自己特殊的利益，从来不代表任何利益集团、任何权势团体、任何特权阶层的利益"这些重大论断，是基于革命党本色的政治清醒。党内决不能存在任何形式的特殊利益集团，一旦出现不仅会严重破坏党的政治生态，而且会腐蚀强国复兴的政治根基。永葆革命党人的本色，就是要把一切弱化党的先进性、损害党的纯洁性的因素坚决清除掉，就是要把一切滋生在党的肌体上的毒瘤坚决割除掉，永葆党的肌体健康，保持党同人民群众的血肉联系。

越是长期执政，越不能丢掉革命精神，越不能忘记党的初心使命。我们党靠着牢记初心使命走到今天，也必须继续牢记初心使命走向未来。新时代强国复兴路上，改革发展稳定任务之重前所未有，矛盾挑战之多前所未有，党的自我革命任重而道远，绝不能有停一停、歇一歇的想法。王阳明说："破山中贼易，破心中贼难。"③一旦沾染了懈怠、安逸、享乐、骄奢的习气，自我革命的斗志就会衰退，就容易脱离群众，做违背初心、贻误使命的事。每名党员、干部必须常怀忧党之心、为党之责、强党之志，砥砺磨炼革命精神，永葆革命本色，把我们党建设得更加坚强有力。

---

① 《马克思恩格斯选集》第 1 卷，人民出版社 2012 年版，第 411 页。

② 《习近平谈治国理政》第三卷，外文出版社 2020 年版，第 52 页。

③ 吴光等编校：《王阳明全集》，上海古籍出版社 1992 年版，第 168 页。

# 第六章

# 着力解决好发展不平衡不充分问题

## ——强国就要统筹推进"五位一体"总体布局

2020 年 5 月 28 日，李克强在两会期间回答中外记者提问时指出，中国是一个人口众多的发展中国家，我们人均年可支配收入是 3 万元人民币，但是有 6 亿中低收入及以下人群。[①] 这表明，我国发展不平衡不充分问题远未完全解决。在新时代，我国社会主要矛盾已经由"人民日益增长的物质文化需要同落后的社会生产之间的矛盾"转化为"人民日益增长的美好生活需要和不平衡不充分的发展之间的矛盾"。解决新时代我国社会主要矛盾，必须统筹推进"五位一体"总体布局。在这个布局中，经济建设是根本，政治建设是保证，文化建设是灵魂，社会建设是条件，生态文明建设是基础，它们相互联系、相互促进，共同构成有机统一的整体。坚持"五位一体"建设全面推进、协调发展，才能形成经济富裕、政治民主、文化繁荣、社会公平、生态良好的发展格局，解决好发展不平衡不充分的问题，把中国建设成为富强民主文明和谐美丽的社会主义现代化强国。

---

① 《李克强总理出席记者会并回答中外记者提问》，《人民日报》2020 年 5 月 29 日。

## 一、强国是建设布局愈益完善的进程

"十三五"时期，以习近平同志为核心的党中央下好全国发展一盘棋，重大区域发展战略高质量推进，京津冀协同发展迈出坚实步伐，长江经济带生态环境突出问题整改和生态环境污染治理成效显著，粤港澳大湾区建设规划政策体系不断完善，长三角区域一体化发展进程加快，黄河流域生态保护和高质量发展扎实起步，区域协调发展呈现新格局。① 这几

2020 年 12 月 27 日，北京至雄安新区城际铁路大兴机场至雄安新区段开通运营，京雄城际铁路实现全线贯通，雄安站同步投入使用。图为当日从雄安开往北京西的首发列车停靠在雄安站站台。

---

① 葛孟超、赵展慧、谷业凯：《区域协调发展呈现新格局》，《人民日报》2020 年 12 月 7 日。

年来我国区域发展的实践，是我们党历来重视建设布局的一个生动样本。从整个中国特色社会主义的发展来看，也有一个建设布局的问题。从当年的"两手抓，两手都要硬"，到今天的"五位一体"总体布局，中国特色社会主义建设布局愈益完善，创造了举世瞩目的中国奇迹、中国震撼。

### （一）"靠总结经验吃饭"

1965 年 7 月 26 日，毛泽东在中南海接见原国民政府代总统李宗仁时，与其机要秘书程思远谈道："我是靠总结经验吃饭的。以前我们人民解放军打仗，在每个战役后，总来一次总结经验，发扬优点，克服缺点，然后轻装上阵，乘胜前进，从胜利走向胜利，终于建立了中华人民共和国。"善于总结历史经验一直是中国共产党的优良传统。今天，蔚为壮观的"五位一体"总体布局，就是在总结经验中逐步形成的。改革开放初期，我们党提出了"一手抓精神文明，一手抓物质文明"的"两个文明"建设。此后，拓展中国特色社会主义事业布局就波澜壮阔地展开。党的十三大号召为建设富强、民主、文明的社会主义现代化国家而奋斗，党的十六大报告将经济建设、政治建设、文化建设与物质文明、政治文明、精神文明结合起来，使"三位一体"的总体布局更加明晰。2005 年 2 月，我们党提出，"随着我国经济社会的不断发展，中国特色社会主义事业的总体布局，更加明确地由社会主义经济建设、政治建设、文化建设三位一体发展为社会主义经济建设、政治建设、文化建设、社会建设四位一体。"2007 年 10 月，党的十七大报告第一次按照"四位一体"的总体布局论述中国特色社会主义道路和基本纲领，对经济建设、政治建设、文化建设、社会建设作了全面部署，"四位一体"的总体布局正式确立。①

---

① 蒋斌、陈金龙：《中国特色社会主义总体布局思想的新发展》，《人民日报》2012年 11 月 30 日。

历史表明，我们党始终站在历史的制高点，不断总结坚持和发展中国特色社会主义的经验，作出新的布局和擘画。

党的十八大着眼于适应人民群众对良好生态环境的新期待，把生态文明建设放在突出地位，纳入中国特色社会主义事业总体布局，强调在推进经济建设、政治建设、文化建设、社会建设的同时，要加强生态文明建设，使中国特色社会主义事业总体布局从"四位一体"拓展为"五位一体"。这标志着社会主义现代化建设进入新阶段，人与自然和谐共生的特征更为凸显。

### （二）配齐中国特色社会主义的"药方"

马克思指出："问题就是时代的格言，是表现时代自己内心状态的最实际的呼声"①。每个时代，中国特色社会主义事业都有自己的问题。只有立足于实践，善于发现、分析和解答前进中遇到的重大问题，开具"解药良方"，中国特色社会主义才能跨越羁绊，行稳致远。正是基于上述认识，我们党在进行总体布局时，始终高度重视对时代问题的回应。党的十一届三中全会以后，在全国对物质文明建设的重要性形成共识的同时，出现了社会主义精神文明建设相对滞后的问题。正是基于此，邓小平明确提出，"不加强精神文明的建设，物质文明的建设也要受破坏，走弯路"，必须坚持"两手抓，两手都要硬"。1984 年 6 月 11 日至 18 日，中央有关部门在福建省三明市召开全国"五讲四美三热爱"活动工作会议，总结自 1982 年以来大中城市开展活动情况，推广三明市建设文明城市经验，推动各地精神文明建设活动深入开展。20 世纪 90 年代，随着社会转型的加速，一系列深层次社会矛盾以群体性突发事件的形式表现出来。胡锦涛深刻指出，要在改善民生和创新管理中加强社会建设。

---

① 《马克思恩格斯全集》第 1 卷，人民出版社 1995 年版，第 203 页。

通过稳步推进公众参与民主决策，扩大村民和社区自治，形成多元共治格局。比如，广东乌坎事件的顺利和妥善处理，就得益于广东省委省政府对村民自治和民主选举村委会的尊重和支持。

　　曾经一段时期，粗放型增长方式使能源和其他资源的消耗增长过快，生态环境恶化问题亟待解决。习近平总书记首倡"绿水青山就是金山银山"，领导全党全国人民打响蓝天碧水净土保卫战。2022 年，我国地级及以上城市细颗粒物（$PM_{2.5}$）平均浓度下降至 29 微克 / 立方米，首次降低到 30 微克 / 立方米以内，优良天数比例达到 86.5%，成为全球大气质量改善速度最快的国家。全国地表水 Ⅰ —Ⅲ类断面比例上升至

　　1981 年 2 月 25 日，全国总工会、共青团中央、全国妇联、全国文联等 9 个单位联合发出《关于开展文明礼貌活动的倡议》，向全国人民特别是青少年倡议，开展以讲文明、讲礼貌、讲卫生、讲秩序、讲道德和心灵美、语言美、行为美、环境美为内容的"五讲四美"文明礼貌活动，使中国城乡的社会风气和道德面貌有一个根本改观。图为江苏省南京市长江路小学的少先队员们，在"全民文明礼貌月"活动中，走上街头，设立宣传站，进行"五讲四美"宣传活动。

87.9%，接近发达国家水平。党的十八大以后的 10 年，我国以年均 3% 的能源消费增速支撑了超过 6% 的经济增长，相当于少用 14 亿吨标准煤，少排放 29.4 亿吨二氧化碳。①"横空大气排山去，砥柱人间是此峰。"正是在对时代之问的回答中，我们党为中国特色社会主义发展开具的"药方"越来越完善，中国特色社会主义建设的布局越来越优化。

### （三）拉长强国复兴的短板

法国《历史学家和地理学家》杂志（1989 年 5—6 月刊）发表了法国文献出版社苏联、中国及东欧国家研究资料中心埃·吉基约撰写的有关苏联的文章，其中提到苏联的生产资料和消费资料之间的鸿沟不断加大，第一部类（产品用于继续投入生产的部门）在 1940 年为工业生产的 61%，1960 年为 72.50%，1980 年为 73.80%，1987 年为 75.10%。文章分析两大部类之间的巨大差异表现为第二部类（产品用于消费）的投资过低，不能满足生产现代化和提高生产能力的需要，以至于在数量、质量和品种上不能满足群众对产品的需要，这种情况反过来又影响了重工业的发展。② 总结历史可以发现，发展中的"短板效应"是苏联难以持续强盛的重要原因。如果发展布局畸轻畸重，就不可能发挥出最大化的系统功能，形成最强的综合国力。

前事不忘，后事之师。改革开放以来，我国为避免出现发展的"长短腿"，对三次产业在 GDP 中的比例关系进行了较大调整，产业结构总体呈现由"二一三"向"二三一"再向"三二一"的演变趋势，第一产业与第三产业呈现"剪刀式"对称消长态势。统计数据显示，2019 年

---

① 生态环境部党组理论学习中心组：《建设人与自然和谐共生现代化》，《经济日报》2023 年 6 月 7 日。

② ［法］埃·吉基约：《苏联工业的失衡》，刘经浩译，《中央党校学报》1990 年第 6 期。

我国三次产业构成国内生产总值为 100%，第一产业增加值为 7.1%，第二产业增加值为 39%，第三产业增加值为 53.9%，[①] 较 2018 年第一产业比重提高 0.1 个百分点，第二产业比重下降 0.7 个百分点，第三产业比重提高 0.6 个百分点，经济结构持续优化。产业布局的协调发展，为整个国民经济和社会发展奠定了坚实基础，也成为广大人民群众生活水平不断提高的一个标志。也要看到，由于国土辽阔、不同区域条件差别较大，和发达国家或地区相比，我国经济社会发展在某些方面或领域还存在着明显的不足，补短板依然任重道远。习近平总书记在 2015 年 10 月召开的党的十八届五中全会第二次全体会议上的讲话中，以"补短板，着力解决好发展不平衡问题"为题，着重从经济社会全面协调发展的角度论述了补短板问题。在党的二十大上再次强调"发展不平衡不充分问题仍然突出"，并作出新的部署。贯彻落实好这些重要论述，就能有效防止出现"阿喀琉斯之踵"，使中国特色社会主义建设布局无懈可击，使强国之"强"成为全面的"强"。

## 二、坚持以做强经济实力为强国之要

美国历史学家保罗·肯尼迪从经济中心转移来看待大国兴衰的规律，揭示了经济和科技实力在大国崛起中的基础性作用。他在总结了历史上大国崛起的规律后认为，大国在世界事务中的地位总是不断变化的，根源在于各国国力的增长速度不同以及技术突破和组织形式的变革。16 世纪以后世界贸易集中地由地中海逐渐转向大西洋和西北欧，

---

① 国家统计局：《中华人民共和国 2019 年国民经济和社会发展统计公报》，http://www.stats.gov.cn/tjsj/zxfb/202002/t20200228_1728913.html。

1890年以后的几十年中又由西欧慢慢转移到其他地区。这表明，经济力量的转移预示着新兴大国的崛起。2023年初，美国商务部公布的2022年数据显示，美国以25.46万亿美元GDP蝉联世界第一大经济体。从建国时的13个州到后来的50个州，从弹丸之地到持续多年的超级大国，美国崛起的根基是经济实力的强盛。早在1894年，美国就已经成长为世界第一大经济体。马克思主义认为，生产力决定生产关系，经济基础决定上层建筑。我们要实现强国复兴，必须持续做大做强经济实力。离开了坚实的经济基础，强国就只能是"空中楼阁"。

## （一）打造高质量发展的"高峰"

标准普尔全球综合市场指数（BMI）数据显示，截至2019年12月31日，美国公司市值在全球主要制造业行业市值中的占比几乎均超过50%。比如，在电子信息领域美国公司市值占比超过70%，在医疗领域占比超过65%，在航空航天领域占比超过73%，在机械领域占比接近50%。这些数据表明，美国垄断了全球价值链、产业链的高端。也充分说明，只有占据高质量发展的制高点，才能成为首屈一指的强国。2018年以来，美国之所以能够在技术链、供应链上对中国企业精准打压，正是凭借其在高端领域的垄断地位。我国要冲出重围，就必须以推动高质量发展为主题，使中国的生产力成为世界生产力的"高峰"。

自党的十八大以来，我国经济逐步由高速增长阶段转向高质量发展阶段。高速增长阶段的基本特征是以数量快速扩张为主，主要解决"有没有""够不够"的问题，而高质量发展强调的是质量和效益，主要解决"好不好"的问题。2023年，我国人均国内生产总值超过1.2万美元，继续发展具备制度优势显著、治理效能提升、经济长期向好、物质基础雄厚、社会大局稳定等多方面优势和条件，同时也存在不少短板和弱项。比如，我国许多产业仍处于全球价值链的中低端，创新能力不适应高质量发展要求，农业基础还不稳固，城乡区域发展和收入分配差距较大，生态环保任重道远，民生保障存在短板，社会治理还有弱项等。当前和今后一个时期，发展中的矛盾和问题集中体现在发展质量上。这就要求我们必须把解决发展质量问题摆在更为突出的位置，着力提升发展质量和效益。要追求更优质的发展，从"数量追赶"转向"质量追赶"；追求更优结构的发展，从"规模扩张"转向"结构升级"；追求更有效率的发展，从"要素驱动"转向"创新驱动"；追求更加公平的发展，从"分配失衡"转向"普惠包容"；追求更可持续的发展，从"高消耗高排放增长"转向"绿色发展"，推动我国经济发展焕发新活力、迈上新台阶。[①]

习近平总书记强调，当前和今后一个时期，我国发展仍然处于重要战略机遇期，但机遇和挑战都有新的发展变化。要准确识变、科学应变、主动求变，更加重视激活高质量发展的动力活力，更加重视催生高质量发展的新动能新优势。[②] 推动高质量发展，需要推动质量变革、效率变革、动力变革。推动质量变革，就是要在质量效益明显提升的基础上实现经济持续健康发展，深层次的是全面提高国民经济各领域、各层面的素质。推动效率变革，就是要找出并填平以往高速增长阶段被掩盖或忽视的各种效率洼地，为高质量发展打下一个效率和竞争力的稳固基础。推动动力变革，就是要在要素成本优势逐步减弱后，适应高质量、高效率现代化经济体系建设的需要，加快要素驱动向创新驱动发展的转换，进入创新是第一动力、人才是第一资源的创新发展道路。内在统一的这"三大变革"，核心是加快转变发展方式，标志是提高全要素生产率，途径是深化供给侧结构性改革。要坚持系

---

① 王伟海：《以推动高质量发展为主题》，《解放军报》2020 年 12 月 18 日。

② 《习近平在湖南考察时强调　在推动高质量发展上闯出新路子　谱写新时代中国特色社会主义湖南新篇章》，《人民日报》2020 年 9 月 19 日。

统观念，建立有效管用的激励和约束机制，形成推动高质量发展的强大合力。

### （二）用好新发展理念的"指挥棒"

"创新、协调、绿色、开放、共享"的新发展理念，是党的十八届五中全会在总结我国 30 多年改革发展经验、科学分析国内国外经济社会发展规律基础上首次提出的。创新发展注重解决发展动力的问题，协调发展注重解决发展不平衡的问题，绿色发展注重解决人与自然和谐的问题，开放发展注重解决内外联动的问题，共享发展注重解决社会公平正义的问题。作为发展指挥棒，新发展理念始终贯穿新时代我国经济社会发展全过程，是关系我国发展全局的一场深刻变革。党的十九届五中全会把贯彻落实新发展理念摆到了前所未有的突出位置，全会审议通过的《中共中央关于制定国民经济和社会发展第十四个五年规划和二〇三五年远景目标的建议》分论部分总体上是按照新发展理念的内涵来组织的，分领域阐述了"十四五"时期经济社会发展和改革开放的重点任务。

兰州曾是雾霾深重的"黑兰州"，是卫星上看不到的城市。党的十八大以来，经过当地政府的有效治理，兰州已经稳定退出全国十大空气重污染城市，迎来"兰州蓝"。上图为 2011 年 12 月 14 日，一名市民行走在兰州市黄河岸边；下图为 2016 年 10 月 5 日，大气污染得到有效治理后的兰州。

曾经一个时期，我国经

济增长过于粗放。由于体量和基数变大，每增长一个百分点，在保就业、惠民生方面的效应明显增大，同时，每增长一个百分点，对资源环境的消耗也成倍增加。中国经济既"做不到"也"受不了"像过去那样靠粗放型发展方式、靠强力刺激抬高速度实现增长目标。粗放型发展导致我们耗费了大量本来就十分稀缺的资源，形成了资源的硬约束。例如，我国原油的对外依存度一度接近 60%，铁矿石的对外依存度超过50%。另一方面，环境污染也日益严重，由于空气污染引起的健康损失一度占到 GDP 的 1.8%。新发展理念正是针对这些突出矛盾问题应运而生的。

在新发展理念的指引下，2022 年我国工业产能利用率从党的十八大前的 69.3%[①] 上升到 75.6%；消费作为经济增长主动力作用进一步巩固，2023 年前三季度最终消费支出对国内生产总值增长的贡献率为83.2%，高于资本形成总额 53.4 个百分点。更直接的变化在于 2020 年全国地表水、环境空气质量状况：1940 个国家地表水考核断面中，水质优良（Ⅰ—Ⅲ类）断面比例为 83.4%，同比上升 8.5 个百分点；劣 Ⅴ 类断面比例为 0.6%，同比下降 2.8 个百分点。空气质量方面，全国 337 个地级及以上城市平均优良天数比例为 87.0%，同比上升 5.0 个百分点；$PM_{2.5}$ 平均浓度为 33 微克 / 立方米，同比下降 8.3%。[②] 蓝天碧水的回归启示我们，只有以新发展理念为引领，我们才能顺利跨越发展关口，不断提升发展质量与效益，更好地满足人民在经济、政治、文化、社会、生态文明等方面日益增长的美好生活需要。

---

[①]　董敏杰、梁泳梅、张其仔：《中国工业产能利用率：行业比较、地区差距及影响因素》，《经济研究》2015 年 1 期。69.3% 的数据是 2001 年至 2011 年我国工业平均产能利用率。

[②]　寇江泽：《水质优良断面比例同比升 8.5 个百分点》，《人民日报》2021 年 1 月17 日。

### （三）下好新发展格局这盘棋

2020 年 4 月 10 日，在中央财经委员会第七次会议上，习近平总书记首次提出要构建新发展格局。其实，我国作为全球第二大经济体和制造业第一大国，构建新发展格局在客观上早有要求。一方面，经过改革开放以来 40 多年的发展，我国经济快速成长，国内大循环的条件和基础日益完善。另一方面，新世纪以来，新一轮科技革命和产业变革加速发展，世界贸易和产业分工格局发生重大调整，国际力量对比呈现趋势性变迁。特别是 2008 年国际金融危机后，全球市场收缩，世界经济陷入低迷，国际经济大循环动能弱化。在这样的双重背景下，我们不能走自我封闭、自给自足的老路，更不能走老牌资本主义国家暴力掠夺的邪路，而要大胆探索自己未来发展之路。

经济发展战略的导向，是我国经济长期稳定健康发展的重要保障。改革开放以来，我们顺应经济全球化态势，实施出口导向型发展战略，取得经济发展的重大成就。党的十八大以来，基于国内外形势发展变化，以习近平同志为核心的党中央及时作出我国经济发展进入新常态的判断，提出推进供给侧结构性改革的重大战略性思路，按照"三去一降一补"和"巩固、增强、提升、畅通"八字方针推进和深化供给侧结构性改革，有效改善了供求关系。面对全球政治经济环境出现的重大变化，适应我国发展阶段性新特征，党中央准确研判大势，立足当前，着眼长远，提出构建新发展格局的战略。这既是供给侧结构性改革的递进深化，也是我国以往发展战略的整合提升，具有重大现实意义和深远历史意义。

思想之花只有扎根实践的沃土，才能结出丰硕之果。我们必须集中力量办好自己的事，以畅通国民经济循环为主构建新发展格局。要以扩大内需作为战略基点，把满足国内需求作为发展的出发点和落脚点，加快构建完整的内需体系，深化供给侧结构性改革，形成更多新的增长点、增长极，着力打通生产、分配、流通、消费各个环节，实现中国与世界市场、资源的更好联通，推动中国与世界共同发展。要以科技自立自强催生新发展动能，发挥新型举国体制优势，加强科技创新和技术攻关，强化关键环节、关键领域、关键产品保障能力，打好关键核心技术攻坚战，打造未来发展新优势。要以深化改革激发新发展活力，善于运用改革思维和改革方法，统筹考虑短期应对和中长期发展，做到既在战略上布好局，也在关键处落好子。

### （四）坚持实体经济的支柱地位

2020 年 12 月，全球知名指数服务公司富时罗素宣布，将 8 家中国公司的股票从相关指数中删除。推动这家英国公司作出决定的，是美国打压中国的"黑手"。特朗普任美国总统期间，多次出手制裁中国，但中国人民的生活并未受到实质性影响，究其根源，正在于中国拥有实体经济的汪洋大海，能够经受惊涛骇浪的冲击。

拥有坚实发达的实体经济，是我国具有长远竞争力的关键所在。展望全面建设社会主义现代化强国新征程，要深刻洞察实体经济发展面临的"时"与"势"、"危"与"机"。向外看，世界百年未有之大变局正风起云涌，新冠疫情更加速了国际格局演变，各国围绕实体经济的竞争更加激烈。一些发达国家反思"脱实向虚"的发展模式，甚至借疫情企图鼓动产业链"去中国化""本土化"，给我国实体经济发展带来一定负面影响。向内看，当前我国实体经济"大而不强"的问题依旧突出，虽然具有庞大的实体经济供给数量，但供给质量不高，无法满足消费结构转型升级的需要，实体经济结构供需失衡，而我国已进入新发展阶段，高质量发展亟待"闯关"，如果没有坚实的实体经济作为依托，无论是提升创新能力、实现科技自立自强，还是形成强大国内市场、构建新发展格局，都将是无源之水、无本之木。

习近平总书记指出，"不论经济发展到什么时候，实体经济都是我国经济发展、我们在国际经济竞争中赢得主动的根基"。① 站在新起点上，我们必须把发展经济着力点放在实体经济上，坚持实体产业以我为主，构建可靠可控的强大产业链，特别是在关系国家安全的领域和节点构建自主可控、安全可靠的国内生产供应体系，围绕产业链部

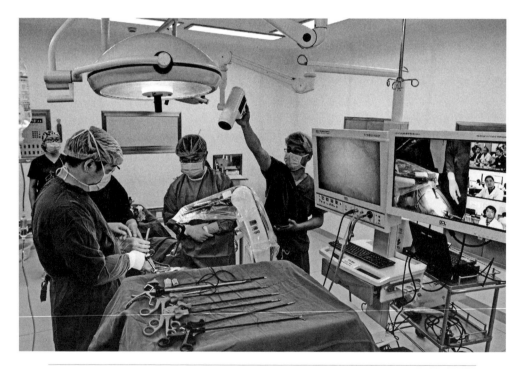

高清同步课堂、远程医疗、5G远程驾驶……通过与教育、医疗、工业制造、智慧城市等行业的深度融合，5G技术正促进数字经济与实体经济深度融合发展，创造出更多新应用、新业态、新价值。图为2019年5月10日，中国安徽省石台县人民医院医护人员通过5G远程协同操作平台，在安徽医科大学第二附属医院专家的指导下进行手术操作。

① 《习近平李克强俞正声刘云山王岐山分别参加全国人大会议一些代表团审议》，《人民日报》2017年3月8日。

署创新链、围绕创新链布局产业链，筑牢实体经济根基，把实体产业牢牢掌握在自己手中。突出重点领域，在"去""转""育"上做文章，对落后产能坚决彻底地"去"，加快"腾笼换鸟"；借助新技术有力地"转"，推进传统产业数字化、网络化、智能化升级改造；瞄准高端前沿精准地"育"，突破性培育发展数字经济、人工智能、量子技术等高端产业，抢占未来产业发展制高点。优化支撑保障，加大交通、水利、能源等领域投资力度以补齐基础设施短板，加快推进 5G、人工智能、工业互联网等"新基建"投资以铺就长远发展的"高速路"，还要不断汇聚政策、资金、技术、人才等要素，实现实体经济、科技创新、现代金融、人力资源协同发展，为经济社会高质量发展提供更为坚实的产业支撑。

### 三、坚持以党的领导为强国之舵

党的十八大以来，我国建设取得伟大历史性成就，经济总量翻了一番，形成了超 4 亿人的世界上规模最大、最具成长性的中等收入群体，2023 年社会消费品零售总额达 47 万亿元，稳居全球最二大消费市场、第一大网络零售市场和全球第二大进口市场，全国城镇新增就业人数连续保持在 1100 万人以上，2023 年进出口总值超 41 万亿元。回望这些成就，不禁让人想起从十八届中央财经领导小组的 5 次会议到二十届中央财经委员会的历次会议，以及每年的中央经济工作会议，习近平总书记亲自主持、亲自谋划，以全局眼光和战略高度为中国经济巨轮掌舵领航。历史和现实表明，坚持党的领导是我国经济社会持续健康发展、实现中华民族伟大复兴的坚强保证。必须把坚持党的领导作为推进强国复兴必须遵循的根本原则，坚持和完善党领导经济社会发展的体制机制。

## （一）走出一条自己的路

第二次世界大战结束后，许多东欧国家领导人在各自国家民主政权建设和经济恢复中，实行了一些有别于苏联的政权模式和政策。但是，这种探索很快就因为苏联的干涉而被迫中断。在内政外交上，东欧各国也遭到苏联的干预，比如 1956 年的匈牙利事件和 1968 年的"布拉格之春"。苏联的一系列政治干预直接导致了在东欧剧变前夕，各国发展普遍的"长短腿"问题：国民经济比例严重失调、轻工业农业落后、建设速度缓慢等，人民生活水平得不到提高，和西欧形成了鲜明的对比，引起了人民群众的极大不满。由于过分依赖苏联，当苏联一倒，东欧各国的发展即受到严重影响。与东欧不同，我国既不走传统社会主义的老路，也不走西方资本主义的邪路，坚持走中国特色社会主义道路，用中国特色社会主义制度保证自身发展的独特性和安全性，从而自立自强于世界民族之林。

"凡将立国，制度不可不察也。"制度是治国安邦的根本，具有全局性、稳定性和长期性。新中国成立后，我们"另起炉灶""打扫干净屋子再请客"，选择了社会主义道路；改革开放后，我们党坚守科学社会主义基本原则，作为制度改革的根本和底线。习近平总书记强调，中国特色社会主义是社会主义而不是其他什么主义，科学社会主义基本原则不能丢，丢了就不是社会主义。中国特色社会主义，既坚持了科学社会主义基本原则，又根据时代条件赋予其鲜明的中国特色。中国特色社会主义制度的根本属性是社会主义，中国共产党的领导、马克思主义在意识形态领域的指导地位、人民民主专政等，都体现了中国制度的社会主义原则，是我们国家发展、制度改革始终坚守的根本。

"多歧为贵，不取苟同"。中国特色社会主义制度探索完善的过程本就是不断创新发展的过程。它既不同于传统社会主义制度，也有别于资本主义制度。传统社会主义的"死胡同"倒逼我们坚持以改革创新精神谋发展，资本主义的"卡夫丁峡谷"①警策我们坚持科学社会主义基本原则。新中国成立以来，虽然一度"一边倒"，吸取苏联经验，但总体上是依据自己的国情走自己的路，特别是新时代以来，坚持和完善中国特色社会主义制度、推进国家治理体系和治理能力现代化，使"中国之制"愈益完善、中国道路愈益开阔。一系列制度设计充分证明，中国特色社会主义制度是我们抵御"西化分化"的坚固堡垒，是新时代中国始终稳如磐石的制度保障。

## （二）开展强固党的领导和社会主义制度的伟大斗争

近年来，美国一些反华反共政客歇斯底里攻击中国共产党。2020年7月13日，时任美国总统国家安全事务助理奥布莱恩在《华盛顿邮报》发表谬论：中国共产党信奉的马列主义认为，个人没有内在价值，只是实现国家利益的工具。2021年1月3日，美国国务院发布推特称"中国共产党破坏国际法治"，并附"中国共产党：威胁全球和平与安全"网页链接。如此颠倒黑白的说辞还有不少。这些攻击中国共产党的言行，意在先打倒中国共产党再打倒中国，从而持续称霸全球。我们要洞彻反华政客的险恶用心，做坚决维护党的领导和社会主义制度的"战士"。

斗争首先要坚持正确的立场、方向、原则。习近平总书记强调，共

---

① 公元前321年，萨姆尼特人在古罗马卡夫丁城附近的卡夫丁峡谷击败了罗马军队，并迫使罗马战俘从峡谷中用长矛架起的形似城门的"牛轭"下通过，借以羞辱战败军队。后来，人们就以"卡夫丁峡谷"来比喻灾难性的历史经历，并且卡夫丁峡谷成了"耻辱之谷"的代名词，并可以引申为人们在谋求发展时所遇到的极大的困难和挑战。马克思在《给维·伊·查苏利奇的复信草稿》中提出："另一方面，和控制着世界市场的西方生产同时存在，使俄国可以不通过资本主义制度的卡夫丁峡谷，而把资本主义制度的一切肯定的成就用到公社中来。"这里第一次将资本主义与"卡夫丁峡谷"两个重要概念联系起来。

产党人的斗争,"大方向就是坚持中国共产党领导和我国社会主义制度不动摇"。① 当前和未来一段时期,坚持中国共产党领导,重中之重是要坚决维护习近平总书记党中央的核心、全党的核心地位,坚决维护党中央权威和集中统一领导。做到"两个维护",要防止与坚持人民主体地位割裂开来、对立起来,否则,就容易出现"低级红、高级黑"的问题。要深刻认识到,习近平总书记是从人民中走出来的、对人民怀有真挚感情和强烈责任感的人民领袖,始终以大爱无疆、心系苍生的博大情怀为中国人民谋幸福、为中华民族谋复兴。做到"两个维护",就要与习近平总书记保持高度一致,永葆为民情怀,全心全意为人民服务。我们既要与那种直接背离"两个维护"的言行作斗争,也要同那种把党和人民对立起来,表面上在维护党的领导、实际上在挖党的墙脚的行为作斗争。

党的十八大以来,以习近平同志为核心的党中央为强固党的领导和社会主义制度开展了波澜壮阔的斗争。全面深化改革是伟大斗争的重要方面。我们党整体性推进中央和地方各级各类机构改革,重构性健全党的领导体系、政府治理体系、武装力量体系、群团工作体系,系统性增强党的领导力、政府执行力、武装力量战斗力、群团组织活力,解决了许多长期想解决而没能解决的难题,理顺了不少多年想理顺而没有理顺的体制机制,适应新时代要求的党和国家机构职能体系主体框架初步建立,为完善和发展中国特色社会主义制度、推进国家治理体系和治理能力现代化提供了有力组织保障。我们还完善信息网络管理法律法规,依法惩治网络犯罪、强力肃清网络乱象、保护公民合法权益,维护社会秩序和国家利益,粉碎了敌对势力妄图通过网络"扳倒中国"的诡计。推进全面依法治国,坚持依宪治国、依宪执政,有效抵制一些人鼓吹的

---

① 《习近平在中央党校(国家行政学院)中青年干部培训班开班式上发表重要讲话强调 发扬斗争精神增强斗争本领 为实现"两个一百年"奋斗目标而顽强奋斗》,《人民日报》2019 年 9 月 4 日。

"西方宪政""三权分立""司法独立"等错误思想。在全面建设社会主义现代化国家的新征程上，我们要继续开展强固党的领导和社会主义制度的伟大斗争，确保红色江山永不变色。

### （三）以党的初心使命厚植人民民主

党的领导，从来就是和人民民主高度统一的。党的性质和宗旨决定了党的领导就是团结和带领人民当家作主，决定了党的治国理政就是人民当家作主的集中体现。早在 1997 年 9 月，党的十五大就指出："共产党执政就是领导和支持人民掌握管理国家的权力，实行民主选举、民主决策、民主管理和民主监督，保证人民依法享有广泛的权利和自由。"

习近平总书记指出，党的一切执政活动，国家的一切治理活动，都要尊重人民主体地位，尊重人民首创精神，拜人民为师，把政治智慧的增长、治国理政本领的增强深深扎根于人民的创造性实践之中，使各方面提出的真知灼见都能运用于治国理政。20 世纪 50 年代，申纪兰虽然是经济相对落后的内陆县的党总支副书记，但具有强烈的主人翁意识，积极组织妇女劳动，凭借劳动本领争取到同工同酬权利。

申纪兰（左一）和妇女们在一起劳动。几十年来，人大代表申纪兰和西沟村人一起，肩挑、背扛、砸石头，在石头山上造林 25000 亩，在干石河滩上筑坝 7 座、造地 900 亩，创造了与自然斗争的生产奇迹，也创造了"西沟精神"。

她提出的议案包括引黄河水进入山西省、改造山西老工业基地等，这些提案不仅有利于当地自身，也有利于区域经济蛋糕做大，代表了人民的意志。可以说，党的一切执政活动，国家的一切治理活动，既是党的领导的实践，也是人民民主的实践，是二者有机统一、融为一体的进程。

我们党之所以能够深耕人民民主的土壤，最根本的原因在于我们党的根基在人民，血脉在人民，力量在人民，奋斗的一切也都是为了人民。在我国，保证和支持人民当家作主不是一句口号、不是一句空话，必须落实到国家政治生活和社会生活之中，保证人民依法通过各种途径和形式行使管理国家事务、管理经济文化事业、管理社会事务的权力。全过程人民民主，构建起覆盖960多万平方公里土地、14亿多人民、56个民族的民主体系，实现了最广大人民的广泛持续参与。要不断扩大人民有序政治参与，确保人民实现内容广泛、层次丰富的当家作主，充分体现我国社会主义民主有事多商量、遇事多商量、做事多商量的特点和优势，确保人民民主是维护人民根本利益的最广泛、最真实、最管用的民主。

### （四）全力锻造"中国整钢"

据媒体报道，2020年9月以后，美国有关机构突击检查一批到岸商船和入港飞机，询问船机上的中国人谁是中共党员，甚至要求说明入党的原因，有时会纠缠几个小时。这项检查过去在美中之间从未发生过，在全世界也属"首创"。有识之士指出，美国政府将中共与中国区别开来，将中共树立为主要攻击靶子，实际打击目标还是稳步走向强盛的中国。① 长期以来，美国一些政客肆意抹黑攻击中国，主要靶

---

① 《美骚扰入境中共党员，这是在招反击》，《环球时报》2020年12月1日。

点还是集中在中国共产党身上。他们这样做，就是看到了与中国人民血肉相连的中国共产党，是不可战胜的。他们妄图"扳倒中国"，就必须颠覆中国共产党的领导，这就必须在中国共产党与中国人民之间制造对立和仇恨。

事实上，中国共产党与中国人民血浓于水的联系，是永远不可移易的，具有深厚的历史渊源。在百余年的奋斗历程中，我们党始终把人民放在心中最高位置。习近平总书记在纪念红军长征胜利80周年大会、基层代表座谈会等重要场合反复讲这样一个故事：在湖南汝城县沙洲村，三名女红军借宿徐解秀老人家中，临走时，把自己仅有的一床被子剪下一半给老人留下了。老人说，什么是共产党？共产党就是自己有

湖南省汝城县沙洲村广场上的"半条被子"雕塑。

一条被子，也要剪下半条给老百姓的人。①"谁把人民放在心上，人民就把谁放在心上。"历史上，"最后一碗米送去做军粮，最后一尺布送去做军装，最后一件老棉袄盖在担架上，最后一个亲骨肉送去上战场"等故事不胜枚举。在革命战争年代异常艰苦、危险的条件下，人民群众毫无保留地支持中国共产党、拥护中国共产党。今天，人民群众依然毫无保留地拥护支持中国共产党。这是中国共产党执政的最大底气。我们一定要倍加珍惜这个最大底气，以爱民为民的全心全意赢得人民的衷心拥戴，始终保持党同人民群众的血肉联系，将"中国整钢"锻造得更坚强。

## 四、坚持以培塑中国精神为强国之魂

精神是一个民族赖以长久生存的灵魂，唯有精神上达到一定的高度，这个民族才能在历史的洪流中屹立不倒、奋勇向前。作为一个有着5000多年文明史的泱泱大国，我们从来不缺乏塑造伟大精神的沃土。今天的中国共产党之所以能够用"伟大建党精神""伟大抗疫精神""新时代北斗精神"等中国精神扩充党的精神谱系，正是源于对中华优秀传统文化的创造性转化和创新性发展，源于对中国精神的坚守和弘扬。面向未来，我们要坚持推进以中国精神为底色的文化建设，以"踏平坎坷成大道，斗罢艰险又出发"的姿态，向着实现中华民族伟大复兴的奋斗目标奋力前行。

### （一）捍卫我国"思想主权"

一个国家，既要有领土主权，也要有"思想主权"。思想文化领域

---

① 习近平：《在纪念红军长征胜利80周年大会上的讲话》，《人民日报》2016年10月22日。

的阵地，自己不去占领，敌人必然去占领。早在延安时期，毛泽东就强调："在我们为中国人民解放的斗争中，有各种的战线，最终也可以说有文武两个战线，这就是文化战线和军事战线。我们要战胜敌人，首先要依靠手里拿枪的军队。但是仅仅有这种军队是不够的，我们还要有文化的军队，这是团结自己、战胜敌人必不可少的一支军队。"[①]1940 年，毛泽东批示，在红色中华通讯社的基础上建立延安新华广播电台，使大后方和广大沦陷区的听众能够直接听到来自中国共产党的声音。皖南事变发生后，延安电台的电波冲破了层层封锁，向全国人民揭露了国民党顽固派破坏国共合作的罪行。

苏共领导人戈尔巴乔夫上台后，以"全人类的价值高于阶级价值"的"新思维"，实行"人道的、民主的社会主义"纲领，导致苏共对改革过程中出现的反社会主义和分裂国家的思潮、组织、派别采取容忍和支持的错误立场，特别是在关系党、社会主义制度和国家命运的根本问题上丧失了原则性，丢失了"思想主权"，最终亡党亡国。历史表明，一个政权的瓦解往往是从思想领域开始的。做好意识形态工作，事关党的前途命运，事关国家长治久安，事关民族凝聚力和向心力。

党的十八大以来，习近平总书记高度重视意识形态工作，先后主持召开一系列重要会议，对宣传思想文化工作、文艺工作、党的新闻舆论工作、网络安全和信息化工作等作出一系列重大部署，加强培育和弘扬社会主义核心价值观，将意识形态工作纳入巡视并加以制度化，有效扭转了意识形态领域一度出现的被动局面，党的理论创新全面推进，主流思想舆论不断巩固壮大，文化自信得到彰显，国家文化软实力和中华文化影响力大幅提升，全党全社会思想上的团结统一更加巩固。面对新征程，我们要坚持在全社会唱响社会主义意识形态的主旋律，提升主流意

---

① 《毛泽东选集》第三卷，人民出版社 1991 年版，第 847 页。

识形态在全社会的传播力、引导力和公信力，切实加强党对意识形态工作的领导，巩固马克思主义在意识形态领域的指导地位，巩固全党全国人民团结奋斗的共同思想基础。

## （二）昂扬革命的精气神

鲁迅在 1905 年日俄战争后看到纪录片中一个场面：一个中国人将要被日本侵略者斩杀，周围是有着"强壮的体格，而显出麻木的神情"的本国看客。在长期实行愚民政策的封建专制统治下，相当一部分民众没有得到民族精神的启蒙而自甘奴役，中华民族被外国人贬称为"东亚病夫"。2020 年 2 月，美国媒体《华尔街日报》发文，诋毁中国政府和中国人民抗击疫情的努力，引起广大中国民众的愤慨和谴责。中方向华尔街日报社提出严正交涉，要求其公开正式道歉，并查处相关责任人。这种闻辱而奋起雪耻的行动与 100 多年前任由宰割的屈辱形成鲜明对比，表明中华民族在精神上的崛起已经成为铁的事实！中华民族在精神上的崛起，与我们党锻造和弘扬革命精神息息相关。在中国共产党的精神图谱上，伟大建党精神、井冈山精神、苏区精神、长征精神、延安精神、沂蒙精神、红岩精神、西柏坡精神等革命精神灿若星辰，激励着人们昂首向前。

2020 年 12 月 23 日，长征国家文化公园建设推进会在贵州省遵义市召开。长征国家文化公园的建设范围是以中国工农红军一方面军（中央红军）长征线路为主，兼顾红二（红二、红六军团）、红四方面军和红二十五军长征线路。建设长征国家文化公园的有关方案，是 2019 年 7 月习近平总书记主持召开中央全面深化改革委员会第九次会议时通过的，体现了我们党对弘扬革命文化、提振革命精神的不懈追求。

一切向前走，都不能忘记走过的路；走得再远、走到再光辉的未来，也不能忘记走过的过去，不能忘记老一辈革命者传给我们的宝贵精神财富。然而，长期以来，有人对"革命"二字抱有误解和偏见。有的把"革命"看作极左的代名词，有的认为"革命"已经过时了，不需要革命精神了。应当认识到，推翻旧制度、建立新中国是一场革命，实行改革开放、推动社会主义制度自我完善和发展也是一场革命。新时代，我们既要推进党的伟大自我革命，也需要推进伟大社会革命，始终需要中国共产党和中国人民弘扬伟大的革命精神。

回望历史，近代中国和当代中国面临两个完全不同的大变局。鸦片战争以后，"长夜难明赤县天，百年魔怪舞翩跹"，中国面对的是带有悲剧色彩的"数千年未有之大变局"；改革开放以来，"长风破浪会有时，直挂云帆济沧海"，中国面对的是机遇与挑战同在的百年未有之大变局。两个大变局，贯穿同一个中国梦。面对"数千年未有之大变局"，中国共产党高扬革命精神，唤醒"昏睡百年"的中华民族，带领"渐已醒"的中国人民"冲开血路"，实现了救亡图存、民族独立的梦想，谱写了中国梦的"上篇文章"。面对当代世界大变局，中国共产党必将领导人民进一步弘扬伟大革命精神，再次昂扬起"万里长城永不倒，千里黄河水滔滔"的精神风采，攻坚克难，闯关夺隘，实现民族复兴的梦想，续写中国梦的"下篇文章"。

### （三）传承弘扬中华民族的"根"和"魂"

在中国人的精神世界里，中华优秀传统文化始终是滋长民族自豪感和自信心的源泉。从老子、孔子、庄子、孟子、屈原、王羲之、李白、杜甫、苏轼、辛弃疾、关汉卿、曹雪芹，到鲁迅、郭沫若、茅盾、巴金、老舍、曹禺，到聂耳、冼星海、梅兰芳、齐白石、徐悲鸿，从诗经、楚辞到汉赋、唐诗、宋词、元曲以及明清小说，从《格萨尔王传》《玛纳斯》到《江格尔》史诗，从五四时期新文化运动、新中国成立到新时代，产生了灿若星辰的文化大师，留下了浩如烟海的文化精品，不仅为中华民族提供了丰厚滋养，而且为世界文明贡献了华彩篇章。习近平总书记指出，中华优秀传统文化是我们民族的"根"和"魂"，如果"抛弃传统、丢掉根本，就等于割断了自己的精神命脉"①。

长期以来，我们党高度重视传承弘扬中华优秀传统文化，使中国化马克思主义成为融汇中华民族精神基因的智慧结晶。1938 年 10 月，

西藏说书艺人说唱《格萨尔王传》，牧民们用各种型号的录音机录下这动人的故事。《格萨尔》大约产生于 2000 年以前，是在藏族古代神话、传说、诗歌、谚语等民族文学的基础上发展而来的。主要讲述天神之子、半人半神的英雄格萨尔降妖伏魔拯救弱者的故事，2006 年被列入国家级非物质文化遗产名录。

---

① 《习近平在中共中央政治局第十三次集体学习时强调 把培育和弘扬社会主义核心价值观作为凝魂聚气强基固本的基础工程》，《人民日报》2014 年 2 月 26 日。

毛泽东在中共六届六中全会上明确提出要继承"从孔夫子到孙中山"的数千年的珍贵历史遗产，使马克思主义中国化具有中国作风和中国气派。1941年5月，毛泽东在《改造我们的学习》的报告里更尖锐地指出："许多马克思列宁主义的学者也是言必称希腊，对于自己的祖宗，则对不住，忘记了。"① 一代又一代中国共产党人接续推进马克思主义中国化，使马克思主义与中国实际和时代特征相结合起来，这种结合包括与我们中国自己的老祖宗传下来的优秀传统文化相结合。正是在这个意义上，我们说，中国特色社会主义"是在对中华文明5000多年的传承发展中得来的"。

传承弘扬中华优秀传统文化，还表现在其他各个领域。2002年，时任福建省省长的习近平为《福州古厝》一书作序时指出："保护好古建筑、保护好文物就是保存历史，保存城市的文脉，保存历史文化名城无形的优良传统。"②2015年12月，习近平总书记在中央城市工作会议上强调：城市建设，要让居民望得见山、看得见水、记得住乡愁。"记得住乡愁"，就要保护弘扬中华优秀传统文化，延续城市历史文脉，保留中华文化基因。要保护好前人留下的文化遗产，包括文物古迹，历史文化名城、名镇、名村，历史街区、历史建筑、工业遗产，以及非物质文化遗产，不能搞"拆真古迹、建假古董"那样的蠢事。2017年7月，鼓浪屿获准列入《世界遗产名录》后不久，习近平总书记作出重要指示："申遗是为了更好地保护利用，要总结成功经验，借鉴国际理念，健全长效机制，把老祖宗留下的文化遗产精心守护好，让历史文脉更好地传承下去。"③2020年11月，习近平总书记在全面推动长江经济带发

---

① 《毛泽东选集》第三卷，人民出版社1991年版，第797页。
② 习近平：《〈福州古厝〉序》，《人民日报》2019年6月8日。
③ 《以习近平同志为核心的党中央关心文化和自然遗产保护工作　文明之光照亮复兴之路》，《人民日报·海外版》2019年6月10日。

上图为 2002 年航拍的福州三坊七巷古厝群；下图为 2020 年 10 月 27 日拍摄的福州三坊七巷古厝群新貌。

展座谈会上强调，要保护好长江文物和文化遗产，深入研究长江文化内涵，推动优秀传统文化创造性转化、创新性发展。要将长江的历史文化、山水文化与城乡发展相融合，突出地方特色，更多采用"微改造"的"绣花"功夫，对历史文化街区进行修复。①……

当前，人类文明的发展已经到了一个拐点，以西方文明为主导的世界体系到了不得不作出变革的时候。我们要抓住历史契机，传承和弘扬优秀传统文化，推进中华文明复兴，参与推进人类文明的新发展。要推动中华优秀传统文化的创造性转化和创新性发展，认真汲取其中的思想精华和道德精髓，使之成为涵养社会主义核心价值观的重要源泉。要自觉遵循当代中国的文明观，始终坚持不同文明互为伙伴，文明之间相互尊重、和谐共处、共同发展，让中华文明同世界丰富多彩的文明一道，为人类发展提供正确的精神指引和强大的精神动力。

---

① 《习近平在全面推动长江经济带发展座谈会上强调　贯彻落实党的十九届五中全会精神　推动长江经济带高质量发展》，《人民日报》2020 年 11 月 16 日。

## 五、坚持以公平正义为强国之本

人民是历史的创造者，创造历史的原动力在于共享创造的成果，共享必须依据公平正义的原则。在人民的眼里，公平正义是最温暖的阳光，能够照亮他们的内心，让他们满心欢喜地投入到创造历史的实践中。反之，如果缺失公平正义，人民就会愤怒乃至仇恨。明代的不公正在封建体制的固守下尤为严重。朱元璋建国之初，封亲王、郡王、将军的子孙仅49位，但经过不断繁衍，形成了遍布各地的皇亲贵族，底层民众无不受其残酷剥削。比如，洪武年间河南原本只有一位周王，但到万历年间已有5000多个皇族后代，这些后裔不劳而获、骄奢淫逸。当时朝廷每年要给各地朱氏宗室的俸禄达上1000万两，而整个万历年间所征军饷才不过1700万两。到明末时，许多农民因赋税过重吃不饱饭而起义。不公正越突出，仇恨就越大。起义军所到之处，朱氏皇族均被大肆诛杀。仅在山西一地，李自成就杀了朱元璋1万多名后代。从这个意义上讲，明代灭亡的根源正在于缺失公平正义。今天，我们要推进强国复兴、确保长治久安，就必须最大限度体现公平正义，保障每个人的权利公平、机会公平、规则公平，促进共同富裕和每个人的全面发展。

### （一）共享中国特色社会主义的"好"

治国有常，而利民为本。我们党是全心全意为人民服务的马克思主义政党，始终把立党为公、执政为民作为自己的执政理念。"为公""为民"，内在地蕴含着公平正义理念。人民是历史的主人，公平正义本就是以人民为主体的价值追求。我们党一贯主张，始终把实现好、维护好、发展好最广大人民根本利益作为党和国家一切工作的出发点和落脚点，尊重人民首创精神，保障人民各项权益，不断在实现发展成果由人民共享、

上图为：1996 年，宁夏银川市永宁县闽宁镇建设初期；下图为：2017 年 11 月 11 日拍摄的宁夏银川市永宁县闽宁镇原隆村。1996 年，一纸《关于组织经济较发达地区与经济欠发达地区开展扶贫协作的报告》，开启了东西扶贫协作的壮丽征程，也将宁夏与福建紧紧联系在一起。21 年间，受益于福建、宁夏多层次、多形式、宽领域、全方位的扶贫协作，闽宁镇这片曾经的戈壁荒滩，被建设成现代化的生态移民示范镇。6 万多名曾经生活在西海固贫困山区的农民陆续走出大山搬入闽宁镇，通过移民搬迁走上了脱贫致富之路。

促进人的全面发展上取得新成效。所谓"实现好、维护好、发展好最广大人民根本利益"，换一句话说，就是"不是成就哪一个人、哪一部分人，而将造福全体人民"。只有让全体人民共享中国特色社会主义的"好"，才能充分激发人民的历史主动性和创造性，强国复兴才有最深厚的力量源泉。

中国特色社会主义是亿万人民的事业。共享发展，就要防止人民做成的"蛋糕"被他人窃取。党的十九大报告指出，要坚决防止党内形成利益集团。党的二十大报告进一步强调，坚决防止领导干部成为利益集团和权势团体的代言人、代理人。我们党只有国家、民族、人民的利益，没有自己的特殊利益。任何想要把人民利益化为自己私利的人和事，都必然受到依法严厉惩处。我们党之所以强力推进全面从严治党，以雷霆之势开展反腐败斗争，一个很重要的考量就是要让公平正义的阳光普照神州大地。

2020 年 12 月，中央经济工作会议鲜明提出"强化反垄断和防止资本无序扩张"，"坚决反对垄断和不正当竞争行为"。同期，市场监管总局根据举报，在前期核查研究的基础上，对阿里巴巴集团控股有限公司实施"二选一"等涉嫌垄断行为立案调查。有识之士指出，公平竞争是市场经济的核心，只有竞争环境公平，才能实现资源有效配置和企业优胜劣汰，而垄断阻碍公平竞争、扭曲资源配置、损害市场主体和消费者利益、扼杀技术进步。如果超越法律法规限制，放任市场垄断、无序扩张、野蛮生长，终将使整个行业无法实现健康可持续发展。① 不公平竞争，最终损害的是人民群众的权益。必须坚持以人民为中心的发展思想，坚定不移地走共同富裕道路，坚持全民共享、全面共享、共建共享、渐进共享，使全体人民在共建共享发展中有更多获得感、幸福感。

## （二）把"枫桥经验"推广开来

社会治理是国家治理的重要领域，社会治理现代化是国家治理体系和治理能力现代化的题中应有之义。加强和创新社会治理，逐步实现社会治理结构的合理化、治理方式的科学化、治理过程的民主化，将有力推进国家治理现代化的进程。"枫桥经验"作为基层治理的"金字招牌"，曾被习近平总书记多次提及。20 世纪 60 年代，浙江诸暨枫桥的干部群众在社会主义教育运动中创造了"发动和依靠群众，坚持矛盾不上交，就地解决，实现捕人少、治安好"的"枫桥经验"，并根据形势变化不断赋予其新的内涵。60 多年的实践充分证明，加强和创新社会治理，关键在体制创新，核心是人，必须坚持群众观点、走群众路线，依靠好群众、发动好群众、凝聚好群众。

当前，我国社会治理体系不断完善，社会安全稳定形势持续向好，人民生命财产安全得到有效维护，广大人民群众的安全感和满意度不断增强。也要清醒看到，在社会大局总体稳定的同时，社会利益关系日趋

① 余超：《加强反垄断监管是为了更好发展》，《人民日报》2020 年 12 月 25 日。

复杂，社会阶层结构分化，社会矛盾和问题交织叠加，人民群众对社会事务参与意愿更加强烈。社会治理的重心必须向基层下移，落实到城乡社区。城乡社区处于党同群众联系的"最后一公里"，做好社区治理工作十分重要。只有推进社区治理体系建设，把更多资源、服务管理放到社区，才能为人民群众提供精准化、精细化服务，实现政府治理和社会调节、居民自治的良性互动，打造充满活力、和谐有序的城乡社区，打造共建共治共享的社会治理格局，形成人人有责、人人尽责的社会治理共同体。

### （三）防止出现绝对的"弱势群体"

全面建设社会主义现代化国家，一个也不能少；共同富裕路上，一个也不能掉队。对于"可能少""可能掉队"的群体，必须采取特殊的措施，防止出现绝对的"弱势群体"。当前，我们已如期打赢脱贫攻坚战，在中华民族几千年历史发展上首次整体消除了绝对贫困现象。如果返贫形成气候，出现了群体性的绝对贫困现象，就是开历史的倒车。

越是特殊时期，越要加强对困难群众的兜底保障，越要加大对特殊群体的关心关爱。2020 年暴发的新冠疫情使得农民工、下岗失业人员等群体的生产生活受到严重影响。他们最需要帮助，也是政府和社会帮助的重点。党中央及时印发《关于进一步做好疫情防控期间困难群众兜底保障工作的通知》。习近平总书记指示，"要始终把人民安居乐业、安危冷暖放在心上""促进失业人员再就业，突出做好高校毕业生、退役军人、农民工和城镇困难人员等重点群体就业工作"①。以"六稳六保"帮助群众解决社保、医保、就学等方面的实际困难，落实好特殊困难群

---

① 《习近平在吉林考察时强调 坚持新发展理念深入实施东北振兴战略 加快推动新时代吉林全面振兴全方位振兴》，《人民日报》2020 年 7 月 25 日。

众兜底保障工作，坚决完成剩余贫困人口脱贫任务，防止因疫致贫或返贫。这一系列重要部署织密扎牢的是兜底保障的"安全网"，凸显的是我们党执政为民，始终与广大人民群众保持血肉联系，营造的是一种公平公正的良好氛围，有利于提升社会凝聚力和向心力。

习近平总书记强调，"我最牵挂的还是困难群众"。与普通人相比，他们遇到的困难最多，最需要关心。我们要少做一些锦上添花、花上垒花的虚功，多做一些雪中送炭、急人之困的工作，格外关注困难群众，时刻把他们的安危冷暖放在心上，千方百计帮助他们排忧解难。

### （四）呵护司法的灵魂和生命

公正是司法的灵魂和生命，公正司法是维护社会公平正义的最后一道防线。所谓公正司法，就是受到侵害的权利一定会得到保护和救济，违法犯罪行为一定要受到制裁和惩罚。全面依法治国，必须紧紧围绕保障和促进社会公平正义来进行。习近平总书记强调，要努力让人民群众在每一个司法案件中都感受到公平正义，所有司法机关都要紧紧围绕这个目标来改进工作，重点解决影响司法公正和制约司法能力的深层次问题。[①] 如果人民群众通过司法程序不能保证自己的合法权利，那司法就没有公信力，人民群众也不会相信司法。人民群众每一次求告无门、每一次经历冤假错案，损害的都不仅仅是他们的合法权益，更是法律的尊严和权威，是他们对社会公平正义的信心。法律本来应该具有定分止争的功能，司法审判本来应该具有终局性的作用，如果司法不公、人心不服，这些功能就难以实现。

党的十八大以来，云南孙小果案、湖南"操场埋尸案"、黑龙江呼

---

① 《习近平在中共中央政治局第四次集体学习时强调　依法治国依法执政依法行政　共同推进法治国家法治政府法治社会一体建设》，《人民日报》2013 年 2 月 25 日。

兰"四大家族"涉黑案等一批社会关注的案件查深查实,"冤案平反,沉冤昭雪""黑恶势力被铲除、群众放鞭炮庆祝"之类新闻屡见不鲜,从一个侧面折射出人心所向,说明推进司法公正、捍卫公平正义是不可撼动的社会共识,同时也彰显了我们党维护公平正义的强大决心和力量。要看到,一些司法腐败现象涂上"保护色"、穿上"隐身衣",更具隐蔽性和迷惑性;一些黑恶分子头顶"保护伞"、手握"摇钱树",各种不法利益关系盘根错节……面对现实问题和群众期待,推进司法公正、惩治司法腐败绝不能有松口气、歇歇脚的想法,而应拿出"明知山有虎,偏向虎山行"的勇气、"不破楼兰终不还"的劲头,坚持不懈抓下

2016 年 2 月 2 日,四川绵竹,含冤 23 年的陈满被无罪释放后在家里与老母亲相拥而泣。

去，形成"组合拳""连环策"，以"过筛子""扫落叶"清除黑恶势力，让人民群众头顶上的天空更加清朗。

## 六、坚持以生态美丽为强国之基

20世纪，发生在西方国家的"世界八大公害事件"对生态环境和公众生活造成巨大影响。其中，洛杉矶光化学烟雾事件，先后导致近1000人死亡、75%以上市民患上红眼病。伦敦烟雾事件，1952年12月首次暴发的短短几天内，致死人数高达4000，随后2个月内又有近8000人死于呼吸系统疾病，此后1956年、1957年、1962年又连续发生多达12次严重的烟雾事件。日本水俣病事件，因工厂把含有甲基汞的废水直接排放到水俣湾中，人食用受污染的鱼和贝类后患上极为痛苦的汞中毒病，患者近1000人，受威胁者多达2万人。美国作家蕾切尔·卡逊的《寂静的春天》一书对化学农药危害的状况作了详细描述。① 这些警示我们，在一个没有鸟啾虫鸣的世界，一个仅仅为了人类的便利而存在的世界，最终将会成为人类也无法生存的世界。人与自然作为生命共同体，人类必须敬畏自然、尊重自然、顺应自然、保护自然。随着我国社会主要矛盾发生变化，人民群众对优美生态环境的需要成为这一矛盾的重要方面，生态文明建设成为建设社会主义现代化强国的应有之义。必须把生态文明建设摆在全局工作的突出位置，积极回应人民群众所想、所盼、所急，建设望得见山、看得见水、记得住乡愁的美丽中国。

---

① 习近平：《深入理解新发展理念》，《求是》2019年第10期。

## （一）绿水青山就是金山银山

2005 年 8 月 15 日，时任浙江省委书记习近平在安吉余村考察时强调"绿水青山就是金山银山"，15 年后的 2020 年，习近平总书记再次来到浙江安吉县余村时指出，余村现在取得的成绩证明，绿色发展的路子是正确的，路子选对了就要坚持走下去。① 回顾"两山论"孕育、诞生、发展、完善和走向成熟的历史进程，可以说，作为习近平生态文明思想重要标志的"两山论"，自其诞生起，就是一部鲜活的关于什么是绿色发展、坚持什么样的绿色发展、怎样绿色发展的中国特色社会主义政治经济学。

绿水青山就是金山银山，阐述了经济发展和生态环境保护的关系，揭示了保护生态环境就是保护生产力、改善生态环境就是发展生产力

上图为：浙江省湖州市安吉县天荒坪镇余村 20 世纪 80 年代的资料照片；下图为：2018 年 4 月 24 日，游客在整修一新的余村游览拍照。15 年来，浙江积极践行"绿水青山就是金山银山"的发展理念，在绿水青山掩映下，浙江人与自然和谐共生、生态与发展互促共进的大美格局轮廓尽显。

---

① 张晓松、杨维汉、朱基钗：《时隔 15 年，习近平再到安吉县余村考察》，新华社 2020 年 3 月 31 日。

的道理，指明了发展和保护协同共生的新路径。生态环境保护和经济发展不是矛盾对立的关系，而是辩证统一的关系。有专家认为，"既要绿水青山，也要金山银山"是"兼顾论"；"宁要绿水青山，不要金山银山"是"前提论"；"绿水青山就是金山银山"是"转化论"。① 近年来，安吉县通过"两山银行"将分散的生态资源进行集中转化，资源综合利用效益不断提高。这充分说明，良好生态本身蕴含着无穷的经济价值，能够源源不断创造综合效益，实现经济社会可持续发展。生态环境保护的成败，归根到底取决于经济结构和经济发展方式。经济发展不应是对资源和生态环境的竭泽而渔，生态环境保护也不是舍弃经济发展的缘木求鱼，而是要坚持在发展中保护、在保护中发展。要坚定不移保护绿水青山这个"金饭碗"，利用自然优势发展特色产业，因地制宜壮大"美丽经济"。在一些生态环境资源丰富又相对贫困的地区，要通过改革创新，让土地、劳动力、资产、自然风光等要素活起来，让资源变资产、资金变股金、农民变股东，把绿水青山蕴含的生态产品价值转化为金山银山。

**（二）坚决打赢蓝天、碧水、净土保卫战**

洱海是云南大理人的水源。1996 年，洱海蓝藻大暴发。此后 10 多年，这里餐饮客栈"井喷"，建筑"围湖"，洱海深陷环境危机。2015年 1 月 20 日，习近平总书记来到洱海地区考察，殷殷嘱托大理干部群众"一定要把洱海保护好，让'苍山不墨千秋画，洱海无弦万古琴'的自然美景永驻人间"。②2016 年，大理人开始抢救性保护母亲湖。以洱海为中心，当地划出蓝、绿、红三个生态保护圈，分别代表湖区、湖

---

① 沈满洪：《"两山"理念的真理光芒》，《解放军理论学习》2020 年第 9 期。

② 《习近平在云南考察工作时强调　坚决打好扶贫开发攻坚战　加快民族地区经济社会发展》，《人民日报》2015 年 1 月 22 日。

滨带和保护区核心区。圈内，1800 多户人家要搬离。如今的洱海，波光粼粼、鱼翔浅底，映照着远处的重峦叠嶂，阵阵微风扑面而来，满是沁入心脾的清新气息。[①] 洱海保护是新时代的中国打赢蓝天、碧水、净土保卫战的一个缩影。党的十八大以来，习近平总书记立足发展新起点和人民新期待，提出良好生态环境是最公平的公共产品，是最普惠的民生福祉。强调环境就是民生，青山就是美丽，蓝天也是幸福。发展经济是为了民生，保护生态环境同样是为了民生。明确要求解决好重点地区环境污染突出问题，打好污染防治攻坚战，反复强调突出打好蓝天、碧水、净土三大保卫战。

2018 年 6 月，《中共中央国务院关于全面加强生态环境保护坚决打好污染防治攻坚战的意见》出炉，提出到 2020 年三场关键战役的作战目标：坚决打赢蓝天保卫战，着力打好碧水保卫战，扎实推进净土保卫战。几年来，全国上下坚持燕子垒窝的恒劲、蚂蚁啃骨的韧劲和老牛爬坡的拼劲，取得了辉煌战果，超额完成了 2020 年三大保卫战具体指标。细颗粒物 PM2.5 浓度明显降低，大气环境质量明显改善，人民的蓝天幸福感明显增强；饮用水水源地保护、城市黑臭水体整治取得重大进展；土壤污染风险管控有力加强，农产品质量和人居环境安全得到充分保障。

"宜将剩勇追穷寇，不可沽名学霸王。"不俗战绩的取得来之不易，不仅要保持好，更要久久为功，誓要做到不获全胜不收兵。要继续开展污染防治行动，建立地上地下、陆海统筹的生态环境治理制度。强化多污染物协同控制和区域协同治理，加强细颗粒物和臭氧协同控制，基本消除重污染天气。治理城乡生活环境，推进城镇污水管网全覆盖，基本

---

① 陈二厚、董峻、高敬、王立彬、熊争艳、张辛欣、刘诗平、杨静、魏飚：《攻坚，为了美丽中国——党的十八大以来污染防治纪实》，《人民日报》2019 年 2 月 28 日。

消除城市黑臭水体。推进化肥农药减量化和土壤污染治理，加强白色污染治理，坚决守住环境安全底线。

### （三）焕发"生命共同体"的生机活力

人类社会发展过程是一个不断地认识和利用自然资源的过程。由于气候和地形的差异，不同区域形成了不同的自然生态系统，这些自然生态系统为人类的生存和发展提供了必要的物质、环境、人文条件。一个区域的经济和社会的发展，离不开该地区生态系统的支撑和环境保护，而且这些生态系统是相互联系和相互促进的。习近平总书记指出，山水林田湖草是生命共同体。人的命脉在田，田的命脉在水，水的命脉在山，山的命脉在土，土的命脉在林和草，这个生命共同体是人类生存发展的物质基础。

"几处早莺争暖树，谁家新燕啄春泥？"一句古诗道出了生态是统一的自然系统，是相互依存、紧密联系的有机链条。生态治理也应该用系统论的思想方法看问题，从系统工程和全局角度寻求新的治理之道，这样才能顺

下图为 2020 年 5 月 26 日，游人在榆林市补浪河女子民兵治沙连参观。40 多年来，经榆林人民一代又一代的不懈努力，境内 860 万亩流沙全部得到有效治理，创造了"林进沙退"的绿色奇迹。

应生态环保的内在规律。近年来，在沙漠绿化方面，毛乌素沙地茫茫沙海变成大片绿洲；在水和大气治理方面，黄河水质明显改善，全国重点城市空气质量明显提升……这些成绩的取得恰恰说明，我们治理自然资源和生态系统不能从一时一地来看问题，一定要树立大局观，算大账、算长远账、算整体账、算综合账，再不能因小失大、顾此失彼，最终对生态环境造成系统性、长期性破坏。

当前，在全面建设社会主义现代化国家新征程上，还会有更多的"难关""险滩""硬骨头"，需要我们去闯、去涉、去啃，推动生态环境治理现代化同样如此。必须在"山水林田湖草沙一体化保护和系统治理"理念引领下，坚持生态优先、保护为主，坚持绿色发展、生态惠民，根据各地区实际情况，统筹各个部门，对生命共同体进行统一保护、统一修复，按照地区和流域发展需要有效开展生态治理，促进生态和社会发展相互协调，造福子孙后代。

### （四）实行最严格的制度、最严密的法治

保护生态环境必须依靠制度、依靠法治。习近平总书记指出："只有实行最严格的制度、最严密的法治，才能为生态文明建设提供可靠保障。"[①]过去一个时期以来，我国生态环境保护中存在的突出问题，大多同体制不健全、制度不严格、法治不严密、惩处不得力有关。必须把制度建设作为推进生态文明建设的重中之重，深化生态文明体制改革，着力破解制约生态文明建设的体制机制障碍。

将生态文明建设纳入制度化、法治化轨道，首要的是把生态文明制度的"四梁八柱"建立起来。2015年9月，习近平总书记亲自主持审定《生态文明体制改革总体方案》，明确以八项制度为重点，加快建立产权清

---

① 《习近平在全国生态环境保护大会上的讲话》，《求是》2019年第3期。

晰、多元参与、激励约束并重、系统完整的生态文明制度体系。2020年5月，十三届全国人大三次会议高票表决通过《中华人民共和国民法典》，该法典围绕"节约资源、保护生态环境"，用18个条文专门规定"绿色原则"，确立"绿色制度"，衔接"绿色诉讼"，形成了系统完备的"绿色体系"。近年来，我国生态环境领域法治建设全方位推进，长江保护法、黄河保护法、黑土地保护法、青藏高原生态保护法等跨流域跨区域生态立法取得重大进展。

制度的生命力在于执行。习近平总书记反复强调，在生态环境保护问题上，就是要不能越雷池一步，否则就应该受到惩罚。为保证党中央关于生态文明建设的决策部署落地生根见效，必须严格责任追究和监管制度，进一步提升国家生态治理体系和治理能力。对破坏生态环境的行为决不能手软，要通过考核、审计、行政执法、检测、评价、诉讼和损害赔偿等方式，多效并举，抓住破坏生态环境的反面典型，释放出严加惩处的强烈信号。对任何地方、任何时候、任何人，凡是需要追责的，必须一追到底，决不能让制度规定成为"没有牙齿的老虎"。

第七章

# 在落一子而全盘活的关节点上用力

## ——强国就要协调推进"四个全面"战略布局

"落一子而全盘活"是象棋艺术的至高境界,讲的是面对千头万绪、环环相扣、错综复杂的局势和阵型时,一定要抓主要矛盾、找准棋眼,以破棋眼带活全局。棋眼,就是突破口,就是主要矛盾,破棋眼就是柳暗花明、带活全局的关键一着,正所谓"一相之飞,可撑半壁;一将之闲,可定全局"①。新时代,我们党治国理政也要抓主要矛盾。习近平总书记指出,我们提出要协调推进"四个全面"战略布局,"是当前党和国家事业发展中必须解决好的主要矛盾"②。比如,党的十八届三中、四中、五中、六中全会相继就全面深化改革、全面依法治国、全面建成小康社会、全面从严治党进行专题研究,这是党中央根据"四个全面"战略布局对全会议题的整体设计,也是对建设中国特色社会主义总体布局的统筹推进,体现了通过抓主要矛盾带动治国理政全盘的高超艺术。党的十九届五中全会与时俱进地将"四个全面"战略布局内涵由"全面建成小康社会、全面深化改革、全面依法治国、全面从严治党",发展为"全面建设社会主义现代化国家、全面深化改革、全面依法治国、全面

---

① 贾题韬:《局势演变的前奏——阵型》,《北方棋艺》1998 年第 4 期。

② 《习近平在中共中央政治局第二十次集体学习时强调 坚持运用辩证唯物主义世界观方法论 提高解决我国改革发展基本问题本领》,《人民日报》2015 年 1 月 25 日。

从严治党"。在强国复兴这个波澜壮阔的大棋局中，"四个全面"战略布局无疑是极具能量和巧劲的一枚棋子，一子落下，体现全局在胸、举棋若定，必将引领全党全国人民一往无前、胜利可期！

## 一、谋强国全局就要谋重点布局

"七国之雄，秦为首强，皆赖商鞅"[①]。商鞅变法之所以能够成功，不仅在于他审时度势把准了时代脉搏，看到只有富国强兵才是保全自己、战胜别国的不二之道；还在于他立足于本国国情，抓住秦国本身的优势、紧扣国家发展面临的主要矛盾进行重点布局。八百里秦川宜于发展农业；在地理位置上，秦地处关中，东有淆、函之固，攻可进、退可守，有利的地形易守难攻；秦民长期与西戎等少数民族作战，强悍尚武，具有丰富的实战经验，可以打造强大的军事力量。[②]商鞅在战略布局中紧紧抓住"强兵"这一提升核心竞争力的主要因素，实施军事立国策略：废除世袭，重视军功，提升了军队的战斗能力；重农抑商，发展经济，夯实了战争的物质保障；改革户籍制，统一度量衡等，加强中央集权，形成了统一的指挥体系。这为秦国的强盛和后来统一中国打下了根本性的基础。[③]战略布局，归根到底是一种顶层设计，通过牵住"牛鼻子"去谋"天下大势"，至关重要。"四个全面"战略布局，围绕坚持和发展中国特色社会主义、实现中华民族伟大复兴这个主题，抓住事关根本、全局、长远的重大问题来谋篇布局，是牵住"牛鼻子"的战略设计。

---

① 系韩非子对商鞅变法的评价。

② 董成雄、王四达：《"商鞅变法"的现代启示——从习近平十八届三中全会座谈会讲话谈起》，《华侨大学学报（哲学社会科学版）》2014年第4期。

③ 王华宝：《从战略决策与刚性执行看商鞅变法》，《群众》2018年第10期。

## (一)"重"在管全局:"四个全面"拎起了治国理政的总纲

1853 年 3 月,太平天国广大将士经过两年多的浴血奋战,终于在东南半壁打击了清朝政府的腐朽统治,建立了以"天王"为首的农民政权。为巩固新政权、打击旧政权,太平天国决定分兵北伐。从 1853 年 5 月 8 日林凤祥、李开芳率军北伐,到 1855 年 5 月 31 日李开芳在山东荏平冯官屯被擒,北伐整整两年。这两年来的北伐战争,战必胜,攻必克,在战术上是无可非议的,在扩大革命影响上也是成功的,但最终却惨遭失败。究其原因,太平天国的领导只顾局部,却忘掉了全局。北伐军军事进展虽然迅速,但离后援却越来越远。如果洪秀全顾全大局,不仅着力于天京,还能够在山东、河南和河北任意一个地方开辟第二战场,或者在林凤祥、李开芳挥师北进之后,立即派兵支援,北伐很可能会实现既定战略目标。①

不谋全局者,不足以谋一域。习近平总书记强调,要更加注重从全局和战略层面谋划党和国家工作,"制定各方面决策部署,首先要有正确大局观,站在党和国家大局上想问题、看问题"。②"四个全面"战略布局,正是关乎全局的顶层设计,它以"全面"为重,强调了经济社会发展的整体性、系统性、综合性、协同性特征,从强国目标、发展动力等方面,构建了一个完整而又清晰的治国理政框架。其中,每一个"全面"都着眼于中国特色社会主义事业发展全局。从全面建成小康社会到全面建设社会主义现代化国家,体现了我们在经济、政治、文化、社会、生态文明各个领域都具有更高的要求和目标;全面深化改革,突出

---

① 《从毛泽东战略思想看太平天国的失败》,中国新闻网,2010 年 9 月 3 日。

② 《中共中央政治局召开专题民主生活会 对照检查践行"三严三实"情况 讨论研究加强党风廉政建设措施 中共中央总书记习近平主持会议并发表重要讲话》,《人民日报》2015 年 12 月 30 日。

左图：太平天国的领袖洪秀全。右图：1852 年太平天国出版的《太平诏书》，其中汇集了洪秀全的《原道救世歌》等三篇文章。

改革的系统性，使各项改革在协同配合中整体推进；全面依法治国，强调国家治理的各个方面和层次都要坚持在法治轨道上进行；全面从严治党，就是要管全党、治全党，覆盖党的建设各个领域、各个方面、各个部门。"四个全面"战略布局充分体现了我们党的全局性战略眼光，拎起了治国理政的总纲，为新时代坚持和发展中国特色社会主义提供了理论指引。

### （二）"重"在抓关键："四个全面"瞄准了重大问题的突破

汉武帝统治时期，中央财政从此前的丰盈变为入不敷出的困局，而富商大贾则富可敌国，与窘困的中央财政形成了鲜明对比。这一方面是因为，武帝时期对外征伐不断，财政支出大幅增加；另一方面则缘于西汉王朝的币制一直在变，几代统治者轻易放弃了货币发行权。民间私铸货币破坏农业生产，导致商贾势力膨胀；官吏在高额利润的驱使下，很多人不惜以身试法；商人则不事生产，在农民、手工业者与官府之间，低买高卖，上下得利；吴王刘濞甚至靠铸钱收入为其叛乱打下了经济基础。在社会稳定被严重危及的情况下，汉武帝前后六次推行了币制改革，明确"三官钱"为法币，并设置专司铸钱的法定机构"上林三官"；保持币面价值与实际价值的统一；国家垄断原料生产，采用先进的铸币技术等。经过币制改革，缓解了政府财政矛盾，达到了"民不益赋而天下用饶"的效果；抑制商贾兼并势力，维护社会稳定和工农生产；削弱地方分裂实力，加强了中央集权。①在汉武帝众多大刀阔斧的改革中，币制改革是重中之重，成为理顺国家治理体系的突破口。币制改革的成功，使西汉社会内部趋于稳定，国家拥有了更多的财富，为后来制胜匈奴、威震西域打下了坚实的基础。

举网以纲，千目皆张。抓住重点带动全盘是唯物辩证法的科学方法。"四个全面"之所以是当前党和国家事业发展中必须解决好的主要矛盾，在于它抓住了新时代中国特色社会主义事业的重点和关键。从全面建成小康社会到全面建设社会主义现代化国家，解决的是强国的战略目标问题。如今，全面建成小康社会已经实现，全面建设社会主义现代化国家是一个更为全面、更为宏伟、更为远大的目标，是鼓舞人心的战略部署，是催人奋进的宏伟蓝图，将凝结更加广泛的共识。全面深化改革解决的是强国的驱动力量问题，通过改革整治长期积累的顽症，攻克体制机制的痼疾，为发展注入源源不断的活力，推进实现国家治理体系

---

① 黄孚伦：《汉武帝时期币制改革研究》，《河北金融》2016 年第 3 期。

和治理能力现代化。全面依法治国解决的是强国的法治保障问题，以解决法治领域突出问题为着力点，坚定不移走中国特色社会主义法治道路，发挥法治固根本、稳预期、利长远的重要作用，为全面建设社会主义现代化国家、实现中华民族伟大复兴的中国梦提供有力法治保障。全面从严治党解决的是强国的政治保证问题，通过全面从严治党确保我们党自身坚强有力，始终成为中国特色社会主义事业的主心骨、定盘星。

### （三）"重"在讲协调："四个全面"部署了系统工程的推进

2018 年 5 月 7 日，俄罗斯总统普京签署总统令，要求俄罗斯到 2024 年成为全球五大经济体之一。普京提出这些战略发展目标，符合俄罗斯的国情。然而，也有不少观点认为，俄罗斯要跻身世界五大经济体之一，指标定得过高。① 毋庸置疑，从国土面积和自然资源看，俄罗斯是世界国土面积最大的国家，数倍于欧盟 25 国的总面积。在这片广袤的土地上，蕴藏着极其丰富的地上和地下资源。已探明资源储量占世界资源总储量的 21%，总价值高达 30 万亿美元，为美国的 3 倍、中国的 6 倍、西欧的 12 倍。特别是丰富的能源资源，"在客观上决定了俄罗斯作为能源超级大国的新地位"。美国人很形象地戏称："俄罗斯前兜装着大量石油，后兜装着核弹，可以很轻松地走进新世纪高级俱乐部。"但也要看到，俄罗斯产业结构严重畸形。苏联时期形成的重工业畸重、轻工业畸轻、农业发展滞后、原材料产业膨胀的产业结构，经过十几年的改革，未见明显改善。特别是对能源和原材料的依赖，并未有实质性改观。在高技术经济具有重大优势的新时代，不改变这种畸形产业结构，经济难以长期快速发展，更不可能占据世界经济的制高点。② 由此

---

① 王宪举：《俄经济发展瓶颈的借鉴意义》，《环球时报》2018 年 5 月 12 日。
② 王海运：《俄罗斯崛起要过八道坎》，《环球时报》2006 年 11 月 24 日。

两名俄罗斯游客在满洲里选购中国产品。 (李欣摄)

可见，俄罗斯要成为"世界强国"，还需在推进协调发展、改善产业结构上付出艰苦努力。

中国在强国复兴的征程上，较为注重发展的协调性，通过协调发展提升发展的整体性功能。系统论认为，整体性是系统的重要特征：整体性是指系统整体的特性和功能不能简单归结为组成它的要素的特性和功能的总和，而是不同要素之间发生"化学反应"之后的产物。不同要素互相协调，就能产生更大的系统聚合效应，使整体功能更加凸显。"四个全面"战略布局内涵丰富、逻辑严密，每一个"全面"都蕴含着重大战略意义，它们相互之间密切联系、有机统一，是一个整体战略部署的有序展开，共同支撑起中国特色社会主义事业全局。全面建成小康社会和全面建设社会主义现代化国家在"四个全面"战略布局中居于引领地位，是战略目标，使"两个一百年"奋斗目标有机衔接。全面深化改革、全面依法治国、全面从严治党是三大战略举措，对实现全面建成小康社会和全面建设社会主义现代化国家的战略目标缺一不可。不全面深化改革，发展就缺少动力，社会就没有活力；不全面依法治国，国家生活和社会生活就不能有序运行，就难以实现社会和谐稳定；不全面从严治党，党就做不到"打铁必须自身硬"，也就难以发挥好领导核心作用。实践中只有协调推进"四个全面"，才能使各领域各方面相辅相成、相互贯通，形成强大合力。

## 二、用目标牵引强国全局

目标是方向，指引着道路；目标是号令，凝聚着力量。当一个国家绘就可以让所有成员过上美好生活的宏伟蓝图，就能团结起无穷的力量，沿着正确道路为共同的事业努力拼搏。我们党从诞生之日起，就鲜明地把实现共产主义作为最高理想写在自己的旗帜上。除了最高理想，党还根据不断变化了的实际情况，在每一个具体的历史阶段确立阶段性目标，从而一棒接着一棒跑，保证不断向着最高理想趋近。全面建成小康社会和全面建设社会主义现代化国家，是党中央统筹提出的"两个一百年"奋斗目标，在"四个全面"战略布局中居于引领地位。

### （一）擘画千秋伟业需要方向明确、目标清晰

千秋伟业，目标引领。中华民族历史上任何一次重大的跨越，都是在明确的方向指引下实现的。回溯历史，从概略瞄准到动态调整，再到精准谋划，我国社会主义现代化目标的提出与演进，经历了一个不断推进，同时又步步深化的历史过程。新中国成立后不久，我们党

就提出"四个现代化"目标与"两步走"发展战略，即：第一步，建立一个独立的比较完整的工业体系和国民经济体系；第二步，全面实现农业、工业、国防和科学技术的现代化，使我国经济走在世界的前列。① 改革开放后我们党提出基本实现现代化目标与"三步走"发展战略。党的十三大明确：第一步，实现国民生产总值比 1980 年翻一番，解决人民的温饱问题；第二步，到 20 世纪末，使国民生产总值再增长一倍，人民生活达到小康水平；第三步，到 21 世纪中叶，人均国民生产总值达到中等发达国家水平，人民过上比较富裕的生活，基本实现现代化。党的十五大审时度势，提出"建设小康社会"，并确定了"建设小康社会"的新"三步走"战略："第一个十年实现国民生产总值比二〇〇〇年翻一番，使人民的小康生活更加宽裕，形成比较完善的社会主义市场经济体制；再经过十年的努力，到建党一百年时，使国民经济更加发展，各项制度更加完善；到世纪中叶建国一百年时，基本实现现代化，建成富强民主文明的社会主义国家。"② 这个新"三步走"发展战略，提出了"两个一百年"奋斗目标，即建党一百年和新中国成立一百年的目标。

党的十九大着眼第二个百年奋斗目标，将全面建设社会主义现代化国家的新征程分为两个阶段来安排。第一个阶段，从 2020 年到 2035 年，在全面建成小康社会的基础上，再奋斗 15 年，基本实现社会主义现代化。第二个阶段，从 2035 年到本世纪中叶，在基本实现现代化的基础上，再奋斗 15 年，把我国建成富强民主文明和谐美丽的社会主义现代化强国。党的十九届五中全会用全面建设社会主义现代化国家代替全面建成小康社会，确立全面建设社会主义现代化国家在"四个全面"战略

---

① 《周恩来选集》下卷，人民出版社 1984 年版，第 439 页。
② 《江泽民文选》第二卷，人民出版社 2006 年版，第 4 页。

布局中的引领地位，有利于引领全国人民在全面建成小康社会后向着新的战略目标勠力前行，确保"四个全面"战略布局接续推进。"两步走"战略安排，统筹兼顾了近期、中期和长远目标，清晰勾勒出了我国建设社会主义现代化强国的时间表、路线图，既承载着中华儿女实现中华民族伟大复兴的夙愿和梦想，又发出了脚踏实地向宏伟目标扎实迈进的集结令。"两步走"战略安排不因理想远大而放弃实干，也不因着眼当前而迷失方向，在其科学指引下，新时代的中国共产党人必将不负重托，带领全国人民乘风破浪、奋勇前进。

### （二）统筹三大举措需要战略引领、全局总揽

1956 年 1 月，周恩来在全国知识分子工作会议上，代表党中央向全国人民发出"向科学进军"的号召。半个月后，毛泽东在最高国务会议上号召："我国人民应该有一个远大的规划，要在几十年内，努力改变我国在经济上和文化上的落后状态，迅速达到世界上的先进水平。"从此开始，新中国的科学事业发展规划被提上了议事日程。同年 8 月下旬，《1956—1967 年科学发展远景规划纲要（草案）》连同 4 个附件共 600 余万字的编制任务顺利完成。然而周恩来看过后却提出一个问题："这么一大摞资料，这么多重点，国务院应该主要抓哪些？"于是参加编制规划的科学家立刻组织专门小组进行研究。经过分析、综合、归纳，科学家们认为最重要、最紧急的有 6 项，即原子弹、导弹、计算技术、半导体、自动化技术、无线电电子学。这就是科学界知名的《四项紧急措施方案》。这个方案的及时实施，为中国在计算技术、半导体、电子学、自动化以及一系列相关领域的发展奠定了基础，为"两弹一星"的成功研制、为工业和国防现代化创造了必要的条件。正是得益于对新中国科学事业的全局总揽，才能在总体上相互协调，集中优势迅速攻关，此后中国在短短七八年时间内，就跨入现代科学几乎所有领域的

建设中的海南三亚崖州湾科技城。 （杨冠宇摄）

大门。①

善于胸怀全局去制定战略目标是中国共产党的优良传统。"四个全面"战略布局是新时代中国共产党治国理政的总方略，是放眼全局、目标宏伟的大谋划。全面建成小康社会和全面建设社会主义现代化国家是纲领性的战略目标，全面深化改革、全面依法治国、全面从严治党是三大战略举措。战略目标内含着对战略举措的必然要求，规定着战略举措的实施方向。关于"全面建设社会主义现代化国家"，党的十九届五中全会提出到 2035 年我国基本实现社会主义现代化远景目标，包括我国经济实力、科技实力、综合国力将大幅跃升，经济总量和城乡居民人均收入将再迈上新的大台阶，关键核心技术实现重大突破，进入创新型国

① 孙兰英：《中国科技史上的第一个规划》，http://www.most.gov.cn/ztzl/kjzg60/kjzg60dtxw/200909/t20090911_72745.html，2009 年 9 月 11 日。

家前列等各个方面。当然，全面建设社会主义现代化国家还包括基本实现社会主义现代化之后，到本世纪中叶把我国建成富强民主文明和谐美丽的社会主义现代化强国。从"全面建成小康社会"到"全面建设社会主义现代化国家"，战略目标有很大的升级，战略举措也要与之相适应相协调。全面深化改革要着眼于推进国家治理体系和治理能力现代化，解决我们面临的深层次矛盾和体制机制弊端，对改革的系统性、整体性、协同性要求更高。全面依法治国要促进国家和社会发展的法治化、制度化、规范化，使社会主义民主法治更加健全，社会公平正义进一步彰显。全面从严治党则要着眼于调动全党积极性、主动性、创造性，加强党的长期执政能力建设、先进性和纯洁性建设，不断提高党的建设质量，把党锻造得更加坚强有力。

### （三）推进强国复兴需要目标锚定、中心聚焦

从全面建成小康社会到全面建设社会主义现代化国家，本质上都是锁定强国复兴这个宏伟目标。近几年来，美国不遗余力、不择手段、不计后果地围堵打压我国，一个重要考量就是妄图打乱我们发展的节奏，阻断我们强国复兴的进程。然而，如今的中国已经强大到没有任何外部力量能够主导自己的命运，任何压垮中国的谋算都是痴心妄想。中国的发展不会被某一个外部因素带偏方向、带乱步伐。

此外，对于我国国内的发展，也都要从总体上考量是否有利于强国复兴。比如，有人质疑中国高铁的财务可行性："事实上，除了连接北京、上海和广州的干线，其他线路几乎都不盈利。"但为什么国家还要大力发展高铁呢？这是因为我们党的初心使命是为人民谋利益、为民族谋复兴。中国高铁网将所有大城市及众多小城市连接起来，过去漫长难熬的旅程变为短短几小时的舒适旅行。新建的车站带动了旅店、办公楼和住宅区发展。2019 年 6 月，世界银行估计，2015 年中国投资高铁的

回报率为8%，远高于中国和其他大多数国家对重大长期基础设施投资的资本机会成本。世界银行中国局局长芮泽说："影响远远超出了铁路领域，包括改变城市发展模式、促进旅游和推动地区经济增长。"①

锚定目标、为实现理想而凝神聚力，这是我们党的成功之道。在"四个全面"战略布局中，尽管每一个"全面"都具有相对独立的意涵，但是归根到底，战略举措是为实现战略目标服务的。如果把中国比作一列正在向强国目标全速行驶的火车，那么全面建成小康社会和全面建设社会主义现代化国家就是指示灯，指引着火车的前行方向；全面深化改革就是发动机，解决的是动力问题，对我国经济社会发展和全面建设社会主义现代化国家产生巨大推动作用；全面依法治国是稳压器，解决的是安全问题，要建立起运转良好的制度体系和有利于发展的体制机制，为全面建设社会主义现代化国家提供法治保障；全面从严治党则是火车头，解决的是方向问题，对全面建设社会主义现代化国家起到政治保证、组织保证作用。不论哪一个环节出了问题，都会影响到达既定的目标。只有每个"全面"都聚力于实现强国复兴，才能使"四个全面"战略布局产生全局性、整体性、系统性效应。

## 三、用改革驱动强国进程

"判断历史的功绩，不是根据历史活动家没有提供现代所要求的东西，而是根据他们比他们的前辈提供了新的东西。"② 新时代以来，在中

---

① 弗兰克·唐{音}：《中国高铁仍将全速前进》，乔恒译，《环球时报》2020年1月23日。

② 《列宁全集》第2卷，人民出版社1959年版，第150页。

国共产党坚强领导下，我国全面深化经济、政治、文化、社会、生态文明体制和党的建设制度改革，许多领域实现历史性变革、系统性重塑、整体性重构。党的十八届三中全会召开 7 年多来，截至 2020 年底，各方面共推出 2485 个改革方案，十八届三中全会提出的改革目标任务总体如期完成。① 拿国有企业改革来说，"十三五"期间，中央企业营业收入、净利润、劳动生产率年均分别增长 5.6%、8.9%、7.8%，进入世界 500 强的中央企业达到 48 家。2020 年，我国有 133 家企业进入世界 500 强榜单，比 2016 年增加 23 家，居世界首位。②2023 年，则有 142 家中国公司入围世界 500 强，不仅在数量上优势扩大，而且企业经营状况在横向对比中也有提升。习近平总书记指出："党的十一届三中全会是划时代的，开启了改革开放和社会主义现代化建设历史新时期。党的十八届三中全会也是划时代的，开启了全面深化改革、系统整体设计推进改革的新时代，开创了我国改革开放的全新局面。"③今天，我们比以往任何时候都更加深刻地体会到这一重大结论的意义所在。

### （一）从赶上时代到引领时代：关键一招使中国实现历史跨越

1978 年 5 月 11 日，《光明日报》公开发表了题为《实践是检验真理的唯一标准》的特约评论员文章，很快就有多家报纸全文转载。这篇文章阐述的基本观点是："两个凡是"不符合马克思主义，应该按照实践的标准，完整准确地理解毛泽东思想。关键时刻，在邓小平的支持和领导下，真理标准问题大讨论迅速在全国展开。这次大讨论极大地解放

---

① 习近平：《在全国政协新年茶话会上的讲话》，《人民日报》2021 年 1 月 1 日。

② 林丽鹂、刘志强：《市场主体创新步伐坚实》，《人民日报》2020 年 12 月 29 日。

③ 《习近平主持召开中央全面深化改革委员会第六次会议强调 对标重要领域和关键环节改革 继续啃硬骨头确保干一件成一件》，《人民日报》2019 年 1 月 24 日。

了人们的思想，为拨乱反正的顺利进行提供了思想保障，成为撬动改革开放的哲学杠杆。1978 年 12 月 18 日，党的十一届三中全会召开。会议高度评价了关于实践是检验真理的唯一标准的讨论，重新确立"解放思想、实事求是"的思想路线，指出要以经济建设为中心，实行改革开放。从此，中国开启了改革开放和社会主义现代化的伟大征程。[①]

40 多年来，在改革开放推动下，中国的经济实现了巨变，经济实力、综合国力进入世界前列，国际地位实现前所未有的提升。1978 年至 2023 年，我国国内生产总值从 3679 亿元增加到约 126 万亿元，经济总量从占全球 1.8% 提高到占约 18%，稳居世界第二位，人均国内生产总值从 156 美元增加到突破 1.2 万美元大关。经济结构持续优化。农业基础显著加强，工业化快速推进，现在已形成门类齐全的工业体系，成为全球第一制造业大国。基础设施建设突飞猛进。截至 2023 年底，全国铁路营业里程 15.9 万公里，其中高铁达到 4.5 万公里，位居世界第一。[②] 我国经济从半封闭状态转变成为深度融入世界经济的全球第一货物贸易大国和主要的引进外资大国及对外投资大国。教育科技文化事业有了巨大进步。科学技术成果丰硕，文化事业和文化产业快速发展，人民群众精神文化需求不断得到满足。城乡居民生活显著改善。截至 2023 年 12 月初，我国基本养老、失业、工伤保险参保人数分别达到10.6 亿人、2.4 亿人、3 亿人，[③] 人均预期寿命从 1978 年的 65.9 岁提高到2021 年的 78.2 岁。居民收入水平持续较快增长，历史性地解决了绝对贫困问题。

40 多年的改革开放，中国逐步从追赶时代的"后进者"转变为引领

① 蒋永清：《伟大的变革——中国改革开放的历史进程》，《炎黄春秋》2018 年第12 期。

② 《2023 年国家铁路发送旅客 36.8 亿人次》，《人民日报》2024 年 1 月 10 日。

③ 齐中熙等：《数据见证新时代伟大成就》，《人民日报》2023 年 12 月 13 日。

2018 年 10 月 10 日，工作人员在浙江大学医学院附属第二医院的药品仓库取药。当日，国家医疗保障局发布通知，将 17 种抗癌药纳入《国家基本医疗保险、工伤保险和生育保险药品目录（2017 年版）》乙类范围，并确定了医保支付标准。　　　　　　　　　　　　　　　　（黄宗治摄）

时代的"先行者"。党的十八大以来特别是十八届三中全会以来，供给侧结构性改革、"一带一路"倡议等中国方案受到国际社会越来越多的关注和认可，为世界经济寻求发展新动力、增添发展新活力指明了方向。面对国际金融危机后"逆全球化"思潮和保护主义升温，中国坚定地举起经济全球化和自由贸易的旗帜，给迷茫中的世界拨开了眼前的"浮云"，为充满不确定性的世界注入稳定剂。中国积极参与全球治理，提出的"构建人类命运共同体"理念被写入联合国官方文本，让世界感受到了独特的中国智慧，为改善现有的国际秩序作出了中国贡献。我们成功举办"一带一路"国际合作高峰论坛、中非合作论坛北京峰会、中国共产党与世界政党高层对话会、二十国集团领导人杭州峰会、博鳌亚洲论坛年会等主场外交，让世界听到了中国声音、看到了中国诚意，彰显了引领时代发展的中国力量。

40 多年的实践充分证明，改革开放是党和人民大踏步赶上时代的重要法宝，是坚持和发展中国特色社会主义的必由之路，是决定当代中国命运的关键一招，也是决定实现"两个一百年"奋斗目标、实现中华民族伟大复兴的关键一招。前进道路上，我们一定要保持勇往直前、风雨无阻的战略定力，用足用好改革这个关键一招，推动更深层次改革，实行更高水平开放，为早日实现强国目标而不懈奋斗。

### （二）用好"催化剂"：在深化改革中构建新发展格局

改革是解放和发展社会生产力的关键，构建一种新的发展模式，形成一种新的发展格局，必须用改革去推动、去催化。当前经济全球化遭遇逆流，单边主义、保护主义上升，世界面临的不稳定性不确定性更加突出。与此同时，我国已转向高质量发展阶段，正处在转变发展方式、优化经济结构、转换增长动力的攻关期，我国发展仍然处于重要战略机遇期，但机遇和挑战都有新的发展变化。面对纷繁复杂的国内外形势，党的十九届五中全会审议通过的《中共中央关于制定国民经济和社会发展第十四个五年规划和二〇三五年远景目标的建议》指出，"加快构建以国内大循环为主体、国内国际双循环相互促进的新发展格局"。这是以习近平同志为核心的党中央积极应对国际国内形势变化，与时俱进提升我国经济发展水平、重塑我国国际合作和竞争新优势而作出的战略抉择，是实现经济高质量发展、解决面临的各种中长期问题的重要抓手。怎样加快构建新发展格局？关键还是要依靠改革。习近平总书记指出：当前形势下，构建新发展格局面临不少新情况新问题，要善于运用改革思维和改革办法，统筹考虑短期应对和中长期发展，既要在战略上布好局，也要在关键处落好子。要加快推进有利于提高资源配置效率的改革，有利于提高发展质量和效益的改革，有利于调动各方面积极性的改革，聚焦重点问题，打通淤点堵点，增强改革的系统性、协同性，激发整体效应。要把构建新发展格局同实施国家区域协调发展战略、建设自由贸易试验区等衔接起来，在有条件的区域率先探索形成新发展格局，打造改革开放新高地。① 构建新发展格局，还要实行更高水平开放，打造国际合作和竞争新优势，推动形成全方位、多层次、多元化的开放合作格局。只有在深化改革中推动构建新发展格局，才能保持战略定力，于危机中育新机，于变局中开新局。

### （三）整体配套：改革要坚持系统性整体性协同性

党的十八届三中全会因开启了系统整体设计推进改革的新时代而载入史册。"系统整体设计"这几个字所言非虚，以习近平同志为核心的党中央在全面深化改革中推出的一系列战略性举措就是明证。比如，围绕实现社会公平正义，我们党和政府打出一套改革组合拳，让人民群众感受到公平正义阳光的普照。全面深化改革以促进社会公平正义、增进人民福祉为出发点和落脚点，城乡居民生活水平差距大幅缩小，形成了世界上规模最大的中等收入群体。以审判为中心的刑事诉讼制度改革守住防范冤错案件的底线，司法责任制改革"让审理者裁判、由裁判者负责"，防止领导干部干预司法"批条子""打招呼"，让人民群众感受到公平正义就在身边。"十三五"期间，全国共破获涉黑涉恶刑事案件20.7万起，推动攻克2015年前陈年积案命案8.08万起，其中20年以上积案1274起，10年以上积案7905起，扫黑除恶专项斗争的一项项战果，

---

① 《习近平主持召开中央全面深化改革委员会第十五次会议强调　推动更深层次改革实行更高水平开放　为构建新发展格局提供强大动力》，《人民日报》2020年9月2日。

彰显着对公平正义的全面维护。①

注重系统性、整体性、协同性是全面深化改革的内在要求，也是推进改革的重要方法。全面深化改革是一项庞大而复杂的系统工程，是各项措施都具有耦合性、关联性的整体，各领域各层次、各部门各环节之间都相互联系、相互依赖、相互制约。如果缺少系统性，就会使各项改革间失去关联，就会头痛医头、脚痛医脚，导致事倍功半；如果缺少整体性，就不能着眼全局，把握目标，还有可能会失去根本；如果缺少协同性，就不能使各项改革举措上下贯通、相互配合，改革的成效就无法保证。全面建设社会主义现代化国家，需要不断把改革推向深入。改革越深入，越要注意协同配套和系统集成，促进各项改革举措在政策取向上相互配合、在实施过程中相互促进、在改革成效上相得益彰，只有这样才会使改革保持持久的活力和强劲的动力，使改革目标更加清晰，改革思路更加科学、改革举措更加务实。

## 四、用法治兜底强国保障

2014 年 1 月 7 日，习近平总书记在中央政法工作会议上提出一个著名的法治公式："100-1=0"，即："一个错案的负面影响足以摧毁九十九个公正裁判积累起来的良好形象。执法司法中万分之一的失误，对当事人就是百分之百的伤害"。这一公式警醒着司法战线秉公执法。2017 年春节前夕，被看押 4 年多的云南勐腊县村民卢荣新被法院二审宣判无罪，回到阔别已久的家中。冤案昭雪的背后，是习近平总书记

---

① 邹伟、王琦、王鹏等：《正是扬帆搏浪时——以习近平同志为核心的党中央"十三五"期间推进全面深化改革纪实》，《人民日报》2020 年 12 月 11 日。

的"法治公式"推动司法体制实现历史性变革。党的十八大以来，截至 2020 年底，呼格吉勒图案、聂树斌案、张文中案等 50 多个重大冤错案被依法纠正，永载共和国法治史册。此外，一个又一个里程碑在法治领域树立起来：2018 年春，全国人民代表大会通过宪法修正案和监察法，产生国家监察委员会及其领导人员，标志着中国特色国家监察体制已经形成；2020 年 5 月，被誉为"新时代人民权利宣言书"的中国民法典刚刚诞生，中共中央政治局就以"切实实施民法典"为主题举行了集体学习……①

　　一个现代化的强国，必须是一个法治国家；国家要走向强盛，必须走向法治化。党的十八大以来，习近平总书记创造性提出了关于全面依法治国的一系列新理念新思想新战略，形成了内涵丰富、科学系统的思想体系，为建设法治中国指明了前进方向。2020 年 11 月 16 日至 17 日，党的历史上首次召开的中央全面依法治国工作会议，将习近平法治思想明确为全面依法治国的指导思想，明确了"十一个坚持"的科学内涵。② 习近平法治思想是马克思主义法治理论中国化的最新成果，深刻总结了共产党依法执政规律、社会主义法治建设规律、人类社会法治文明发展规律，为新时代坚持和发展中国特色社会主义擘画壮阔法治图景。2014 年的金秋十月，党的十八届四中全会大幕开启，"全面推进依法治国"第一次镌刻在党的中央全会的历史坐标上，习近平法治思想第一次系统、全面地展现在世人面前，首次提出全面推进依法治国的总目标"建设中国特色社会主义法治体系，建设社会主义法治国家"，首次宣示坚定不移走

---

　　① 　赵承、霍小光、邹伟等：《为千秋伟业夯基固本——习近平法治思想引领新时代全面依法治国纪实》，《人民日报》2020 年 11 月 19 日。
　　② 　《习近平在中央全面依法治国工作会议上强调　坚定不移走中国特色社会主义法治道路　为全面建设社会主义现代化国家提供有力法治保障》，《人民日报》2020 年 11 月 18 日。

中国特色社会主义法治道路，首次阐明中国特色社会主义法治体系的科学内涵"形成完备的法律规范体系、高效的法治实施体系、严密的法治监督体系、有力的法治保障体系，形成完善的党内法规体系"，首次明确全面依法治国的基本框架和总体布局"坚持依法治国、依法执政、依法行政共同推进，坚持法治国家、法治政府、法治社会一体建设，实现科学立法、严格执法、公正司法、全民守法"……在习近平法治思想的科学指引下，亿万人民的法治信仰日益坚定，磅礴浩荡的法治力量正在汇聚，中国特色社会主义法治事业蓬勃发展，为民族复兴千秋伟业夯基固本！①

## （一）立善法于天下，则天下治

《毛泽东早期文稿》的第一篇，是毛泽东在湖南省立高等中学的一篇作文，题目是《商鞅徙木立信论》。商鞅"徙木立信"，最初见于《史记·商鞅列传》。相传战国秦孝公在位时，宰相商鞅力主变法，但阻力很大，除既得利益的顽固势力外，老百姓对新政策也有疑虑。商鞅为解除人们的疑惧，在国都南门口竖起一根三丈之高的木柱，募民谁能将木柱徙置北门，赐金十两。但人们不信有此种轻而易举的好事，不敢去徙置。商鞅在秦孝公的支持下，又宣布：谁能把此木柱由首都南门搬迁到北门，赐金五十两。但人们仍是议论纷纷，不敢相信。过了多日，才有一位胆大包天的大汉将木柱由南门搬迁至北门。商鞅当即给大汉赏赐金五十两，以示不欺骗。随后颁布新法，取得了群众的信任，使变法工作顺利推行。商鞅变法是划时代的变革，最初遭到了贵族领主的强烈抗议。广大平民百姓内心拥护，但不相信能够变革，更不用说能够兑现。在这种状况下，商鞅采取了两条措施：一是"徙木立信"，二是严惩"贵

---

① 赵承、霍小光、邹伟等：《为千秋伟业夯基固本——习近平法治思想引领新时代全面依法治国纪实》，《人民日报》2020 年 11 月 19 日。

戚"。商鞅说："法令不行，由于贵戚犯法。要行法，先从太子开始。"太子是嗣君，不便施刑，就把太子的师傅公子虔、公孙贾两个大贵族施了黥刑（面上刻黑字）。这两大措施落实后，随着颁布新法，秦民大悦，农业生产迅速发展，战争节节胜利。刚满 18 岁的毛泽东在《商鞅徙木立信论》中就此抒发胸臆："法令者，代谋幸福之具也……"他联系社会现实，指出法令是为人民谋取幸福的工具。法令善不善，关系到是否利国利民。有益于人民的法令，必能为人民谋取更多的幸福，人民唯恐不制定、不公布这样的法令。有益于人民的法令，政府和人民都必须竭力去维护它、执行它，并在执行过程中不断总结经验，逐渐充实、修改、

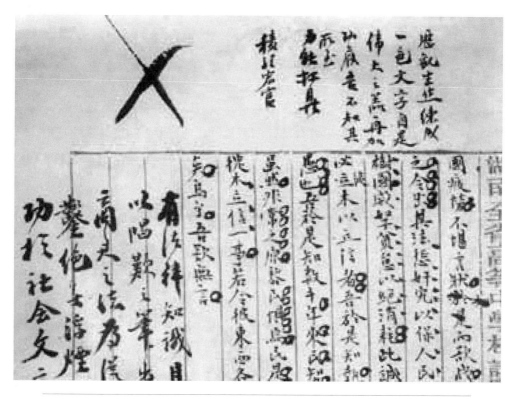

毛泽东中学论文《商鞅徙木立信论》手稿（照片由中央档案馆提供，原载于《中国档案报〈档案大观〉》，2003 年 12 月 25 日）。

完善它。这样的法令，人民哪有不相信的呢？法令如果不善，则不只是对人民无幸福可言，而且会危害人民，人民就会起来反对这种法令。①

立善法于天下，则天下治。我国是一个有14亿人口的大国，地域辽阔，民族众多，国情复杂。我们党在这样一个大国执政，要保证国家统一、法制统一、政令统一、市场统一，要实现经济发展、政治清明、文化昌盛、社会公正、生态良好，都需要秉持法律这个准绳、用好法治这个方式。在习近平法治思想引领下，立法更具针对性、有效性、可操作性，以宪法为统帅的中国特色社会主义法律体系不断完善。截至2023年2月，我国现行有效法律294件、行政法规598件，地方性法规1.3万余件；②制定国家安全法、网络安全法等，坚决维护国家安全与核心利益；赋予所有设区的市地方立法权，从中央到地方的完整立法体系日渐形成。当前，全面建设社会主义现代化国家正在推进，必须更加重视法治、厉行法治，坚持依法应对重大挑战、抵御重大风险、克服重大阻力、解决重大矛盾，依靠法治来固根本、稳预期、利长远，发挥好全面依法治国的基础性、保障性作用，以此来最大限度地凝聚社会共识。要从把握新发展阶段、贯彻新发展理念、构建新发展格局的现实需求出发，坚定不移推进法治领域各项改革，加快建立健全国家治理急需、满足人民日益增长的美好生活需要必备的法律制度，努力提升执法司法的质量、效率、公信力，更好把社会主义法治优势转化为国家治理效能。

## （二）国之重器夯实制度根基

新中国成立后，我国的社会主义法制建设取得很大成绩。但是，由

---

① 唐振南：《以民为本，取信于民——〈商鞅徙木立信论〉初显毛泽东法治意识》，中国共产党新闻网，2015年5月14日。

② 廖文根等：《良法善治开新篇》，《人民日报》2023年3月15日。

于封建余毒的影响，"人治"现象没有得到很好解决，甚至导致了"文化大革命"的发生。对于如何避免类似"文化大革命"的错误再次发生，邓小平说，"这要从制度方面解决问题。我们过去的一些制度，实际上受了封建主义的影响，包括个人迷信、家长制或家长作风，甚至包括干部职务终身制。我们现在正在研究避免重复这种现象，准备从改革制度着手。"他开出的药方是，认真建立社会主义的民主制度和社会主义法制，"只有这样，才能解决问题"。在1978年《解放思想，实事求是，团结一致向前看》的讲话中，邓小平重新恢复了一个朴素的逻辑，解放思想的重要条件是保障民主，而要保障民主就必须加强法制，"必须使民主制度化、法律化，使这种制度和法律不因领导人的改变而改变，不因领导人的看法和注意力的改变而改变"①。1980年8月18日，邓小平在中共中央政治局扩大会议上发表题为《党和国家领导制度的改革》的讲话，从实际出发，提出为适应社会主义现代化建设的需要，必须对党和国家的领导制度进行改革，把党和国家的政治生活纳入民主化、法制化的轨道，从制度上防范人治的出现。② 这篇讲话，可以说是指导我国政治体制改革和用法律的强制力来保证制度实施的纲领性文献。1992年，邓小平在南方谈话时强调："还是要靠法制，搞法制靠得住些。"③ 正是他的这些重要思想和经典性论述，推动了当代中国通过宪法法律确认和巩固国家制度的进程，推动制度之治成为中国最基本最稳定最可靠的保障。

中国特色社会主义法治体系是基于中国特色社会主义制度根本要求

---

① 李云芳：《法制转折中的邓小平　从"开会治国"到"依法治国"》，澎湃新闻网，2014年8月22日。

② 胡伟：《邓小平40年前的这篇讲话为什么极为重要？》，中央纪委国家监委网站，2020年8月18日。

③ 《邓小平文选》第三卷，人民出版社1993年版，第379页。

而形成的法治体系，其本质是中国特色社会主义制度的法律表现形式，其使命是全面巩固和完善中国特色社会主义制度。中国特色社会主义法治体系建设是紧紧围绕中国特色社会主义事业总体布局、围绕国家发展所需要的国家治理体系进行的建设，因而具有全面巩固和完善中国特色社会主义制度的能力与功效。中国特色社会主义法治体系为党和国家事业发展提供长期性的制度保障，涉及方方面面，建设中国特色社会主义法治体系是总揽全局、牵引各方的系统工程，是全面推进依法治国的总抓手。建设中国特色社会主义法治体系，通过提高党依法治国、依法执政能力，为中国特色社会主义制度巩固提供根本政治保障；通过推进依

2014 年 11 月 1 日在杭州一家新华书店拍摄的《中华人民共和国宪法》。十二届全国人大常委会第十一次会议 11 月 1 日经表决通过了全国人大常委会关于设立国家宪法日的决定，设立每年 12 月 4 日为国家宪法日。

宪治国与依宪执政有机统一，确立宪法在治国理政中的根本地位，对于中国特色社会主义制度产生全局和长远作用；通过健全社会公平正义法治保障制度，完善人民当家作主制度体系；通过坚持依法治国、依法执政、依法行政共同推进，坚持法治国家、法治政府、法治社会一体建设，为中国特色社会主义制度有效运行提供坚实的法律和制度基础；通过积极推进国家安全、科技创新、公共卫生、生物安全、生态文明、防范风险、涉外法治等重要领域立法，健全国家治理急需的法律制度、满足人民日益增长的美好生活需要必备的法律制度，等等。"奉法者强则国强"，用法律重器夯实制度之基，就一定能够使中国特色社会主义制度更加成熟更加定型，保证强国目标顺利实现。

### （三）法治思维提升治国水平

1987 年 12 月 1 日，中国第一宗土地"公开竞投"，中央领导同志、17 个市长、众多中外媒体齐集深圳拍卖会现场。当时有评论说，这是一次历史性突破，标志着我国的根本大法承认了土地使用权的商品属性。5 个月后的 1988 年 4 月 12 日，七届全国人大一次会议通过宪法修正案，增加了"土地的使用权可以依照法律的规定转让"的条款。也正是有了法律依据，以及此后法律法规的不断完善，土地征用、土地流转市场得以长期保持规范有序又充满活力。30 多年后，互联网领域迅猛发展，对经济社会深度渗透，网络不仅是一个新的技术空间，更成为一个新的利益空间、主权空间。侵害个人隐私、侵犯知识产权、网络犯罪等时有发生，网络监听、网络攻击、网络恐怖主义活动等成为全球公害。一些人惊讶于互联网发展的未知性及其带来的风险性，产生"治理恐慌"，网络治理成为摆在全世界面前的一道难题。中国领导人根据过往的成熟经验找到了解决之道，那就是"网络不应该成为法外之地"，运用法治思维是规范网络行为、推动互联网领域健康发展的根本途径。

党的十八大以来，对外，我国推动制定各方普遍接受的网络空间国际规则，倡导各国共同遵守相关法律和国际公约，携手推进互联网全球治理体系变革；对内，我们加强网络立法，坚持依法治网、依法办网、依法上网，让网络空间更加清朗……① 法治思维使中国的互联网治理实践找到了"秩序与自由"的最佳平衡点，也为全世界互联网治理提供了中国方案。

采用何种思维方式治国理政，代表了执政党的价值追求，是能否解决发展中的矛盾问题，引领和推动国家向强国不断迈进的关键因素。党的十八大以来，以习近平同志为核心的党中央高度重视领导干部法治思维能力建设，高度重视运用法治思维和法治方式开展工作、解决问题、推动发展。强化领导干部法治思维，是习近平法治思想的基本观点和重要内容。运用法治思维治国理政，推进全面依法治国，对聚力推进强国伟大事业具有重要而深远的战略意义。党的十九大提出，到本世纪中叶把我国建成富强民主文明和谐美丽的社会主义现代化强国。党的二十大进一步明确了在具体领域的强国目标，拓展了建设社会主义现代化强国的内涵和标准。强国目标对治国理政水平提出了新的更高要求，需要我们不断推进国家治理体系和治理能力现代化，这就要求在制度安排上实现国家治理的最优方式。实践证明，按照法治思维和法治方式，能够改革不适应发展所需的体制机制、法律法规，使各方面制度更加科学、更加完善，使法治国家、法治政府、法治社会一体化建设不断推进，使党、国家、社会各项事务治理更加制度化、规范化、程序化。运用法治思维治国理政，推进全面依法治国，具有为确保建设社会主义现代化国家开好局、起好步的现实意义。当前，我们积极回应新时代我国社会主要矛盾的变化，在民主、法治、公平、正义、安全、环境等方面采取了

---

① 张洋：《互联网发展应有"法治思维"》，《人民日报》2015 年 12 月 23 日。

更多更有效的举措，推动解决发展不平衡不充分的问题，更好地满足人民各方面日益增长的需要，为我国推进现代化新征程奠定了坚实基础。运用法治思维做好各项工作，对领导干部来说，还是一项重要的政治能力素质。法治是治国理政的基本方式，实现强国目标，必须靠法治保障领导管理活动的科学化、规范化。广大领导干部只有不断提高法治思维能力和法治素养，办事依法、遇事找法、解决问题用法、化解矛盾靠法，才能推动发展、化解矛盾、维护稳定，才能战胜各种风险挑战，不断推进事业发展。

## 五、用从严锻造强国先锋

习近平就任总书记之初，面对党风政风存在的突出问题，急需找到一个能击中时弊、打开局面的突破口，这个突破口就是中央八项规定。习近平总书记指出："党的十八大之后，党中央讨论加强党的建设如何抓时，就想到要解决'老虎吃天不知从哪儿下口'的问题。后来决定就抓八项规定，下口就要真正把那块吃进去、消化掉，不要这吃一嘴那吃一嘴，囫囵吞枣，最后都没有消化。我们抓住作风建设这条主线，一以贯之，步步深入。"①2012 年 12 月 4 日，习近平总书记主持召开中央政治局会议，审议通过了中央政治局关于改进工作作风、密切联系群众的八项规定。以八项规定破局，习近平总书记逐步推进全面从严治党。2014 年 12 月 13 日至 14 日，习近平总书记在江苏调研，第一次提出"全面从严治党"，并将其提升到战略高度，与全面建成小康社会、全面深

①　习近平：《在第十八届中央纪律检查委员会第六次全体会议上的讲话》，《人民日报》2016 年 5 月 3 日。

化改革、全面依法治国并列提出，形成"四个全面"战略布局。党的十八大以来，以习近平同志为核心的党中央以彻底的自我革命精神推进全面从严治党，坚持不懈推动中央八项规定精神落实、驰而不息纠治"四风"，持续坚决清除一切影响党的先进性和纯洁性的消极因素，以好作风、好形象带领人民群众开辟"中国之治"新境界。

**（一）从严锻造就要淬炼党的先进性纯洁性**

1928 年 11 月 11 日，中共中央发布了《告全体同志书》。时任中央政治局常委、中央秘书长、中央组织部部长的周恩来，负责起草了第四部分——《坚决肃清党内一切非无产阶级的意识》。文中，周恩来强调

浙江金华浦江县郑家坞镇党委书记陈炜展示由浦江县纪委和宣传部印制的《关于新形势下党内政治生活的若干准则》《中国共产党党内监督条例》的折页和学习读本（2016 年 12 月 3 日摄）。

纯洁党员思想的重要性，剖析非无产阶级意识出现的原因和本质，提出克服非无产阶级意识的具体要求。中国共产党成立初期，党员数量少，为了迅速壮大党的组织，不断从广大农民以及小资产阶级中吸收党员，党内出现了一些非无产阶级的意识。这种情况下，纯洁党内思想势在必行。周恩来开篇便一针见血地指出了问题所在，"党的政治路线上许多不正确思想的来源，固然是客观环境的反映，然而党的组织还没有布尔什维克化，党内还存在许多非无产阶级的意识，也是一个主要的原因"①。这些非无产阶级思想"的确还时时在破坏党的组织，妨碍党的工作"。面对党内存在的各种思想谬误，周恩来代表党中央表明了"坚决予以肃清"的决心和态度，号召全党的同志"应坚决地起来奋斗"。周恩来认为，广大党员一定要加强自身的无产阶级思想教育，提高自身的无产阶级意识以及修养，提出了"全党奋斗的一致标准"，为"肃清"和"改造"工作指明了努力方向，提供了具体的方法论指导。②《坚决肃清党内一切非无产阶级的意识》是我们党思想建党的发端，不仅在当时发挥了思想引领的关键作用，还为我们党在各个历史时期保持先进性纯洁性提供了宝贵的理论依据。

党的先进性是马克思主义政党的立党之本、生命所系和力量所在，是建设一个什么样的党和怎样建设党的核心问题。一个政党是否具有先进性，主要看它的理论、纲领、路线是不是科学的，是不是代表了社会发展的正确方向，是不是代表并维护了最广大人民的根本利益。我们党能够从小到大、由弱到强，团结带领全国各族人民取得革命、建设和改革的伟大成就，归根结底是因为我党在马克思主义的科学理论指导下，制定了正确的路线方针政策，代表了历史发展方向，维护了中国最广大人

---

①　《周恩来选集》上卷，人民出版社 1980 年版，第 8 页。

②　吴荣生：《重温周恩来〈坚决肃清党内一切非无产阶级的意识〉》，《学习时报》2019 年 1 月 30 日。

民的根本利益，因而使自身始终保持先进性。马克思主义政党的纯洁性，是指党组织和党员在思想、政治、组织、作风、行为等方面与党的性质、宗旨的一致性。保持党的纯洁性，从根本上说是为了永葆党的政治本色和生机活力，从而更好地肩负起自己的历史使命。我们党之所以始终坚强有力，能够不断提高创造力、凝聚力、战斗力，始终与人民群众同呼吸共命运，就是因为党通过自我革命，坚守了自身的纯洁性。党的建设是历史的、具体的、与时俱进的。今天，全面建设社会主义现代化国家新征程已经开启，我们党必须进一步加强自身的先进性和纯洁性建设，坚定马克思主义信仰，不断加强理论武装，在习近平新时代中国特色社会主义思想的引领下，永葆初心、牢记使命，沉着有效应对"四大考验""四种危险"。只要我们党始终保持先进性、纯洁性，就能够一直走在时代前列，带领全国人民乘风破浪、披荆斩棘，向强国目标奋勇前进。

## （二）从严锻造就要革除"四风"之弊

吉林省四平市科学技术研究院曾是四平市效益最好的生产性事业单位，很多人挤破头想进去。然而 1998 年后，先后两任院长肆无忌惮的贪腐行为，带坏了全院风气。23 名中层以上干部 22 人先后"沦陷"，职工盗窃成风，偷原料、偷产品、偷工具。领导贪腐、家底败光、歪风盛行、人心涣散，科研院终于陷入长期停产停工、负债 8000 余万元的境地。员工大规模集体上访，甚至有党龄 20 年的老党员因太失望而提出退党。党的十八大后，在雷霆万钧的全面从严治党之势下，科研院的"污染源"被全面铲除：2016 年 5 月，已调离两年的原院长董卫东接受审查；8 月，原院长程晓民受到留党察看、撤职处分，科研院原班子除一人外全部被撤职，所有中层干部全部被撤职；9 月，科技局原局长调离、驻局纪检组长被勒令辞职。谈起科研院几年来的生死起伏，老员工感慨地说："有了全面从严治党，我们才起死回生！"[①]

形式主义、官僚主义、享乐主义和奢靡之风这"四风"问题，严重违背我们党的性质和宗旨，群众一度深恶痛绝、反映强烈。党的十八大以来，以习近平同志为核心的党中央强力推进全面从严治党，持之以恒抓作风建设，使群众对干部清正、政府清廉、政治清明的殷切期盼逐步变为现实。同时也要清醒地看到，在全面建设社会主义现代化国家新征程上，"四风"和腐败问题并未归零，其危害性、顽固性、反复性，容不得我们有任何"喘口气、歇歇脚"的念头。新征程上，我们既要把作风建设的成果总结好、巩固好、运用好，又要密切关注作风建设可能变异的重要领域、容易滋生的重要方面，正在发生的重要动向，不断整肃纲纪、锤炼作风，坚持在常和长、严和实、深和细上下功夫，将纠治"四风"和反腐败斗争形成常态长效，为建设社会主义现代化强国汇聚强大动能。

### （三）从严锻造就要锤炼党的长期执政能力

党的十九大报告在新时代党的建设总要求中，明确提出"加强党的长期执政能力建设"的新命题，并把长期执政能力建设作为主线，贯穿于全面从严治党过程之中。从"执政能力建设"到"长期执政能力建设"，虽仅两字之差，但内涵更丰富、意蕴更深刻[②]。一个政党能否执政，并不完全取决于执政党的主观愿望。历史上很多大党、老党都没能跳出"其兴也勃焉，其亡也忽焉"的历史周期率，不能实现长期执政，究其根源，正在于有了自身的特殊利益，自我腐化，走向人民的对立面。苏联解体的重要原因就是党内腐败滋生蔓延，导致自身变质变色，不可避

---

① 韩亚栋、李鹃：《从"两个务必"到全面从严治党》，中央纪委国家监委网站，2019 年 9 月 27 日。

② 钟宪章：《踏上长期执政能力建设新征程》，《光明日报》2017 年 11 月 29 日。

2015 年 5 月 3 日，观众在中国共产党杭州历史馆展厅内参观。杭州西湖边昔日的高档会所经改造后转型为中国共产党杭州历史馆，5 月 1 日起正式向公众免费开放。

免地导致人民的背弃和政权的丧失。这也充分说明，不论是哪一个阶级的执政党，只要背离了人民群众的根本利益，失去了人民群众的信任、拥护和支持，都难逃政权易手的劫难。同时也警示我们，中国共产党要实现长期执政，就必须坚定不移全面从严治党。

实现强国目标对党的长期执政能力提出了更高的标准、更严的要求。全党必须自觉顺应历史规律，准确把握长期执政条件下面临的风险考验，找准着力点。要坚持全心全意为人民服务的宗旨，努力赢得最广大人民的支持和拥护。实践证明，人民群众越是支持和拥护党，党的执政能力就越强。在迈向强国的道路上，要把人民对美好生活的向往作为奋斗目标，想人民之所想、忧人民之所忧、急人民之所急，把实现人民的愿望、满足人民的需要、维护人民的利益，作为党执政的根本出发点和落脚点，从而依靠人民建设伟大事业、实现伟大目标。要坚持打好全面从严治党的持久战。我们党之所以能够长期执政，是因为能够勇于直面自身存在的问题、不断推进自我革命。新的历史条件下，要担负起实现强国目标的光荣使命，党必须具备健康强大的肌体。要紧紧围绕坚持和加强党的领导，遵循党要管党、全面从严治党的指导方针，紧扣党的长期执政能力建设、先进性和纯洁性建设这条主线，以党的政治建设为统领，把党的政治建设、思想建设、组织建设、作风建设、纪律建设、制度建设和反腐败斗争有机统一起来，不断提高党的建设质量，全面推进新时代党的建设新的伟大工程。要全面提高党的领导水平和执政本领。要带领 14 亿人全面建设社会主义现代化强国，我们党既要政治过硬，也要本领高强。要增强推动高质量发展本领、服务群众本领、防范化解风险本领，善于处理各种复杂矛盾，勇于战胜前进道路上的各种艰难险阻，有能力形成科学的战略决策，有能力领导实现经济社会发展的各项规划，有能力通过不断完善和创新党的制度，为自身注入旺盛生机活力。

第八章

# 探寻"中国之治"的制度密码

## ——强国就要紧贴中国实际优化"中国之制"

　　冷战结束后，美国将"民主"作为其外交战略的一个支柱，将"自由市场"理论看作解决经济问题的灵丹妙药，要把"美国模式"推广到全世界，并为此设立专门基金，组建有关政府机构和非政府组织，到世界各地去兜售。那些同"美国模式"不一样的国家，动辄就会受到指责甚至制裁。美国迫使别国"削足适履"，一些国家在西方压力下被迫照搬其模式，成为社会动荡的重要原因。习近平总书记指出："'鞋子合不合脚，自己穿了才知道'。一个国家的发展道路合不合适，只有这个国家的人民才最有发言权。"① 这一浅显又通俗的道理，彰显了中国的道路自信和制度自信。制度优势是一个国家的最大优势，强国必须有强大的制度优势作为保障支撑。当今世界国与国之间的竞争，归根结底是国家制度的竞争。党的十九届五中全会新的战略安排在现代化强国目标体系中，首次引入制度建设和治理能力建设的目标，即：到 2035 年，各方面制度更加完善，国家治理体系和治理能力现代化基本实现；到本世纪中叶，实现国家治理体系和治理能力现代化。党的二十大进一步强调，到 2035 年，基本实现国家治理体系和治理能力现代化，全过程人民民

---

　　① 《习近平谈治国理政》第一卷，外文出版社 2018 年版，第 273 页。

2020年5月22日，上海市浦东新区花木街道区域（无人机照片）。东海海滨、浦江东岸。每当夜幕降临，这里群楼熠熠，流光溢彩，与对岸的百年外滩交相辉映。

主制度更加健全，基本建成法治国家、法治政府、法治社会。中国之制正是在与中国实际不断适配中走向完善，这是成就中国奇迹的制度密码。潮起潮涌，奔腾向海。新时代新征程，我们必须坚持"中国之制"不动摇，紧贴中国实际接续优化"中国之制"，以强大的制度优势保障国家发展强大。

## 一、从"窑洞之问"到"成功路径"看"中国之制"

历史是最好的老师，它忠实记录下每一个国家走过的足迹，也给每一个国家未来的发展提供警示。翻开如巨幅连环画般的世界史，我们可以在波澜壮阔的沧桑巨变中，看到一幕幕大国兴亡的活剧如影随形。回望这些悲壮活剧，有识之士发出这样的慨叹："历史上有一个从兴旺到灭亡的周期率，每个朝代开头都是好的，后来腐败了，灭亡了，'其兴也浡焉，其亡也忽焉'。"历史的车轮滚滚向前，历史周期率如常悬头顶的"达摩克利斯之剑"，给各国执政党带来前所未有的考验。要清醒地看到，我们党的执政时间越长，面临的这方面危险就越大，需要应对的考验就越严峻。在长期执政条件下，各种弱化党的先进性、损害党的纯洁性的因素无时不有，各种违背初心和使命、动摇党的根基的危险无处不在，"四大考验""四种危险"依然复杂严峻。这些"时代之患"如警钟长鸣，"如果不严加防范、及时整治，久而久之，必将积重难返，小问题就会变成大问题、小管涌就会沦为大塌方"①。经过强力整治，十九届中央纪委四次全会明确我们党找到了"一条长期执政条件下解决自身问题、跳出历史周期率的成功道路"。十九届中央纪委六次全会更新为"探索出依靠党的自我革命跳出历史周期率的成功路径"。从回答"窑洞之问"到找到"成功路径"，"中国之制"不断补短板、强弱项，趋于健全完善，成为巩固社会主义红色江山的坚强制度屏障。

（一）谨记"窑洞之问"以史为鉴——"中国之制"定初心固根基

1945 年 7 月，为巩固民主团结、促成国共谈判，黄炎培等 6 名国民参政员造访延安。虽然只有 5 天时间，但中国共产党领导人的朴实稳重，红色延安的民主祥和，让黄炎培不禁感慨："延安五日中间所看到的，当然是距离我理想相当近的。"其间，毛泽东同志问黄炎培有什么感想。黄炎培坦率地说："我生六十多年，耳闻的不说，所亲眼看到的，真所谓'其兴也浡焉'，'其亡也忽焉'，一人，一家，一团体，一地方，

---

① 习近平：《牢记初心使命，推进自我革命》，《求是》2019 年第 15 期。

乃至一国，不少单位都没有能跳出这周期率的支配力。一部历史，'政怠宦成'的也有，'人亡政息'的也有，'求荣取辱'的也有，总之没有能跳出这周期率。"① 毛泽东同志的回答干脆果断："我们已经找到新路，我们能跳出这周期率。这条新路，就是民主。只有让人民来监督政府，政府才不敢松懈。只有人人起来负责，才不会人亡政息。"1945年8月10日，黄炎培在重庆出版了自己著述的《延安归来》。他在书中写道："我认为中共朋友最可贵的精神，倒是不断地要好，不断地追求进步。这种精神充分发挥出来，前途希望是无限的。"有人劝阻他不要著书为共产党作宣传，以免遭受人身危险。他说："我只是用朴素的写真笔法写出所见所闻所谈，决不加以渲染。共产党确实一心一意为人民服务，事实胜于雄辩，我黄炎培不作违心之论。"历史是检验结论的试金石。70多年过去了，我们党用实际行动回答了"窑洞之问"。一路走来，从找到"民主新路"，到坚持"两个务必"，再到做到"三个务必"，牢记初心使命、推进自我革命，一代代中国共产党人既不断强固红色基因，又不断攻克体制机制的顽瘴痼疾，探索完善"中国之制"，取得伟大成就。

中国制度承载着初心使命，初心是中国制度的魂。坚持为中国人民谋幸福、为中华民族谋复兴，是中国共产党人的初心和使命，是激励全党不懈奋斗、继续前进的根本动力。中国共产党是全心全意为人民服务的马克思主义政党，新中国是人民当家作主的社会主义国家，这同封建王朝、农民起义军有着本质区别。党从成立之日起，就把建立社会主义制度作为矢志不渝的追求。在长期革命实践中对建立适合中国国情的社会制度进行了积极探索。"互助合作运动""工农兵代表大会制度""三三

---

① 《毛泽东年谱（1893—1949）》中卷（修订本），中央文献出版社2013年版，第610—611页。

制""豆选法"……这些早期蕴含社会主义制度因素和价值主张的实践，为建立新型国家制度积累了宝贵经验。新中国成立后，社会主义基本制度的确立，从国体、政体以及各方面立起了国家制度体系的"四梁八柱"。改革开放后，我们党在总结制度建设正反两方面经验的基础上，把社会主义制度的"一般性"同中国国情的"特殊性"相结合，形成了一套具有中国特色的社会主义制度。党的十八大后，我国内外环境发生深刻变化，对制度改革提出新要求。更多的是解决深层次体制机制问题，建章立制、构建体系的任务更重。党的十九届四中全会明确提出"建立不忘初心、牢记使命的制度"，这是加强党的制度建设、提高新时代党的建设质量的重要部署和重大举措，体现了依靠制度建设来立根固魂的历史抉择，反映了认识和把握党的建设特点规律的深化，体现了新

土改后，农民们在慎重地投豆选举最能为大家服务的代表。　　　　　　（程传书摄）

时代治党治国的根本性要求。

回顾近代以后中国立制、创制的艰辛历程，中国共产党领导中国人民苦苦追寻、不懈探索、接力奋斗，书写了一部在艰难中探索、在坚守中创新、在苦难后辉煌的壮丽史诗。特别是新时代，以习近平同志为核心的党中央在巩固完善中国特色社会主义制度上迈出坚实步伐。习近平总书记指出，党的十八大以来，经过不懈努力，党找到了自我革命这一跳出治乱兴衰历史周期率的第二个答案，构建起一套行之有效的权力监督制度和执纪执法体系。这意味着承载初心使命的"中国之制"，愈益固本强基，托举中国特色社会主义事业行稳致远。

### （二）义无反顾清除"时代之患"——中国之制正本清源

制度漏洞和薄弱环节，往往是"时代之患"滋生的土壤。要消除腐败等"时代之患"，就要建构科学完备的制度。早在新民主主义革命时期，我们党就在党纲党章和党内文件中制定了一系列规章制度。比如，1926 年 8 月，中共中央扩大会议发布的《坚决清理贪污腐化分子》通告，要求各地党组织坚决清洗贪污腐化分子，制止党内产生腐败问题。这是我们党历史上第一个惩治贪污腐化分子的重要文件。1927 年 5 月，党的五大选举产生了第一个党的纪律检查机构——中央监察委员会，作为维护和执行党纪的专门机关，纯洁和净化党员和干部队伍。瑞金时期第一个被枪决的贪污犯谢步升，是中国共产党在成立中华苏维埃共和国后枪决的第一个贪污分子。当过江西瑞金叶坪村苏维埃政府主席的谢步升罪行是：利用职权贪污打土豪所得财物，偷盖临时中央政府管理科公章，伪造通行证私运水牛到白区出售。为了谋财，他秘密杀害了八一南昌起义南下部队的一名军医。当年，时任中共瑞金县委书记的邓小平拍着桌子说："像谢步升这样的贪污腐化分子不处理，我这个县委书记怎么向人民群众交代？"并决定亲自去中央局反映谢步升的犯罪事实，同时，要调查员去向毛泽东汇报情况。毛泽东当场表态，与贪污腐化作斗争，是我们共产党人的天职，谁也阻挡不了！

1938 年陕甘宁边区政府公布的《惩治贪污暂行条例（草案）》，成为新中国成立后理论界研究反腐败法理问题时引用最多的文献之一。当时，因贪污 3000 元的红军英雄被处死刑，成为抗日战争时期因贪污被查处的最大典型之一。红军英雄肖玉璧，全身伤疤 90 多处，曾任陕甘宁边区某区主席、贸易局副局长。初到陕北时，肖玉璧饿得住进医院，被到医院视察的毛泽东发现。毛泽东当即决定把中央特批给自己的取奶证送给他。然而，肖玉璧在任清涧县张家畔税务分局局长期间，贪污挪用公款，最终被捕。边区政府依法判处肖玉璧死刑，他不服，写信向毛泽东求情。时任边区政府主席的林伯渠把信带给毛泽东。毛泽东问："肖玉璧贪污了多少钱？"林伯渠答："3050 元。"毛泽东又问："他的态度如何？"林伯渠说，肖玉璧在信中请求党看在他过去作战有功的情分上，让他上前线，战死在战场上。毛泽东没有看信，明确回答："我完全拥护法院判决。"1941 年底，肖玉璧被执行枪决。

制度不完善，潜规则就会盛行，就无法防范和解决党内出现的矛盾和问题。邓小平曾深刻指出：领导者个人的因素，思想、作风等，在党的建设中的影响，小于制度的影响。"制度问题不解决，思想作风问题也解决不了"[①]，"领导制度、组织制度问题更带有根本性、全局性、稳定性和长期性"[②]。的确，制度好可以防止自身不过硬的人做坏事，甚至通过其内在的价值导向引导和规制人们做好事，在制度的长期约束中逐渐养成过硬的思想作风；反之，制度不好就可能出现"逆淘

---

① 《邓小平文选》第二卷，人民出版社 1994 年版，第 328 页。

② 《邓小平文选》第二卷，人民出版社 1994 年版，第 333 页。

汰",逼着原本自身过硬的人为"适者生存"而不得不做坏事,甚至在因制度疏漏而隐含的错误导向的引导下逐渐"见错不错",结果在社会上形成无人纠错、错上加错的恶性循环。于是,一些制度成为摆设的"稻草人",极易形成"一人违纪,众人随之"的"破窗效应",党就会沦为各取所需、自行其是的"私人俱乐部"。改革开放以来第一个被严惩的省部级高官胡长清曾说:"组织的管理和监督对我而言,如同是牛栏关猫,进出自由。"实践表明,制度机制不严密,权力的生产线、监管流程出了问题,再好的零配件送上去,也难以推出自身过硬的合格产品。

最高人民法院核准江西省高级人民法院对江西省人民政府原副省长胡长清受贿、行贿、巨额财产来源不明一案的终审裁定。胡长清 2000 年 3 月 8 日在南昌被执行死刑。　　　　（新华社发）

清除"时代之患"的治本之策在于建章立制,改革弊政,正本清源。党的十八届六中全会通过《关于新形势下党内政治生活的若干准则》,建立了一系列加强和规范党内政治生活的制度。党的十九大把严格执行新形势下党内政治生活的若干准则作为加强党的政治建设的一项重要任务和举措，提出了明确要求。习近平总书记在十九届中央纪委四次全会上强调，一体推进不敢腐、不能腐、不想腐，不仅是反腐败斗争的基本方针，也是新时代全面从严治党的重要方略。① 应当说，大的制度和要求都有了，各级党组织要结合实际完善具体制度，严格抓好制度落实。通过完善和落实制度，把党内政治生活严格规范起来，把政治纪律和政治规矩严明起来，发展积极健康的党内政治文化，全面净化党内政治生态。

### （三）依规治党引领依法治国——"中国之制"稳健前行

摸索出治党治国的内在规律、总结出治党治国的成功经验，并上升为一整套较为成熟的法规制度体系，是推进强国复兴必须完善的法治保障。毋庸置疑，在非常时期，特别是在关系党的执政地位得失的临界点、关系党心民心得失的关节点，使出非常手段背水一战、扭转乾坤，推动治党治国在治标上取得压倒性胜利，这是无可厚非的。但从长远来看，必须标本兼治，特别是在治本上实现长治长效。这就要靠依规治党、依法治国。通过依规治党、依法治国，运用法规制度的武器来规范化、常态化地扫除党内国内的灰尘和病毒，使影响党的先进性、弱化党的纯洁性的因素得到有效抑制和化解，这是治党治国应当达到的正常状态。

在我们这样一个实行党的集中统一领导的社会主义大国，要强国首先要强党，关键在强党。党做到了自身硬、坚强有力，就能团结带领全国人民强有力地推进强国进程。而党要实现自身硬，最终要靠法规制度。这就要求制度治党、依规治党。党的十八大以来，我们党把形成完善的党内法规体系确立为全面推进依法治国总目标的重要内容，把党内法规制度建设

---

① 《一以贯之全面从严治党强化对权力运行的制约和监督 为决胜全面建成小康社会决战脱贫攻坚提供坚强保障》，《人民日报》2020 年 1 月 14 日。

作为事关党长期执政和国家长治久安的重大战略任务，加快构建以党章为根本、若干配套党内法规为支撑的党内法规制度体系，努力形成国家法律法规和党内法规制度相辅相成、相互促进、相互保障的格局。

党的十八届三中全会提出，要紧紧围绕提高科学执政、民主执政、依法执政水平深化党的建设制度改革。党的十八届四中全会对加强党内法规制度建设作出重要部署。党的十八届五中全会提出，"必须坚持依法执政，全面提高党依据宪法法律治国理政、依据党内法规管党治党的能力和水平"，把依规治党和依法治国相提并论，作为车之两轮、鸟之两翼，把依规治党提高到了前所未有的高度。习近平总书记先后多次主持召开中央政治局会议和中央政治局常委会会议，审议通过了一批重要中央党内法规。中央书记处根据中央政治局及其常委会的部署，研究谋划党内法规工作，不断加大对党内法规制度建设的统筹力度，注重党内法规同国家法律的衔接和协调，推动一批重要党内法规制定实施。一系列具有标志性、关键性、引领性的法规制度陆续出台，呈现"板块式"前进的良好态势。单是 2018 年就印发中央党内法规 74 部，不断扎紧依规治党的制度笼子。① 截至 2021 年 7 月 1 日，全党现行有效党内法规共 3615 部。习近平总书记在庆祝中国共产党成立 100 周年大会上宣布，我们党已经"形成比较完善的党内法规体系"。

## 二、从社会主义实践前半程到后半程看"中国之制"

纵观人类历史，制度的演进和形成从来都要经历一个较长的历史时

---

① 杨维汉、罗沙、白阳等：《开启法治中国新时代——以习近平同志为核心的党中央推进全面依法治国纪实》，《人民日报》2019 年 10 月 22 日。

期。英国从 1640 年发生资产阶级革命到 1688 年"光荣革命"形成君主立宪制，用了几十年时间；美国从 1775 年开始独立战争到 1865 年南北战争结束，新体制的稳定用了将近 90 年时间；法国从 1789 年资产阶级革命到 1870 年第二帝国消亡、第三共和国成立，用了 80 多年；日本也是从 1868 年开始明治维新，直到第二次世界大战结束后才形成了现在的体制。

回顾中国社会主义之前的历史，中国社会变革的历史进程不断演进，然而自商鞅废井田、立郡县之后，"百代皆行秦政制"，君主专制制度长期没有改变。当欧美国家争相改制图强之时，中国却如同一头睡狮，固守于宗法祖制，与治理现代化的浪潮失之交臂。武昌城头辛亥革命的枪声，击碎了绵延 2000 年的封建王朝，为中国的进步打开了闸门，但君主立宪制、复辟帝制、议会制、多党制、总统制，种种国家治理的方案都在现实中败下阵来。直到新中国的成立，才结束了一百多年来被侵略被奴役的屈辱历史，实现了民族独立、人民解放的百年梦想，并在之后的社会主义建设特别是改革开放的历程中，取得了重要的理论和实践成果，终于找到了一种适合中国国情的国家治理路径。习近平总书记把我国制度建设进程划分为"前半程"和"后半程"，从形成更加成熟更加定型的制度看，我国社会主义实践前半程的主要历史任务是建立社会主义基本制度，并在这个基础上进行改革，现在已经有了很好的基础。后半程的主要历史任务是完善和发展中国特色社会主义制度，为党和国家事业发展、为人民幸福安康、为社会和谐稳定、为国家长治久安提供一整套更完备、更稳定、更管用的制度体系。

**（一）社会主义基本制度的建立和稳固——中国之制开天辟地**

旧中国是一个半封建半殖民地的国家。1949 年我国建立起了无产阶级领导的以工农联盟为基础的人民民主专政的共和国。我国的人民民主专政的政权在阶级构成上具有最广泛的群众基础，实现了共产党领导与多党合作的统一、民主与专政的统一，并以人民代表大会的政权组织形式和民主集中制的政权组织原则实现了最广大人民的民主。

　　1949 年 9 月 21 日，中国人民政治协商会议第一届全体会议在北平举行，会议通过的《中国人民政治协商会议共同纲领》（简称《共同纲领》），成为 1954 年宪法颁布以前的根本大法，规定了人民民主专政的国家政权性质和人民代表大会的根本政治制度。1954 年 9 月 15 日，全国人民代表大会第一次会议召开，标志着人民代表大会制度在全国范围内自下而上系统地建立起来了。

　　1954 年 9 月 15 日，出席第一届全国人民代表大会第一次会议的代表进入中南海怀仁堂（资料照片）。

（刘东鳌摄）

中华人民共和国成立之后，我们究竟要建设一个什么样的国家和社会？毛泽东最初的选择是"先建设，后改造"的思路，即：利用私人资本主义有利于国计民生和发展生产力的一面，先搞一段时间的新民主主义建设，然后在国家初步工业化的基础上再进行社会主义改造。但是，经过两年多的实践和深思之后，党中央和毛泽东于1952年提出了过渡时期的总路线。1953年6月15日，毛泽东在中央政治局扩大会议上较完整地提出了党在过渡时期的总路线。1953年12月，中共中央宣传部编写的《为动员一切力量把我国建设成一个伟大的社会主义国家而斗争——关于党在过渡时期总路线的学习和宣传提纲》，完整地表述了党在过渡时期的总路线：从中华人民共和国成立，到社会主义改造基本完成，这是一个过渡时期。党在这个过渡时期的总路线和总任务，是要在一个相当长的时期内，逐步实现国家的社会主义工业化，并逐步实现国家对农业、对手工业和对资本主义工商业的社会主义改造。党在过渡时期总路线的实质是要使社会主义公有制成为国家和社会的经济基础，目的是要实现社会主义工业化。到1956年底，以社会主义改造基本完成为标志，社会主义制度在我国得到基本确立。这既是我国历史上最深刻、最伟大的社会变革，也是我国后来一切进步和发展的基础。

新中国的成立，社会主义基本制度的确立，从国体、政体等各个层面立起了国家制度体系的"四梁八柱"。人民代表大会制度、中国共产党领导的多党合作和政治协商制度、民族区域自治制度、公有制、劳动保险制度等，全面构建起社会主义中国的制度大厦。

毋庸讳言，在中国这样一个东方大国建设社会主义，我们缺乏经验，也没有可以照抄的模板，最初构建起来的制度不可避免地存在一些问题和不足。"文化大革命"以后，我们党开始从全新的角度思考国家治理体系问题，强调领导制度、组织制度问题更带有根本性、全局性、稳定性和长期性。1992年，邓小平指出："恐怕再有三十年的时间，我们才会在各方面形成一整套更加成熟、更加定型的制度。"①

改革开放后，我们党科学总结制度建设正反两方面的经验，把科学社会主义的基本原则与中国国情和时代特征相结合，把社会主义制度的"一般性"同中国国情的"特殊性"相结合，构建起一套具有中国特色的社会主义制度。这套制度坚持和巩固了过去行之有效的东西，特别是关系社会主义性质的根本制度。比如，坚持和完善人民代表大会制度、坚持民主集中制、坚持党对人民军队绝对领导的制度等，确保我国社会主义始终沿着正确方向前进。同时，大刀阔斧地改革不适应社会生产力发展的体制机制，从有计划的商品经济到建立和完善社会主义市场经济

　　滚装货船"劳拉"轮驶入海口秀英港，这是海南自贸区政策实施以来的首艘汽车外贸船。近年来，中国高水平对外开放跑出加速度，呈现出一幅全面开放的新图景。全国设立的 21 个自由贸易试验区，使改革开放试验田的作用得到充分显现。自贸试验区向全国或特定区域复制推广了制度创新成果，为中国经济发展注入更强动力。

（杨冠宇摄）

───────────

① 《邓小平文选》第三卷，人民出版社 1993 年版，第 372 页。

体制，从改革党和国家领导制度到建立基层群众自治制度，从科技体制改革到文化体制改革，中国特色社会主义制度不断开辟新空间，极大地激发了我国社会主义制度的生机活力。①

### （二）中国特色社会主义制度的完善和发展——中国之制臻于至善

在现代化历史上，美国作为先行实现现代化的国家之一无可争议。美国专栏作家托马斯·弗里德曼在 2000 年 12 月撰写的一篇评论中写道，美国成功的秘密不在于华尔街，也不在于硅谷；不在于空军，也不在于海军；不在于言论自由，也不在于自由市场，真正的秘密在于上述现象背后长盛不衰的法治和制度，正是这种制度使每一个人可以充分发展而不论是谁在掌权。虽然弗里德曼的说法有些言过其实，美国的制度也是弊端丛生，但他提出全面现代化需要长盛不衰的法治和制度，倒是点明了成功实现现代化的规律所在。而作为现代化先行者的另一典型——阿根廷，其社会发展水平，特别是经济发展，早在 19 世纪末 20 世纪初就已起飞，但由于没能在经济现代化进程中对国家制度进行现代化建设，导致国内缺少一个统一有效的权威来与经济现代化相匹配，最终导致国家陷入普力夺主义（praetorianism，一种制度化程度低而参与程度高的政治体制）泥潭，使现代化发展也一度停滞。根据彭博社编制的 2018年悲惨指数（Misery index）显示，直到今天，阿根廷仍然没有走出现代化的发展陷阱，失业和通货膨胀率位居全球第三，被评为 2018 年全球悲惨经济体之一。

无论是美国经验还是阿根廷的教训，都在告诉我们：一个国家要实

---

① 中共中央宣传部理论局：《中国制度面对面》，学习出版社、人民出版社 2020 年版，第 5—6 页。

现全面现代化，政治发展是确保经济持久发展的先决条件，而政治发展的关键就在于形成一个能够使国家内不同性质的组织、团体乃至阶层共同团结起来建设国家的现代化制度，这种制度不但要能够具有凝聚各种社会力量的能力，还要能够得到各种社会力量的认可，使这种制度能够作为国家制度延续发挥效力并具有能够统一各种势力的合法性权威。同时，在推动经济社会发展的同时，国家制度需要具备灵活的应变能力，时刻根据环境的变化而进行自我改革，从而持续为社会发展提供内生动力，确保全面现代化的顺利实现。

党的十八届三中全会提出，全面深化改革的总目标是完善和发展中国特色社会主义制度，推进国家治理体系和治理能力现代化。这对于中国的政治发展，乃至整个中国的社会主义现代化事业来说，具有重大而深远的理论和现实意义。习近平总书记以广阔的世界历史眼光思考国家制度建设和国家治理问题，明确提出"怎样治理社会主义社会这样全新的社会"这个重大课题。进一步来说，"后半程"的制度现代化是为了解决由"前半程"经济现代化所诱发的各种社会问题的全面深化改革策略，同时也是中国实现全面现代化的重大国家战略，必将成为中国现代化历史上具有决定性意义的伟大历程。习近平总书记强调："党的十一届三中全会是划时代的，开启了改革开放和社会主义现代化建设历史新时期。党的十八届三中全会也是划时代的，开启了全面深化改革、系统整体设计推进改革的新时代，开创了我国改革开放的全新局面。"[①] 将中国社会主义现代化区分为"前半程"和"后半程"，如同作出中国特色社会主义进入新时代的判断一样，也是一个实事求是、十分清醒而又极具发展眼光的战略判断。因为中国现代化发展程度虽然已经比较高了，

---

① 《对标重要领域和关键环节改革　继续啃硬骨头　确保干一件成一件》，《人民日报》2019 年 1 月 24 日。

有的方面甚至已经处于领跑地位，但全面实现社会主义现代化决不是轻而易举的事情，在"后半程"现代化征程中，尚有许多更为艰难更为复杂的实践需要去推进。

没有比人更高的山，没有比脚更长的路。再高的山，再长的路，只要锲而不舍前进，就有达到目的的那一天。任何制度都不是天生就完美的，而是有一个动态演进、发展完善的过程，必须随着时间、环境、条件的变化而作出相应的调整和改进。随着实践的不断发展，我们党对中国特色社会主义制度的认识进一步深化。经过长期努力，我国形成了支撑中国特色社会主义制度的根本制度、基本制度、重要制度，我们要在此基础上进一步完善和发展中国特色社会主义制度。党的十九届四中全会专门研究坚持和完善中国特色社会主义制度、推进国家治理体系和治理能力现代化问题，提出与时俱进完善和发展的前进方向和工作要求。全会《决定》提出一系列新观点新论断新要求，坚持根本制度、基本制度、重要制度相衔接，统筹顶层设计和分层对接，统筹制度改革和制度运行，体现了总结历史和面向未来的统一、保持定力和改革创新的统一、问题导向和目标导向的统一，必将对推动各方面制度更加成熟更加定型、把我国制度优势更好转化为国家治理效能产生重大而深远的影响，为更好坚持和发展中国特色社会主义提供根本保障。

## 三、从"完善和发展"到"坚持和完善"看"中国之制"

党的十八届三中全会明确把"完善和发展中国特色社会主义制度、推进国家治理体系和治理能力现代化"作为全面深化改革的总目标。党的十九届四中全会专题研究"坚持和完善中国特色社会主义制度、推进国家治理体系和治理能力现代化"问题。从"完善和发展"到"坚持和完善",表述上的差别虽然细微,但背后体现的意蕴却是深远的。"完善"和"发展"的取向是一致的,都是要向前走;而"坚持"和"完善",除了要向前走,还要"坚持",也就是要传承过去的好的东西,要持之以恒、一以贯之,咬定青山不放松,有政治定力和战略定力。每个国家的制度都是独特的,都是由这个国家的人民决定的,都是在这个国家历史传承、文化传统、经济社会发展的基础上长期发展、渐进改进、内生性演化的结果。我们要完善中国特色社会主义制度,首先就要坚持好中国特色社会主义制度,切实站稳根本的立足点。

## (一)坚定自信完善制度——中国之制人间正道

在人类发展进步的历史长河中,往往有一些紧要的关头,深刻影响着一个国家和民族的发展走向。翻开我国古代王朝兴衰史,几个著名盛世在形成时间上皆有规律可循。西汉经过六七十年的休养生息到汉武帝时期达到极盛,唐朝通过近百年的励精图治实现"开元盛世",清朝从入关到"康乾盛世"有 70 多年的时间……从中可以窥见,执政 70—100 年是一个极为关键的时间节点。在此期间,能不能形成一套成熟管用的制度和治理体系,穿越"历史的三峡",对于稳固政权基础、实现国家大治至关重要。中国特色社会主义制度不是制度建设的"飞来峰",也不是从一开始就尽善尽美,而是党带领人民千辛万苦探索出来的、逐步丰富和完善起来的。中国特色社会主义制度之所以具有强大生命力和巨大优越性,很重要的一点就在于这一制度具有强大的自我完善和发展能力。

中国特色社会主义制度是被实践反复证明、人民满意、符合规律且又行之有效的好制度。新中国成立 70 多年来,中国共产党领导人民创造了世所罕见的经济快速发展奇迹和社会长期稳定奇迹,中华民族迎来

一名摄像记者在首届中国国际进口博览会中国馆内准备拍摄复兴号动车组列车模型。从推动共建"一带一路"到主动举办进口博览会，这是中国向世界提供的又一国际公共产品。　　（陈建力摄）

了从站起来、富起来到强起来的伟大飞跃，我国国家制度和国家治理体系形成了 13 个方面的显著优势，这"两个奇迹"，这一伟大飞跃，这13 个显著优势，都是中国特色社会主义制度科学性、优越性的有力证明和生动写照。正是中国特色社会主义一系列制度安排、生动实践和发展成就，使中国快速成为世界第二大经济体，日益走近世界舞台的中央，"中国之治"与"西方之乱"形成鲜明对照，中国理念和经验、中国智慧和方案为越来越多国家所认可。前行路上，坚定自信，不断完善中国特色社会主义制度，中国特色社会主义的优越性必将进一步显现，中国特色社会主义道路必将越走越宽广。

习近平总书记在庆祝改革开放 40 周年大会上指出："改革开放 40年的实践启示我们：制度是关系党和国家事业发展的根本性、全局性、

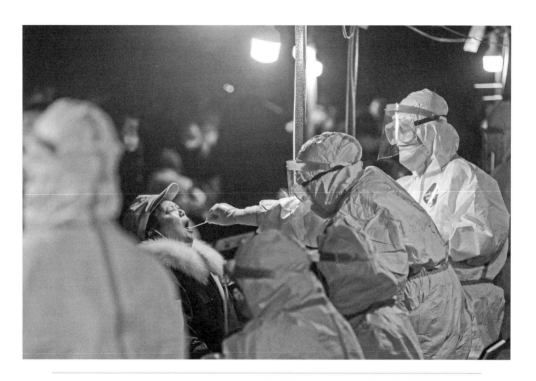

在位于四川成都市郫都区的成都现代工业港核酸检测点，来自成都市青白江区人民医院的医务人员在为人们进行核酸检测。从 2020 年 12 月 11 日 18 点 00 分开始，郫都区全面开展全员新冠肺炎疫情核酸检测，确保不漏一人。检测费用由区政府承担。 (沈伯韩摄)

稳定性、长期性问题。"①"必须坚持完善和发展中国特色社会主义制度，不断发挥和增强我国制度优势。"②改革开放 40 多年来，我们党既坚持社会主义制度不动摇，又坚定不移通过改革开放探索社会主义制度的有效实现形式，扭住完善和发展中国特色社会主义制度这个关键，为解放和发展社会生产力、解放和增强社会活力、永葆党和国家生机活力提供了有力保证，为社会大局稳定、人民安居乐业提供了有力保证，集中体现了中国共产党人的政治智慧和强大能力。

---

① 《习近平谈治国理政》第三卷，外文出版社 2020 年版，第 185 页。
② 《习近平谈治国理政》第三卷，外文出版社 2020 年版，第 185 页。

重大危机，往往是检验制度好坏的试金石。2020年春节期间暴发的新冠疫情，是对我国治理体系和治理能力的一次大考。这次抗击疫情斗争，既彰显了我国显著制度优势，也暴露出一些弱项和不足。比如，国家应急管理体系还需进一步健全，国家储备体系效能有待优化，城市公共环境治理还存在短板死角，等等。我们党认真总结这次疫情的经验教训，及时梳理相关领域存在的问题，抓紧补短板、堵漏洞、强弱项，进一步提升了国家治理的能力和水平。

### （二）坚持航向保持定力——中国之制稳如磐石

近年美国加州山火肆虐，消防员"谁交费先救谁"，优先保护富人的豪宅，没交消防费的住户只能望"火"兴叹，眼睁睁看着自己的房产化为灰烬。肆虐的大火持续多天，犹如人间炼狱，然而救援机制严重不合理，真实反映了资本主义的残酷真相。反观我国，无论什么地方发生火灾，消防员都会第一时间赶到现场，不惜一切代价扑灭火情，鲜明体现了人民至上的崇高理念。这些理念就蕴含在我们的制度之中，成为制度之魂，彰显着我国制度的特有优势。

"木秀于林，风必摧之；堆出于岸，流必湍之；行高于人，众必非之。"由于中国特色社会主义制度根本不同于西方国家的制度，独领风骚、优势尽显，一些戴着有色眼镜的人经常对我国社会制度进行各种非议和攻击。他们容不得中国发展壮大，总是摆着"教师爷""裁判员"的面孔，对中国特色社会主义制度指手画脚、说三道四，我们一定要增强政治敏锐性和政治鉴别力，认清本质，不为所动。只有社会主义才能救中国，只有中国特色社会主义才能发展中国，这是历史的结论、人民的选择。党的十九大明确指出，中国特色社会主义是改革开放以来党的全部理论和实践的主题，是党和人民历尽千辛万苦、付出巨大代价取得的根本成就。党的二十大进一步强调，中国特色社会主义是实现中华民

美国加利福尼亚州再现山火火情，比往年更加肆虐，2020年1月至10月累计过火面积已经超过1.6万平方公里，造成31人死亡，数以千计的建筑物被焚毁。　　　　　　（新华社 / 法新社）

族伟大复兴的必由之路。必须教育引导广大干部群众，充分认识中国特色社会主义制度和国家治理体系经过长期实践检验来之不易，倍加珍惜，保持定力。

"治国犹如栽树，本根不摇则枝叶茂荣。"人类历史上，任何一个国家和民族要实现繁荣昌盛，都必须以体现自身特色的"根本"作为立足点，而且这个"根本"必须强大而坚韧。没有哪个国家和民族可以抛开"根本"、通过依附外部力量实现强大和振兴。"我们治国理政的根本，就是中国共产党领导和社会主义制度。"我国是一个大国，决不能在根本性问题上出现颠覆性错误。习近平总书记强调，我们的改革开放是有方向、有立场、有原则的。推进国家治理体系和治理能力现代化，绝不是西方化、资本主义化。在涉及国家制度这样的根本性问题上，在涉及发展方向的大是大非面前，我们绝不讲模棱两可的话，绝不做遮遮掩掩的事，而是旗帜鲜明坚持和完善中国特色社会主义制度。

### （三）既要守正又要创新——中国之制生机盎然

知常明变者赢，守正创新者进。中国人具有守正的传统。守正，意味着坚守正道，坚持按事物的本质要求和发展规律办事。西汉史学家司马迁在《史记·酷吏列传》中称赞赵禹"据法守正"。唐代文学家皮日休在《鄙孝议下》中说："有守正者，虽大孝不录；为非者，虽小道必旌。则圣人之制，后何法焉？"同样强调守正的意义。中国人也富有创新的传统。几千年前，我国先民就提出"周虽旧邦，其命维新"。《荀子》有载："夫道者，体常而尽变，一隅不足以举之。"这不仅讲明了体常与尽变的联系，而且揭示了守正与创新的关联。对中国之制来讲，坚持既要守正又要创新，就是要把坚定制度自信与全面深化改革统一起来。

习近平总书记早在 2014 年省部级主要领导干部学习贯彻十八届三中全会精神全面深化改革专题研讨班上就强调指出，没有坚定的制度自信就不可能有全面深化改革的勇气，同样，离开不断改革，制度自信也不可能彻底、不可能久远。我们全面深化改革，是要使中国特色社会主义制度更好；我们说坚定制度自信，不是要固步自封，而是要不断革除体制机制弊端，让我们的制度成熟而持久。党的十九届四中全会同样坚持了坚定制度自信与全面深化改革相统一的辩证法，在提出"十三个坚持"的显著优势的同时，作出了"十三个坚持和完善"的重大部署。

坚持以人民为中心的价值取向。改革开放以来，我们党坚持将人民的意见和感受作为制度设计、政策调整的重要依据。1984 年，针对一些人关于改革开放和"一国两制"的政策会不会变的担心，邓小平同志明确表示："我们的政策不会变，谁也变不了。因为这些政策见效、对头，人民都拥护。既然是人民拥护，谁要变人民就会反对。"①带领人民创造美好生活，是我们党始终不渝的奋斗目标。进入新时代，以习近平同志为核心的党中央把人民拥护不拥护、赞成不赞成、高兴不高兴、答应不答应，作为制定各项方针政策的出发点和归宿，作为判断各项工作成败得失的最高标准。以人民为中心，是中国制度守正创新的根本价值取向。

提高不断创新的实践能力。改革开放以来，我们坚持守正创新的基本逻辑、价值取向，既志不改、道不变，又大胆地试、勇敢地改。党的十八届三中全会以来，以习近平同志为核心的党中央围绕全面深化改革

浙江省台州市行政服务中心的工作人员在给市民办理业务。顺应人民群众呼声，浙江提出"最多跑一次"改革，体现以人民为中心的发展思想。

---

① 《邓小平文选》第三卷，人民出版社 1993 年版，第 72 页。

总目标，着力抓好重大制度创新，全面深化经济、政治、文化、社会、生态文明体制和党的建设制度改革。比如，"十三五"时期，适应把握引领经济发展新常态，从推进"三去一降一补"，到重点在"破""立""降"上下功夫，再到在"巩固、增强、提升、畅通"八个字上下功夫，不断深化供给侧结构性改革的主线十分明晰。改革举措逐步落实落地，重点领域关键环节改革取得重大突破。通过去产能、去库存、去杠杆，我国工业产能利用率上升至 2023 年第 3 季度的 75.6%，宏观杠杆率高速增长势头得到遏制；通过降成本，企业税费负担进一步降低，税收收入占我国 GDP 比重从 2018 年的 17% 左右下降至 2022 年的 13.8%。我国经济结构持续优化，质量效益不断提升。

70 多年，沧海桑田。社会主义这一全新社会的治理，的确是"筚路蓝缕，以启山林"的过程，需要一代又一代人的接续奋斗来完善。改

陕西省榆林市榆阳区黄家圪崂村新貌（2020 年 4 月 7 日摄）。 　　　　　　　　　（陶明摄）

革开放初期，邓小平同志曾自信满怀地说："我们的制度将一天天完善起来，它将吸收我们可以从世界各国吸收的进步因素，成为世界上最好的制度。"①经过40多年的持续努力，中国特色社会主义制度大厦已经巍然耸立，制度优势充分彰显。我们相信，随着全面建设社会主义现代化国家新征程的开启，中国特色社会主义制度必将日臻完善。我们要在坚持和巩固已经建立起来并经过实践检验的根本制度、基本制度、重要制度前提下，坚持解放思想、实事求是、守正创新，以坚持和完善中国特色社会主义制度、推进国家治理体系和治理能力现代化为主轴，深刻把握我国发展要求和时代潮流，坚决破除一切不合时宜的思想观念和体制机制弊端，继续深化各领域各方面体制机制改革，及时将理论创新、实践创新成果上升到制度层面，使中国特色社会主义制度优越性不断增强、充分彰显。

---

① 《邓小平文选》第二卷，人民出版社 1994 年版，第 337 页。

第九章

# 一步一个脚印向前迈进

## ——强国就要把稳中求进作为治国理政重要原则

　　1802 年 3 月，英法签订《亚眠和约》，标志着第二次反法联盟的失败和法国在欧洲优势地位的确立。法国著名历史学家、《拿破仑时代》一书的作者乔治·勒费弗尔这样评价："拿破仑在签订亚眠和约时已经达到他命运的顶峰……拿破仑如果停止干扰英国的海上和殖民地的事业，同意对英国贸易重新开放法国市场，并且满足于对其邻国施加他力所能及的、而又为法国疆界安全所需要的合法的影响的话，那么法国将一无所失。"然而，欲壑难填的拿破仑并未领悟"稳中求进"的道理，继续大肆扩张。他说："要主宰世界只有一个诀窍，那就是要强大，因为力量强大就无所谓错误，也没有幻想可言；这是赤裸裸的真理。"拿破仑以"力量强大"代替"稳中求进"，立足未稳就继续狂奔，最终进入绝境，铩羽而归，帝国也终归灭亡。[①] 这里引用这个史实，不是告诉人们，稳中求进可以运用于侵略扩张，而是说，在强国的道路上，必须坚持稳中求进，否则就会欲速不达。2016 年 12 月，中央经济工作会议强调：稳中求进工作总基调是治国理政的重要原则。稳是主基调，稳是大局，在稳的前提下要在关键领域有所进取，在把握好度的前提下奋发

---

　　① 唐晋主编：《大国崛起》，人民出版社 2006 年版，第 214—223 页。

有为。①2023 年中央经济工作会议进一步强调，坚持稳中求进、以进促稳、先立后破。同期人民日报评论员文章指出，稳是大局和基础，进是方向和动力。"稳中求进"四个字，点出了中国由大向强的内在密码，成为中国特色的强国方式和路径选择。

## 一、稳中求进是强国的必然选择

在第一次世界大战和第二次世界大战前，德国的国力快速跃升。如果德国实行稳中求进的战略，本可以实现更大更好的发展。但当时的德国执政者推行激进的扩张主义和地缘战略，结果招致失败。当代中国正前所未有接近实现民族复兴的目标，同时也前所未有靠近世界舞台的中心。在趋近世界舞台中心的进程中，离中心越近，遇到的反作用力就越大。正如有识之士所说，世界舞台的中心也是"世界擂台"的中心。在这样的形势下，稳中求进是最有利也是最可行的由大向强发展原则。把"稳"与"进"统筹起来辩证思考、联动推进，我们才能有力有序破解深层矛盾问题、逐步顶住和消解强大压力和阻力，始终掌握"强起来"的主动权，使那些想要阻断中华民族伟大复兴的战略图谋无法得逞。

### （一）稳中求进为中国解决内部矛盾问题留下足够时间和空间

一个国家能否实现由大向强的发展，首先取决于自身发展的质效。而自身发展质效如何，前提在于能否解决内部存在的突出矛盾问题。只有自己内部的突出矛盾问题解决了，强盛才是"内强"，才有经得起风吹雨打的钢筋铁骨。那种企图通过外向扩张来实现强盛并掩盖和缓解自

---

① 《中央经济工作会议在北京举行》，《人民日报》2016 年 12 月 17 日。

己内部矛盾的做法，是完全错误的发展选项，它充其量只能实现短暂而虚幻的"崛起"，内部成堆的矛盾问题随时可能像"活火山"一样爆发。

当今世界唯一的超级大国——美国，崛起于 19 世纪末 20 世纪初。从 18 世纪美国建国一直到整个 19 世纪的崛起过程中，美国专注于解决国内的问题。在欧洲列强忙于应战无暇西顾之时，美国以极小的代价，从 230 万平方公里扩张到 930 万平方公里，实现了从"蚂蚁"到"大象"的蜕变。两次世界大战中多数参战国受到重创，只有美国借助战争，地位得到提升。到"二战"结束的 1945 年，美国取得了绝对优势地位，工业生产占全球的三分之二，出口贸易占三分之一，黄金储备占四分之三。历史上，美国长期拥有 70% 以上的诺贝尔奖得主，获得的国际专利（PCT）的数量一直遥遥领先于世界各国。有了这样的内生性强盛，成为超级大国也就是历史的必然。反之，当美国在世界各地到处耀武扬威、横行霸道，其走向相对衰落也是历史的必然。

当代中国要实现强国复兴，也必须聚力于练好"内功"，实现内生性强盛。关于我国的内部矛盾问题，习近平总书记强调得比较重的有："腐败问题越演越烈，最终必然会亡党亡国！我们要警醒啊！"①；"我们国家要出问题主要出在共产党内，我们党要出问题主要出在干部身上"②；"要坚持改革开放正确方向"，"中国是一个大国，决不能在根本性问题上出现颠覆性错误，一旦出现就无法挽回、无法弥补"③；"中国共产党的领导，是中国革命、建设、改革不断取得胜利最根本的保证，是中国特色社会主义最本质的特征，也是中国特色社会主义的最大

① 习近平：《紧紧围绕坚持和发展中国特色社会主义学习宣传贯彻党的十八大精神》，《人民日报》2012 年 11 月 19 日。

② 习近平：《在党的群众路线教育实践活动总结大会上的讲话》，《人民日报》2014 年 10 月 9 日。

③ 习近平：《深化改革开放　共创美好亚太——在亚太经合组织工商领导人峰会上的演讲》，《人民日报》2013 年 10 月 8 日。

优势"①，"是党和国家的根本所在、命脉所在，是全国各族人民的利益所系、幸福所系"②。由此可见，以习近平同志为核心的党中央最为关注的内部矛盾问题，主要是作风和反腐败问题、高级干部的忠诚问题、团结稳定的政治局面问题、把握改革发展正确方向问题、党的领导问题，等等。这些问题归结起来，其核心指向就是，我们党能否在长期执政基础上领导中国实现发展进步。

面对党和国家内部存在的突出矛盾问题，我们只能选择稳中求进。稳中求进为解决这些突出矛盾问题预留了足够的时间和空间。从解决内部矛盾问题看，"稳"最关键的是要稳住民心、稳控政局、稳把方向、稳扎根基；"进"就是要通过解决好群众反映强烈的突出问题特别是打赢反腐败斗争这场硬仗来赢得民心，通过确立党中央的核心、全党的核心来巩固发展安定团结的政治局面，通过加强和改进党的领导来维护党的执政根基、把正引领中国前行的方向。这几个方面的"稳"和"进"做好了，中国内部的矛盾问题就不足以成为大患。

只要我们坚持稳中求进的总基调和方法论，既不消极等待也不急躁冒进，而是积极稳妥，一步一个脚印地推进；既不简单化地"一刀切"也不过于复杂地旁敲侧击，而是科学辩证，击中要害，那就再多再难的内部矛盾问题也能被各个击破，从而为走向强盛扫除一切内生性障碍，使中国凝聚为一块整钢，形成民族复兴的强大历史合力。

### （二）稳中求进为中国应对外部严峻挑战留下足够时间和空间

2020 年，中、美两个大国的发展，成为实行稳中求进原则的两本

---

① 习近平：《在纪念红军长征胜利 80 周年大会上的讲话》，《人民日报》2016 年 10 月 22 日。

② 习近平：《关于〈中共中央关于全面推进依法治国若干重大问题的决定〉的说明》，《人民日报》2014 年 10 月 29 日。

教材，中国是正面教材，美国则成为不言而喻的反面教材。在以习近平
同志为核心的党中央坚强领导下，中国坚持"稳字当头"，举全国之力，
优先应对并迅速控制住严重威胁人民群众生命安全和身体健康的新冠疫
情，从而站稳脚跟，从容应对来自外部的严峻挑战，既不随美国起舞，
也不任美国胡来。而美国政府坚持"利字当头"，漠视人民的生命安全，
结果被疫情和国内种族骚乱冲击得焦头烂额，立足不稳也就难以解决
好外部事务。2020 年 8 月，美国在联合国安理会提出延长对伊朗武器
禁令期限的最终决定，在联合国 15 个成员国中，居然只获得 2 票支持，
美国陷入前所未有的孤立。

　　当代中国发展所处的外部环境，既有重大机遇，也有重大挑战。较

2020 年 8 月 28 日，人们在美国首都华盛顿林肯纪念堂附近参加反种族歧视和暴力执法示威活动。

为突出的外部挑战主要有：一是外部敌对势力企图颠覆中国共产党的领导和社会主义制度的挑战。比如，诱使中国向着西方制度看齐，开出看似帮助中国实则颠覆中国政治体制的"改革药方"；对我实施"文化冷战"和"政治转基因"工程，大肆渗透资本主义价值观，开展意识形态斗争；借助蓬勃生长的互联网这个"最大变量"，制造大量混淆视听的负面舆论，起劲地"唱衰"中国，妄图以此"扳倒中国"；支持内应分子渗透和传播民族分裂、宗教极端、暴力恐怖思想，策划组织实施暴恐活动；等等。二是外部敌对势力企图牵绊和阻断中国发展进程的挑战。比如，扶持一些与我有利益纷争的势力冲到前台挑事、搞事、闹事；怂恿支持少数激进团体组织非法活动，精心策划破坏国家稳定的事件；突然单方面采取重大行动，打破地区战略平衡；等等。三是中国国家利益边疆扩展面临的挑战。比如，中国经济与世界经济多年来已经深度交融，世界经济一旦出现危机就很可能波及中国；中国海外利益迅速扩展，但缺乏相应的利益保障，不少利益孤悬海外；对网络、太空、深海、极地等进行妥善合理的开发和利用，我们还缺乏竞争优势；等等。

上述严峻挑战，几乎都关乎党的前途命运，关乎国家长治久安，关乎民族兴衰成败，必须高度警惕、严阵以待。这种高度警惕和严阵以待，要把握恰到好处的"度"。过于懈怠了不行，会给敌人以可乘之机；过于紧张了也不行，会让自己产生"被害妄想"，自乱阵脚。把握这个"度"，就是坚持稳中求进。稳中求进就是不急于一次性解决所有的外部挑战，而是统筹应对、有序解决，使我们的力量能够适时集中起来各个击破；就是不追求短期内化解所有的外部挑战，而是着眼长远和根本，有能力在当下或近期解决的就先解决，不能的就积蓄力量逐步予以解决；就是不为外部挑战的严峻性和复杂性慌了心神、乱了阵脚，而是优先考量如何站稳脚跟、护住命门，同时对各个方面的挑战综合统筹、联动施策。这样的稳中求进，能够有效防止各种外部挑战集中爆发，实现外部压力的逐步"缓释"；能够有效防止致命挑战的不期而遇，通过未雨绸缪和先期筹划实现致命威胁的"分解"。

稳中求进之所以能为中国应对外部严峻挑战留下足够时间和空间，一个重要原因是它体现了底线思维这一科学思维方式。守住了底线，就守住了立足点和生命线。底线越牢固，能够把握的主动权就越大，强起来的"自由度"也越大。各种"万一"都想到了，都能"留一手"，就能有底气运筹国家强起来的方方面面。稳中求进，通过设定国家强盛必须守住的底线，并运筹如何守住底线，使强国进程之"稳"稳如泰山，使强国进程之"进"进退有据，从而使中华民族伟大复兴即使在严峻的外部挑战面前也显得优雅从容。

### （三）稳中求进为中国主动塑造战略机遇留下足够时间和空间

2014年3月18日，俄罗斯总统普京在克里姆林宫同克里米亚和塞瓦斯托波尔代表签署条约，允许克里米亚和塞瓦斯托波尔以联邦主体身份加入俄罗斯。这是俄罗斯克服美国阻挠，在强国道路上的一次重大胜利。据有关资料披露，俄罗斯之所以能够取得这一重大胜利，原因在于作了长期的战略预置和准备，一旦机遇来临就一击即中。

战略机遇，通常是指一定时期内一经出现就可能极大拓展一个国家或民族全局、长远和根本利益的条件的总和。2002年党的十六大提出"战略机遇期"的概念，其后又多次强调这一概念。2020年7月30日，习近平总书记主持中央政治局会议时指出："当前和今后一个时期，我国发展仍然处于战略机遇期，但机遇和挑战都有新的发展变化。当今世界正经历百年未有之大变局，和平与发展仍然是时代主题，同时国际环境日趋复杂，不稳定性不确定性明显增强。我国已进入高质量发展阶段，发展具有多方面优势和条件，同时发展不平衡不充分问题仍然突出。"①

　　面对具有新的发展变化的机遇和挑战，稳中求进的原则大有用武之地。就主动塑造战略机遇而言，稳中求进就是具有识破对手战略圈套的慧眼和维护我战略利益底线的坚定意志，不被乱花迷眼，不为浮云遮眼，既不跳入敌人诱设的陷阱而错失机遇，也决不容许敌人直接通过明目张胆的遏制与破坏来阻断我复兴的战略机遇；始终保持强烈的忧患意识和机遇意识，不仅在危机到来之前即预有准备，提前若干步化解战略风险，平稳地引领国家、推动事业，而且善于在危机之中看清机遇，在机会降临之前即有所洞察甚至预有准备，早于竞争对手进行设局布势，最大限度地将危机转化为机遇；预先掌握矛盾运动决定"危"与"机"相互转化的规律，把握酝酿生成战略机遇的条件，时刻关注多种矛盾的运动变化，做好迎接和抢抓机遇的超前战略筹划，为着迎接和抢抓机遇而进行战略预置的主观准备、战略决策的提前酝酿、战略部署的前瞻思考，抓住关键时机主动出击，推动战略机遇的形成和发展；积极培育那些对国家民族生存发展有利的积极因素，推动积极因素同向式的同频共振，确保积极因素的增长超过消极因素的增长；具体分析与各国各地区开放的利弊条件，与那些容易取得互利共赢结果的国家和地区培育更高层次的合作伙伴关系，形成积极因素自由畅通流转的快捷通道；等等。

　　稳中求进之所以能为主动塑造战略机遇留下足够时间和空间，一个重要原因是我国已经是综合国力不容小觑的大国，不管别人愿不愿意，我们的实力已经摆在那里，成为一种客观存在。习近平总书记指出："我们最大的机遇就是自身不断发展壮大"。② 实力本身不是机遇，但实力往往决定着主动培塑战略机遇的能力，实力的大小与主动培塑战略机

---

　　① 《中共中央政治局召开会议决定召开十九届五中全会》，《人民日报》2020 年 7 月 31 日。

　　② 钟声：《"最大的机遇就是自身不断发展壮大"》，《人民日报》2017 年 3 月 21 日。

图为中国在土耳其的最大直接投资项目胡努特鲁电厂项目主厂房浇筑混凝土作业现场。截至 2021 年 1 月，中国已与 140 个国家和 31 个国际组织签署了 205 份共建"一带一路"合作文件。

遇的成功率成正比。实力越强，战略机遇的不确定性就越小，培塑战略机遇的可能性就越大。反过来，主动培塑战略机遇往往能够带来增强实力的结果，为在新的实力起点上培塑新的机遇提供了可能，从而形成实力与机遇互促互进的良性循环。以这种实力为基础，我们稍微"进"一步，就可能塑造出新的战略机遇；我们稍微退一步，也不至于伤筋动骨，还能保持"稳"。在国家由大向强发展的进程中，我们对进与退都能有一定的容忍度，具备进退自如的一些战略空间，能够时而瞄准战略目标主动进取，时而为着更大的战略利益主动退却，暂时牺牲一定的可以容忍的代价。这样一来，我们的战略回旋余地就大大增加了，战略竞争的自由度提升了，完全可以打开主动塑造战略机遇的新天地。当今世界百年未有之大变局，适逢中国具有了一定的进退自如的战略竞争优势，中国的发展必将创造新的"中国奇迹"，进而带动产生普惠世界的"化学反应"。

## 二、巧妙调整强国的指标体系

2020 年两会期间，中国的政府工作报告考虑到新冠疫情带来的冲击，没有提出全年经济增速具体目标。没有具体目标，似乎无法起到预期管理作用。事实上，不设具体数字目标，正是依据中国实际作出的务实安排，以应对瞬息万变的国内外形势特别是灵活地应对不确定性，体现了中国共产党治国理政的娴熟与从容。在中国由大向强的进程中，类似这样的情况还可能出现。"强"是一个相对的概念。当周围都是平地或洼地时，即使较低海拔高度的山岭也可形成巍峨挺拔之势，从而成就"强起来"的辉煌。反之，当周围都是高原时，必须是很高的峰巅才能称得上"崛起"。因此，强大不是一个固定的客观指标，而是主观感受与客观衡量相结合而作出的判断。稳中求进要达到"稳"与"进"完美结合的效果，就要科学利用强大内涵的相对性，通过时空坐标的巧妙位移，来适时调整强国的指标体系，从而确保稳得住、进得好，不断实现更高要求的"强"。

### （一）注重从目标和基础两端权衡确定强国指标体系

"梦在前方，路在脚下"。目标，就是闪耀在星空的梦想。基础，就是脚下的立足点。推动中国强起来，既要善于仰望星空，用激情和梦想引领奋斗，又要善于脚踏实地，让每一步奋斗都应和理性的旋律，踩到现实的鼓点。习近平总书记指出："治理这样一个国家很不容易，必须登高望远，同时必须脚踏实地"。① 如果仅有激情和梦想而不脚踏实地，就是好高骛远；反之，如果只是脚踏实地而无激情和梦想，就是漫无目的的原地踏步。只有将二者结合起来，使之相互作用、相映成辉，才能催生史诗般的复兴之路，形成稳中求进的发展之轴。

既从目标倒推，厘清到时间节点必须完成的任务，又从迫切需要解决的问题顺推，明确破解难题的途径和办法，这是以习近平同志为核心的党中央经常运用的"坚持目标导向和问题导向相统一"的方法。这一方法运用到谋划强国复兴上，就是从目标和基础两端权衡确定强国的指标体系和具体路径。

从目标这一端来看，中国由大向强的发展，就是要实现中华民族伟大复兴的中国梦。我们党作出的战略安排，就是到 2035 年基本实现社会主义现代化，到本世纪中叶把我国建成富强民主文明和谐美丽的社会主义现代化强国。这为我们党领导人民沿着中国特色社会主义道路实现强国复兴，明确了前进方向。

从基础这一端来看，中国由大向强的发展，必须以当代中国国情为现实基点。一方面，我国仍处于并将长期处于社会主义初级阶段的基本国情没有变，我国是世界最大发展中国家的国际地位没有变。我们要保持清醒，不能头脑发热、超越阶段，必须坚持党确立的社会主义初级阶段的基本路线。另一方面，我国社会主要矛盾已经转化为人民日益增长的美好生活需要和不平衡不充分的发展之间的矛盾。社会主要矛盾的变化是关系全局的历史性变化，对党和国家工作提出了许多新要求。

将目标端和基础端结合起来确定强国指标体系，就是既从强国复兴的目标点倒推，又从当代中国实际出发，从需要解决和能够解决的问题

---

① 杜尚泽、陈效卫：《习近平接受俄罗斯电视台专访》，《人民日报》2014 年 2 月 9 日。

顺推，力争使倒推和顺推的点实现交汇，对于难以交汇的点就压实责任、增加步骤，对于容易交汇的点就适当提升指标，从而厘清到各个历史阶段和时间节点必须完成的任务和举措，清晰描绘出强国复兴的目标图和路线图。

在这个方面，中国共产党具有其他国家的执政党难以企及的顶层设计和战略谋划能力。具体来讲，既有像战略安排这样的远景展望和概略描述，又有中期发展规划，还有较为详尽的以五年为期的规划纲要和中国共产党全国代表大会报告，以及一年一度的最为详尽的政府工作报告。这种分段分步的蓝图设计，将远在几十年外的强国指标，逐步分解为各个历史阶段的指标，特别是明确了近期必须完成的指标，使人们既有长远的奔头，又有当下的干头。还分类别确定强国指标体系，将其覆盖到各个行业、各个领域、各个地方。比如，五年规划纲要，既有管总

2020 年 12 月 2 日，嫦娥五号探测器在月球表面自动采样。

的，又有各专项规划、地方规划，使总规划与各专项规划、地方规划有效衔接、全面对接，既保证全国发展一盘棋，又在地方发展和其他具体方面能够立足实际、体现差异，给各地各部门各领域各行业充分施展的空间。

### （二）在基础不够稳固时适当降低指标，以做稳根基

在古今中外的历史上，基础不稳就往前冲导致失败的教训比比皆是。苏联解体后，俄罗斯一批欧美派理论经济学家忽视国情、急于求成，在国内进行了大刀阔斧的"休克疗法"，包括推行价格自由化、国有资产私有化等措施，给俄罗斯带来了恶性通货膨胀、国有资产被大规模侵吞等极其严重的后果。与俄罗斯相似，波兰也曾实行十分激进的"休克疗法"，导致其国有资产的 75% 左右落到了外国投资者的手中，波兰人民几十年艰苦奋斗积累起来的国有资产被仅相当于实际价格的一个零头就处理掉了，而且还将通过原有国有资产获取利润的权力也同时拱手让给了外国，国民财富大量流失。

在基础不够稳固时适当降低指标，以做稳根基，就是要确保强国进程中的每一步"进"，都是以"稳"为前提的，当体现"进"的指标难以被当下的基础所支撑时，就要降低原定时限的发展指标，或者将原定指标向后推延，同时聚力夯实根基、打牢基础。要注重与时俱进，当"进"到新的发展阶段后，原来的立足点和基础变了，设定的发展指标也变了，这时就要从强起来的需要出发，观察哪些基础还不够稳固，哪些指标需要适度降低，实现新阶段的指标与基础的再平衡。比如，发展起来之前，人们对温饱、小康、富裕的追求是第一位的，这就要求聚力于打牢生产力基础。发展起来之后，人们的关注点会发生很大的变化，公平正义的重要性就凸显出来了，这就要求适度压低经济发展指标，同时重视完成共富指标、反腐指标、法治指标、民心指标等。

　　"九层之台，起于垒土"。基础不牢，地动山摇。越是宏伟的大厦，越需要坚实的基础。对于强国复兴这样无比艰巨而又壮丽的事业，不能期望一步登天，只能扎实打基础、反复固根基，在基础足够厚实之时才厚积薄发、跨越发展。特别要看到，打牢关键领域的强国根基是个循环往复的过程，需要螺旋式上升的重复。正是在日复一日、年复一年像楠竹扎根那样的"埋头"吸纳、积蓄能量中，才能打牢强国的基础，充盈进取的底气。

　　改革开放新时期以来，我们党极为重视为强国复兴打牢坚实基础。如果说"大跃进"的失误是在目标端和基础端的权衡比较中过多重视目标端的话，那么，邓小平纠正失误的深厚智慧就是在目标端和基础端之间作出科学的权衡比较。一方面，邓小平坚持我们党要实现社会主义现代化和中华民族伟大复兴的奋斗目标，铆定了目标端。另一方面，邓小平集中全党全国人民的智慧，提出社会主义初级阶段论，锁定了基础端。用基础端来平衡目标端，就是不能提过急过高的现代化指标，而是要一切从实际出发，提"够得着"的指标。因此，我们党将原定到 20 世纪末实现"四个现代化"的计划，改为"三步走"战略，将现代化的实现节点推移到 21 世纪。

　　在基础不够稳固时适当降低指标，以做稳根基，还体现在党的十八大以来我们党对中国经济主动换挡降速、同时提质增效的做法。到党的十八大召开时，我国经济

"大跃进"运动中人们正在用小高炉炼铁。

已经历持续 30 多年的高速增长，长期形成的高投入、高消耗、高污染、低产出、低效益的状况没有根本改变，粗放型增长所积累的阵痛开始在局地释放。如果继续高速增长，资源支撑不住，环境容纳不下，社会承受不起！同时，腐败易发多发，党心民心涣散的苗头有所显现。面对这样的形势，以习近平同志为核心的党中央，站在强国复兴的大局看问题，果断把经济增长速度从 10% 左右的高速增长调整为中高速增长，同时不断转变发展方式、优化经济结构，力争实现实实在在和没有水分的增长。同时，要求"把抓好党建作为最大的政绩"①，明确提出将党建工作和中心工作一起谋划、一起部署、一起考核，彻底扭转了长期以来地方各级党委政府"一手硬、一手软"的政策执行取向，中国社会呈现出历史上少有的经济稳健和政治清明并行的新态势，强国的经济基础和民心基础开始同步巩固。

### （三）在基础较为稳固时适当升级指标，以实现突破

在发展基础较好时及时提升目标或指标，是我们党一贯的做法。比如，党的十六大提出，国内生产总值到 2020 年力争比 2000 年翻两番。几年后，根据新的实际发展，党的十七大提出，实现人均国内生产总值到 2020 年比 2000 年翻两番。从"国内生产总值"翻两番提升为"人均国内生产总值"翻两番，这是指标上的重大变化。又如，党的十九大依据新的发展基础，将基本实现现代化的时间节点提前到 2035 年，比原定计划提前了 15 年。

"在基础较为稳固时适当升级指标，以实现突破"，就是要力争为强起来夯实基础，为"进"提供必要的准备，当基础足够稳固、能量足够

---

① 《习近平关于严明党的纪律和规矩论述摘编》，中央文献出版社 2016 年版，第 119 页。

充沛时，就要考量其能够实现的各种可能性，着眼强国复兴升级相关指标，逐步实现立足点的新位移、发展阶段的新跃升。升级指标，既有把指标做优的问题，也有把指标做全的问题。在发展到一定程度时，就不能只考虑"量"的增长，还要考虑"质"的优化，这是把指标做优。在发展进程中逐步将文化建设、社会建设、生态文明建设乃至更多领域的建设纳入中国特色社会主义建设的总布局，这是把指标做全。从历史的发展进程看，从党的十一届三中全会到党的十八大，中国的发展指标实现了从"两个文明"到"五位一体"的逐步健全，形成了经济建设、政治建设、文化建设、社会建设、生态文明建设"五位一体"的中国特色社会主义总体布局。这一总体布局，对应人民群众的经济、政治、文化、社会、生态五大权益，对应富强、民主、文明、和谐、美丽五个方面的发展指标。

从上述史实看，中国的发展进程是：在一个领域的基础相对打牢时，即腾出手来着力开辟新的发展领域并打牢这一领域的发展基础，如此稳步拓展，使中国发展的指标愈益健全。究其缘由，在于中国是"百国之和"，有十几亿人的人口规模，做任何一项指标，都要做到十几亿人头上，其复杂程度和艰巨程度可想而知。也正因为中国是"百国之和"，我们只能推动不同地方、领域、行业的指标轮番升级，使强起来的过程成为各个地方、领域、行业波次递进的过程，成为以"轮进"促发展的过程。只有这样，才能使发展的进程更为稳健有力、井然有序。这也是为什么中国能够创造长达几十年持续稳健增长的"奇迹"的重要原因。

"在基础较为稳固时适当升级指标，以实现突破"，不仅体现在中国特色社会主义总体布局的逐步拓展，还体现在其他一系列重大战略的设计上。比如，我国的区域发展战略，最初是贯彻邓小平同志提出的"国内两个大局"思想，即沿海地区率先加快发展的大局和中西部地区后续加快发展的大局。改革开放之初，全国各地几乎处于同一起跑线上，党中央综合衡量后，在政策设计、资源保障等各个方面支持东部率先发展。而后，又视情提出西部开发、东北振兴、中部崛起。党的十八大后，进一步完善区域发展战略，提出京津冀协同发展、长江经济带发展、黄河流域生态保护和高质量发展、粤港澳大湾区建设、长三角一体化。这些重大战略设计，体现了党中央从东部到中西部、从各地单打独斗到协同发展、从国内到国际的区域发展大思路，同时也体现了以轮进和协同来做大做强发展指标的战略筹划。

在基础较为稳固时适当升级指标，以实现突破，最鲜明地体现在党的十八大后，中国需要从整体上变"大"为"强"的历史节点。自2010年以来，中国的经济规模就跃居世界第二。然而，以习近平同志为核心的党中央，深刻认识到中国尚未真正强大，指出："块头大不等于强，

　　2018年底，经过6年筹备、9年建设，全长55公里的港珠澳大桥建成通车。它的建成，不仅标志着中国从桥梁大国走向桥梁强国，也意味着粤港澳大湾区建设正式驶入快车道。

体重大不等于壮，虚胖不行"①。当发展的体量很大时，"量"的基础是稳固的。这时就要升级"质"的指标，使中国的"筋骨"强健起来。基于此，党中央特别重视对中国发展"质"的提升和优化，在各个领域各个方面都提出高质量发展，强调"世界一流"。

## 三、坚持以稳为大局和基础

2022 年 3 月 5 日下午，习近平总书记在内蒙古代表团参加审议，讲了这样一个故事：有一个在码头边干苦力的，每天拿着一根竹竿给人挑东西，有天买了张彩票，把彩票藏在竹竿里。突然发现自己买的号中了头彩，一高兴就把竹竿扔到江里了，心想这辈子再也不用干这种苦力了。结果到领奖处才发现彩票已经随竹竿扔到江里了。习近平总书记讲这个故事，是要告诉大家，减碳一定要把握好先立后破这个原则。先立后破，强调的是首先要稳。稳中求进，首先要强调"稳"。"稳"往往与生存紧密相连，因而"稳"是主基调，是大局，也是基础和底线。只有首先立足稳了，底盘稳了，才谈得上"进"。"稳"还是体现"进"的秩序和节奏的状态。离开了"稳"，"进"就会进得慌乱、紊乱甚至错乱。必须把"稳"摆在承载"进"的基础性地位，确保强国进程是立足稳固、步伐稳健的进程。

### （一）在党心民心上求稳

2020 年 3 月初，全球知名公关咨询公司爱德曼国际公关公司和欧

---

① 《习近平总书记系列重要讲话读本（2016 年版）》，学习出版社、人民出版社 2016 年版，第 152 页。

洲国际政治经济研究中心在比利时布鲁塞尔合作举办"布鲁塞尔信任峰会 2020",会上发布了《2020 年爱德曼全球信任度调查报告》,报告显示,中国民众对政府的信任度达到 90%(2019 年为 86%,2018 年为 84%),连续 3 年高居所有被调查的国家和地区之首。这一数据表明,中国共产党和政府继续赢得了人民群众的衷心拥护和支持。

党心是民心的重要组成部分。在党心民心上求稳,归根到底是在民心上求稳。孟子曰:"桀、纣之失天下也,失其民也;失其民者,失其心也。得天下有道,得其民,斯得天下矣;得其民有道,得其心,斯得民矣;得其心有道,所欲与之聚之,所恶勿施尔也。"① 古今中外的历史表明,"得民心者得天下,失民心者失天下",民心是最大的政治。民心稳则天下安,民心齐则国力雄。民心才是治国理政的定心丸、压舱石,才是中国强起来的主引擎、动力源。

要让民心稳,主要体现在三个方面:一是要让人民群众信任党和政府,尽可能减少民怨。曾经一段时期,在国内个别地方,党群、干群关系已经到了非常紧张的地步,群体性事件多发频发。有的地方党委政府对群众的凝聚力、号召力、动员力在减弱,群众对党委政府的信任感和向心力在弱化。在网上,常常可以看到网民对新闻事件的解读带有对公共权力机关的不满情绪,"仇富""仇官"燃点很低,极易通过个别事件即在网络引爆。以习近平同志为核心的党中央高度重视稳定民心、凝聚民心、顺应民心,以人民立场治国理政,以民心标尺纠治积弊,强力反腐取得压倒性胜利,着力构建制约权力的制度笼子,同时以公平正义为出发点落脚点推进改革攻坚,多管齐下抑制贫富差距过大趋势,党群干群关系出现根本好转,人民群众对党和政府的信任重新成为主流民意。

---

① 转引自刘世军:《民心是最大的政治——中国共产党执政的合法性基础》,《光明日报》2017 年 1 月 23 日。

二是让人民群众过淡泊宁静的生活，适当减少民欲。中国共产党人既强调理想高远，又强调不要好高骛远、吊高胃口。当一个人有了过高过多的欲望，就会被"心理黑洞"俘虏，胸中激荡着"心魔"，成为随时可能给家庭、国家和社会带来破坏的"魔头"。当一个群体都有了过高过多的欲望，那么，这个群体就可能给国家和社会带来破坏。《道德经》言："是以圣人之治：虚其心，实其腹；弱其志，强其骨。常使民无知无欲，使夫智者不敢为也"，其中的"虚其心""弱其志"，本质是引导人们清心寡欲，过淡泊宁静、朴素自然的生活。这不是"愚民"，恰恰是乐民、安民。我们要科学分析中华优秀传统文化的治心功能，发挥《道德经》《菜根谭》等典籍在教育中的作用，使人民群众能够从优秀传统文化中汲取精神营养，使人心都能从物欲的桎梏中解脱出来，恢复空灵自然的活性。

三是让人民群众具备正确的见解，尽可能减少民叛。正见，主要是正确的立场、观点和方法。让人民群众具备正确的见解，就是要用中国化的马克思主义武装全党、教育人民。重点是用"现在进行时"的中国化马克思主义搞好教育引导。如果我们"老调重弹"，用传统社会主义的理论观点而不是中国特色社会主义的理论观点教育人民，就可能回到传统社会主义的老路上去；如果我们不用本土的"经"，非要"西天取经"，用西方的理论教育人民，就会"削足适履"，走到不符合中国国情实际的邪路上去。长期以来，敌对势力亡我之心不死，总是千方百计推行西化、分化战略，其政治渗透和价值观输出无孔不入。历史虚无主义、新自由主义、"宪政民主""普世价值"等错误思潮借助网络平台和新媒体兴风作浪。2016年8月，中央网信办、国家质检总局、国家标准委联合印发《关于加强国家网络安全标准化工作的若干意见》。"净网""剑网""清源""护苗"系列专项行动强力推进，网站管理人员失信黑名单制度建立实施，满载中国特色社会主义正见的融媒体风生水起……网络生态日益风清气正，网络空间日渐清朗起来。继续推进这样的网络治理，我们的党心民心就会更加清正，就会形成万众一心共同推进强国复兴的历史洪流。

## （二）在经济基础上求稳

从历史上崛起的大国看，主要依靠军事力量而不注重稳固经济根基的崛起大国，往往只能一时崛起而不能持续崛起。葡萄牙在垄断香料贸易的 100 年中，生产力和一两个世纪前几乎没有任何差别，大量生活用品都依靠进口，结果走向衰亡。西班牙在兼并葡萄牙后，一度成为日不落帝国，但不注重提高生产力，经济日趋僵化，落后的经济支撑不起庞大的帝国，最终帝国解体。美国历史学家保罗·肯尼迪在总结了历史上大国崛起的规律后认为，大国在世界事务中的地位总是不断变化的，根源在于各国国力的增长速度不同以及技术突破和组织形式的变革。军事力量的使用会加速或延缓崛起及其更替的过程，但不能取代经济力量的基础性地位。

在经济基础上求稳，就是坚持生产力是社会历史发展的最终决定力量，也是国家崛起的最终决定力量，坚持经济基础决定上层建筑，通过不断夯实经济基础，来做大做强国家崛起的经济支柱，使那些标志国家崛起的主要指标，都有强大的经济基础作支撑。一个已经崛起的大国，在它所能容纳的全部生产力发挥出来以前，是决不会走向衰亡的；一个国家的崛起，在支撑崛起的物质存在条件尚未成熟以前，是决不会出现的。

当代中国在经济基础上求稳，首先要在坚持基本路线上求稳，始终以经济建设为中心。邓小平在 1992 年南方谈话中说过三句很有分量的话。第一句是，坚持十一届三中全会以来的路线方针政策，关键是坚持党的"一个中心、两个基本点"的基本路线。第二句是，基本路线要管一百年，动摇不得。第三句是，谁想改变这条路线，老百姓不答应，谁就会被打倒。曾经一段时期，国内有人提出：我国经济转型已经成功、社会转型正在进行、政治转型尚未开始，主张中国应比照西方民主推进"政治体制改革"。这些论调的要害，在于诱导我转移战略重心，逐步改变我国家和政权性质，将中国最终变成完全亲美亲西方的西式"民主国家"，纳入西方的阵营，成为西方强国的附庸。面对各种杂音噪音，面对各种压力阻力，我们要强化政治定力，始终聚精会神搞建设，一心一意谋发展。

二是在经济理论上求稳，始终立足本土创新理论。也就是要从中国实际和时代特征出发，发展中国特色社会主义政治经济学，而不是固守马克思、恩格斯的个别观点，更不是照搬西方经济学。实践中，我们扬弃了传统的社会主义政治经济学关于计划经济的理论，创造了社会主义市场经济，形成了"中国版"的社会主义政治经济学。同时，我们也有力地抵制了新自由主义的"药方"，防止中国被纳入西方经济体系，成为垄断资本盘剥的牺牲品。拉美不少国家曾推行西方新自由主义改革，结果跌入"现代化陷阱"，拉美被切开的血管滋养了美国的繁荣，自己却陷入衰退，这些都是活生生的反面教材，催人警醒。我们应坚持站稳中国立场，坚持"你发展你的，我发展我的"，从本国实际和人民需要出发创新经济理论、研究部署发展战略，从而最大限度地掌握发展主动权，防止思想理论上的混乱给中国经济打开"潘多拉魔盒"。

三是在防控风险上求稳，始终守住经济发展底线。经济繁荣是国家强盛的基础，经济发展底线则是这个基础的基础。如果底线守不住，就如同水桶的底板被抽掉，那就一点水也蓄不住了。金融是实体经济的血脉。守住经济发展底线，很大程度上体现为防止发生系统性金融风险。在国家走向强盛的时期，特别是在接近原来的强国或"错肩"阶段，在

　　2008 年 1 月 21 日，一名经纪人在阿根廷首都布宜诺斯艾利斯的一个证券交易所内工作情形。由于投资者担心美国政府的减税政策无法使美国经济避免衰退，加上欧洲和亚洲股市大幅下挫的示范效应，拉美主要股市当天全线暴跌，其中巴西、阿根廷、秘鲁和哥伦比亚等国的主要股指跌幅均超过了 6%。

　　国内外多重因素压力下，风险点多面广，金融领域必然处于风险易发高发期，既要防止"黑天鹅"事件发生，也要防止"灰犀牛"风险发生。要把防控金融风险的根本之策放在服务实体经济上，全面提升金融服务实体经济的效率和水平，提高直接融资比重和金融资源配置效率。要把主动防范化解系统性金融风险放在更加重要的位置，科学防范，早识别、早预警、早发现、早处置，着力防范化解重点领域风险。①

---

　　① 《服务实体经济防控金融风险深化金融改革　促进经济和金融良性循环健康发展》，《人民日报》2017 年 7 月 16 日。

## （三）在政治局面上求稳

　　近几十年来，中国所处的国际环境并不太平，从美苏争霸到"一超独霸"、多极并存，从东欧剧变到独联体国家系列"颜色革命"再到"阿拉伯之春"，从乌克兰危机到中东新一轮巴以冲突，世界战略格局频发大地震。但中国如同巍巍泰山，呈现出任凭风云变幻、我自岿然不动的气质和特点。同时，我国在走向现代化的进程中，把发达国家在几百年内实现现代化过程中遇到的矛盾问题，压缩在短短几十年内予以解决，尽管这些矛盾问题丛生，但始终无法从根本上动摇中国总体上的稳定。中国保持稳定的原因固然是多方面的，中国共产党是最高政治领导力量，保持了政治局面的稳定，这是根本原因。

　　稳定对于中国的强盛和复兴至关重要。稳定能够把中国社会各方

2020 年 1 月 30 日，在叙利亚伊德利卜省马雷特努曼，一名政府军士兵站在路边。

面的力量同向聚合起来，形成推动国家强盛和民族复兴的强大历史合力，从而为"进"提供强大动力。离开稳定，中国就可能退回到旧中国那种一盘散沙、四分五裂的局面，这决不是任何一个有良知的人愿意看到的。

中国共产党是保证中国稳定的龙头和中枢。只要我们党始终是中国特色社会主义事业的中流砥柱，那任何不稳定的因素就都能抑制，任何不稳定的局面就都能转为稳定。以中国共产党为最高政治领导力量的中国组织体系，具有统辖性与自主性相统一的特点，由于实行民主集中制，既能使党总揽全局，又能使各方独立负责地开展工作；由于实行解放思想、实事求是、与时俱进的思想路线，既能贯彻中央精神，又能使具体决策在贴近实际中激发各级的创造精神和能动作用；由于实行群众路线的根本领导方法和工作方法，既能发挥领导的积极性，又能发挥群众的积极性。在中国共产党这个最高政治领导力量的统领下，中国的局面完全能够保持稳定。"最高"必须是"最强"，若没有最强的能力，最高的地位就可能不保。必须进一步坚持和完善党的领导制度体系，确保中国共产党这个最高政治领导力量具有最强的统筹领导能力。

中国局面要稳，关键是要稳两头、带中间，即中央层面的上头和县及其以下的下头，同时还要带动中间的层级。稳中央层面的上头，就是要使中央团结稳定，向核心看齐。《关于新形势下党内政治生活的若干准则》明确规定："加强和规范党内政治生活，要从中央委员会、中央政治局、中央政治局常务委员会做起"，高级干部要"做到对党始终忠诚、永不叛党"①。郡县治，天下安。稳县及其以下的下头，就是要培养和使用一大批焦裕禄式的县委书记，使人民群众从身边的党员干部中看到公平正义所在，看到希望所在，生起和强化对党的信赖和拥戴。2015

---

① 《关于新形势下党内政治生活的若干准则》，《人民日报》2016年11月3日。

年 1 月，习近平总书记在与中央党校第一期县委书记研修班学员座谈时强调：做县委书记就要做焦裕禄式的县委书记，始终做到心中有党、心中有民、心中有责、心中有戒。2015 年 6 月 30 日，习近平总书记在会见全国优秀县委书记时指出："县委是我们党执政兴国的'一线指挥部'，县委书记就是'一线总指挥'，是我们党在县域治国理政的重要骨干力量。"①除了稳中央和基层这两头，抓好省、自治区、直辖市这中间的一级也十分重要。要看到，如果省一级权力过度集中，则易使"封疆大吏"大权在握，失去监督，甚至产生"祸起萧墙"的危险。必须按照决策、执行、监督既相互制约又相互协调的原则来区分和配置权力，重点解决纪检、巡视、审计、司法监督独立性和权威性不够的问题，以编密扎紧制度的笼子，补上体制机制方面的漏洞，防止党内出现不听中央指挥的私属"领地"，防止出现政治性很强的利益集团。

## 四、坚持以进为方向和动力

国家的由大向强，体现的是从大而不强到又大又强的跃升。这一跃升，不是一步就能跨越的，需要一步又一步的"进"叠加累积而成。毋庸置疑，这样一步步踏踏实实的"进"是硬道理，是强起来的关键支撑。近代世界大国的崛起，就是通过"关键进击"成就强国梦想的。葡萄牙、西班牙、荷兰、英国、日本和美国等，先后通过关键性的海战控制海洋交通要道，获得制海权，从而成为崛起的大国。比如，1415 年葡萄牙凭借"休达之战"，控制了地中海与大西洋的交通要道。1511 年攻占马六甲，打开了通往西太平洋的通道。新时代中国的由大向强，会自觉摒

---

① 习近平：《在会见全国优秀县委书记时的讲话》，《人民日报》2015 年 9 月 1 日。

弃国强必霸的陈旧逻辑，但科学分析把握如何在"稳"的基础上"进"，仍然是强国的要害所在。

### （一）扭住关键要素求进

深入分析中国稳中求进需要具备的条件和支撑，从中找到促成"强"的关键要素，并且把这些要素做实做强，这是"进"的第一要义。总起来看，这个关键要素就是人才，尤其是搞基础科学研究的人才。习近平总书记指出："要持之以恒加强基础研究。……我国面临的很多'卡脖子'技术问题，根子是基础理论研究跟不上，源头和底层的东西没有搞清楚。"①2018年，微信公众号"老和山下的小学僧"曾经发表一篇通俗易懂的文章《看完这篇，我也敢吹牛说自己懂芯片了》，接近文末时精辟地指出："烧钱也好，烧时间也罢，烧到尽头就是理论物理。基础科学除了烧钱烧时间，还得烧人，烧得异常惨烈，100个高智商，99个都是垫脚石！"文章最后一句话是："呼吁更多孩子学基础

图为 1904 年 12 月 6 日，在中国旅顺港中弹的俄国军舰。日俄战争是 1904—1905 年日本帝国和俄罗斯帝国为争夺朝鲜半岛和中国东北而进行的战争。此次战争后，日本正式迈入世界列强行列。

---

① 习近平：《在科学家座谈会上的讲话》，人民出版社 2020 年版，第 7 页。

科学吧!"在科学技术飞速发展的当今时代,国家的强盛更依赖于人才,尤其是搞基础科学研究的人才。

自古以来,人才就是大国崛起的决定因素。美国崛起,是与优秀人才大量从美国产生、全世界科技人才大量涌向美国分不开的。早在第二次世界大战前,美国就创建和发展了一批世界一流大学,为美国的崛起源源不断输送人才。到 19 世纪末,不仅一批老牌大学得到支持,转型成为现代研究型大学,而且一批新的优秀大学得以创建。例如,1876 年银行家霍普金斯资助创办的霍普金斯大学,1890 年石油大王洛克菲勒资助创办的芝加哥大学,1891 年铁路大王斯坦福创立的斯坦福大学,1900 年钢铁大王卡耐基成立的工学院(国际上计算机科学最为领先的卡耐基大学的前身),等等,都为美国持续领先世界提供了强大人才支撑。[①] 长期以来,诺贝尔奖年年颁发,美国人几乎年年有份,而且多次获科学奖"大满贯",其人才支撑不可谓不强。

新中国成立以来特别是改革开放以来,我国已经培养了大量高素质人才,但战略科学家、科技帅才凤毛麟角,新兴学科和前沿领域领军拔尖人才数量不多。有人认为,中国的基础教育虽然比较成熟完善,但更适合大多数的、中等程度的人。在中国教育体系里,最聪明的少部分人的创造性没有充分释放。[②] 这个看法是很有见地的。中国人很聪明,也很勤奋,中国在相当长一段时期还有世界第一的人口基数,为何到当代反而缺乏战略科学家、科技帅才呢?这与我们的科研体制机制有一定的相关性。"进"的关键因素,表面上看是人才,深层次的是体制。

有的国家为什么能自身创造大量优秀人才,而且还能从全世界吸引高精尖人才?根本原因是软环境好,给科研人员感觉学术环境宽松

---

① 施一公、饶毅:《靠什么创建世界一流大学》,《光明日报》2008 年 4 月 2 日。

② 袁岚峰:《"钱学森之问",我们进步了几分》,《环球时报》2017 年 11 月 1 日。

2020 年 10 月 12 日，瑞典皇家科学院宣布，将 2020 年诺贝尔经济学奖授予两名美国经济学家保罗·米尔格罗姆和罗伯特·威尔逊，以表彰他们在拍卖理论与形式研究领域作出的突出贡献。2020 年，一共有 12 人（组织）获得诺贝尔生理学或医学奖、物理学奖、化学奖、文学奖、和平奖、经济学奖六个奖项。从获奖者的身份与经历来看，超过 50% 获奖者都来自美国或有在美国读书的经历。

自由。当然，其硬环境也好，实验条件一流。在软硬环境都一流的科研条件下，研究人员能够最大限度地把自己的一切乃至生命奉献给自己热爱的科研事业，能够让自己的思想自由奔驰、让创新自由飞翔。反思我们的科研环境，硬环境已经很不错了，但软环境还有较大提升空间。习近平总书记指出："要创造有利于基础研究的良好科研生态。"①

对科研进行有计划的严格的行政管理，对于那些方向明确、路径清

---

① 习近平：《在科学家座谈会上的讲话》，人民出版社 2020 年版，第 8 页。

晰的科研项目而言，有其突出优势，但对于那些基础科学研究、原创性科技而言，却又容易成为束缚。基础科学、原创性研究，往往具有高度个人化的特点，只是极少数"天才"才能进行创造性想象和"直觉"引领下的研究，作出科学判断和巨大贡献。那种创造性想象和科研直觉，往往要在非常宽松的环境中才能迸发出来。而这种宽松的科研环境，必须靠至简的管理来提供。首先发现钡镧铜氧化物是高温超导体并获得1987 年诺贝尔物理学奖的科学家柏诺兹和穆勒，工作于 IBM 苏黎世研究实验室。该研究室管理方式有三个非常不同的地方：可完全自由地选择研究项目，不要任何"指南"；不要任何作息时间要求；不要求任何研究成果。穆勒正是在这种高度宽松的管理之下，获得灵感，选择了按常规理解根本就不具有导电性的陶瓷材料中寻找高温超导现象，并最终获得成功。[①]2020 年 7 月底，华为公司创始人在访问上海交通大学、复旦大学、东南大学和南京大学期间，谈到校企合作时指出："强耦合你拖着我，我拽着你，你走不到那一步，我也走不到另一步。因此，必须解耦，以松散的方式合作。"[②]

　　与之相比，我们的科研体制机制在这方面还有较大差距。2015 年 7月，李克强总理在国家科技战略座谈会上曾谈道："我听一些科技人员反映，因为许多繁琐规章，他们大量时间没法待在实验室，而是用来搞'内政外交'。每年填写各种表格就会浪费不少精力。"[③] 我们要进一步解决过度管理科研人员的问题，特别是在那些搞基础科学、原创科研的顶尖院所，改革科研体制，营造宽松氛围，激发创新灵感，呵护科研直觉，让中国的自主创新蓬勃成长，使神州大地也成为战略科学家、科技帅才不断涌现的乐土。

---

① 汪涛：《为原创性科研打造更有利条件》，《环球时报》2018 年 3 月 28 日。
② 《任正非最新发声》，微信公众号"央视新闻"，2020 年 8 月 29 日。
③ 刘诗瑶：《科学家需要填那么多表吗?》，《人民日报》2015 年 12 月 27 日。

### （二）聚焦关键问题求进

新时代的强国复兴，需要突破哪些问题？其中最关键的问题又是什么？对此，众说纷纭。从历史上看，生产力和战斗力最为重要。有世界一流的生产力，滚滚财富就会不断涌向这个国度；有世界一流的战斗力，资源和财富就有了强大军事实力的保障。比如，有的世界强国之所以能够长期保持强盛，关键是它手中掌握着世界货币和排名世界第一的军队。

生产力和战斗力固然十分重要，但这两大问题都必须坚持以人民为中心，为人民创造更加美好的生活。这才是强国复兴最需要解决的关键问题。这一问题是实现强国复兴的总问题，其他问题的破解都要服务于对这个总问题的破解。包括推进人民币国际化和全面建成世界一流军队，都是为了实现和保障人民对美好生活的向往。

有识之士指出：中美结构性权力的此消彼长并不是以"修昔底德陷阱"所设定的军事冲突模式来进行，而是在比拼"内功"，以"谁更能解决好本国国内问题"为轴展开。中美之间未来谁能在全球秩序中拥有更多话语权，关键不是谁能在两国战争中胜出，而是谁更能创造本国的美好社会，并帮助全球创造更好的未来。① 这种看法无疑是正确的。从美国崛起的历史看，其崛起进程中虽然有过战争，但战争不是美国崛起的决定性因素，决定性因素是美国自身的实力及其强劲的发展。有学者指出，19 世纪美国的西部扩张运动，虽然伴随着军事征服过程，但经济开发、交通革命、工农商业发展、城市化进程等，才是美国西进运动的主体内容。从 19 世纪初大多数地区依然是尚未开发的处女地，到 19

---

① 王文：《"内功比拼"将成中美竞争关键——中美正在超越修昔底德陷阱》，https://www.guancha.cn/WangWen/2016_09_19_374741.shtml，2016 年 9 月 19 日。

世纪末 20 世纪初成为世界上首屈一指的农业、工业和商业强国，美国崛起的源泉与主流是建设而非战争。①美国在两次世界大战中获益匪浅，都与战前美国聚焦国内发展、形成强大实力息息相关。

中国聚焦国内问题谋发展，核心就是聚焦新时代中国社会的主要矛盾，即党的十九大提出的，"中国特色社会主义进入新时代，我国社会主要矛盾已经转化为人民日益增长的美好生活需要和不平衡不充分的发展之间的矛盾"②。聚焦这一主要矛盾谋发展，对于实现强国复兴，有三大好处：一是始终把人民的力量凝聚为推动强国复兴的终极动力。我们党之所以用这样的表述来概括和揭示新时代中国社会的主要矛盾，归根结底是因为我们党具有坚定的人民立场，始终坚持以人民为中心的发展思想。有了这样的立场和思想，必然就能团结凝聚亿万中国人民共同奋斗，从而汇聚起实现强国复兴的磅礴伟力。二是始终把强国复兴的关键支撑铆定在自身实力上。强国复兴的主因是内因，取决于自身的实力。致力于解决新时代中国社会的主要矛盾，使不平衡不充分的发展提升为高质量发展，就能突破发展瓶颈，实现实力的大跃升。三是始终把走和平发展道路作为实现强国复兴的根本路径。聚焦新时代中国社会的主要矛盾谋发展，这就意味着我们所追求的生产力和战斗力，都是着眼于满足中国人民美好生活的需要，而不是谋求全球性权力的需要，中国始终做世界和平的建设者、全球发展的贡献者、国际秩序的维护者，而不是做世界霸权的挑战者、颠覆者，从而有效避免与美国发生终极的发展冲突。

在全球化时代，聚焦解决国内主要矛盾求发展，不能眼睛只是盯着国内，还得要"内外兼修"。在生产力方面，我们要适度推进人民币国

---

① 韩启明：《美国崛起不只靠战争》，《环球时报》2006 年 8 月 2 日。

② 《习近平谈治国理政》第三卷，外文出版社 2020 年版，第 9 页。

在南苏丹朱巴联合国 1 号难民营，中国维和步兵营的女兵在为难民儿童发放糖果。自 1990 年首次派出 5 名军事观察员以来，中国已累计派出维和军事人员 4 万余人次，中国维和部队被誉为联合国维和行动的关键力量。

际化，同时继续做强做优实体经济，力争居于全球价值链高端。在战斗力方面，人民军队要加快推进现代化，全面建成世界一流军队，满足保障中国人民美好生活的需要，防止近代中国的血泪史、屈辱史重演。

### （三）增创关键优势求进

中国要实现强国复兴，需要从有助于强起来的诸多优势中，找到关键优势。综合比较，这个关键优势是中国共产党与"道"相统一的优势。我们说中国特色社会主义制度的最大优势是中国共产党领导，这隐含一个前提，即中国共产党是永葆先进性和纯洁性的马克思主义政党。对先进性和纯洁性的解读可以有很多，如果用中华优秀传统文化来解读，那就是合乎"道"。

中国共产党的强大力量和势场，归根到底是因为与"道"相统一而具备的。这个"道"，就是为中国人民谋幸福的初心，同时也是为人类作出新的更大的贡献的使命。党的二十大报告指出："中国共产党是为中国人民谋幸福、为中华民族谋复兴的党，也是为人类谋进步、为世界谋大同的党。"回溯历史，中国共产党诞生之时，其势何等之微，其力何等之弱！但就是这么微弱的力量，却能够形成星火燎原之势，成长为社会主义中国的领导力量，其最大奥秘就在于中国共产党人始终站在道义制高点，具有殷殷初心和崇高使命，能够团结凝聚人民汇聚起创造历史的伟力。

新时代，中国面临的困难和挑战之复杂、严峻，确实让人忧心忡忡。但也要看到，艰难险阻再大，难关险滩再多，只要中国共产党始终具有与"道"相统一的优势，那就完全能够团结带领人民有效应对重大挑战、抵御重大风险、克服重大阻力、解决重大矛盾。中国要实现强国复兴，必须不断巩固中国共产党与"道"相统一的优势。

因为中国共产党具有与"道"相统一的优势，所以能够以"道"为根本价值标尺来衡量马列老祖宗的思想理论观点，打破本本主义和教条主义的束缚，实现思想理论的大创新、大发展。1942 年 5 月，毛泽东在延安文艺座谈会上的讲话中，旗帜鲜明地反对教条主义，批判了"自卖自夸，只此一家，并无分店"的"假马克思""死马克思""臭马克思"，即教条主义者。试想，如果中国共产党人不具有与"道"相统一的优势，又怎么敢旗帜鲜明地批判"臭马克思"，同时又毫不犹疑地发展"香马克思"？同样，在推进强国复兴的道路上，有崇高道义作支撑，中国共产党人完全能够继续丰富和发展引领强国复兴的当代中国马克思主义、21 世纪马克思主义！

因为中国共产党具有与"道"相统一的优势，所以她能够以"道"

为磁极实现力量的凝聚，把各方面的力量开发出来、集聚起来，形成万众一心共筑民族复兴中国梦的时代大潮。人的身体，天生就有基因编码；人的精神，同样天生就有"道"内嵌的精神基因，即正义良知。习近平总书记强调：民心是最大的政治，正义是最强的力量。这绝非虚言，而是至理名言。任何事物，只要顺应大道、符合正义，就能生生不息。中国共产党始终与"道"相统一，能够实现与正面力量的同频共振、同向聚合，形成强大的聚力优势。比如，中国共产党领导的多党合作和政治协商制度，吸收了中国传统文化中天下为公、兼容并蓄、求同存异、和衷共济的优秀思想，中国共产党与各民主党派始终坚持长期共存、同舟共济、肝胆相照、荣辱与共，能够把各方面的力量广泛地包容和凝聚起来，汇成推动强国复兴的强大合力。

因为中国共产党具有与"道"相统一的优势，所以她能够以"道"为准绳去调整与世界各国的关系，从而实现中国与世界的命运与共，做到中国的强国复兴与世界各国共同繁荣发展并存。"道"，是唯一与多样的统一。从终极的视角看，整个宇宙是和谐有序的统一体，"道"有唯一性。同时，"道"又依据唯一而发展出无限的多样，呈现为多姿多彩的世界。因此，顺"道"而为就要求我们以平等的视角去看待多样，特别是在追求强国复兴时，要以平等、尊重的态度看待和对待世界其他国家和民族的繁荣发展，做到美美与共、世界大同。中国共产党居于这样的道义制高点来发展自己、推动构建人类命运共同体，就会引发世界人民发自内心的感佩，从而使新时代中国产生无比强大的软实力。

（四）把握关键时节求进

历史的发展虽然漫长，但紧要处往往只有几步，而这几步往往决定着一个国家和民族的兴衰存亡。纵观世界大国崛起的历程，在关乎能否兴盛的历史当口，搞好了就上去了，搞不好就往往出问题甚至出大问题。

从中国的强国进程看，从 20 世纪 70 年代末实行改革开放以来至本世纪中叶全面建成社会主义现代化强国之前，都是我们实现国家富强、民族振兴、人民幸福的战略机遇期。当然，也有人认为，自 2017 年以来，美国国家安全战略把重点放在大国竞争上，而中俄被列为美国的主要对手，中国实现强国复兴的战略机遇正在丧失。这种说法有一定的道理，但并不全面。有人认为，2017 年以来，中美进入"合作竞争"阶段。这种说法是比较客观的。正因为中美之间将长期存在合作，中国实现强国复兴的战略机遇就不可能完全丧失。随着竞争的程度有所加深，特别是在特定领域特别是科技领域的竞争加剧，能够促成战略机遇的空间在缩小，但并非就毫无可能。

从 20 世纪 70 年代末实行改革开放到本世纪中叶实现民族复兴的整个战略机遇期中，存在一个关键时节，即从 2017 年美国将中国列为主要战略竞争对手起直到美国不得不接受中国强起来的历史区间。2017 年 8 月，时任美国白宫首席战略分析师的班农就曾声称，美国在经济上打败中国仅剩 5 年左右的"窗口期"；他提出，"如果我们输了，5 年以后，最多 10 年，我们就会达到一个无法挽回的临界点，那时，我们就一点翻盘的机会也没有了"①。在美国"鹰派"人物眼中的"窗口期"、临界点，无疑就是我们实现强国复兴的关键时节。当然，班农所说的 5 年、10 年，显然是囿于当时的视野和目的而提出来的。实际上，只要还有遏制和阻断中国复兴进程的机会，美国"鹰派"就不会放过这样的机会。在美国不得不接受中国实现强国复兴之前的时期，都是我们必须把握的关键时节。

---

① 孙劲松、刘悦斌、王兆勤等：《风物长宜放眼量——从强国兴衰规律看我国面临的外部挑战》，《人民日报》2018 年 9 月 11 日。

把握强国复兴的关键时节，一是要具有维护战略底线的坚定意志和决心。古往今来，落后就要挨打，崛起必遭遏制，已为历史反复证明。从主观上把握关键时节，首先要有识破圈套的慧眼和维护战略利益底线的坚定意志，既不跳入敌人诱设的陷阱而错失机遇，也决不容许敌人直接破坏根本的战略利益。二是要始终保持强烈的忧患意识和机遇意识。这两大意识，是把握关键时节的左右脑，是相互配合、有机统一的整体。前者能够帮助人们在形势大好之时保持冷静，在危机到来之前预有准备，后者能够帮助人们在危机之中看清机遇，在机会降临之前迎接机遇，从而牢牢把握关键时节。三是要科学预判战略机遇的萌生和发展态势。预判得当，就可以赢得先机，早于竞争对手进行设局布势，从而大大提升把握战略机遇的效益。预判失当，则可能出现方向性、全局性失误，在发展中处处受制于人。在强国复兴的关键时节，若能提前准确预判影响人类未来的核心技术并做好战略预置，掌握核心技术，就能够大大缩短强国复兴的历史进程。四是要做好迎接和抢抓机遇的超前战略筹划。建立在正确研判基础上的超前战略筹划，往往能够稳稳地把握战略机遇，做到预见上先人一步、谋划上高人一着、部署上优人一等，处处压着战略对手的势头，占着战略格局的龙头，把着战略机遇的彩头。反之，如果没有超前的战略筹划，就可能错失良机，反成危机，陷入"天予不取，反受其咎"的困境。面对强国复兴关键时节面临的各种机遇和危机，我们要在准确预判的基础上超前谋划，化危为机，甚至创造条件积极主动地培育和塑造战略机遇，使强国复兴成为顺势而为、乘势而上、不可逆转的必然结局。

# 第十章

# 铸牢定国安邦的基石

## ——强国就要坚持总体国家安全观

　　2020 年 11 月 5 日，美国国务院网站发布消息称，时任国务卿蓬佩奥宣布，撤销将"东突厥斯坦伊斯兰运动"（以下简称"东伊运"）定性为恐怖组织的决定。美国政府决定在国内法中撤销"东伊运"的恐怖组织定性，将恐怖主义变成服务地缘政治、遏制中国的工具，是典型的政治操弄。事实上，"东伊运"迄今仍是被联合国明确列入制裁名单中的国际恐怖组织，在南亚、中亚、东南亚、中东等多地区流窜发展，对我国以及国际社会安全威胁持续发酵，造成重大挑战。近年来，"东伊运"在叙利亚伊德利卜省与阿富汗境内加大活动，加紧与极端组织"伊斯兰国"及基地组织的勾结，伺机参与跨国恐怖活动。经过多年艰苦卓绝的斗争，特别是在新疆各族同胞的共同努力下，我国对"东伊运"恐怖组织的打击取得重要成果，人民过上了和谐安宁的生活。[①] 党的十八大以来，面对严峻复杂的风险挑战，国家安全战线打赢了一场又一场硬仗，解决了许多长期想解决而没有解决的难题，办成了许多过去想办而没有办成的大事，根本在于以习近平同志为核心的党中央的坚强领导，在于

---

　　① 李子昕：《打击恐怖主义岂容政治操弄》，环球网 2020 年 12 月 28 日，访问时间：2021 年 5 月 26 日。

总体国家安全观的有力贯彻。推进强国复兴，必须坚持总体国家安全观，抓住和用好我国发展的重要战略机遇期，把国家安全贯穿到党和国家工作各方面和全过程，确保中华号巨轮行稳致远。

## 一、保证国家安全是头等大事

2010 年 12 月 17 日，一个突尼斯小贩的自焚引发"茉莉花革命"，随即又点燃埃及、利比亚、叙利亚、也门等阿拉伯国家持续动荡的导火索。"阿拉伯之春"10 年后，相关国家有的政权频频更替，有的陷入常年内战，还有的经济发展缓慢、安全形势难以恢复正常。回首这 10 几

2011 年 1 月 12 日，在突尼斯首都突尼斯附近地区，示威者在街头焚烧物品以示抗议。

年，不少中东媒体在感叹"从阿拉伯之春到阿拉伯之冬""从希望到痛苦"。"革命打破了社会的安宁，打碎了人民的安全感，这不是我们期待的革命。"有着"欧洲后花园"美称的突尼斯，国家竞争力排名从动荡发生前的全球第 40 位一度跌到第 95 位。近几年，突尼斯旅游业有所好转，但恐怖袭击，以及民众罢工、游行仍时有发生。突尼斯前看守政府总理马赫迪·朱马指出，一个国家平稳转型比一个企业想要成功转型难得多，经历过"革命"的突尼斯人正在谋求自身的发展道路，他们"需要社会的稳定、清晰的愿景以及持续的领导力"①。事实证明，保证国家安全是头等大事。没有安全，一切发展都无从谈起。

### （一）不稳定中求"稳"的法宝

2019 年 6 月后，香港持续发生激进暴力犯罪，丧心病狂、乱港祸港的种种行径触目惊心。同年 10 月 4 日，香港特区行政长官会同行政会议引用《紧急情况规例条例》（紧急法）订立《禁止蒙面规例》（禁蒙面法），禁止任何人身处某些公众集会时，使用面罩及其他蒙面物品。反对派立法会议员及前任议员就此是否合宪展开诉讼。2020 年 12 月 21 日，香港终审法院颁发判词维持上诉庭裁定紧急法不违宪的决定，驳回申请人关于《禁止蒙面规例》的诉讼申请，香港特区政府胜诉。香港《禁止蒙面规例》的实施，有效减少犯罪案件的发生，促进了社会秩序的恢复。历史和现实表明，面对社会动乱，必须坚持安全第一、稳定为要，确保社会实现从乱到治。

新中国自成立以来，国家安全面临着内外双重压力，特别是在一些敏感地区维护平安和谐稳定的社会大局面临更多考验。2008 年

---

① 黄培昭、景玥、李潇：《"阿拉伯之春"十年，当事国反思》，《环球时报》2020 年 12 月 17 日。

2019 年 7 月 20 日，香港各界举行"守护香港"大型集会，呼吁维护法治、反对暴力。

3 月 14 日，一群不法分子在西藏自治区首府拉萨市区的主要路段实施打砸抢烧，焚烧过往车辆，追打过路群众，冲击商场、电信营业网点和政府机关，造成 13 名无辜群众被烧死或砍死，造成直接财产损失超过 3 亿元。2009 年 7 月 5 日，新疆乌鲁木齐市发生打砸抢烧严重暴力犯罪事件，1700 多人受伤、197 人死亡，直接经济财产损失达 6895 万元。党和政府依靠人民群众，坚决予以平息，维护了正常的社会秩序，使改革开放和现代化建设事业得以顺利进行。这两起骇人听闻的暴力犯罪事件最后被证实是境外遥控指挥、煽动，境内具体组织实施，有预谋、有组织精心策划的，给我国国家安全大局带来重大危害。社会稳定是社会和谐的前提和基础，也是经济和社会持续发展、人民安居乐业的必备条件。1989 年 2 月，邓小平在会见美国总统布什时指出："中国的问题，压倒一切的是需要稳定。没有稳定的环境，什么都搞不成，已经取得的成果也会失掉。"① 国家安全是社会稳定的重中之重。我们党坚持把维护稳定作为政治责任，把基层党组织建设成为服务群众、维护稳定、反对分裂的坚强战斗堡垒，立足抓早抓小抓快抓好，谋长远之策、行固本之举、建久安之势、成长治之业。新疆最南端的和田地区，数年前因暴恐案（事）件多发，游客很少前往。近几年，通过反恐、去极端化举措，当地社会稳定，旅游业也迎来蓬勃发展。

### （二）危机中寻"机"的基石

对于战略机遇而言，积极因素与消极因素是一枚硬币的两面。在同一时代，一个国家、民族的生存与发展必然既面临积极因素，也面临消极因素；即使是同一因素，在国家、民族发展的不同阶段，其发挥作用的积极面与消极面也可能发生逆转。积极因素与消极因素的发展变化往往具有联动性，呈现互斥式的此消彼长、同向式的同频共振等若干关联发展态势。形成战略机遇，不仅要求那些对国家民族生存发展有利的积极因素大量涌现，也有赖于对消极因素的有效制约。当积极因素的增长超过消极因素的增长，或积极因素长期增长而消极因素反向弱化，就可能契合为战略机遇。要抑制好消极因素，必须做好国家安全工作。要在形势大好之时保持冷静，在危机到来之前预有准备，预先应对挑战，最大限度地化解风险，才能转危为安、化危为机。

2020 年新冠疫情暴发，在世界各国都在紧缩出口时，中国外贸全年进出口总值达 32.16 万亿元人民币，同比增长 1.9%，其中，出口总额达 17.93 万亿元，规模创历史新高；贸易顺差 3.7 万亿元，增幅达27.4%，创五年新高，相当于一天净出口 100 亿元。之所以能取得这一

① 《邓小平文选》第三卷，人民出版社 1993 年版，第 284 页。

成绩，正是由于我国始终高度重视国家安全工作，国家安全得到保证，人民能集中精力推动国家各项建设事业向前发展。2020 年 2 月 14 日，习近平总书记在中央全面深化改革委员会第十二次会议上强调，要从保护人民健康、保障国家安全、维护国家长治久安的高度，把生物安全纳入国家安全体系，系统规划国家生物安全风险防控和治理体系建设，全面提高国家生物安全治理能力。①2020 年 3 月 3 日，习近平总书记在北京考察新冠防控科研攻关工作时强调，重大传染病和生物安全风险是事

2020 年，中国率先在全球主要经济体中恢复经济正增长，成为全球经济阴霾下的一抹亮色。图为上海洋山港集装箱码头。

① 《完善重大疫情防控体制机制　健全国家公共卫生应急管理体系》，《人民日报》2020 年 2 月 15 日。

关国家安全和发展、事关社会大局稳定的重大风险挑战。① 随后，我们党作出统筹发展和安全，建设更高水平的平安中国的重要部署。这一系列举措，充分体现了以习近平同志为核心的党中央对国家安全的高度重视。正是由于坚持总体国家安全观，把国家安全贯穿于国家发展各领域和全过程，筑牢国家安全屏障，我国才能始终在波诡云谲的国际形势、复杂敏感的周边环境中立于不败之地，在危机中育先机、于变局中开新局。

### （三）不进则退中务"进"的前提

从历史来看，国家的建设发展越是处于关键历史阶段，对安全保障的要求越高。如果安全保障跟不上，就可能陷入"安全困境"而一蹶不振。20 世纪美国控制下的日本就是最好的佐证。为了压制当时经济腾飞的日本、维护本国的经济霸权地位，1985 年 9 月 22 日美国联合日本、英国、法国、德国等国签订了《广场协议》，同意联合干预外汇市场，允许美元对日元等主要货币贬值，以化解美国的巨额贸易赤字。有分析指出，由于《广场协议》使得日元升值，日本出口竞争力备受打击，进而导致经济长期一蹶不振。除了《广场协议》外，美国还对日本发动了一系列的贸易战，立法采取单方面贸易制裁措施，以应对日本带来的经济威胁。1981 年，美国迫使日本主动限制汽车出口；1983 年，美国对日本摩托车征收高达 45% 的重税；1985 年，美国迫使日本增加进口牛肉和橙子等美国农产品；1986 年，美国迫使日本设置半导体对美出口价格下限，保证不在美国销售廉价芯片，还要日本保证进口半导体的市场份额；1987 年，对日本电视和计算机征收 100% 的关税；1995 年，对日

---

① 《协同推进新冠肺炎防控科研攻关　为打赢疫情防控阻击战提供科技支撑》，《人民日报》2020 年 3 月 3 日。

东京股票交易所内忙碌的经纪人。1997 年，由于投资者对日本经济前景，特别对日本金融体制的稳定缺乏信心，日本股价全面下跌。

本豪华轿车征收 100% 的关税。而在遭受美国贸易大棒的时候，日本政府却多次主动限制自己对美出口，以迎合美国的贸易政策。

不管是签订《广场协议》还是主动限制对美出口，自身安全被美国拿捏才是日本不惜牺牲利益也要讨好美国的原因。1951 年 9 月 8 日，日本与美国在旧金山签署了军事同盟条约，此条约不仅构成规定日本受美国"保护"的法律依据，而且使美国可以在日本几乎无限制地设立、扩大和使用军事基地，坐实了日本依附于美国的客观事实，进而导致日本在面对美国的威逼恐吓时处处忍让，丧失了成为强国的机会。

日本安全与发展的史实启示我们，国家的建设发展越是处于关键历史阶段，来自外部围堵、打压的风险就愈大，国家安全需求就愈强。2010 年中国经济总量超过日本，跃居世界第二。与日美相比，如今中美之间的大国竞争性格局更加突出，并将成常态。2000 年，小布什在竞选时就明确提出"中国不是美国的战略伙伴，而是美国的竞争对手"，并在其任期内对华实行"遏制性接触战略"。2009 年，美国时任总统奥巴马更是宣布"重返亚洲"和实施"亚洲再平衡"计划，目标对准的正是快速发展的中国。2018 年美国时任总统特朗普则对中国单方面挑起了两国之间的经贸摩擦。以斗争求和平则和平存，以妥协求和平则和平亡。从日本的前车之鉴中我们可以看出，面对美国的遏制打压，一味妥协退让并不能换来和平共处。必须维护和塑造好国家安全，才能使自身有底气、有能力完成由大向强的"关键一跃"，实现在不进则退中求"进"的目的。

## 二、关键在"总体"，突出的是"大安全"理念

我们党诞生于国家内忧外患、民族危难之时，对国家安全的重要性有着刻骨铭心的认识。新中国成立以来，党中央对发展和安全高度重视，始终把维护国家安全工作紧紧抓在手上。党的十八大以来，党中央加强对国家安全工作的集中统一领导，把坚持总体国家安全观纳入坚持和发展中国特色社会主义基本方略，从全局和战略高度对国家安全作出一系列重大决策部署，强化国家安全工作顶层设计，完善各重要领域国家安全政策，健全国家安全法律法规，有效应对了一系列重大风险挑战，保持了我国国家安全大局稳定。2020 年 12 月 11 日，习近平总书记在主持十九届中央政治局第二十六次集体学习时强调，做好新时代国家安全工作，要坚持总体国家安全观，抓住和用好我国发展的重要战略机遇期，把国家安全贯穿到党和国家工作各方面全过程，同经济社会发展一起谋划、一起部署，坚持系统思维，构建大安全格局，促进国际安

全和世界和平，为建设社会主义现代化国家提供坚强保障。① 这一重要论述，首次提出"构建大安全格局"，强调了做好国家安全工作的系统思维。党的二十大突出强调"以新安全格局保障新发展格局"，这是为了适应和满足构建新发展格局对国家安全提出的新需求而提出来的。构建大安全格局与构建新安全格局是高度统一的，标志着我们党对维护国家安全基本规律的认识达到了新高度。

## （一）构建突出"大安全理念"的新安全格局

国家安全历来是一国生存和发展的基本前提。随着时代的发展，国家安全的范围有所变化，涉及的因素不断拓展。"明者因时而变，知者随事而制。"以习近平同志为核心的党中央顺应国家安全形势发展潮流，推进国家安全理论创新和实践创新，提出了总体国家安全观并不断使之丰富和发展。

从内涵的角度看，总体国家安全观是运用系统思维将国家安全状态、能力及其过程理解为一个有机系统的观念体系，即从战略和全局的高度看待国家各层面、各领域安全问题，统筹运用各方面资源和手段予以综合解决，实现国家安全多方面内容和要求的有机统一。总体国家安全观谋求的是构建集政治安全、国土安全、军事安全、经济安全、金融安全、文化安全、社会安全、网络安全、粮食安全、生态安全、科技安全、资源安全、核安全、海外利益安全、太空安全、深海安全、极地安全、生物安全、人工智能安全、数据安全等于一体的国家安全体系。在这一体系下，国家安全不是多个领域的简单叠加，而是一张布满节点的大网，环环相扣。不同领域的安全相互联系、相互影响，而且在一定条

---

① 《坚持系统思维构建大安全格局　为建设社会主义现代化国家提供坚强保障》，《人民日报》2020 年 12 月 13 日。

件下是可以相互转化的，具
有传导效应和联动效应。一
个看似单纯的安全问题，往
往并不能简单对待，否则就
可能陷入头痛医头、脚痛医
脚的困境。恐怖主义就是典
型的例子，其滋生蔓延受经
济发展、地缘政治、宗教文
化等多种复杂因素影响，单
纯靠一种手段无法从根本上
解决问题。维护国家安全，
不能"一叶障目，不见泰山"，
往往需要多管齐下、综合施
策，不仅要维护各个领域的
安全，还要维护整体和系统
的安全。

2001 年 9 月 11 日，美国纽约世界贸易中心遭到恐怖袭击
并被摧毁。此后，美国于中东地区展开了十余年的反恐战争。

　　从历史方位来看，总体
国家安全观顺应国家安全环
境新变化，结合我国经济社
会发展的阶段性特征而不断与时俱进。准确判断国家发展所面临的安全
形势变化，历来是正确制定国家安全工作方针政策的基础和前提。经过
长期不懈奋斗，我国改革开放和社会主义现代化建设取得了历史性成
就，中国特色社会主义进入了新时代，我国迎来了实现中华民族伟大复
兴的光明前景。越是靠近世界舞台的中央，越是接近实现中华民族伟大
复兴的目标，就越要清醒地认识到：国家安全面临的压力和风险因素不
会自动减少，必然会遇到更多新情况新问题。一是国家安全的内涵比历

史上任何时候都要丰富，国家安全的外延不断扩大。以往人们对于国家安全的认识往往局限于军事斗争及政治、外交等传统安全领域。而总体国家安全观所指的国家安全除政治、国土、军事外，会随着时代变化而不断发展，是一种名副其实的"大安全"。二是国家安全时空领域比历史上任何时候都要宽广。仅以军事安全中战争制胜权的演变为例，开始时陆军要争夺制高点，有了海军后要争夺制海权，有了空军后要争夺制空权，有了航天技术后要争夺制太空权，信息技术产生后转到了争夺制信息权，到了智能化时代需要争夺制脑权，等等。这种演变反映了国家安全空间和安全领域的逐渐拓展。三是影响国家安全的内外因素比历史上任何时候都要复杂，国家安全风险挑战增多。从外部风险看，我国周边安全环境日趋复杂多变：美国视亚太地区为其全球战略中的重要一环，强化其地区军事存在和军事同盟体系；日本积极谋求摆脱战后体制，大幅调整军事安全政策；非法"占据"我方岛礁的国家在加强军事存在；美国保持高频度海空抵近侦察，热炒南海"航行自由"、积极为台湾"撑腰"，等等。从内部风险看，我国社会深刻变革，各种矛盾持续聚积，诱发社会动荡的风险点增多；传统增长方式难以为继，外部发展环境面临许多不确定因素，海外利益保障能力滞后，其他非传统安全风险凸显，等等。

基于以上形势发展，党的二十大提出"以新安全格局保障新发展格局"，体现了在新发展阶段争取主动权、夺取新胜利的战略运筹。只有统筹维护国家安全各类要素、各个领域、各方资源、各种手段，加快构建与新发展格局相适应的新安全格局，才能打好维护国家安全总体战，以高水平安全保障高质量发展。

## （二）维护重点领域国家安全

"壹引其纲，万目皆张。"全面贯彻落实总体国家安全观，着力推进新时代国家安全事业全面发展进步，铸牢定国安邦的基石，维护重点领域国家安全是主阵地、主战场。要以人民安全为宗旨，以政治安全为根本，以经济安全为基础，以军事、科技、文化、社会安全为保障，以促进国际安全为依托，形成以重点带动全局、以关节带动全盘的国家安全体系。

全面践行总体国家安全观要以人民安全为宗旨。人民安全高于一切，既是总体国家安全观的精髓所在，也是总体国家安全观的根本目的所在。坚持人民至上、生命至上，把保护人民生命安全摆在首位，是唯物史观和党的性质宗旨在国家安全领域的必然要求和集中体现。以人民安全为宗旨，蕴含着"从群众中来，到群众中去"的国家安全工作方针，体现了总体国家安全观的根本要求。习近平总书记指示："要坚持国家安全一切为了人民、一切依靠人民，动员全党全社会共同努力，汇聚起维护国家安全的强大力量，夯实国家安全的社会基础，防范化解各类安全风险，不断提高人民群众的安全感、幸福感。"① 国家安全工作只有坚持以人民为中心，与人民紧紧结合在一起，才能赢得信任、增强信心，才能团结人民共同构筑起维护国家安全的铜墙铁壁。

全面践行总体国家安全观要以政治安全为根本。"求木之长者，必固其根本"。政治安全攸关我们党和国家安危，是国家安全的根本。经济、文化、社会、网络、军事等领域安全的维系，最终都需要以政治安全为前提。其他领域的安全问题，也会反作用于政治安全。政治安全有保障，其他安全问题相对容易解决，否则，其他领域安全就会失去基础。近年来，境内外敌对势力利用信息网络、课堂讲坛、地下教会等途径，传播西方思想文化和意识形态，诋毁我国主流意识形态，片面渲

---

① 《汇聚起维护国家安全强大力量　不断提高人民群众安全感幸福感》，《人民日报》2016 年 4 月 15 日。

染、刻意放大我国的各种问题，甚至制造各种谣言，煽动社会不满情绪。在此背景下，坚持总体国家安全观迫切需要以政治安全为根本，坚决捍卫中国共产党的执政地位、捍卫中国特色社会主义制度。

全面践行总体国家安全观要以经济安全为基础。长期以来，政治和军事安全是传统安全中最重要的因素。冷战结束后，经济全球化迅速扩展，经济互动日益增多，经济竞争成为大国竞争的主战场，经济领域不定期出现的危机、摩擦和制裁成为世界各国面临的突出问题。这就使得经济安全在国家安全体系中的重要性越来越凸显。中国与国际社会的互动关系是立体化的，涵盖经济、社会、文化等诸多领域，但在未来的较长一段时间里，其核心部分仍然是经济因素。面对此起彼伏的"中国威胁论""中国崩溃论"等论调，只有重视维护经济安全，适应发展新阶段，通过主动作为、积极调控，才能推动经济持续健康发展，筑牢国家繁荣富强、人民幸福安康、社会和谐稳定的物质基础。

全面践行总体国家安全观要以军事、科技、文化、社会安全为保障。坚持和发展中国特色社会主义需要全面推进、协调发展的总体布局。国家安全也有一个整体布局的问题，某个领域的安全如得不到有效维护，就有可能酿成整体危机。在传统国家安全观中，军事安全是整个国家安全体系的关键，处于支柱地位。冷战结束以来，世界各国的竞争由军事实力竞争转向综合国力竞争，国家安全的内涵和外延也随之不断扩大，军事安全在国家安全中的作用有所调整，但仍然处于极其重要、不可替代的地位，军事手段始终是维护国家安全的根本保障。科技安全是国家安全的重要组成部分，是支撑和保障其他领域安全的力量源泉和逻辑起点，是塑造中国特色国家安全的物质技术基础。进入 21 世纪以来，全球科技创新进入空前密集活跃的时期，科学技术从来没有像今天这样深刻影响着国家前途命运，从来没有像今天这样深刻影响着人民生活福祉。这也意味着，维护和塑造国家安全，迫切要求我国全面提升科技实力，在更大范围、更高水平上发挥科技创新对国家安全的支撑保障作用。文化安全是确保一个民族、一个国家独立和尊严的重要精神支撑。文化兴则国家兴，文化亡则国家亡。当今世界，各种思想文化交流交融交锋更加频繁，文化在综合国力竞争中的地位和作用更加凸显，开放环境下维护文化安全任务更加艰巨。鉴于此，维护我国文化安全，既要建设具有强大凝聚力和引领力的社会主义意识形态，提升国家文化软实力，也要加强各级各类思想文化阵地管理，旗帜鲜明地反对和抵制各种错误观点；既要积极参与国际文化竞争，在"走出去"中维护意识形态安全，也要主动提升国家形象的国际亲和力，增强中华文化国际影响

图为游客在诗经故里景区观看表演。近年来，山西曲沃县深挖传统文化，借助丰富的文物遗存、独特的自然景观和民风民俗，使文化影响力成为旅游发展的竞争力。

力。社会安全是国家改革发展的重要保障，是国家安全的"晴雨表"，直接反映人民群众的幸福感和满意度。新时代下我国社会安定面临的威胁和挑战增多，特别是各种威胁和挑战联动效应明显。为此，要协调社会利益关系、化解社会矛盾、促进各阶层成员和谐共处，最终实现人民安居乐业、社会文明进步。同时，也要严厉打击暴力恐怖活动，妥善处置公共卫生等影响国家安全和社会稳定的突发事件，促进社会和谐，维护公共安全和社会安定。

全面践行总体国家安全观要以促进国际安全为依托。本质上，促进国际安全就是为了实现共同安全。2013 年 10 月，习近平总书记在周边外交工作座谈会上指出："倡导全面安全、共同安全、合作安全理念，推进同周边国家的安全合作，主动参与区域和次区域安全合作，深化有关合作机制，增进战略互信。"①2014 年 5 月，习近平主席在亚洲相互协作与信任措施会议第四次峰会上指出："应该积极倡导共同、综合、合作、可持续的亚洲安全观，创新安全理念，搭建地区安全和合作新架构，努力走出一条共建、共享、共赢的亚洲安全之路。"② 在国际社会中，各个国家实力强弱不同、意识形态和政治制度各异、利益诉求存在差别，但在安全互动中都是平等的，是相互依赖、休戚与共的关系。没有哪个国家能够独自应对人类面临的挑战。正因为如此，维护和塑造好国家安全必须以促进国际安全为依托，最终达到共同安全。

### （三）坚持系统思维的方法

面对复杂多变的国际国内安全环境，如果缺乏系统思维，就难以战

---

① 《习近平在周边外交工作座谈会上发表重要讲话强调　为我国发展争取良好周边　推动我国发展更多惠及周边国家环境》，《人民日报》2013 年 10 月 26 日。

② 习近平：《积极树立亚洲安全观　共创安全合作新局面》，《人民日报》2014 年 5 月 22 日。

胜各种安全风险，难以开创国家安全事业新局面。应坚持系统思维的方法分析解决安全问题，不断增强国家安全工作的科学性、预见性、主动性、持续性和创造性。

总体国家安全观坚持统筹防范和应急，强调国家安全工作的主动性。坚持底线思维、增强忧患意识、防范风险挑战，这是新时代国家安全工作必须遵循的重要原则。习近平总书记多次强调："要善于运用'底线思维'的方法，凡事从坏处准备，努力争取最好的结果，这样才能有备无患、遇事不慌，牢牢把握主动权。"前进的道路不可能一帆风顺，越是前景光明，越是要增强忧患意识，做到居安思危，宁可把形势想得更复杂一些，把挑战看得更严峻一些，做好应付最坏局面的思想准备，而不能盲目乐观、用而不备。第一次世界大战的导火索是 1914 年 6 月

2020 年 11 月 11 日，老兵和民众在英国伦敦参加一战结束 102 周年纪念活动。

28 日奥匈帝国皇储斐迪南大公夫妇在萨拉热窝视察时，被塞尔维亚青年加夫里若·普林西普枪杀。但由于帝国主义过渡时产生的不可调和矛盾，战火最终几乎燃遍了整个欧洲，以英法俄为首的协约国集团和以德奥为首的同盟国集团展开了生死搏斗。大约有 6500 万人参战，1000 多万人丧生，2000 万人受伤，给人们留下了沉痛回忆和血的教训。历史警示我们，如果防范不及、应对不力，风险就会增大，小的矛盾风险挑战就可能发展成大的矛盾风险挑战，局部的矛盾风险挑战就可能演变成系统的矛盾风险挑战，国际的矛盾风险挑战就可能传导为国内的矛盾风险挑战，经济、社会、文化、生态领域的矛盾风险挑战就可能转化为政治领域的矛盾风险挑战，最终危及党的执政地位、危害国家安全。

总体国家安全观坚持统筹当前和长远，强调国家安全效果的持续性。维护国家安全是一个动态的过程，实践在发展，理念也要更新。习近平总书记指出："可持续，就是要发展和安全并重以实现持久安全。"① 国家谋求安全，不是权宜之计，而是为了长治久安。将时间作为重要变量引入国家安全的思考范畴，这在国家安全理论中是个重大创新。从纵向上看，总体国家安全观着重思考的是长远战略、长远布局，是时空方位的延伸，不仅着眼于当前，立足于现实需要，更考虑未来。在抗美援朝战争打响之时，新中国尚处在一穷二白的状态，"能不能出兵朝鲜、要不要出兵朝鲜"是当时很多人心中的一个困惑。毛泽东就此事专门进行了研究，指出"我们不出兵，让敌人压至鸭绿江边，国内国际反动气焰增高，则对各方都不利……总之，我们认为应当参战，必须参战，参战利益极大，不参战损害极大"。1950 年 10 月 25 日，中国人民志愿军应朝鲜请求赴朝，与朝鲜人民军并肩作战，经过历次战役

---

① 习近平：《积极树立亚洲安全观 共创安全合作新局面》，《人民日报》2014 年 5 月 22 日。

最终将战线稳定在三八线一带。正是因为坚持统筹当前和长远，当时的国家领导人毅然决然地作出了出兵朝鲜的决定。事实也证明，中国出兵朝鲜，取得了抗美援朝战争的辉煌胜利，极大地提高了新中国的国际地位，增强了民族自信心和凝聚力。抗美援朝战争的胜利打出了几百公里的安全纵深，打出了几十年的和平建设环境，使得我国工业中心东北就此获得了一个重要的外部安全屏障，使得周边出现了一个较好的安全环境。新加坡前总理李光耀总结说，中国人走向民族复兴，是从跨过鸭绿江那一刻开始的。①

总体国家安全观坚持统筹重点和整体，强调国家安全要把握事物发展总体趋势和方向，全面地、普遍联系地观察事物，妥善处理好各种重大关系。各种风险往往不是孤立出现的，很可能相互交织并形成一个风险综合体。换言之，不能只关心局部而忽视全局，也不能为了局部而影响全局，更不能让局部与全局发生对立。思考和处理国家安全问题，要讲究"十个指头弹钢琴的艺术"，通盘考虑基本国情、发展阶段、综合实力水平及大国博弈关系等多个维度。例如，经济安全就是一个内容庞大、交织复杂的概念，涉及水利、电力、供水、油气、交通、通信、网络、金融等重要基础设施的安全，也涉及粮食、水、能源和矿产等战略资源的安全，哪一项出了问题，都会影响经济安全这"一盘棋"，必须统筹兼顾、全局把控。

## 三、把握好"总体安全"的辩证法

2021年1月21日凌晨，我国外交部宣布中国对蓬佩奥等28人实

---

① 徐焰：《朝鲜战争对中国及其他各方的影响》，《国家人文历史》2010年12月。

施制裁。在 1 月 22 日的外交部例行记者会上，外交部发言人华春莹对此事进行了回应，表示根据美国相关机构统计，特朗普政府执政期间，一共实施了 3900 多项不同的制裁措施，频率相当于每天 3 次。这些行径严重违反国际法和国际关系基本准则，严重损害相关国家的主权安全和发展利益，不得人心，受到了国际社会的一致反对和谴责；强调单边制裁损人害己。就像"飞去来器"或"回旋镖"，早晚都会飞回的。事实上，美国政府不顾中美之间的根本利益，强行给中国增加关税，并以长臂管辖权对中国各大企业施加所谓的"制裁"、进口限制，并在香港、新疆问题上干预中国内政。同时，在新冠疫情发生后，将责任甩给中国，甚至以造谣污蔑的方式来攻击中国在抗击新冠疫情中所作的贡献。中国决定对美方有关人员实施制裁，是对这些人在涉华问题上严重侵犯中国主权安全发展利益的错误行径作出的回应，是完全正当和必要的，充分展示了中国政府捍卫国家利益的坚定决心。①

在纷繁复杂的国家安全现实形势，以及各安全领域之间日益频繁的相互影响、相互作用下，任何安全问题都不再是孤立的、简单的。美国国会众议院外交事务委员会共和党首席成员麦考尔称有关制裁是"无耻和毫无根据的"，反映出美国相关人员不能辩证看待自身安全和共同安全问题，充分暴露了美方一些政客只许美方蛮横打压、不许别人正当防卫的霸凌霸权霸道逻辑。而总体国家安全观坚持马克思主义立场，遵循马克思主义辩证法的基本规律，坚持用联系的观点分析研判各种外部和内部安全问题、国土和国民安全问题、发展和安全问题、传统和非传统安全问题、自身和共同安全问题，善于从动态中考察国家安全要素之间、国家安全问题背后千丝万缕的联系，作出从总体上运筹国家安全的战略考量，体现了运用唯物辩证法的深厚功底和鲜明特征。

---

① 齐为群：《奉劝美国，别再扔"回旋镖"了》，环球网，2021 年 1 月 21 日。

## （一）既重视外部安全，又重视内部安全

总体国家安全观要求"既重视外部安全，又重视内部安全"，体现了内外兼顾的系统思维。在确保内部安全的同时处理好同外部世界的关系，是中华民族伟大复兴征程上需要长期面对的重大课题。习近平主席在博鳌亚洲论坛2013年年会上的主旨演讲中指出："中国将通过争取和平国际环境发展自己，又以自身发展维护和促进世界和平。"①

2011年10月5日，两艘中国商船"华平号"和"玉兴8号"在湄公河金三角水域遭遇袭击，13名中国船员遇难，船上后来被发现藏有大量冰毒。案件发生后，国内迅速抽调200多名精干警力组成专案组，全力开展案件侦办工作，以还遇难同胞清白与公道。2012年4月25日，"10·5"案件联合专案组在老挝波桥省抓获案件主犯糯康。2013年3月1日，案件主犯糯康、桑康·乍萨、依莱、扎西卡在云南昆明被执行死刑。此事件最后被改编为电影《湄公河行动》，取得了11.84亿元的票房成绩，口碑收益双丰收。"湄公河惨案"反映了全球化时代，各国安全相互关联、彼此影响。当今世界，安全问题的跨国性更加突出。安全问题早已超越国界，一个国家的安全短板极可能导致外部风险大量涌入，形成安全风险高发地；一个国家高发的安全风险又会外溢成为区域性甚至全球性安全问题。地区热点问题持续发酵，恐怖主义、难民危机、跨国犯罪、网络安全问题、重大自然灾害等安全挑战可能发生在任何时间、任何地点，不受边界限制。解决这类安全问题，需要系统应对国内外安全形势的复杂变化，统筹好内部与外部两个方面的安全。

面对日趋复杂的内部安全与外部安全问题，党的十八届三中全会提

---

① 《习近平主席在博鳌亚洲论坛2013年年会上的主旨演讲》，新华网，2013年4月7日。

出设立中央国家安全委员会，统筹内部安全与外部安全。中央国家安全委员会是一个涵盖党政军的国家最高级安全决策、协调和领导机构，包括外交、外宣、国防、信息、医疗卫生等所有涉及国内安全和国际安全的部门，综合处理国内外安全威胁。主要负责及时高效地处理国内外发生的重大突发事件；推进国家安全法制建设，研究以及解决国家对内对外安全工作中所遇到的重大问题；针对国家目前存在的"安全困境"，积极寻找解决措施，完善国家安全工作体制；有效应对未来可能出现的安全隐患；对外维护我国国家利益，对内维护社会稳定和政治安全。从领导小组人员的组成、部门的设置以及作用中不难看出，中央国家安全委员会是一个集合众多领域、众多部门、囊括内政外交的国家安全决策中心。统筹内部安全与外部安全，承担着国家对内和对外的双重职能，综合处理对内对外的安全威胁因素。中央国家安全委员会的设立有利于提高国家在面临各种安全危机和挑战时的应变能力，代表着中国在捍卫国家安全和国家利益方面的决心和意志，也必将推动国家安全迈上新的台阶。

### （二）既重视国土安全，又重视国民安全

人口、领土都是国家构成不可或缺的因素，二者不能偏废。传统安全观把国家领土安全作为国家安全重心，甚至存在只讲国土安全不讲国民安全的倾向。与之不同，总体国家安全观将国土安全与国民安全并列放在一起，用意十分深刻，既突出国民安全在国家安全体系中的主导性地位，又强调国土安全依然占据着不可或缺的地位。

国民安全是国家安全的基石。公元前 1046 年，周武王联军与商朝军队在牧野进行决战。根据《史记》记载，在这一场战争中帝辛出动总兵力高达 70 万人，《诗经·大明》称其："殷商之旅，其会如林"。然而这 70 万人中多为奴隶和战俘，饱受压迫与奴役，毫无斗志。《史记·周本纪》记载，"纣师虽众，皆无战之心，心欲武王亟入。纣师皆倒兵以

战，以开武王。武王驰之，纣兵皆崩畔纣"。帝辛一方军力兵力远胜姬发，然而等到决战来临时，商朝军队纷纷倒戈投向周武王，致使帝辛不战自败，自焚于鹿台。历史表明，让人民不安全就会失去民心，国家也就不再安全。据《尚书》记载，大禹的孙子、夏启的儿子太康即位后沉迷游乐，外猎不归，招致百姓反感，被后羿侵占了国都。他的母亲和五个弟弟被赶到洛河边，追述大禹的告诫，而作《五子之歌》："皇祖有训，民可近，不可下，民惟邦本，本固邦宁。"孟子有"民为贵，社稷次之，君为轻"的观点。荀子认为"天之生民，非为君也；天之立君，以为民也"。在经历过大动乱、大动荡后，有鉴于秦朝灭亡的先例和民生凋敝的现实，西汉实行休养生息政策，保养民力、增殖人口。自汉高祖开始，历经几代皇帝，形成历史上有名的治世"文景之治"，从而达到"海内殷富，国力充实"。《贞观政要》记载，唐太宗曾对大臣说："为君之道，必须先存百姓，若损百姓以奉其身，犹割股以啖腹，腹饱而身毙。"历史明鉴，人民安全和国家安全是有机统一的：人民越有安全感，国家安全就越有倚靠；国家越平安，人民就越有安全感。中国共产党在成立之初就把"人民"二字镌刻在党旗上，始终保持与人民群众的血肉联系，得到了人民的拥护和支持，国家安全深深扎根于人民之中。

国土是主权国家公民赖以存在的物质空间。历史上，以色列国和犹太国两个犹太人国家被占领后，犹太人被逐出巴勒斯坦，流落到世界各地。因为没有国家为其提供保护，流浪的犹太人往往受到歧视、限制和隔离，乃至排斥、驱逐和灭绝。比如欧洲统治者一方面迫害犹太人，另一方面又把犹太人作为"敲竹杠"的榨取对象。从公元1182年到1321年，法国曾四次驱逐犹太人，又为了财税收入四次召回犹太人。1361年法国国王约翰被英国俘虏，为了筹集巨额赎金，允许犹太人返回法国，1394年又把他们驱逐了出去。以色列著名历史学家阿巴·埃班在《犹太史》中曾写道："他们（犹太人）在英国短暂的定居史逼真而深刻地

2020 年 1 月 27 日，在波兰奥斯维辛集中营旧址，多国政要和集中营幸存者出席纪念活动。该集中营是纳粹德国"二战"期间在波兰境内设立的最大集中营，囚禁了包括波兰人在内的许多国家的人员，其中以犹太人居多。

反映了中世纪犹太人的命运：始则受鼓励，继而受辱，受迫害，最后则遭驱逐。"沙俄限制犹太人的住地，禁止他们购买土地、从事农业，不准他们在邮政、铁道、军队等部门供职，甚至一再掀起蹂躏犹太人的浪潮。在希特勒统治下的德国，日耳曼种族被宣布为优秀种族，犹太人则被宣布为德国人民的敌人。在第二次世界大战期间，纳粹党徒在德国及其所占领的国家杀害了 600 多万犹太人。犹太人的血泪史昭示着我们，国土安全作为国家安全最敏感的要素，具有很强的基础性和联动性。如果国土安全能够得到切实有效维护，国家的政治、经济、文化安全就有保障。一旦国土安全遭受破坏，将很快波及其他领域安全，进而引发国家安全的总体危机。

### （三）既重视传统安全，又重视非传统安全

传统安全和非传统安全只有产生先后、表现形式不同的区分，而没有孰大孰小、孰重孰轻的差异。既不能因传统安全历史长、影响深而忽视非传统安全，也不能因为非传统安全现实性强、威胁大而忘却传统安全。从系统的角度看，传统安全与非传统安全相互联系、相互影响，并在一定条件下可能相互转化。

在非传统安全方面，由于不公正不合理的国际政治经济旧秩序没有根本改变，影响和平与发展的不确定因素在增加，中国和世界面临的非传统安全问题日益增多。比如，有的信息强国凭借其信息技术和信息资源上的垄断地位，行使网络霸权，在网络空间进行意识形态渗透，鼓吹

2014 年 10 月 6 日，新疆且末县防风治沙站工作人员在修整防风障。

"颜色革命"，煽动分裂主义、极端民族主义和宗教极端主义，致使我国面对复杂严峻的网络安全形势。相关问题发生在网络领域，属于网络安全问题。但如果不能得到很好的处理，网络安全问题又可能演变为政治安全问题，影响我国政治稳定和社会稳定大局。又比如，随着中国经济进一步开放并融入全球金融体系，我国金融领域的不稳定性增大，金融安全面临的风险点增多。2015 年中国股市暴涨暴跌，万亿元资产瞬间蒸发，制造出中国投资环境恶化的负面风潮，引发连锁反应，加剧了资本外流、外逃的后果。除此之外，我国还面临着因社会矛盾激化带来的社会安全问题、因生态环境恶化带来的生态安全问题、因资源缺乏导致的资源安全问题，等等。这些非传统安全问题并非相互区隔，而是彼此联系的。网络信息安全与文化安全、意识形态安全联系在一起；经济风险的应对、社会问题的解决、生态环境的改善直接关系着国家政治和人民生产生活局势的稳定有序。这就要求对于国家安全的认识必须突破原有局限于传统安全问题的理念，综合考虑多种安全要素及其相互之间的关系，在总体上进行把握，对维护国家安全的措施加强顶层设计。

### （四）既重视发展问题，又重视安全问题

发展利益与安全利益，是国家核心利益的重要内容。总体国家安全观深刻揭示了发展与安全关系的本质，即发展与安全犹如硬币的"两面"，二者相互支撑、相互促进、高度融合。习近平总书记指出："贫瘠的土地上长不成和平的大树，连天的烽火中结不出发展的硕果。"① 一方面，发展是解决我国一切问题的基础和关键。在新时代的伟大征程上，破解突出矛盾和问题，防范化解各类风险隐患，归根结底要靠发展。只

---

① 习近平：《积极树立亚洲安全观　共创安全合作新局面》，《人民日报》2014 年 5 月 22 日。

有推动经济持续健康发展，才能筑牢国家繁荣富强、人民幸福安康、社会和谐稳定的物质基础。另一方面，安全是发展的条件，不可能为了发展罔顾安全。改革开放以来取得的重大发展成就充分印证了，只有安全稳定的国际国内环境，才能心无旁骛地发展生产。

"安全和发展是一体之两翼、驱动之双轮。"曾经的苏联就是由于没有统筹好安全和发展的关系，被美国拖入无止境的军备竞赛，最终酿成了经济崩溃、国家解体的苦果。"星球大战计划"，具体名称为反弹道导弹防御系统之战略防御计划。这项计划于 1984 年由美国总统里根批准实施。按照计划，从 1984 年到 1989 年美国将用 250 亿美元来研究先进的反弹道导弹系统的关键技术和验证可能的方案，以便到 20 世纪 90 年代初决定是否发展和如何发展这种系统。当时美苏两个超级大国的战略核武器数量和质量都处于均势，军备竞赛走入了死胡同。为了打破僵局，美国提出了"高边疆"战略，企图利用美国的高技术优势，建立空间武器系统，提供对付战略核武器攻击的空间防御手段，以消除苏联日益增长的核威胁。面对美国"星球大战计划"的挑战，苏联也采取了针锋相对的对抗措施，在与美国展开竞争的过程中投入了大量的资源。苏联的实际军费开支 1965 年为 320 亿美元，1981 年增长到了 1400 亿美元，1981 年到 1985 年苏联的国防预算又增加了 45%。其中反卫星武器以及战略防御武器系统占了很重要的一块。而与此同时，苏联整体的经济形势越来越糟，经济增长率越来越低。1986 年至 1990 年与 1951 年至 1955 年相比，苏联国民收入年均增长率从 11.4% 下降为 1.8%，到 1990 年甚至出现了负增长。而且苏联在军备竞赛上的巨大投入耗费了大量的国家资源，严重阻碍了戈尔巴乔夫经济体制的改革。苏联前外长别斯梅尔特内赫曾提到，"对苏联来说我们已经感到了军备及竞赛所带来的压力，戈尔巴乔夫想把改革继续下去，而持续不断的军备竞赛对他改革的前景构成了巨大的障碍"。最终，苏联因长期存在的经济领域矛盾触发了体制性危机，国家走向解体。

前车之覆，后车之鉴。以习近平同志为核心的党中央始终坚持发展和安全并重。一方面，"十四五"时期经济社会发展以推动高质量发展为主题，加快构建以国内大循环为主体、国内国际双循环相互促进的新发展格局；另一方面，在发展中更多考虑安全因素，构建新安全格局，努力实现发展和安全的动态平衡。这样的战略部署，既能以高质量的"高"内在地支撑强国的"强"，又能以新安全格局强力支撑起高水平安全，使高质量发展和高水平安全相匹配、相协调、相促进，确保实现强国复兴。

### （五）既重视自身安全，又重视共同安全

我国的安全和世界的安全密不可分，要推动各国各方朝着互利互惠、共同安全的目标相向而行。总体国家安全观要求"既重视自身安全，又重视共同安全"，体现了宏阔高远的战略眼光。当今世界，国与国之间相互依存和利益交融日益加深，世界越来越成为你中有我、我中有你的命运共同体。国家安全与国际安全紧密关联，任何国家都不可能封闭为一个安全的"孤岛"。很多全球性问题，或者是与多国利益相关的问题，需要通过多边机制和合作对话解决。这内在地要求我们高举合作、创新、法治、共赢的旗帜，坚持既重视自身安全又重视共同安全的原则，推动树立共同、综合、合作、可持续的全球安全观，构建普遍安全的人类命运共同体，使世界沿着持久和平的道路发展。

肇始于 2010 年的"阿拉伯之春"，在阿拉伯世界引起各种大规模的暴力和动荡，从叙利亚内战、"伊斯兰国"崛起以及伊拉克内战、埃及危机和西奈半岛动乱、也门动荡，到后面的也门内战、利比亚冲突，造成超过 140 万人死亡，1500 多万人沦为难民。随后，数量激增、颠沛流离的难民从中东、非洲和亚洲等地经地中海及巴尔干半岛进入欧盟国

2015 年 9 月 7 日，在马其顿盖夫盖利亚的一个临时难民营，一名警察用警棍击打难民，试图维持秩序。

家寻求居留庇护，在欧洲引发严重的社会和经济危机。德国为了解决人口危机，仅 2015 年就接受超过 20 万难民，入境难民超过 60 万，使得人口增长率扭负为正。移民似乎在一定程度上解决了德国的人口危机，然而事实却不仅仅是加减法那么简单。2018 年 5 月，德国在短短一周内发生两起难民集体袭警事件。同月，一名伊拉克的难民袭击杀害了一名 14 岁的德国少女。2018 年底 4 名难民在街上袭击路人，造成 12 人受伤。具有极端主义倾向的难民带来的不稳定因素和安全威胁不断挑动德国人的敏感神经。一方面德国民众不断呼吁政府严查具有极端思想的难民，甚至对默克尔接纳难民的行为持全盘否定态度；另一方面，仇外情绪也不断在德国社会蔓延，莱比锡极右主义和民主制研究中心 2018 年 11 月公布的一项调查显示，在德国东部地区，持有仇外立场的人比例超过 30%；在德国西部，该比例为 22%。2017 年，德国共发生 2219 起针对难民的袭击事件，造成 313 人受伤。持续发酵的难民危机不仅威胁德国人安全，还造成德国社会的不断撕裂。①

从第二次世界大战结束冷战开始，代理人战争变得十分频繁，成为 20 世纪晚期以来全球冲突的主要形式，比如，叙利亚内战、"伊斯兰国"的兴起、也门内战以及塔利班的再现。这些冲突与动荡的背后都能看见西方国家的身影。为了安抚国内"厌战情绪"、回避直接冲突、减少直接伤亡，西方国家热衷于在中东以及非洲挑选扶持对象，用来宣泄战意和谋夺利益。然而事实证明，"种蒺藜者得刺"，战争虽然没有直接在西方各国爆发，但随之而来的难民危机、恐怖袭击也使其不得不吞下自己种下的苦果。近年来的乌克兰危机和中东新一轮巴以冲突，进一步证明了这一点。自身安全和共同安全彼此交融、高度关联，没有安全稳定的外部环境，和谐安宁的国内大局也就无从谈起。自以为能通过代理人战争将祸水引往他国，最终也只能是搬起石头砸自己的脚。

---

① 田园：《难民危机下的德国社会撕裂》，《光明日报》2019 年 2 月 3 日。

## 第十一章

# 关键在于办好自己的事

## ——强国就要确立自立自强的战略支撑

2023 年 12 月 11 日，乌克兰外长库列巴出席欧盟峰会前的外长会，为争取欧盟的援助和开启乌克兰入盟谈判，他表示，若欧盟峰会未能就开启乌克兰入盟谈判达成一致，就表明"欧盟无法兑现历史承诺"，将对乌克兰和欧盟都造成"毁灭性"影响。他强调，乌克兰已经满足了入盟谈判所需的所有条件，"如果有额外要求的话，我们可以蹦蹦跳跳，我们甚至可以为你们跳舞。""跳舞"这样的用语，凸显了乌克兰无法仅仅依靠自身力量来应对重大外来风险的窘境。习近平总书记指出："当今世界正经历百年未有之大变局，我国发展的外部环境日趋复杂。防范化解各类风险隐患，积极应对外部环境变化带来的冲击挑战，关键在于办好自己的事"。① 在国家由大向强发展的征程上，办好自己的事，做到自立自强，才能把自己的命运掌握在自己手里，最终实现中华民族伟大复兴。

———————————

① 习近平：《关于〈中共中央关于制定国民经济和社会发展第十四个五年规划和二〇三五年远景目标的建议〉的说明》，《人民日报》2020 年 11 月 4 日。

## 一、别人的墙基上建不起坚固的房子

2020 年 8 月，国务院印发《新时期促进集成电路产业和软件产业高质量发展的若干政策》，其中提到，中国芯片自给率要在 2025 年达到 70%。而在 2019 年，中国国产芯片自给率不过 30%，5 年内要提升 40%，这是一个非常具有挑战性的任务。但再难也必须做！中国这样做，与美国不遗余力打压华为直接相关。针对华为能设计但当时还不能制造高端芯片的弱点，美国不断升级制裁措施，于 2020 年 8 月将华为在全球 21 个国家的 38 家子公司列入实体清单，从而将包括华为在内总共 150 多家关联公司列入实体清单，使任何公司，不管在不在美国，只要用了美国技术，都不能为华为及在名单上的关联公司制造芯片。受到制裁升级影响，华为麒麟高端芯片在 2020 年 9 月 15 日之后无法制造。而没有芯片，华为畅销的高端手机将无法生产。在这样的情况下，华为不得不断臂求生，将荣耀品牌相关业务资产整体出售。这一断臂之痛，刺激着华为乃至整个中国发愤图强。2023 年 8 月，美国商务部长雷蒙多访华之际，华为推出了搭载国产自主高端芯片的新机 Mate 60，立刻引起了国内外广泛关注。这款手机也被评为"争气机"。一些国外机构对 Mate 60 作了拆解测试，结果表明该手机的芯片全部来自中国，这标志着美国的科技封锁以失败告终。习近平总书记深刻指出："在别人的墙基上砌房子，再大再漂亮也可能经不起风雨，甚至会不堪一击。"① 中国要强大，必须自立自强，夯实自己的墙基。

---

① 习近平：《在网络安全和信息化工作座谈会上的讲话》，《人民日报》2016 年 4 月 26 日。

### （一）自立自强才能经受惊涛骇浪的冲击

2020 年 6 月 10 日，北约指挥下的法国大型驱逐舰"科尔贝"号曾试图在地中海对一艘涉嫌向利比亚运送武器的土耳其货船进行"问询"，结果 3 次遭到土耳其护卫舰的火控雷达瞄准。面对这种挑衅性威胁，"科尔贝"号没有采取进一步行动。法国国防部长帕利将土耳其的举动定性为"一种极端挑衅行为"，强调北约成员对在北约框架下执行任务的另一盟友做出如此举动是极为严重的危害。6 月 22 日，法国总统马克龙愤怒表态："这就是北约'脑死亡'的最佳证据！"[①] 所谓"北约'脑死亡'"，是马克龙于 2019 年 10 月 21 日接受《经济学人》专访时指出的。他认为，北约正在经历"脑死亡"，欧洲正站在"悬崖边上"，"从长远来看，我们将在地缘政治上消失，或者至少我们将不再掌握自己的命运。我对此深信不疑"。[②] 马克龙之所以如此愤怒地表达这一观点，缘于多年来欧洲在安全问题上严重依赖北约，而特朗普入主白宫后，奉行"美国利益优先"，常常在未经北约内部协调甚至并未通报其他"盟友"的情况下就"擅自"行动，采取"越过欧洲头顶"的单边方式行事，甚至狮子大开口，索取巨额"保护费"。针对这种情况，欧洲有的国家产生了离开美国和北约"搀扶"、增强自身独立性的想法。早在 2018 年 11 月，马克龙访问德国时就强调，"欧洲必须变得更强大"，"欧洲必须变得更加独立"，呼吁建立一支"真正的欧洲军队"，欧洲需要在不必完全依赖美国的情况下自卫。[③]2020 年 11 月，马克龙接受法媒采访时表示，只有欧洲在防卫、科技等方面拥有自主性，美国才会尊重欧洲。"我们需要

---

① 潘亮：《马克龙怒批"北约脑死亡最佳证据"》，《环球时报》2020 年 6 月 24 日。

② 萧达、青木、陶短房、陈一、柳玉鹏：《马克龙称北约正在脑死亡》，《环球时报》2019 年 11 月 9 日。

③ 青木：《马克龙访德再谈打造欧洲军队》，《环球时报》2018 年 11 月 19 日。

打造属于自己的自主性，就像美国和中国做的一样"。① 当然，欧洲想要打造自己的军队，无疑会面临重重困难，绝非易事。

中国的"自主性"之所以成为世界一些国家追求的样板，在于新中国从成立那一天起，就坚持自立自强。新中国成立后，美国自恃国力军力雄霸天下，妄图陈兵中国国门。美国政府曾说美军不越过三八线，最后还是不顾中国政府多次警告越过了；说在中朝边境地区不使用非朝鲜人部队，后来美军竟然打到鸭绿江边！同时，美国把军舰开进台湾海峡，并严重威胁中国东北地区的安全。打得一拳开，免得百拳来。如果在帝国主义入侵之时仍然忍辱退让，势必会招致更大的侵犯。以毛泽东同志为核心的党的第一代中央领导集体不怕鬼、不信邪、不向强权霸凌低头屈服，在双方力量极其悬殊的条件下，毅然作出组建中国人民志愿军入朝参战的决策。这一决策是经过反复讨论和权衡比较而作出的，根本原因是为了维护国家的安全和发展利益。中国人民志愿军高举保卫和平、反抗侵略的正义旗帜，历经艰苦卓绝的浴血奋战，赢得了抗美援朝战争伟大胜利，稳定了朝鲜半岛局势，维护了亚洲和世界和平。习近平总书记指出："抗美援朝战争伟大胜利，是中国人民站起来后屹立于世界东方的宣言书，是中华民族走向伟大复兴的重要里程碑"，"帝国主义再也不敢作出武力进犯新中国的尝试，新中国真正站稳了脚跟"。② 彭德怀曾豪迈地说："西方侵略者几百年来，只要在东方一个海岸上架起几尊大炮就可以霸占一个国家的时代，一去不复返了。"基辛格在《论中国》中写道："朝鲜战争对中国而言不只是平局。它确立了新生的中华人民共和国作为军事强国和亚洲革命中心的地位，它还建立了中国作为一个令人敬畏的对手的军事威信，在以后的几十年中，这一威信始终不坠！"

① 任瑗：《马克龙呼吁欧洲像中美一样保持自主》，《环球时报》2020 年 11 月 17 日。

② 习近平：《在纪念中国人民志愿军抗美援朝出国作战 70 周年大会上的讲话》，《人民日报》2020 年 10 月 24 日。

毛泽东之所以敢打抗美援朝战争这场立国之战，也有牢记历史教训的原因。鸦片战争以后，"天朝上国"的落日辉煌，被西方列强的坚船利炮击碎，羸弱的中国军队无法将列强拒止于国门之外，中华民族不得不以屈辱的姿态走进近代，跌入苦难的深渊。从1840年到1919年的80年间，西方列强发动了五次大规模侵华战争，中国被迫与列强签订了数以百计的不平等条约。如果我们把近代中国社会各个方面的溃败看作一块块倒下的多米诺骨牌，每一块多米诺骨牌的里子都写着"贫弱"二字。近代以来中华民族遭受苦难之深重、中国人追求民族复兴中国梦历程之曲折，令人痛心疾

1950年10月至1953年7月的抗美援朝是中国人民为保家卫国，维护亚洲与世界和平而进行的一场反侵略的正义战争。图为志愿军战士不顾敌机狂轰滥炸，从燃烧的房屋里救出朝鲜老大爷。

首、扼腕叹息，根本原因就是国力衰弱，做不到自立自强，经不起大风大浪的吹打。

时至今日，不能自立自强就经不起风吹浪打，仍然是世界上通行的法则。2020年9月27日，亚美尼亚与阿塞拜疆在纳卡地区爆发冲突，双方均指责对方违反停火协议，率先发动军事进攻。2020年11月7日，亚美尼亚军队彻底失守战略重镇舒沙市后，在与阿塞拜疆的博弈中就处于

下风，谈判成了亚方痛苦而又不得不进行的一个选择。11 月 9 日，俄罗斯、阿塞拜疆和亚美尼亚达成停火协议。根据三方声明，亚美尼亚须在 11 月 15 日前向阿塞拜疆归还克尔巴贾尔地区；在 12 月 1 日前归还拉钦，同时留下拉钦走廊（宽 5 公里）。亚总理帕希尼扬表示，签署停火协议是非常痛苦的事情，因为"资源已经耗尽"，必须尽快停战，否则后果将更加严重。① 这一事件再次告诉我们，落后就要挨打，自强才能真强！

中华民族走过苦难的深渊，深知自立自强的极端重要性。新中国成立 70 多年来，中国人民在中国共产党的领导下，不惧风雨、砥砺前

2020 年 11 月 20 日，在亚美尼亚首都埃里温一处公墓，当地民众安葬在纳卡冲突中阵亡的士兵。

① 曹洁、谢坚、柳直：《俄阿亚达成纳卡停火协议》，《环球时报》2020 年 11 月 11 日。

行，坚定走自己的路，中国特色社会主义日益成长为枝繁叶茂的参天大树。2018 年 11 月 5 日，习近平主席出席首届中国国际进口博览会开幕式并发表主旨演讲，指出："经历了无数次狂风骤雨，大海依旧在那儿！经历了 5000 多年的艰难困苦，中国依旧在这儿！面向未来，中国将永远在这儿！"① 中国将永远在这儿——这是多么豪迈的中国自信、中国宣示！习近平主席的宣示昭告世人：中国早已不是积贫积弱的近代中国，而是正在走向复兴的自立自强的中国！

### （二）自立自强才能培塑强国的战略机遇

战略机遇是一定时期内一经出现就可能极大拓展一个国家或民族全局、长远和根本利益的条件的总和。抓住了战略机遇，强国进程就可能拾级而上。反之，贻误了战略机遇，就可能江河日下。战略机遇是否涌现，与各种因素息息相关。促成强国战略机遇的因素有很多，有的是特定时空条件下的决定性因素，有的起辅助性作用但也是不可缺少的重要因素。众多因素此消彼长、相互作用，使强国成为人类最复杂的实践活动之一。很多时候，强国的进程和可持续性是难以准确预见的，具有很大的不确定性。一般说来，通过自立自强来实现强国的概率更大。这是因为，自立自强才能掌握强起来的主动权，不断培塑和抢抓强国的战略机遇，而依托于外因的强国进程往往只是昙花一现。

自立自强是中华民族的优良传统，是中国共产党、中华人民共和国立党立国的重要原则。在中国这样一个人口众多和经济文化落后的东方大国进行革命和建设的国情与使命，决定了我们只能走自己的路。新中国成立前夕，毛泽东提出"另起炉灶"和"打扫干净屋子再请客"两条

---

① 习近平：《共建创新包容的开放型世界经济——在首届中国国际进口博览会开幕式上的主旨演讲》，《人民日报》2018 年 11 月 6 日。

方针。"另起炉灶"的方针明确了新中国的政府将不承袭国民党政府与各国建立的旧的外交关系,而是在新的基础上同各国另行建立新的外交关系。这一方针的实行改变了中国半殖民地的地位,建立起独立自主的外交关系。"打扫干净屋子再请客"的方针,明确了新中国将首先致力于清除国内帝国主义残余势力,而不急于和帝国主义国家建交,以免使刚刚获得的独立受到影响。在中国共产党领导下,我国各族人民自立自强,意气风发投身中国历史上从来不曾有过的热火朝天的社会主义建设,在不长的时间里就建立起独立的比较完整的工业体系和国民经济体系,独立研制出"两弹一星",成为在世界上有重要影响的大国。这种独立完整的工业体系和国民经济体系,使中国能够在关键时刻抵御一些重大风险甚至化危为机。比如,2020 年新冠疫情暴发初期,我国重点卫生防疫物资,包括医用口罩、防护服、护目镜、医疗器械等严重不足,防控物资供应一度十分紧张。但由于我国具有超大规模制造能力和比较完整的工业体系,是全世界唯一拥有全部工业门类的国家。以此为基础,在党和政府的集中统一领导下,变制造优势为供给能力,做到了关键时刻拿得出、调得快、用得上。

1967 年 6 月 17 日,我国第一颗氢弹空爆试验成功。

20 世纪 70 年代末以后,整个世界发生前所未有的大发展大变动大调整,特别是随着经济全球化、世界多极化的发展,我国发展的外部环境趋于优化,可资利用的有利条件增多。我们党和政府及时作出改革开放的历史性决策，拥抱战略机遇。兴办特区就是改革开放的一个重要标志。1979 年 4 月，习仲勋代表广东省委向中央领导同志提出兴办出口加工区、推进改革开放的建议。邓小平明确指出，还是叫特区好，中央可以给些政策，你们自己去搞，杀出一条血路来。同年 7 月，党中央、国务院批准广东、福建两省实行"特殊政策、灵活措施、先行一步"，并试办出口特区。1980 年 8 月党和国家批准在深圳、珠海、汕头、厦门设置经济特区，1988 年 4 月又批准建立海南经济特区。改革开放春潮涌动，中国自立自强的势头不可阻挡，迎来了大发展的春天。改革开放 40 多年来，随着世界格局的深刻变动、科技进步的日新月异、人类生产生活方式的今非昔比，社会生产要素流动和产业转移速度不断加快，使优化的发展条件集群式涌现，我国抓住这些战略机遇乘势而上、快速发展。

　　然而，美国以国强必霸的眼光看待中国的发展，战略焦虑不断增加。近几年来，在各方面不遗余力、不择手段、不计后果对我国进行围堵打压，妄图迟滞甚至阻断中华民族伟大复兴的历史进程。特朗普执政后，推行保护主义和单边主义，掀起逆全球化的倒流。面对世界经济深度衰退、国际贸易和投资大幅萎缩、国际金融市场动荡、国际交往受限、地缘政治风险上升等不利局面，我们必须在一个更加不稳定不确定的世界中谋求我国发展。习近平总书记指出："以前，在经济全球化深入发展的外部环境下，市场和资源'两头在外'对我国快速发展发挥了重要作用。在当前保护主义上升、世界经济低迷、全球市场萎缩的外部环境下，我们必须充分发挥国内超大规模市场优势，通过繁荣国内经济、畅通国内大循环为我国经济发展增添动力，带动世界经济复苏。"① 如果我们延续过去那种市场和资源"两头在外"的"世界工厂"发展模式，

---

① 习近平：《在企业家座谈会上的讲话》，《人民日报》2020 年 7 月 22 日。

图为深圳市南山区蛇口太子湾邮轮母港。

不可能实现强国复兴。只有开辟新路，加快构建以国内大循环为主体、国内国际双循环相互促进的新发展格局，才能自立自强，实现赶超。以国内大循环为主体，绝不是关起门来封闭运行，而是通过发挥内需潜力，使国内市场和国际市场更好联通，更好利用国际国内两个市场、两种资源，实现更加强劲可持续的发展。

### （三）自立自强才能突破大国崛起困境

大国崛起困境，是指崛起国实力的增强会引发守成国的恐惧、戒备甚至遏制，守成国的戒备、遏制又反过来导致崛起国的不安，于是崛起国和守成国为了最大限度强化各自的安全而竭力采取增加自己实力的做法，使两国陷入了安全竞争的恶性循环，甚至导致国家间的冲突和对抗不可避免地发生。

在无序状态中，一国进行安全判断的主要依据有两个：一是他国的意图，一是他国的实力。对他国的实力可以作出量化分析，进而确定是否能对本国构成威胁。但他国的意图是不确定的，正如米尔斯海默所指出的："意图最终是无从知晓的，因此出于对其生存的忧虑，国家必须对对手意图作出最坏估计。"[1] 这种"最坏估计"导致国家安全判断最终只留下一个变量：实力。如果用漏斗来表示，如图所示[2]：

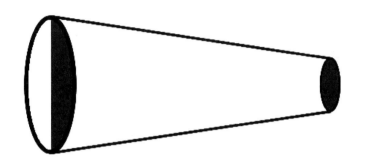

国家安全判断的漏斗

(注：阴影部分为对他国实力的判断，空白部分为对他国意图的判断)

从上图中可以看到，国家间的安全竞争，刚开始时既对他国实力作出判断，同时也对其意图进行猜测。随着竞争加剧，对他国意图的判断完全被排除在安全判断之外，只留下对他国实力的评估上。即作"最坏估计"，认为他国是充满敌意的。

造成这种判断发生重大变化的内在机理是：理性的国家为了最大限度获得崛起的主动权，会选择尽力获取相对于他国的能力优势。由于国家间不能取得真正的互信，实力的竞争会使双方更加确定对方怀有敌意，加深的敌意又驱使双方进一步提升各自的实力，从而形成敌意与实

---

① 转引自封永平：《大国崛起困境的超越：认同建构与变迁》，中国社会科学出版社 2009 年版，第 89—90 页。

② 转引自封永平：《大国崛起困境的超越：认同建构与变迁》，中国社会科学出版社 2009 年版，第 91 页。

力相互加强的恶性循环，最终诱发国家间的冲突与战争，这就是大国崛起困境。

第二次世界大战后崛起的美国和苏联曾深陷大国崛起困境，美苏之间展开的军备竞赛和冷战，将两个超级大国之间的崛起困境演绎得淋漓尽致。"二战"结束初期，英、美、苏三大国在行使雅尔塔权力和战后利益分配上产生矛盾并由此很快导致冷战。双方与各自的盟友签订一个又一个条约并成立互相对立的"北大西洋公约组织"与"华沙条约组织"，于是，在这些条约及保障这些条约的组织基础之上形成冷战体系。从1946年3月5日丘吉尔以"和平砥柱"为题的富尔敦演说，到苏联戈尔巴乔夫上台，冷战时间持续长达近50年。[1] 在这近50年的冷战较量中，双方的激烈互动不断加码，最终陷入大国崛起困境。

苏联亡党亡国后，美国开始把中国作为颠覆和打压目标，特别是以国强必霸的疑惧心态看待中国的快速发展，各种遏制和围堵便"境由心生"，对华战略压制、政治诋毁、经济脱钩、社会切割、外交对抗、安全围堵等做法多管齐下，崛起困境正在被强加到我们头上。美国前国务卿基辛格曾这样描述中美之间的斗争：经过贸易战、互关领事馆、驱逐记者和各种相互制裁之后，两国已经撕破了脸。2020年11月，基辛格呼吁即将上任的拜登政府迅速采取行动恢复美中沟通渠道，他在"创新经济论坛"期间接受彭博社采访时警告：否则的话，世界将陷入一场堪比第一次世界大战的灾难。他指出，中美正在以一种对抗的方式进行外交，危险在于，将会发生一些危机，这些危机将超越言辞，演变成实际的军事冲突。[2] 过去我们往往认为"中美关系好也好不到哪里，坏也坏不到哪里"，但现在有的人认为"中美关系再也回不到从前了"。

---

① 张文木：《雅尔塔体制与二十一世纪亚太和平——写在世界反法西斯战争胜利七十周年之际》，《光明日报》2015年8月5日。

② 《基辛格敲响的警钟各方都应认真听》，《环球时报》2020年11月18日。

1988 年 7 月 16 日，华约七国（阿尔巴尼亚于 1968 年退出华约组织）首脑在波兰首都华沙出席华约首脑会议时合影。

2020 年 7 月 7 日，中国人民大学重阳金融研究院中美人文交流课题组在《环球时报》发布问卷调查百名中国学者的中美人文交流系列报告。报告相关结果显示：超过六成的中国学者认为，美国的确是在对华发动"新冷战"，同时，90% 以上的中国学者认为，中国有能力应对好美国的"新冷战"攻势。只要中国不犯颠覆性错误，那么中国的崛起将势不可当。[①] 这里所讲的不犯颠覆性错误，不仅包括坚持中国共产党的领导和社会主义制度，还包括既坚持做好自己的事，又继续深化改革开放。

我们要突破美国妄图强加给我们的崛起困境，最根本的立足点是自立自强。美国的一些政客不愿意看到中国的强盛，千方百计推动"脱

---

①　杨云涛、张婷婷：《中国能应对好美国"新冷战"攻势》，《环球时报》2020 年 7 月 7 日。

钩"，以便能够腾出手来、拉开架势"大打出手"，使中国无法自立自强。但中美双方在经贸、维和、环境保护等众多领域都有着共同的利益，只要美国还想要"领导"世界，就离不开中国的协作和支持。中美在贸易、金融、教育、反恐、全球公共安全等领域均存在广泛的合作基础，而且合作潜力巨大。特别是美国大企业在中国市场的盈利甚至超过在美国市场的盈利，不会允许中美走向真正的"脱钩"。在美国经济社会陷入危机之时，对中国的依赖是不可或缺的。2020年10月30日，中共中央就党的十九届五中全会精神举行新闻发布会，中央财经委员会办公室分管日常工作的副主任韩文秀在回答记者提问时指出，在"地球村"越来越小的当今时代，中美作为全球最大的两个经济体，两国间的经济联系是由双方经济结构的互补性和全球经济的开放性所决定的，彻底"脱钩"根本不现实，对于中美两国来说，对于整个世界来说，也没有好处。其实，真正想脱钩的少而又少，真心要合作的多而又多。2023年2月7日，美国商务部发布的数据显示，2022年美国和中国货物贸易总额达6906亿美元，创历史新高。数据表明，尽管美国政府对中国输美商品加征关税，少数美国政客鼓吹中美经济"全面脱钩"，但事实上不可能真正"脱钩"。正因为中美在诸多领域"你中有我、我中有你"，美国就无法真正像当年对待苏联那样搞彻底的冷战，许多时候往往只能停留在"骂战"上。中国完全可以在美国受到利益牵绊的条件下，集中精力办好自己的事，推动自立自强，从而实质性地突破所谓的"崛起困境"。

## 二、保护好自己的"命门"

命门，顾名思义是生命之门户。中医学认为，命门蕴藏先天之气，对五脏六腑的功能发挥着决定性的作用。命门一旦被破坏，生命就会受到重创。翻开如巨幅连环画般的世界史，沧海桑田般的历史巨变与一幕幕战争活剧如影随形。一个又一个曾经崛起的大国，几乎无一例外地走向衰落。究其根源，正在于再强大的对手也有自己的命门，如果被对手抓住了就容易受到致命的攻击。俗话说，打蛇打七寸。若是强国被抓住了致命弱点，就等于暴露了"阿喀琉斯之踵"，难免会吞下失败的苦果。中国在由大向强的进程中，必须牢记古今中外的历史教训，始终保护好自己的"命门"，把安全发展贯穿国家发展各领域和全过程，筑牢国家安全屏障。

## （一）解决科技"卡脖子"问题

一个国家要强大，前提是要经得起风吹浪打。无论对手使出什么极限手段，能抗得住、站得稳。2020 年 5 月 16 日上午，面对美国商务部的极限打压，华为通过心声社区发文表示："没有伤痕累累，哪来皮糙肉厚，英雄自古多磨难。回头看，崎岖坎坷；向前看，永不言弃。"配图则是一架"二战"中被打得像筛子一样，浑身弹孔累累的伊尔 -2 攻击机，依然坚持飞行，终于安全返回。伊尔 -2 攻击机能够安全返回，靠的是什么呢？尽管弹孔累累，但"命门"（核心部件）没有受到致命破坏，否则必然机毁人亡。在与强手斗争的进程中，我们不能寄希望于"命门"侥幸未被对手命中，而应主动作为，把对手处心积虑想要攻击的靶点作为我们的命门，想一切办法、尽一切努力来保护好自己的命门。

2020 年 9 月 16 日，国务院新闻办举行新闻发布会，中国科学院院长白春礼在回答记者提问时谈到，未来十年会针对一些"卡脖子"的关键问题作一些新的部署，我们把美国"卡脖子"的清单变成我们科研任务清单进行布局，比如航空轮胎、轴承钢、光刻机，还有一些关键的核心技术、关键原材料等，我们争取将来在第二期，聚焦在国家最关注的重大的领域，集中我们全院的力量来做。① 白春礼的回答，揭示了中国在强国进程上不得不做的攻坚工程，即别人想要在哪里攻击我们的要害，我们就必须在哪里保护好自己的命门。习近平总书记指出，核心技术是我们最大的"命门"，核心技术受制于人是我们最大的隐患。②

在应对科技卡脖子这个问题上，自立自强是唯一的正解。如果在两国关系好的时候，认为不需要自己费心费力去研究，只需从国外进口就可以了，那么，一旦两国关系恶化，在科技上被对方卡住了脖子，那就吃苦头了。2008 年汶川特大地震，最初几天震区交通中断，此时最好的救灾方式就是空投救灾人员和物资，但能够承担救援任务的只有少量进口大型直升机。大飞机不仅在救灾时用得上，在军事上的战略价值更是突出。当我们要紧急调动大规模人员与物资时，就必须有自己的大飞机。1970 年夏天，毛泽东视察上海时，指示上海要造大飞机。于是，史上称为"708 工程"的大飞机专项研制任务很快上马。1973 年 6 月，国务院、中央军委正式批准在上海研制大型客机。在极其艰难的情况下，大型客机运-10 竟真的造出来了。这是第一架由我国自行研制的四发大型喷气式客机。但由于多种主客观原因，运-10 在 20 世纪 80 年代之初夭折，我国航空工业与世界先进水平重新拉大。20 世纪 80 年代中期以后，我国与麦道、波音的合作一次次失败。事实证明，"关键核心技术是要不来、买不来、讨不来的。只有把关键核心技术掌握在自己手中，才能从根本上保障国家经济安全、国防安全和其他安全。"③ 终于，我们于 2008 年启动 C919 项目。2009 年，C919 正式开工建造。2015 年，

① 陈经：《攻坚"卡脖子"清单，中科院大有可为》，《环球时报》2020 年 9 月 18 日。

② 习近平：《在网络安全和信息化工作座谈会上的讲话》，《人民日报》2016 年 4 月 26 日。

③ 习近平：《在中国科学院第十九次院士大会、中国工程院第十四次院士大会上的讲话》，《人民日报》2018 年 5 月 29 日。

2017 年 5 月 5 日，国产大型客机 C919 在上海浦东国际机场首飞成功。

首架机总装下线。2017 年 5 月，成功首飞。[①]

操作系统是我国必须自立自强的又一重要领域。2020 年 12 月 16 日，华为鸿蒙 OS2.0 手机应用开发者 Beta 版发布。华为之所以下决心开发鸿蒙 OS 手机应用，直接原因是遭遇美方打压、限制华为使用谷歌的安卓系统，根本原因还是要让中国人用上自主安全的操作系统。华为消费者 BG 软件部总裁王成录在接受《环球时报》记者专访时指出，"长久以来，我们的互联网从业人员大都扎堆在'上层应用'，愿意做底层工具、系统的人反而比较少。""应用就好像树上的果实，系统是果树的根，

---

[①]　程福江、倪大伟：《打造中国自己的大飞机——中国商飞研发制造 C919 大型客机纪实》，《解放军报》2017 年 7 月 7 日。

根扎得多深多广决定了未来生态的繁荣程度，如今我们的果实都嫁接在别人的根上，一旦根不供给营养，果实也就无法生长了。"如果华为能做成鸿蒙 OS，中国将在未来 IOT 的编程语言创新中领先，中国人将有自己的有影响力的编程语言。①

华为消费者 BG 软件部总裁王成录在接受《环球时报》记者专访时表示，"当前我们用的系统是 Windows、iOS、安卓，这些系统的核心知识产权都不在中国，这对于中国社会的发展是有隐患的，所以我们做鸿蒙不只是希望做出一个在市场上拥有非常强竞争力的产品，我是希望能够慢慢让中国产业界、学术界认识到，咱们中国第一次有了自己的生态底座的可能性，大家一起共建这个生态，中国是最有希望的。"

历史和现实表明，我们不仅要防范对手的"大棒"，更要防范对手的"胡萝卜"。面对"棒杀"，我们容易产生戒备心理并守护好自己的命门，但如果是"捧杀"，则不是那么容易应对了。如果美国一伸出"橄榄枝"，在技术封锁上有所松动，我们就放弃了自立自强的战略，很可能就中了圈套。以往的情形是，每当我国在某个领域取得研发突破，西方在这个领域的技术封锁就会松动一些，我们能买到水平相当但更为成熟可靠的商用设备，这实际上是不给中国本土设备成长机会，扼杀中国的自主创新。对此，我们一定要跳出眼前利益，看到长远和全局，扶持本土的自主创新，让自己的"命门"变得更强。

## （二）中国碗要装中国粮

随着大多数人温饱问题已解决和科技日益发达，许多人已逐渐淡忘

---

① 赵觉珵、张阳：《"卡脖子"之困，国产软硬件怎么破》，《环球时报》2020 年 12 月 29 日。

了粮食的重要性，然而前几年随着新冠疫情的暴发和持续蔓延，多国超市一度出现抢购粮食、市民囤积粮食、国际粮食价格不断攀升的现象，引起各国对粮食安全的重视。人类回归到了最原始的生存需求——对粮食的需求。2020年，联合国粮食及农业组织多次就粮食危机发出预警。其中包括："新冠肺炎疫情在全球蔓延致使劳动力短缺和供应链中断，可能影响一些国家和地区粮食安全。""除非我们快速采取行动，保护最脆弱环节，保证全球粮食供应链通畅，缓解疫情蔓延对整个粮食体系的影响，否则我们面临粮食危机迫近的风险。"同年7月31日，国际粮食政策研究所（IFPRI）在《科学》期刊发表《新冠疫情对全球粮食安全的风险》报告，报告概述了新冠疫情对粮食安全构成的威胁，提醒全世界应考虑防止这种全球性健康危机导致全球性食品危机。虽然到目前为止，尚未出现严重的食物短缺，然而就总体而言，一些重大事件已对粮食安全的四根支柱，即"可供应量"（食物供应是否充足）、"获取渠道"（人们能否获取所需食物）、"充分利用"（人们是否摄入了足够的营养）和"稳定供应"（人们可否随时获取所需营养）构成了影响，尤其对人们获得食物的机会以及食品价格不稳定等构成最直接、最严重的影响。

"粮安天下"。所谓粮食问题的重要性，说到底是因为它事关每个人的吃饭问题，而解决吃饭问题是人类生存与发展的第一需要。历史和现实警示我们，粮食安全是维系社会稳定的"压舱石"。如果连最基本生存需求都得不到保障，其他一切发展就无从谈起。袁隆平院士也曾告诫："一粒粮食能救一个国家，也可以绊倒一个国家。"世界上真正强大的国家，都是能确保自己粮食安全的国家。特别是中国作为世界第一人口大国，粮食安全问题更不容小视。在中国，粮食安全既是经济问题，也是政治问题，是国家发展的重要"命门"。只要粮食不出大问题，中国的事就稳得住。如果粮食不足，国家的发展就会受到迟滞，甚至会受制于人。习近平总书记告诫，十几亿人口要吃饭，这是中国最大的国情；

2020 年 6 月 6 日，在也门扎马尔省，成群的蝗虫在农田上空飞过。

保障粮食安全是永恒的课题，任何时候都不能放松；要牢记历史，在吃饭问题上不能得健忘症，不能好了伤疤忘了疼。正因为粮食问题这么重要，必须始终把粮食安全作为国家安全和发展的命门之一，牢牢守护好。我们要牢记这些嘱托，真正做到"自己饭碗要牢牢端在自己手里"。

冷战时期，美苏两个超级大国间数十年的对抗，就有鲜为人知的粮食战争。第二次世界大战后，美国成为世界上主要粮食出口国，一直将粮食贸易作为外交手段来敲打反美国家，基辛格就直言，"控制了粮食，你就控制了所有人"。苏联则拥有世界上最多耕地资源，曾占据世界粮食出口总量的 45%，虽坐拥丰富的农业资源，但斯大林等领导人却把成为超级工业化国家当作发展目标，有人甚至提出"要大炮，不要面包黄油"的口号，农业成为"服务包括国防军工在内的重工业配套产业"。到斯大林去世时，该国农业产量仅为 1940 年水平的 40%，粮食成为国家安全的软肋。1962 年起苏联粮食出现歉收现象，西方媒体称之为苏联国内第一次粮食危机。现实窘境逼迫赫鲁晓夫逐渐向西方国家低头，并动用黄金储备到国外购买粮食。美国趁机要求苏联低价向其出口石油，以换取粮食出口援助。在触动国际油价重创苏联能源经济后，美又对粮食出口设置诸多限制，美苏间粮食贸易处于断流状态。苏联被迫认栽，转向加拿大求援求购。那段时期，苏联人自我调侃，"赫鲁晓夫表演了一个魔术，在境内种植却在加拿大收割"。①

与苏联不同，中国领导人历来高度重视粮食安全。随着时代发展，中国尤为重视运用科技手段支撑和保障粮食安全。2020 年 11 月 2 日，位于湖南省衡南县的第三代杂交水稻新组合试验示范基地晚稻测产结果出炉，平均亩产达到 911.7 公斤。向前追溯到同年 7 月，衡南基地早稻高产攻关田测得早稻平均亩产为 619.06 公斤，这意味着第三代杂交水稻早晚双季稻平均亩产突破 1500 公斤，达到 1530.76 公斤。听到这个消息，袁隆平笑得像个孩子，因为他实现了自己 90 岁生日时许下的愿望："（第三季杂交水稻两季）亩产 3000 斤，要早日实现！"同年 10 月 14 日，由袁隆平"海水稻"团队和江苏省农业技术推广总站合作试验种植的耐盐水稻"超优千号"在江苏如东测产，平均亩产量达 802.9 公斤，创下盐碱地水稻高产新纪录。②

袁隆平团队取得的突破，是我国藏粮于技，坚持走依靠科技、提高单产的内涵式道路保障粮食安全的一个缩影。党的十八大以来，习近平总书记对粮食安全念兹在兹，提出了"以我为主、立足国内、确保产能、适度进口、科技支撑"的国家粮食安全新战略，明确要求必须把中国人的饭碗牢牢端在自己手中、确保"谷物基本自给、口粮绝对安全"，不断完善和创新粮食安全政策机制和制度框架，探索形成了符合我国国情

---

① 刘磊娜、李媛：《美苏在冷战中三次爆发"粮食战争"》，《环球时报》2021 年 2 月 2 日。

② 《笑得像个孩子！袁隆平的生日愿望实现了！》，中国青年网，2020 年 11 月 2 日。

粮情的粮食安全道路，我国粮食安全形势处于历史最好时期。联合国粮农组织官员曾指出，粮农组织非常自豪地见证了中国以仅占世界 9% 的可耕地面积和 6% 的淡水资源养育了世界 22% 人口的瞩目成就。

要清醒地看到，随着人口增加、城镇化推进，粮食需求量刚性增长，粮食增长要赶上消费增加的速度，压力很大。同时，人多地少水缺的国情制约着粮食生产，"种地一年不如打工一月"影响着农民种粮积极性。特别是，我国种业创新发展面临的一系列瓶颈问题不容忽视，各类种子库收集的种质资源有所欠缺，一些地方特色鲜明的物种甚至面临灭绝风险。一些种质资源库（圃）由于经费不足，保存、保育、复壮等工作时断时续，特别是尖端科技人才缺乏，我国利用现代生物技术开展

根据国家统计局 2020 年 12 月 10 日发布的数据，2020 年全国粮食总产量为 13390 亿斤，比上年增加 113 亿斤，增长 0.9%，连续 6 年保持在 1.3 万亿斤以上。

种质资源保护和利用的有些工作显得滞后。① 种质资源引进挖掘差距较大、技术创新应用差距较大，基础理论和原始技术创新不足，农作物育种规模化组织化程度低，商业化育种体系不健全，生猪、奶牛等畜禽品种多世代、高强度、持续规范的性能测定和选育体系亟待建立。②

基于中国国情，必须立足国内基本解决我国人民吃饭问题，真正做到"手中有粮，心中不慌"。如果依靠进口保吃饭，既不现实也不可能。否则，一有风吹草动，有钱也买不来粮，就要陷入被动。我国地域广阔，气候和自然环境差异大，造就了极其丰富的物种，为我国种业全链自主创新带来了极其有利的条件。要贯彻落实中央经济工作会议精神，加强种质资源保护和利用，加强种子库建设；尊重科学、严格监管，有序推进生物育种产业化应用；开展种源"卡脖子"技术攻关，立志打一场种业翻身仗。③ 要严防死守十八亿亩耕地红线，同时建立耕地数量、质量和生态"三位一体"的管护体系，确定数量和质量、生态保护并重的原则，落实地方政府耕地保护责任，保证耕地占补平衡占优补优，谨防工业对农田的污染和损毁，防止农业生产中对土地的过度索取。要建设国家粮食安全产业带，加强高标准农田建设，加强农田水利建设，实施国家黑土地保护工程。

## （三）扭住社会主要矛盾谋发展

历史上的苏联作为一个世界强国，无论是外国的武装干涉、经济封锁，还是世界大战都未能把它摧垮，相反，愈摧愈强，但最终却在20世纪90年代初瓦解，有学者将其称为"20世纪的历史之谜"。人们在破解这一谜团时，给出了"戈氏葬送说""和平演变说""错误路线说""民

---

① 李国祥：《中国种业打翻身仗的关键何在》，《环球时报》2020年12月29日。
② 李慧：《打好种业翻身仗》，《光明日报》2020年12月24日。
③ 《中央经济工作会议在北京举行》，《人民日报》2020年12月19日。

族矛盾说""体制僵化说""党内危机说""腐败层自我政变说""群众抛弃说""经济滞后说""背叛马列说""僵化教条说""历史合力说"等数十种答案。应当说,这些归因都有一定的合理性。其实,拨开层层历史迷雾,我们不难发现,内因是主要的根本的,苏联是"自毁长城",问题主要出在内部。按照唯物辩证法,内因是决定事物存在和发展首要的根本的因素,而外因对事物发展变化的影响则是第二位的。社会主义国家要持续走向繁荣富强,就必须在与资本主义强国的竞争和斗争中,不被其牵着鼻子走,而应把主要着眼点放到国内,扭住社会主要矛盾谋发展,做强内功,这样才能"任凭风浪起,稳坐钓鱼船",在竞争和斗争中"笑到最后"。

如果把一个国家比作一个人,那么强国的进程就是一个人成长的过程。一个人在成长的不同阶段,会有不同的需求,存在阶段性的主要矛盾。要健康成长,就必须紧贴需求汲取合适的营养,破解成长的主要矛盾。同样,一个国家要发展壮大,也必须根据自身实际,在不同的发展阶段着力破解阶段性的主要矛盾,从而使国家的经济体量越来越大、体格越来越强。

新中国成立后,总的看,我们党能够领导人民不断创造世所罕见的经济快速发展奇迹和社会长期稳定奇迹,靠的就是紧紧扭住社会主要矛盾求发展。通过社会主义革命,建立生产资料公有制和一系列社会主义基本制度,消除了全社会的阶级对立,极大地解放了社会生产力。社会基本矛盾发生了质的改变,我国进入社会主义初级阶段。党的八大强调指出,社会主义制度建立之后,"国内的主要矛盾,已经是人民对于建立先进的工业国的要求同落后的农业国的现实之间的矛盾,已经是人民对于经济文化迅速发展的需要同当前经济文化不能满足人民需要的状况之间的矛盾"。党的十一届三中全会坚决摒弃"以阶级斗争为纲",把重点转移到现代化建设上来。此后,我们着力破解人民日益增长的物质文化需要同落后的社会生产之间的矛盾这一社会主要矛盾，经济社会发展进入快车道。

党的十九大报告指出："中国特色社会主义进入新时代，我国社会主要矛盾已经转化为人民日益增长的美好生活需要和不平衡不充分的发展之间的矛盾。"① 我国社会主要矛盾的新表述明确了新时代我国发展的主要症结。从发展不平衡来看，主要是各区域各方面发展不够平衡，城乡区域发展和收入分配差距依然较大，制约了全国发展水平提升。从发展不充分来看，主要是一些地方、一些领域、一些方面还有发展不足的问题，发展质量和效益还不高，创新能力不够强，群众在就业、教育、医疗、居住、养老等方面面临不少难题，发展的任务仍然很重。我们要充分发挥社会主要矛盾的导向作用，着眼人民群众更加广泛、更加多样、更高标准、更多层次的美好生活需要，下大力补短板、强弱项，解决经济社会发展不平衡不充分问题。

## 三、把发展立足点放在国内

近年来，我国高端 ERP 市场捷报频传。比如，由上海博科资讯股份有限公司等参与研发的中国石油昆仑 ERP 在大庆石化公司成功单轨运行，中国石油成为国内首个使用国产高端 ERP 的央企。又如，2023年 4 月，华为联合中国生态伙伴研制成功 Meta ERP。这些事件表明，中国企业已经突破国外企业在高端 ERP 市场的垄断，并将持续推动中国高端 ERP 的创新突破。习近平总书记指出："改革开放以来，我们遭遇过很多外部风险冲击，最终都能化险为夷，靠的就是办好自己的事、

---

① 《习近平谈治国理政》第三卷，外文出版社 2020 年版，第 9 页。

把发展立足点放在国内。"①"不论过去、现在和将来，我们都要把国家和民族发展放在自己力量的基点上，坚持民族自尊心和自信心，坚定不移走自己的路。"②

## （一）坚持以内需为战略基点畅通国内大循环

2019 年 8 月 11 日，阿根廷总统大选初选结果出炉，右翼的时任总统马克里出乎意料地败给了由左翼前总统克里斯蒂娜和其推荐的阿尔贝托·费尔南德斯组成的"全民阵线"，费尔南德斯竟然以高出 15% 的票数遥遥领先于马克里。结果一出，引起金融市场强烈动荡，股市、汇市、债市相继暴跌。阿根廷金融市场崩盘，既与人们对政策的失望有关，也是投资商因对未来预期恐惧而疯狂抛售造成的结果。从历史上看，阿根廷多次经历经济危机，如 1929—1930 年的世界经济大萧条带来的危机、1982 年席卷整个拉美地区的债务危机，以及 20 世纪末 21 世纪初的危机。每一次危机，都与阿根廷依附型的经济结构有密切关系。尽管阿根廷早在 19 世纪 70 年代开始，就已经进入了早期工业化进程，此后又经历了进口替代工业化，但是阿根廷现代化的发展长期基于以农业和畜牧业为主导的初级产品出口，出口部门的利润并未传导到非出口部门，使得阿根廷经济虽然在 1913 年名列世界前茅，但经济结构并未发生根本性转变，一直是农牧业国家。因此，这种经济结构的特点自然就不可能摆脱对外部市场、技术和资金的依赖，同时又受外部市场需求波动的影响，其经济的脆弱性也就不言而喻了。③

---

① 习近平：《关于〈中共中央关于制定国民经济和社会发展第十四个五年规划和二〇三五年远景目标的建议〉的说明》，《人民日报》2020 年 11 月 4 日。
② 习近平：《在纪念毛泽东同志诞辰 120 周年座谈会上的讲话》，《人民日报》2013 年 12 月 27 日。
③ 王萍：《"钟摆效应"拖累阿根廷发展》，《环球时报》2019 年 8 月 17 日。

图为中国港湾科伦坡港口城项目部提供的斯里兰卡科伦坡港口城（右侧土地）全景（无人机拍摄）。

但中国与阿根廷的国情有很大不同，决定了两国经济在抗击风险时的表现也大相径庭。2018年11月5日，习近平主席在首届中国国际进口博览会开幕式上作主旨演讲指出："中国是世界第二大经济体，有13亿多人口的大市场，有960多万平方公里的国土，中国经济是一片大海，而不是一个小池塘。大海有风平浪静之时，也有风狂雨骤之时。没有风狂雨骤，那就不是大海了。狂风骤雨可以掀翻小池塘，但不能掀翻大海。"①2020年8月20日，习近平总书记在合肥主持召开扎实推进长三角一体化发展座谈会时强调，在当前全球市场萎缩的外部环境下，我们必须集中力量办好自己的事，发挥国内超大规模市场优势，加快形成以国内大循环为主体、国内国际双循环相互促进的新发展格局。以畅通

① 习近平：《共建创新包容的开放型世界经济——在首届中国国际进口博览会开幕式上的主旨演讲》，《人民日报》2018年11月6日。

国民经济循环为主构建新发展格局，这是以习近平同志为核心的党中央根据我国发展阶段、环境、条件变化提出来的，是重塑我国国际合作和竞争新优势的战略抉择。

自 2008 年国际金融危机以来，我国经济已经在向以国内大循环为主体转变，经常项目顺差同国内生产总值的比率由 2007 年的 9.9% 不断下降，国内需求对经济增长的贡献率有多个年份超过 100%。随着外部环境和我国发展所具有的要素禀赋的变化，市场和资源两头在外的国际大循环动能明显减弱，而我国内需潜力不断释放，国内大循环活力日益强劲，客观上有着此消彼长的态势。未来一个时期，国内市场主导国民经济循环特征会更加明显，经济增长的内需潜力会不断释放。这些新情

2008 年席卷全球的金融危机对阿根廷经济的冲击日益显现，汽车等制造业出现了大规模裁员和失业现象。图为 2008 年 11 月 10 日，阿根廷的劳工组织成员在首都布宜诺斯艾利斯的劳工部大楼前举行示威活动，要求政府采取措施，避免出现企业大规模倒闭和裁员。

况表明，新发展格局是 2008 年以来中国经济发展的一个客观事实和内在趋势。构建新发展格局，是主动顺应这一趋势的积极作为，需要通过深层次变革来加快这一趋势和进程。同时，面对世界经济深度衰退、国际贸易和投资大幅萎缩、国际金融市场动荡、国际交往受限、经济全球化遭遇逆流、一些国家保护主义和单边主义盛行、地缘政治风险上升等不利局面，我们必须在一个更加不稳定不确定的世界中谋求我国发展。立足国内、依托国内大市场优势，充分挖掘内需潜力，有利于化解外部冲击和外需下降带来的影响，也有利于在极端情况下保证我国经济基本正常运行和社会大局总体稳定。

面向未来，我们要把满足国内需求作为发展的出发点和落脚点，加快构建完整的内需体系，大力推进科技创新及其他各方面创新，加快推进数字经济、智能制造、生命健康、新材料等战略性新兴产业，形成更多新的增长点、增长极，着力打通生产、分配、流通、消费各个环节，逐步形成以国内大循环为主体、国内国际双循环相互促进的新发展格局，培育新形势下我国参与国际合作和竞争新优势。以国内大循环为主体，绝不是关起门来封闭运行，而是通过发挥内需潜力，使国内市场和国际市场更好联通，更好利用国际国内两个市场、两种资源，实现更加强劲可持续的发展。

### （二）坚持以科技自立自强为战略支撑

2020 年 11 月，在埃塞俄比亚的首都亚的斯亚贝巴，在线食品配送公司 DeliverAddis 深受人们欢迎，原因是其 App 能够将食物非常精准地送到顾客的所在地。这种精准性背后的秘密是中国的北斗卫星导航系统。过去，美国处在卫星导航技术的前沿，1978 年发射了组成全球定位系统 GPS 的第一颗导航卫星。但是长期以来作为唯一选择的 GPS 现在正被北斗卫星导航系统所超越。美国卫星信号接收公司 Trimble 导航公司的数据显示，在世界上 195 个主要国家当中有 165 个国家的首都(占 85%)，北斗卫星对其观测的频率要比全球定位系统高。①

北斗卫星导航系统是中国人靠自主创新"闯"出来的。从北斗一号系统采用"双星定位"解决我国卫星导航有无问题，到北斗二号系统采用混合星座构型，用 14 颗卫星实现为亚太大部分地区提供服务，再到北斗三号系统按"最简系统、基本系统、全球系统"三步走的计划组网，中国北斗人摒弃别国"一步建全球"的已有路子，依据中国自己的国情，探索出一条从无到有、从有到优、从有源到无源、从区域到全球的中国特色发展道路，成功实现"弯道超车"。他们别出心裁，攻克无"钟"之困：星载原子钟是导航卫星的"心脏"，是卫星导航领域"皇冠上的明珠"，但建设之初，全世界只有少数国家有能力研制，面对进口存在诸多困难和不确定性的情况，他们坚定不移自主研发，推出全国产化的达到国际先进水平的原子钟。他们坚韧不拔，消除缺"芯"之忧：面对缺少"中国芯"的"心病"，他们将自主可控要求落实到关键技术攻关、产品研发、竞争采购等各环节，大力推广使用自主芯片、模块、软件产品，通过边建边用、反复迭代，有效提高产品质量水平。北斗一号卫星总指挥李祖洪曾这样说："北斗的研制，是中国人自己干出来的。'巨人'对我们技术封锁，不让我们站在肩膀上，唯一的办法就是自己成为巨人。"②

在科技领域，从第一架歼击机、第一颗原子弹、第一颗人造地球卫星，到"神舟"飞天、"嫦娥"探月、"蛟龙"入海，再到今天的"北斗"系统组网成功，无不是靠自主创新的强力驱动。党中央提出，坚持创新在我国现代化建设全局中的核心地位，把科技自立自强作为国家发

---

① Toru Tsunashima：《在 165 国，北斗令 GPS 失色》，陈康译，《环球时报》2020 年 11 月 26 日。

② 何敏：《激扬"北斗"志气 厚植"天问"情怀》，《解放军报》2020 年 8 月 3 日。

展的战略支撑。可以说，这是我们推进强国复兴的睿智抉择。

一段时期以来，通过全社会共同努力，我国科技事业取得历史性成就、发生历史性变革，一些前沿领域开始进入并跑、领跑阶段，科技实力正在从量的积累迈向质的飞跃，从点的突破迈向系统能力提升。但同建设世界科技强国的目标相比，我国发展还面临重大科技瓶颈，关键领域核心技术受制于人的格局没有从根本上改变，科技基础仍然薄弱，科技创新能力特别是原始创新能力还有很大差距。面对激烈的国际竞争，面对单边主义、保护主义不断上升的大背景，我们必须坚持走中国特色自主创新道路，力争突破核心技术这个难题，把提升原始创新能力摆在更加突出的位置，努力实现更多"从 0 到 1"的突破。

当今世界，新一轮科技革命蓄势待发，在能源与资源领域，在信息

2020 年 11 月 10 日，我国全海深载人潜水器"奋斗者"号在马里亚纳海沟成功坐底，深度 10909 米，创造了中国载人深潜的新纪录（资料照片）。

技术领域，在生命科学和生物技术领域，在先进材料与制造领域，以及一些重要科学领域都在产生重大突破。各国正在进行抢占科技制高点的竞赛，全球进入空前的创新密集和产业振兴时期。科学技术引发的重大创新，将会推动世界范围内生产力、生产方式以及人们生活方式进一步发生深刻变革，也将会进一步引起全球经济格局的深刻变化和利益格局的重大调整。我们必须坚定创新自信，坚定敢为天下先的志向，在独创独有上下功夫，勇于挑战最前沿的科学问题，提出更多原创理论，作出更多原创发现，力争实现我国整体科技水平大跃升，在重要科技领域成为领跑者，在新兴前沿交叉领域成为开拓者，创造更多竞争优势。

### （三）坚持以高质量发展为主题

2020 年 11 月，英国管理咨询公司"品牌金融"发布的《2020 年国家品牌》报告显示，世界前两大经济体遥遥领先，位列国家品牌总价值榜单前 2 名。美国虽然受疫情影响，品牌价值下降了 14.5%，但因有苹果、微软这样的企业品牌作支撑，国家品牌价值仍高达 23.7 万亿美元。中国的国家品牌价值为 18.8 万亿美元，仅比 2019 年下降 3.4%，是大型经济体中降幅最小的。观察家们预测，中国品牌价值有望在之后 10 年赶超美国。①

中国的国家品牌价值在世界的排名不断走高，是近几年来坚持高质量发展的缩影。"我国经济已由高速增长阶段转向高质量发展阶段"，这是习近平总书记在党的十九大报告中作出的重大判断。2017 年 12 月的中央经济工作会议，进一步将其明确为我国经济发展进入新时代的基本特征。可以说，新时代的中国经济已经告别了"铺摊子"模式，更加注

---

① 拉尔夫·诺克里西：《国家品牌价值排名，中国第二》，《环球时报》2020 年 11 月 26 日。

重"上台阶"的发展。高速增长阶段的基本特征是以数量快速扩张为主，主要解决"有没有""够不够"的问题，而高质量发展强调的是质量和效益，主要解决"好不好"的问题。目前我国经济"大而不强"的特征仍然明显，科学技术、人力资源、生产资本等要素的水平与发达经济体相比还有较大差距。许多产业仍处于全球价值链的中低端，关键领域核心技术受制于人的格局还没有实质性改善。

发展才能自强，发展是解决我国一切问题的基础和关键。进入新时代，我国社会主要矛盾发生变化，但其基本运动方式没有变，仍然是"发展"与"需要"之间的矛盾，解决途径仍然是通过"发展"满足"需要"。发展必须保持一定的速度，但并不是单纯追求增长速度，而是要坚持以提高发展质量和效益为中心。衡量经济发展好坏，不是速度高一点，形势就"好得很"，也不是速度下来一点，形势就"糟得很"，而是要看有没有质量和效益，就是投资有回报、产品有市场、企业有利润、员工有收入、政府有税收、环境有改善，这才是我们要的发展。高质量发展，是坚持以提高发展质量和效益为中心的集中体现，就是能够很好满足人民日益增长的美好生活需要的发展，是体现新发展理念的发展，是创新成为第一动力、协调成为内生特点、绿色成为普遍形态、开放成为必由之路、共享成为根本目的的发展，也是实现更高质量、更有效率、更加公平、更可持续、更为安全的发展。

习近平总书记指出："新时代新阶段的发展必须贯彻新发展理念，必须是高质量发展。"① 进入新发展阶段明确了我国发展的历史方位，贯彻新发展理念明确了我国现代化建设的指导原则，构建新发展格局明确了我国经济现代化的路径选择。新时代新阶段的发展，本质是要实现国

---

① 习近平：《关于〈中共中央关于制定国民经济和社会发展第十四个五年规划和二〇三五年远景目标的建议〉的说明》，《人民日报》2020 年 11 月 4 日。

家由大向强的发展。以习近平同志为核心的党中央，深刻认识我国社会主要矛盾变化带来的新特征新要求，深刻认识错综复杂的国际环境带来的新矛盾新挑战，明确把全面建成小康社会之后，全面建设社会主义现代化国家、向第二个百年奋斗目标进军的阶段，界定为"新发展阶段"。从中国自身发展看，这个新发展阶段是从发展的中低端水平迈向高端水平的新阶段，是"不发达"的程度和成分越来越少、现代化程度越来越高的新阶段，是发展的部分质变积累成根本质变、最终全面建成社会主义现代化强国的新阶段。从人民的生活水平看，这个新发展阶段是从全面小康逐步迈向共同富裕的新阶段，是生活品质越来越好的新阶段，是人民群众获得感、幸福感、安全感越来越强的新阶段。从中国与世界的关系看，这个新发展阶段是守成大国竭力打压到最终无可奈何被迫接受中国是世界强国的事实的新阶段，是中国扼守国家核心利益底线并最终突破崛起困境的新阶段，是中华文明的全球影响力、感召力和吸引力越来越强的新阶段，是中华民族对人类文明作出的贡献越来越大的新阶段。

在这样的新阶段，推动经济社会发展要以推动高质量发展为主题。以推动高质量发展为主题，是坚持目标导向和问题导向相统一的必然要求。从目标导向看，我们要实现"十四五"时期经济社会发展主要目标和 2035 年远景目标，就必须聚焦高质量发展。高质量的"高"与强国的"强"，具有内在的一致性。离开了高质量发展，就不可能达成文化强国、教育强国、人才强国等各方面的"强国"目标。从问题导向看，新时代我国社会主要矛盾已经转化为人民日益增长的美好生活需要和不平衡不充分的发展之间的矛盾，发展中的矛盾和问题集中体现在发展质量上。这就要求我们必须把发展质量问题摆在更为突出的位置，着力提升发展质量和效益。党中央以推动高质量发展为主题的重大决策部署，如同一座桥梁，架在主要矛盾和主要目标之间，必将引领新时代的中国创造新的更大奇迹。

　　推动高质量发展，需要推动质量变革、效率变革、动力变革。推动质量变革，就是要在质量效益明显提升的基础上实现经济持续健康发展，深层次的是全面提高国民经济各领域、各层面的素质。推动效率变革，就是要找出并填平以往高速增长阶段被掩盖或忽视的各种效率洼地，为高质量发展打下一个效率和竞争力的稳固基础。推动动力变革，就是要在要素成本优势逐步减弱后，适应高质量、高效率现代化经济体系建设的需要，加快要素驱动向创新驱动发展的转换，进入创新是第一动力、人才是第一资源的创新发展道路。内在统一的这"三大变革"，核心是加快转变发展方式，标志是提高全要素生产率，途径是深化供给侧结构性改革。要正确认识和把握推动高质量发展这一主题同深化供给侧结构性改革这一主线的关系，高质量发展是供给侧结构性改革的落脚点，供给侧结构性改革是高质量发展的根本途径，二者统一于全面建设社会主义现代化国家的伟大实践之中。要坚持系统观念，建立有效管用的激励和约束机制，形成推动高质量发展的强大合力。

# 第十二章

# 海纳百川　博采众长

## ——强国就要广采博纳人类文明有益成果

2021 年 7 月 1 日，习近平总书记在庆祝中国共产党成立 100 周年大会上指出："我们坚持和发展中国特色社会主义，推动物质文明、政治文明、精神文明、社会文明、生态文明协调发展，创造了中国式现代化新道路，创造了人类文明新形态。"中国共产党之所以能够团结带领中国人民在坚持和发展中国特色社会主义的历史进程中创造人类文明新形态，既源于坚定不移走自己的路，也与广采博纳人类文明有益成果息息相关。如果不走自己的路，人类文明新形态之"新"就不可能创造出来；如果不吸纳人类文明有益成果，我们所创造的人类文明新形态就可能成为文明孤岛，无法得到国际社会的认可。党的十八大以来，以习近平同志为核心的党中央以高瞻远瞩的战略眼光，海纳百川的宽广胸怀，勇立潮头的非凡勇气，谋篇布局的扎实作为，引领中国向世界敞开怀抱，同各国携手并肩，与全球同频共振，推动中国梦与世界梦交相辉映。特别是在保护主义、单边主义不断抬头的复杂形势下，坚定站在历史正确的一边、人类文明进步的一边，既张开双臂欢迎各国人民搭乘中国发展的"快车"、"便车"，又虚怀若谷"学习别的民族、别的国家的优秀文明成果"，挥写了中国与世界交融发展新画卷。

## 一、把狭隘和僵化思维扫进垃圾堆

人类社会迈入 21 世纪，一些人仍然受到各种陈旧思维的影响，比如冷战思维、零和思维等，都是常见的狭隘和僵化思维。其产生的基础是资产阶级狭隘的国家主权与利益观念以及在此基础上形成的偏见视角与排斥行为。2015 年 11 月 30 日，中国国家主席习近平在巴黎出席气候变化巴黎大会开幕式并发表重要讲话。他指出，我们应该创造一个各尽所能、合作共赢的未来。巴黎大会应该摈弃"零和博弈"狭隘思维，推动各国尤其是发达国家多一点共享、多一点担当，实现互惠共赢。这告诉我们，在推动人类共同事业进步过程中，必须彻底摒弃那些带有狭隘和僵化印记的陈旧思维，以合作、共赢的真诚态度，拥抱和开创人类共同的美好未来。

### （一）狭隘和僵化思维立起了阻隔人类文明有益成果的高墙

1948 年苏联生物界的摩尔根学派与米丘林学派就遗传学问题进行了一场纯学术性的辩论，但因为摩尔根学派"出身不好"，"姓资"，因而被定性为唯心主义的反动科学而遭到批判、清除，而米丘林学派因"姓社"而被官方定为正统。这种生硬地用"姓社姓资"来评判纯学术问题的做法，是一种典型的受到狭隘与僵化思维驱使的表现，它不仅使苏联难以借鉴吸取国外的学术成果，连国内的学术研究也难以正常开展。

这里，有必要首先厘清什么是真正的政治。马克思主义政党所讲的政治，是马克思主义的政治，而不是别的什么政治。马克思主义政党由其性质和宗旨所决定，所讲的政治是建立在崇高理想和远大目标基础上的政治，而不是摇摆不定甚至翻手为云、覆手为雨的"投机政治"；是为实现最广大人民根本利益而奋斗的政治，而不是为了政党利益或为某个利益集团服务的"党派政治""金钱政治"；是主张人民当家作主、全体人民享有宪法法律赋予的各项权利的政治，而不是少数人参与主宰的"寡头政治"；是用正确的政策策略开展政治活动和政治斗争的政治，而不是尔虞我诈、不择手段的"政客政治"。这四个方面的政治，理解起来比较抽象。如果简化地理解，政治主要有两个层面。在对党这个层面，讲政治就是要向党中央看齐。在对人民这个层面，讲政治就是要坚持为人民服务。而错误的"政治正确"观，往往是只讲对上负责忽视对下负责，对上负责往往又只是机械地对表，而不是从精神实质上看齐。这些人往往采取教条主义、本本主义的做法，对领袖的论述进行断章取义，变成套在人们头上的紧箍咒、人人忌惮的高压线，结果往往在实践中让政治"背锅"：有了问题就套用领袖论述去解决，而不是创造性地解决，导致出现更多问题；面对更多问题就用"上面就是这么说的"，把责任推给上面。这实际上搞的是"低级红、高级黑"，既没有对下负责，也没有对上负责。

从苏联的情况看，正确认识什么是真正的政治非常重要，否则，本来是带着温度的为人民好的政治也变味了，那就背离了政治的初衷。比如，苏联的文化领域长期实行文化专制主义，追求文化的纯而又纯，高度统一，排斥其他一切不利于文化专制的因素、主张，尤其是对外国文化成果，不论优秀与否，一概加以否定，一律加以丑化，形容为妖魔鬼怪。典型理论如日丹诺夫提出的现代是"资产阶级文化腐朽和瓦解的时代"①，把西方文化中出现的新学说，如控制论、系统论以及心理学、生物学的理论统统斥之为唯心主义，是伪科学，在他们眼中，凡西方文化就是"姓资"的，凡是"姓资"的就是腐朽没落的，于是否定西方文

---

① 《日丹诺夫论文学与艺术》，人民文学出版社1995年版，第70页。

化就成为理所当然、天经地义的。在这样的情形下，谁还敢吸纳外来的
文明有益成果呢？

### （二）狭隘和僵化思维扭曲了看待人类文明有益成果的眼光

2020 年伊始，新冠疫情突如其来，戴口罩很早就成为全国人民的
抗疫共识。然而，这一科学常识在美国却难以得到认可。俄亥俄州州长
迈克·德瓦恩曾听取科学专家的建议，要求公众在公共场所佩戴口罩。
然而，民间爆发抗议，指责德瓦恩"侵犯自由"。5 月 1 日，美国密歇
根州弗林特市一家连锁超市"一元家庭商店"的保安卡尔文·穆纳林，
在值班时拦下了未按照州规定戴口罩的两人，并要求二人离开。二人离
开后不久，穆纳林竟被枪杀。2020 年 7 月 28 日，美国《华盛顿邮报》
发表文章称："戴口罩是抗击新冠肺炎最简单有效的公共卫生手段。然
而，从一开始，美国在口罩问题上就磕磕绊绊。"

美国人在疫情期间戴口罩之所以这么难，一方面是受到实用主义的
干扰，即口罩一度不够用，让人们不戴口罩，是为了把它们留给更需要
的医护人员。另一方面，更深层次的原因则是缘于对"自由"的过度倡
导。当不戴口罩的"自由"一旦成为主流声音，任何与之相背的便成为
可以口诛笔伐的斗争对象，哪怕这是科学家们早已证明的常识，也难
逃被攻讦的命运，关于口罩的各种阴谋论也被炮制出来，戴口罩这一
世界防疫的文明成果被抹黑。在中国人看来，戴口罩不仅有利于自己
免遭病毒侵袭，还能预防已经感染病毒的人把病毒传染给别人，这恰
恰是为了保证人们拥有健康的自由。而美国不少人缺乏这样的辩证眼
光，机械地追求绝对的"自由"，最终发展出"反智主义"潮流，与人
类文明背道而驰。

与戴口罩被抹黑相似的，还有中国的经济学理论。在美国，什么样
的经济学理论符合其意识形态，什么样的理论就能立足甚至得到吹捧。

曾获诺贝尔经济学奖的美国著名经济学家米尔顿·弗里德曼，在其著作《资本主义与自由》中，提出一系列反对政府干预、鼓吹完全市场化、美化资本主义的理论观点。他认为，"资本主义比其他制度造成更少程度的不均等，而资本主义发展还大大减少不均等的范围。国家愈加资本主义化，在任何意义上的不均等看来是越少，英国少于法国、美国少于英国。"这些观点，与资本主义社会贫富差距不断扩大的事实相背离，明显是站不住脚的，但因为符合资本主义的立场，却得到西方政要的青睐。

20 世纪 70 年代末 80 年代初，弗里德曼鼓吹的新自由主义理论，被以"撒切尔主义"和"里根经济学"的名义推上英美两国主流经济学

40 多年来，深圳从一个偏居一隅的边陲农业县以惊人的速度发展成为知名的国际一线城市；40 多年来，深圳创造了人类发展史上的奇迹，展现给世界的是一幅幅波澜壮阔的时代画卷。图为 2020 年 8 月 26 日晚 8 时 26 分，为庆祝深圳经济特区建立 40 周年举办的城市灯光秀。

的宝座，弗里德曼再次"名声大噪"。后来，"华盛顿共识"出笼，西方国家企图用新自由主义理论发起改造全世界的"十字军远征"，达到"不战而胜"的目的。中国社会的一些经济学理论，在一定程度上也受此影响，甚至出现了经济学领域的论战。然而，中国共产党和中国政府始终保持清醒，坚持从中国实际出发传承发展马克思主义的政治经济学，形成了中国特色社会主义政治经济学，成功地走出一条具有鲜明中国特色的社会主义经济建设道路，创造了中国经济长期稳健发展的奇迹，中国对世界经济发展的贡献率也长期保持在 30% 左右。尽管如此，西方的主流经济学仍然秉持狭隘和僵化思维，继续戴着有色眼镜来看待中国特色社会主义政治经济学的理论成果，不承认中国特色社会主义政治经济学的巨大贡献。他们认为，唯有从西方立场出发来解释中国经济奇迹的理论，才称得上经济学。弗里德曼曾发出这样的感叹：谁能解释中国经济，谁就将获得经济学诺贝尔奖。这一感叹的背后，尽是傲慢和无知，似乎中国的经济成就是没有理论指引而自发出现的成就。

### （三）狭隘和僵化思维逼仄了包容人类文明有益成果的胸怀

2020 年 4 月 21 日，美国皮尤研究中心发表民调报告指出，只有 26% 的美国民众对中国持正面看法，除去一些中立的人，高达 66% 的人对中国持负面看法。持负面看法的数据是自 2005 年民意调查开始最高的一次。其中，90% 的美国民众视中国为"威胁"，62% 将中国看作"主要威胁"。负面数据的飙升，很大程度上源于美国一些政客对中美关系的竭力破坏。2020 年 4 月 24 日曝光的一份美国共和党参议院备忘录，以极不严谨的话语编造了病毒来源于中国的谎言，且建议共和党候选人以"积极攻击中国"来拉选票，给出了如何甩锅中国的指导。

美国的一些政客这样做，同样与其所秉持的狭隘与僵化思维息息相关。随着中国进入由大向强发展的关键时期，美国本着"国强必霸"的陈旧逻辑对他国妄加揣测，内心的战略焦虑感不断加剧。尽管中国摒弃弱肉强食的"霸道"法则，倡导蕴含东方智慧的"和合"文化，通过走和平发展道路为人类文明作贡献，但文明方式的"强起来"仍然难以避免世界"丛林"投来疑惧的目光。从这种焦虑和疑惧出发，美国针对中国的围堵、遏制、打压频频上演，反对中国、抹黑中国已经成为华盛顿政客的共识。美国一些政客完全从狭隘的立场出发，否定来自中国的人类文明成果，否定中美关系曾经取得的战略成果。2020 年 7 月 23 日，时任美国国务卿蓬佩奥在加利福尼亚州尼克松总统图书馆发表演讲，全盘否定中美关系，恶意攻击中国共产党领导和中国政治制度，挑拨中国共产党与中国人民的联系，并对中国内外政策进行无端指责，散布"中国威胁论"，妄图挑动拼凑国际反华联盟，遏制中国发展。这是美国一些政客敌视中国、满嘴谎言抹黑中国的一个缩影。

回望历史，中华民族也曾一度被狭隘与僵化思维束缚，对人类文明成果特别是西方资本主义创造的文明有益成果持一概拒斥的态度。即使像林则徐这样的伟人也流露出对近代世界实情的无知，如认为外国货"皆不过好玩，可有可无，既非中国所需，何难闭关绝市"，甚至在禁烟战争中还持有"洋人腿直，不能转弯，故诱以陆战，便可一举歼之"的荒唐之见。胸怀有多大，格局就有多大。如果胸怀狭隘，往往导致安全与发展格局的逼仄，甚至国运的江河日下。基于历史上的教训，新时代的中国共产党人自觉摒弃狭隘与僵化思维，坚持以博大的胸怀和实事求是的态度对待人类文明有益成果。在美国单方面主动推进脱钩的时代背景下，中国政府仍然坚定维护中美关系大局。习近平主席多次强调："宽广的太平洋足够大，容得下中美两国。"①2020 年 8 月，习近平总

---

① 《习近平同美国总统奥巴马举行会谈强调　从六个重点方向推进中美新型大国关系建设　把不冲突不对抗、相互尊重、合作共赢的原则落到实处》，《人民日报》2014 年 11 月 13 日。

书记主持召开经济社会领域专家座谈会强调："凡是愿意同我们合作的国家、地区和企业，包括美国的州、地方和企业，我们都要积极开展合作，形成全方位、多层次、多元化的开放合作格局。""对外开放是基本国策，我们要全面提高对外开放水平，建设更高水平开放型经济新体制，形成国际合作和竞争新优势。"①

## 二、莫被历史的"回头浪"遮望眼

20 世纪 80 年代末 90 年代初发生的东欧剧变，在世界范围产生了剧烈的冲击波，这是社会主义运动遭遇的前所未有的重大挫折。一时间，反共、反社会主义、反马克思主义的势力弹冠相庆，社会主义失败论、马克思主义无用论、历史终结论甚嚣尘上。然而，历史的"回头浪"并没有遮挡住一位老人睿智的眼光。面对严峻复杂的形势，邓小平坚定地告诉人们："只有社会主义才能救中国，只有社会主义才能发展中国。"②"只要中国社会主义不倒，社会主义在世界将始终站得住。"③"我坚信，世界上赞成马克思主义的人会多起来的，因为马克思主义是科学。"④ 邓小平这么坚定，是因为他的视野看到了几十年外、几百年外甚至上千年外的中国与世界，坚信在顺应历史发展大势中吸纳人类文明有益成果能够坚持和发展中国特色社会主义，坚持了中国发展大势与世界发展大势的统一。

---

① 习近平：《在经济社会领域专家座谈会上的讲话》，《人民日报》2020 年 8 月 25 日。

② 《邓小平文选》第三卷，人民出版社 1993 年版，第 311 页。

③ 《邓小平文选》第三卷，人民出版社 1993 年版，第 346 页。

④ 《邓小平文选》第三卷，人民出版社 1993 年版，第 382 页。

### （一）不被牵着鼻子走

有一个"栅栏原理"，说的是圈养野猪的故事。一个人发现了野猪出没的地点，就在那里撒了一些玉米，起初没一只野猪敢碰，但过了几周后，有些野猪便开始走出灌木丛，迅速叼走一些玉米。又过一段时间后，所有的野猪都争先恐后地吃他投放的玉米。随后，他开始在投放玉米的地方建栅栏，每次只建一小段。野猪们觉得对它们来说没有什么威胁，就照样每天来吃玉米。渐渐地，他连接起栅栏，只留几扇门，野猪也逐渐地习惯了从门外走到栅栏里的吃食旅程。机会成熟时，他就将门封起来，成功地捉到了野猪。① 在这个故事中，野猪被捉的教训在于，它们被食物牵着鼻子走，不知不觉中了圈套。

美国围猎世界的套路之一，正是"栅栏原理"。美国援助其他国家或地区，往往附带条件，构建"栅栏"，逐渐将其圈住，最终猎食之。20 世纪 80 年代后，美国用"华盛顿共识"指导拉美国家进行新自由主义改革，片面强调市场作用和资本自由而忽视社会公平，加剧了拉美国家的贫富分化和社会分裂，不少拉美国家的贫困率达到 50% 左右。由于接受美国主导的国际金融组织的贷款与援助，拉美国家不得不接受彻底的私有化和开放市场等附加条件，造成外债急剧恶化，拉美经济被拖入泥潭。

在强国复兴的历史进程中，我们广泛吸纳人类文明有益成果，也要防止对手设计的圈套，不能只看到人类文明有益成果而忽视了对手可能正在构设的"栅栏"。改革开放 40 多年来，我们大胆吸收和借鉴包括发达资本主义社会在内的人类创造的一切文明成果，同时识破了美国一手搞"接触"一手搞"颜色革命"的策略，坚持以我为主、为

---

① 栾世强、栾奕：《别让欲望牵着鼻子走》，《解放军报》2013 年 11 月 28 日。

我所用，坚持中国共产党领导和社会主义制度不动摇，有效地防止了颠覆性错误的发生。在这样的形势下，美国的一些政客开始转变策略，"诱杀"不成就想"棒杀"。美国前国务卿蓬佩奥在加利福尼亚州尼克松总统图书馆的演讲中，将尼克松在《外交事务》杂志上发表的文章的关键词解读为"引导改变"——"长远来看，我们根本无法承受永远让中国留在国际大家庭之外""除非中国改变，世界不会安全。因此，在我们对事件所能影响的范围内，我们的目标应为引导改变。"蓬佩奥认为："与中国盲目接触的旧模式根本做不成事。我们绝不能延续这个模式。我们绝不能重回这个模式。"实际上，尼克松当年访华的战略考量，是试图改善与中国的关系，打"中国牌"，增加与苏联周旋时的战略腾挪空间，同时推动美越谈判，尽快从越南抽身。当时是开始与中国"交往"，并未真正"接触"。直到 20 世纪 80 年代以后，"接触"才逐渐成为美国对华战略主流，他们把中国视为值得同情的"弱者"，是一个可以通过"接触"来塑造、影响、改造甚至"拯救"的对象。

在吸纳人类文明有益成果的进程中，中国守护好自己的立足点，在壮大自身的同时确保自身的安全，无疑是睿智的战略选择。随着中国综合国力的日益增强，美国的一些政客也愈益焦虑，开始把我国视为首要的、全面的、全球性的战略竞争对手，千方百计制造新时代中国的"崛起困境"。从对华全面脱钩到对华疯狂"甩锅"，从"孤立中国""围堵中国""排挤中国"到"追责中国"……一些美国政客用尽浑身解数使绊子、下套子、找茬子，妄图阻隔中国于人类文明进步潮流之外，阻断中国复兴进程。在这样的形势下，中国再次作出了正确的战略选择：不按照美国的逻辑与它打牌，不随美国的节奏总是跟牌，而是坚持"他打他的，我打我的"，把一桌牌变两桌牌。美国搞他的"美国利益优先"，我们则努力构建人类命运共同体，继续拥抱世界。我们坚定地促进中美

2020年9月9日，巴西首都巴西利亚圣卢西亚街区的居民戴着口罩出行。相较于普通社区，巴西贫民社区居民的新冠肺炎感染者死亡率更高，抗击疫情难度更大。巴西专家分析认为，这与贫民社区居民居住条件差、医疗资源不足、害怕失业不愿接受新冠肺炎病毒检测等有很大关系。

合作共赢，同时保持静气，不受干扰，埋首国内建设，推动构建"以国内大循环为主体、国内国际双循环相互促进的新发展格局"。

### （二）坚定地站在历史正确的一边

在特朗普任总统的时期，美国政府高呼本国利益优先，不断退群、毁约，将霸权主义的自私、蛮横和唯我独尊演绎得淋漓尽致，将国际秩序搅得天翻地覆。退出联合国教科文组织，退出联合国人权理事会，退出跨太平洋伙伴关系协定、气候变化巴黎协定、全球移民协议、伊朗核问题全面协议……一言不合就"退群"已经成为一些美国政客的任性常态，甚至对长期追随的盟友锱铢必较，对他国企业实施长臂管辖，在全球范围内挑起贸易摩擦，多方瘫痪世贸组织等国际多边治理体系。有人据此认为，世界历史已进入"逆全球化"时代。然而，以习近平同志为核心的党中央，站位高远，深谋远虑，强调："从长远看，经济全球化仍是历史潮流，各国分工合作、互利共赢是长期趋势。我们要站在历史正确的一边，坚持深化改革、扩大开放，加强科技领域开放合作，推动建设开放型世界经济，推动构建人类命运共同体。"① 这一重要论述表明，我们没有被逆风和回头浪所吓倒，而是坚定顺应人类历史发展大势，敞开胸怀吸纳人类文明有益成果。

历史正确的一边是道义制高点的一边，吸纳人类文明有益成果，就要坚定站在道义制高点互利共赢。大音希声，大象无形。真正的大道，无形无象，无声无音，却能底定胜局悄无声息，挪移乾坤无迹可求。吸纳人类文明有益成果，往往不需要绞尽脑汁、费尽心思，只需遵循大道、顺道而为，进入"无招胜有招"的高妙境界。大道是人类社会的最

1971年4月10日晚，美国乒乓球代表团乘飞机抵达北京。这是新中国成立后第一个应邀访华的美国团体。4月14日，周恩来总理在人民大会堂会见了代表团。这为后来美国总统尼克松访华和中华人民共和国在联合国合法权利的恢复奠定了良好的开端，因而被称为"小球转动了大球"的"乒乓外交"。

① 习近平：《在企业家座谈会上的讲话》，《人民日报》2020年7月22日。

图为 2020 年 12 月 15 日在印度尼西亚雅加达拍摄的贯通后的雅万高铁 1 号隧道。面对新冠肺炎疫情的挑战，中国坚定践行多边主义理念，携手各国共建人类命运共同体，"一带一路"等全球公共产品和中国企业与世界风雨同行，携手向前。

高价值追求，是共产主义的最终价值理想，是对人自由而全面发展的尊重与诉求。这样的大道，体现了顶层的战略利益，从根本上规定着战略思维的价值取向。一个国家或民族的执政集团若能坚守这样的大道，既维护和实现本国人民的根本利益，又力求兼顾全人类的共同利益，就能营造得道多助的发展环境，引领本国人民在不断为人类文明作贡献的同时不断吸纳人类文明有益成果；相反，如果背离大道，纵使一时占地万里日不落、打遍天下无敌手，也终究难以长久立足于世，留下所谓的"历史大谜局"。历史上，拿破仑、希特勒之流，纵有旷世之才，却不谙大道，难免身败名裂。今天，纵有西方强国对我的战略遏制与围堵，但我国构建人类命运共同体的主张与行动，顺应天下人心，彰显人间正道，赢得广泛认同，完全能够打破围堵，实现与人类文明的同频共振。

历史正确的一边是民心所向的一边，吸纳人类文明有益成果，就要坚定顺应民心解决全球性问题。人民对幸福生活的追求是推动人类文明进步最持久的力量。当今世界，人民对幸福生活的追求还面临不少障碍，主要体现为"四大赤字"，即 2019 年 3 月 26 日，习近平主席在中法全球治理论坛闭幕式上提到的治理赤字、信任赤字、和平赤字、发展赤字。治理赤字，主要是全球治理体系和多边机制受到冲击等矛盾问题。信任赤字，主要是国际社会信任和合作受到侵蚀等矛盾问题。和平赤字，主要是世界和平面临的突出矛盾问题。发展赤字，主要是世界发展面临的突出矛盾问题。党的二十大进一步提出新的"四大赤字"，即"和平赤字、发展赤字、安全赤字、治理赤字加重，人类社会面临前所未有的挑战"。这"四大赤字"，既是世界人民追求幸福生活的障碍，也是各国和各地区推进文明交流、吸纳人类文明有益成果的障碍。文明因多样而交流，因交流而互鉴，因互鉴而发展。要顺应世界人民团结协作的民意，倡导交流合作、深化互学互鉴，不断发掘、利用人类已经积累和正在创造的一切优秀文明成果，致力于改善全球治理和建立更加公正合理的国际新秩序，致力于构建人类命运共同体，有效应对并化解各种风险，开创人类文明进步的美好未来。

历史正确的一边是符合人类社会发展规律的一边，吸纳人类文明有益成果，就要坚定顺应历史规律与世界各国共同进步。习近平总书记指出："马克思、恩格斯关于资本主义社会基本矛盾的分析没有过时，关于资本主义必然消亡、社会主义必然胜利的历史唯物主义观点也没有过时。这是社会历史发展不可逆转的总趋势，但道路是曲折的。资本主义最终消亡、社会主义最终胜利，必然是一个很长的历史过程。"[①] 我们要

---

① 习近平：《关于坚持和发展中国特色社会主义的几个问题》，《求是》2019 年第 7 期。

2018 年 6 月 30 日，在美国西部洛杉矶市，民众手举标语，抗议美政府移民政策。

深刻认识资本主义社会的自我调节能力，充分估计到西方发达国家在经济科技军事方面长期占据优势的客观现实，认真做好两种社会制度长期合作和斗争的各方面准备。在相当长时期内，初级阶段的社会主义还必须同生产力更发达的资本主义长期合作和斗争，还必须认真学习和借鉴资本主义创造的有益文明成果，甚至必须面对被人们用西方发达国家的长处来比较我国社会主义发展中的不足并加以指责的现实。通过吸纳包括资本主义有益文明成果在内的人类文明成果，集中精力办好自己的事情，不断壮大我们的综合国力，不断改善我们人民的生活，不断建设对资本主义具有优越性的社会主义，不断为我们赢得主动、赢得优势、赢得未来打下更加坚实的基础。

### （三）坚持初心笃定的发展方向

习近平总书记指出："一个民族、一个国家，必须知道自己是谁，是从哪里来的，要到哪里去，想明白了、想对了，就要坚定不移朝着目标前进。"① 在吸纳人类文明有益成果的进程中，特别要防止"乱花渐欲迷人眼"，被眼花缭乱的外来成果迷惑了心智，迷失了方向，背离了最初的初心。对中国共产党而言，这个初心就是为中国人民谋幸福，也是"对共产主义理想的坚定信仰""对党和人民事业的永远忠诚"②，还是"以百姓心为心，与人民同呼吸、共命运、心连心"③。无论吸纳什么样的人类文明成果，都应当首先与这个初心对表。

然而，敌对势力一直都在炮制如何让我们背离初心的学术观点。有的观点看上去阳春白雪，具有令人窒息的"美"，其实是脱离现实、令人入梦入幻的"学术毒品"！如果我们把这样的"学术毒品"看成人类文明有益成果，天真地吸食它，就会误入歧途、跌入深渊。戈尔巴乔夫相信"人道的、民主的社会主义"之后，就背叛了马克思列宁主义和科学社会主义，背离了苏联共产党的初心。他就任苏联领导人后，首先把改革重点放在意识形态和政治体制方面。1987 年他应美国一家出版公司之约，赶写了《改革与新思维》一书，突出地强调"新思维的核心是承认全人类的利益和价值高于一切"。这一思维的最终结果正如前部长会议主席雷日科夫所说："苏联在几年之内就丧失了超级大国的地位，世界也因此失去了在整个 20 世纪下半叶赖以维持地缘政治均势的两极

---

① 习近平：《青年要自觉践行社会主义核心价值观——在北京大学师生座谈会上的讲话》，《人民日报》2014 年 5 月 5 日。

② 习近平：《在纪念刘少奇同志诞辰 120 周年座谈会上的讲话》，《人民日报》2018 年 11 月 24 日。

③ 《习近平在江西考察并主持召开推动中部地区崛起工作座谈会时强调　贯彻新发展理念推动高质量发展　奋力开创中部地区崛起新局面》，《人民日报》2019 年 5 月 23 日。

体制。"2001 年 12 月 21 日，苏联解体 10 周年前夕，戈尔巴乔夫接受采访，神色黯然地说："我们本想利用苏共政权贯彻实施改革的方针，使党本身实现民主化。但是打错了主意，党没有能控制住改革进程。联盟国家的改革也有失误。世界上除了少数人，谁也没想到，苏联在自我毁灭。"也许最没有想到的就是戈尔巴乔夫本人——他的"新思维""超凡脱俗"，却以苏联亡党亡国为结局，被钉在历史的耻辱柱上。

回望革命年代，不论革命力量多么弱小，白色恐怖多么残酷，对敌斗争多么激烈，政治局势多么复杂，党和国家事业面临的挑战多么严峻，担负的责任多么艰巨，个人的处境多么困难，我们的革命先辈都始终坚守初心不动摇，甚至敢于抛头颅洒热血。今天，面对国家由大向强发展进程中的风险考验，我们没有任何理由辜负初心、愧对党和人民。然而，曾经一段时期，一些党员干部在各种考验挑战面前失去了警醒甚至败下阵来，忘本的、迷途的、栽跟头的一度增多。从外部看，"八面来风"劲吹，"改革药方"纷呈，敌对势力企图一面"压服"、一面"劝服"，鼓动我们效仿西方，走向自我颠覆、自毁长城。有的在吸纳人类文明有益成果的进程中，缺乏政治鉴别力，误将一些政治病毒视为美食，盲目推崇敌对势力包装好的"学术鸦片"。习近平总书记强调："不忘初心，方得始终啊！我们的初心是什么？上海石库门、南湖红船，诞生了中国共产党，14 年抗战、历史性决战，才有了中华人民共和国。共和国是红色的，不能淡化这个颜色。无数的先烈鲜血染红了我们的旗帜，我们不建设好他们所盼望向往、为之奋斗、为之牺牲的共和国，是绝对不行的。不能被轻歌曼舞所误，不能'隔江犹唱后庭花'。"① 要以强大定力坚持和发展中国特色社会主义，始终坚持以我为主，应该改又能够改的坚

---

① 《习近平总书记看望文艺界社科界委员的微镜头 "共和国是红色的"》，《人民日报》2019 年 3 月 5 日。

决改，不应改的坚决守住。

## 三、到人类文明大道上纵横驰骋

据考古学家发现，殷商甲骨文中便有来自东南亚的龟甲，这证明在殷商时代中华文明便与其他民族文明有过接触。从西汉起，中外文明交流进入活跃时期，汉武帝派遣张骞先后率团出使西域，促成东西方文化交流；丝绸之路开通以后，中国的丝绸、茶叶、瓷器、玉器等输入西域，西域诸国的音乐、舞蹈、服饰、民间艺术接二连三地传入中国。源远流长的中华文明历经数千年而生生不息、长盛不衰，一个重要原因是，中华民族在面对世界其他民族的优秀文明成果时，不是自视清高、故步自封，而是大胆地开放、合理地吸收，使中华文明具有海纳百川的开放性、兼收并蓄的包容性，使其无论历史潮起潮落，无论历朝历代如何更迭，总能保持顽强的生命力。

人类的实践具有普遍性，生存和发展是人类社会面临的共同主题。尽管所处时代有所不同，自然条件和社会条件各异，但围绕共同的主题，人们往往会面临某些相同的问题，形成相通的观念、思想方法和工具方法。这就使形式上多姿多彩的各民族文明具有内在的共性。以这种共性为依托，不同时代、不同国家和民族的文化得以相互交流、碰撞、激荡、融合，并发展为人类文明的共同大道。各个国家和民族只有以这条大道为载体，接触、容纳、吸收人类一切优秀文明成果的精华，才能不断增强生机活力。背离这条大道，就必然走向蜕化衰落。今天，我们要推进中华文明的新发展，就必须依托人类文明的共同大道，坚定不移走中国特色社会主义道路，从博大精深的人类文明宝库中吸纳更多有益成果，同时也为人类文明进步回馈更多中华文明的珍宝。

　　1938 年 11 月至 1946 年，国民党特务机关在大后方贵州息烽设立了秘密集中营，这里先后关押了共产党员、爱国将领、进步青年等各类人士 1220 余人，被关押的人员中包括著名的爱国将领杨虎城将军一家，中共地下党员宋绮云夫妇及儿子宋振中（外号"小萝卜头"）等。在息烽集中营这座阴森的人间魔窟里，特务们绞尽脑汁，企图在肉体和精神上瓦解革命者的斗志，但他们的阴谋始终未能得逞，如意算盘一再落空。图为曾关押徐林侠、宋振中的囚室。

## （一）不被邪路上的"盛景"所迷惑

　　在世界近代史上，曾经出现所谓的"日不落"帝国：一是西班牙帝国，一是英帝国。近代世界原本位于欧洲伊比利亚半岛的西班牙，通过殖民掠夺、海外扩张和贸易垄断获得了巨大财富，很快成为欧洲首屈一

指的强国。1581 年吞并葡萄牙及其属地后，西班牙帝国横跨世界所有
24 个时区，成为前所未有的全球霸主，在查理一世时期号称欧洲"日
不落"帝国。英国的崛起始于 1588 年一举歼灭西班牙"无敌舰队"的
英西海战的胜利。从 1652 年开始，英国通过三次英荷战争的胜利迫使
荷兰接受了《航海法》。18 世纪英国又与法国展开激烈的霸权争夺战，
从 1689 到 1815 年，先后与法国展开了 7 次大战。其间，于 1763 年打
败法国赢得英法七年战争，确立了全球殖民霸权和商业霸权。1805 年
英国舰队在特拉法加海战中战胜法国和西班牙联合舰队，英国取得了拿
破仑战争中后十年的制海权。1815 年英国公爵威灵顿在滑铁卢一役给

图为唐代文物胡人牵驼俑。唐代时期，中外文化交流日趋繁荣，异域的各种风物、衣饰、形象皆
为唐人吸纳，成为时尚，亦成为陶俑的表现题材。

予拿破仑"最后一击",法国被彻底击败。英国最终通过战争建立了"日不落"帝国。然而,无论是哪一个"日不落"帝国,从历史的长河来看,都不过是"昙花一现"。"国虽大,好战必亡。"① 以武力开道的暴力崛起,导演了世界舞台上一幕幕零和博弈的"大国政治的悲剧",最终都是"搬起石头砸了自己的脚"。邪恶的侵略扩张创造的帝国"盛世",千万不可为之所迷。

　　人们常用这样的语言概括近代以来世界大国崛起与更替的历史:"你输我赢、赢者通吃的旧思维"②,"'国强必霸'的陈旧逻辑"③,"零和博弈老框框"④。吉尔平、约翰·米尔斯海默、亨廷顿、星野昭吉等都认为大国崛起天然是与战争相连的,"国际政治权力=国力=军事力量的公式长期以来一直占据着主导地位。"⑤ 从历史上看,大国的崛起许多都是在战争中的崛起。然而,战争是把"双刃剑",既可能利于大国崛起,也可能妨害大国崛起。近代世界的大国崛起,离不开战争;崛起之后的衰败或灭亡,同样与战争脱不了干系。导致大国衰落的原因是多方面的,其中一个重要根源是为疯狂追逐物质财富而好战扩张的"好战基因"。马丁·怀特有句名言:"大国天性要扩张"。约翰·米尔斯海默认为:"大国很少对眼前的权力分配感到心满意足,相反,它们时刻怀着以自己利益为中心的求变动机。"兰德尔·施韦德认为:"一个国家变得

　　① 习近平:《在中国国际友好大会暨中国人民对外友好协会成立 60 周年纪念活动上的讲话》,《人民日报》2014 年 5 月 16 日。

　　② 习近平:《弘扬和平共处五项原则　建设合作共赢美好世界——在和平共处五项原则发表 60 周年纪念大会上的讲话》,《人民日报》2014 年 6 月 29 日。

　　③ 《习近平接受拉美四国媒体联合采访》,《人民日报》2014 年 7 月 15 日。

　　④ 习近平:《顺应时代前进潮流　促进世界和平发展——在莫斯科国际关系学院的演讲》,《人民日报》2013 年 3 月 24 日。

　　⑤ [日]星野昭吉:《变动中的世界政治》,刘小林等译,新华出版社 1999 年版,第 294 页。

越是强大和富有，它就需要有更大的影响力，也更愿意并有能力为推进
其利益而战。"① 简而言之，"好战基因"就是欲望。欲望一旦失去控制，
就如同潘多拉魔盒被打开一样，恶魔横行于世。一个人的欲望被激发
后会出现"心魔"或"心理黑洞"，专制国家的最高统治者一旦被"心
理黑洞"俘虏，便很可能为追求物质财富和霸权而无休止地滥用武力，
最终整个国家因国力无法承
受滥用武力之重而走向衰落。
这就如同"蛇吞象"，即使暂
时吞下去了也会把自己撑破。
习近平总书记强调："纵观世
界历史，依靠武力对外侵略
扩张最终都是要失败的。这
是历史规律。"②

　　武力侵略扩张导致失败
的原因是多种多样的，最根
本的原因是它背离了人类文
明发展潮流。习近平总书记
强调："历史是最好的老师，
它忠实记录下每一个国家走
过的足迹，也给每一个国家
未来的发展提供启示。"同时
又强调"世界潮流，浩浩荡

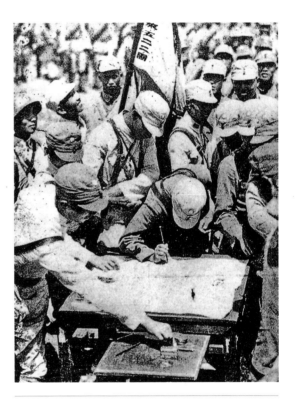

1937 年 8 月 13 日，淞沪会战爆发。这是参战前，第 5 军
第 261 旅的全体官兵在"不灭倭寇，誓不生还"的誓词上签名。

　　① ［美］阿拉斯泰尔·伊恩·约翰斯顿、罗伯特·罗斯主编：《与中国接触——应
对一个崛起的大国》，黎晓蕾、袁征译，新华出版社 2001 年版，第 3 页。
　　② 习近平：《在纪念全民族抗战爆发七十七周年仪式上的讲话》，《人民日报》2014
年 7 月 8 日。

荡，顺之则昌，逆之则亡。""什么是当今世界的潮流？答案只有一个，那就是和平、发展、合作、共赢。中国不认同'国强必霸'的陈旧逻辑。""中国将坚定不移走和平发展道路。"① 当今世界，各国各地区紧密相连、密不可分，已经发展成为利益共同体、命运共同体。任何一个国家或地区的发展都与世界的发展具有联动性，呈现同频共振、互动发展的态势。如果以牺牲别国的利益为代价谋求自我发展，甚至不惜使用武力掠夺他国财富，不仅会伤及与对方交织在一起的自身利益，而且会因为抢夺各国共有的"蛋糕"而成为天下公敌，结果不仅武力掠夺不可能成功，甚至会使本国利益遭受重大损失。还要看到，战争特别是核战争的巨大破坏力对所有国家都是巨大震慑，现代大规模战争没有真正的赢家。习近平总书记强调，"当今世界，殖民主义、霸权主义的老路还能走得通吗？答案是否定的。不仅走不通，而且一定会碰得头破血流。"② 因此，睿智的国家领导人都会将追求本国利益与兼顾别国利益统筹起来，而不会追求暴力崛起。

## （二）"从人类知识的总和中"把握文明大道

自有人类文明以来，不同文明之间的交流和互鉴从来没有停息过。在那沧海桑田般气势恢宏的世界文明发展的历史连环画卷中，有许许多多的世界文明交流中心鼎立连绵，形成了人类文明开放交流的主线。在人类文明发展的不同时期，不同国家、不同民族、不同地域的人们创造了不同的文明，形成了世界文明的不平衡性。各个国家、民族和地区之间不存在"老死不相往来"的绝对封闭状态，它们之间的接触必然导致互相发现对方文明的优点和长处，并最终走向文明的交流与

---

① 习近平：《在德国科尔伯基金会的演讲》，《人民日报》2014 年 3 月 30 日。

② 习近平：《在德国科尔伯基金会的演讲》，《人民日报》2014 年 3 月 30 日。

互补。相对落后的民族在同其他民族接触、交往的过程中往往受益匪浅，之后就会主动同其他民族接触和交流，得到其他民族文明的滋养而强盛，在世界文明广博的地域中崛起为文明的新"高地"。在文明的上升时期，由于这个民族为从世界其他民族那里获得好处而保持谦逊的学习态度，比较重视文化的开放、交流和吸纳，这就使其文明生命力得以增强，并在文明的开放和交流中持一种更为积极的姿态，从而具有更为强大的文明整合能力，形成文明开放性与文明生命力之间的良性循环。在文明的衰退时期，由于这个民族看不起其他文明，导致文明开放性逐渐丧失和文明生命力日渐衰弱同步累积的恶性循环。这样，世界各民族文明开放和交流的态势不同，世界文明交流中心的地域也就不同，从而形成一次次的文明迁徙。可以说，世界文明开放和交流的中心在哪里，人类文明的"高地"就在哪里形成；世界文明封闭和停滞的区域在哪里，哪里就会出现文明的"低谷"。例如，古埃及、巴比伦、腓尼基、阿拉伯等西亚文化的精华被古希腊吸收利用，演绎了古希腊文化的精彩；古希腊文化的哲学、逻辑、数学、自然科学及其蕴含的理性价值，注入了西方各国，开启了西方文明的源头；西方文明吸取了中国、印度等东方文化的成果，推动了文艺复兴和启蒙运动的发展。

马克思主义的科学世界观方法论揭示了世界发展和人类历史的普遍规律，是创造人类文明成果的规律性认识，从根本上打开了融入和吸纳人类文明成果的大门。列宁曾指出，马克思主义是"从人类知识的总和中产生出来的"[①]，这说明马克思主义带有人类文明共同成果的属性。马克思、恩格斯正是在深刻理解、批判吸纳当时人类社会发展所取得的共同的优秀文明成果，特别是德国古典哲学、英国古典政治经

---

① 《列宁专题文集·论无产阶级政党》，人民出版社 2009 年版，第 280 页。

济学、英法空想社会主义和 19 世纪科学技术新成果，并把它们同当时风起云涌的工人运动相结合的基础上，才创立了马克思主义。中国共产党的历代领袖，在推动马克思主义与中国实际和时代特征相结合的过程中，坚持以宽广眼界观察世界，以科学思维审视时代，以各个国家的发展和各个民族发展进步的成功经验为参照，积极吸纳和借鉴人类一切有益文明成果，推动马克思主义理论的更新和发展，使之始终具备引领人类文明进步潮流的先进性和真理性。毋庸置疑，中国化马克思主义不是独立于人类文明成果之外的僵化理论，而是与人类文明成果相融共生的科学真理，从根本上打开了融入和吸纳人类文明成果的大门。中国特色社会主义道路不是独立于人类文明大道之外的"死胡同"，而是与人类文明大道有机统一的康庄大道，指引着中国创造人类文明新形态。

改革开放以来，我们党把那些本为人类文明共同成果、而以前往往错误地看作资本主义专有的东西，不断加以重新认识和矫正，取得一次又一次重大理论突破，使社会主义与资本主义不应有的理论壁垒得到新的瓦解。这种转变及由此带来的理论突破，使马克思主义呈现出更加温和和包容的一面，呈现出与传统社会主义截然不同的新面貌、新气质、新风范。我们实行了改革开放的基本国策，与西方国家之间形成"你中有我、我中有你"的战略态势，成为密切互动的利益攸关方。几十年前，几十名前美国政要联合署名致国会的一封信中提道："中国注定要在 21 世纪中成为一个伟大的经济和政治强国。"他们预测，中国不仅强大，而且伟大。能让西方发达资本主义国家的政要折服的，不仅仅是中国崛起的奇迹，还有中国化马克思主义对西方文明的包容，因为这种包容，他们才在中国的发展与西方的发展中找到共同点，才把中华文明视为人类文明的贡献而不是威胁，才会把中国未来的强大解读为伟大，而不是霸权。近年来，美国单方面加大对中

公元前 8 世纪左右，大批古希腊人跨海来到意大利半岛南部和西西里岛，建起很多居民点和城市，也把古希腊文明传到这一带。图为意大利阿格里真托神殿谷拍摄的和谐神殿遗址。是目前全世界保存得最完好的古希腊神殿遗址之一。

国的打压力度，但我们要坚信，美国政府终究会认识到，一个合作的中国比一个敌对的中国更符合美国的利益。我们要继续推进马克思主义中国化、时代化，把人类文明成果的有益成分注入中华文明的大系统中来，成为我们可资利用的资源，推动中华文明立于世界文明大潮的潮头浪尖。

## （三）坚持走自己的路

2020 年，中国国内生产总值同比增长 2.3%，成为全球唯一实现经济正增长的主要经济体；居民人均可支配收入实际增长与经济增长基本同步，全国居民人均收入比 2010 年增加一倍；全国非金融领域实际使用外资同比增长 6.2%，规模再创历史新高……面对中国的成绩单，海外机构纷纷评价"超预期"。① 这些成绩，得益于中国抗疫战略性成果的支撑，得益于中国坚持走自己的路。

一个国家走什么样的道路，关键要看这条道路是否适合本国国情，能否解决这个国家面临的历史性课题。适合的，才是最好的。能解决问题的，才是行得通的。在中华民族积贫积弱、任人宰割的时期，各种主义和思潮都进行过尝试，资本主义道路没有走通，改良主义、自由主义、社会达尔文主义、无政府主义、实用主义、民粹主义、工团主义等也都"你方唱罢我登场"，但都没能解决中国的前途和命运问题，是马克思列宁主义、毛泽东思想引导中国人民走出了漫漫长夜，建立了新中国，是中国特色社会主义使中国快速发展起来并不断走向繁荣兴盛。道路走得怎么样，最终要靠事实来说话，要由人民来裁判。改革开放 40 多年的伟大实践雄辩地证明：中国特色社会主义这条路，走得通、走得对、走得好。我们要虚心学习借鉴人类社会创造的一切文明成果，绝不偏离人类文明共同大道，但同时也不能数典忘祖，不能照抄照搬别国的发展模式。要始终保持清醒坚定，保持强大前进定力，既不走封闭僵化的老路，也不走改旗易帜的邪路，坚定不移走中国特色社会主义道路。

当然，我们走适合本国国情的发展道路，并不意味着故步自封，决不是要将国情中的一些不足和弱点加以强化，而是要以世界眼光推动国情的改造，在保留中国特色中优势部分的同时，实现革故鼎新，融入世界潮流，使中国赢得更好发展的世界平台和宽广空间。新时代，我们党提出的一些重要思想理论观点，既是立足中国国情提出来的，又是吸收和借鉴其他国家发展经验的产物，是以世界眼光吸纳人类文明成果的理论结晶。在这些创新理论指导下，中国取得了历史性、开创性的伟大成

---

① 楠溪：《读懂中国经济"超预期"的密码》，《人民日报》2021 年 2 月 1 日。

2020 年 3 月 25 日，青岛造船厂工人在出口国外的散货船上进行造船作业。面对新冠肺炎疫情的挑战，2020 年，中国和韩国的新船接单量占全球份额的比例分别为 48.8％和 41.4％。时隔两年，中国重返全球第一。与此同时，中国造船企业不断向产业链和价值链高端拓展。

就。事实证明，中国特色社会主义所吸纳人类文明成果的丰富程度和深刻程度，决定着全人类对中国特色社会主义的接受程度和信赖程度，进而决定着中国攀登人类文明高峰、获取国家利益的行为和成就受全世界的欢迎程度与公认程度。我们要继续坚持和拓展中国特色社会主义道路，既在融入人类文明进程中提升中华文明，又为人类文明作出新的更大贡献。

第十三章

# 立足道义制高点　做大全球"朋友圈"

## ——强国就要推动中国梦与世界梦交相辉映

希腊雅典西南约 10 公里，是碧海蓝天的比雷埃夫斯港（以下简称"比港"）。比港濒临"海上十字路口"的爱琴海，辐射欧洲大陆、中东和非洲，位置十分重要。十多年前的国际金融危机，让比港经历了"至暗时刻"。所有人都在降薪和失业的阴影笼罩下焦虑不安，罢工、堵门、破坏的事情时有发生，一批批船东弃港而去，客户几乎流失殆尽……在比港陷于危机时，中远海运伸出援手。进驻伊始，中远海运管理层郑重承诺：中国管理团队不会拿走这里的一草一木、一石一柱。比港过去属于、现在属于、未来也将永远属于希腊人民。经过十年的辛苦耕耘，中远海运在这个拥有无数古老神话的国度创造了现代版的"比港神话"。希腊时任总统帕夫洛普洛斯这样评价比港："比雷埃夫斯港是从中国和亚洲进入欧洲的重要枢纽，中远海运在比港的投资是双方和谐相处、互利共赢的一个典范。"①

世界好，中国才能好；中国好，世界才能更好。"道阻且长，行则将至"。身处大发展、大变革、大调整时代，中国这个拥有 14 亿多人口

---

① 王新萍、叶琦、张朋辉、任彦、张志文、韩秉宸、花放：《比雷埃夫斯港，明天会更好》，《人民日报》2019 年 11 月 11 日。

的世界第二大经济体，正成为影响世界、塑造未来的重要力量，在全面建设社会主义现代化国家、实现中华民族伟大复兴的征程中推动构建人类命运共同体，让中国梦与世界梦交相辉映！

## 一、人类生活在同一个地球村里

2020 年伊始，南半球的澳大利亚在苦等一场大雨的到来。2019 年 9 月以后，已经燃烧了 3 个多月的森林大火造成至少 13 人死亡，过火面积接近 500 万公顷，近 2000 只"国宝"考拉被烧死，不少人无家可归。

据澳大利亚生态学家估算，截至 2020 年 1 月 5 日，仅在新南威士尔州就有至少 4.8 亿只野生动物在 2019 年 9 月以来的森林大火中丧生。

科学家警告称，全球变暖加剧了干旱和热浪，助长了火势。与此相印证的，是当地屡创新高的气温——2019 年 12 月 18 日，澳大利亚平均最高气温达到 41.9 摄氏度，刷新了前一天刚创下的有记录以来的 40.9 摄氏度的最高纪录。联合国政府间气候变化专门委员会曾发布报告，如能实现"1.5 摄氏度"控温目标，全球缺水人口将减少一半；由高温、雾霾和传染病所致患病和死亡人数下降；经常遭遇极端高温天气的人口减少大约 4.2 亿，遭遇异常高温天气的人口减少 6400 万……①

宇宙只有一个地球，人类共有一个家园。面对动荡不定的世界，面对百年不遇的大变局，没有哪个国家能够独自应对人类面临的各种挑战，也没有哪个国家能退回到自我封闭的孤岛。习近平总书记指出："这个世界，各国相互联系、相互依存的程度空前加深，人类生活在同一个地球村里，生活在历史和现实交汇的同一个时空里，越来越成为你中有我、我中有你的命运共同体。"②

### （一）世界已经成为你中有我、我中有你的地球村

一部苹果手机的生产就是经济全球化的生动缩影。美国博通的触控芯片、韩国三星的显示屏、日本索尼的图像传感器等，全球 200 多家供应商的零部件漂洋过海，涌入位于中国内陆的富士康工厂，由"打工妹""打工仔"的巧手组装完成，再飞往纽约、伦敦、东京、新德里、墨尔本等全球各地的"果粉"手中。苹果手机的前世今生展现出经济全球化的基本特质，就是商品、资本、技术、信息等大规模地跨越疆界流动。没有经济全球化，就没有今天全球市值超万亿美元的"苹果帝国"。

人类只有一个地球，各国共处一个世界。马克思、恩格斯说："各

---

① 赵晓展：《全球变暖真实存在且充满威胁》，《工人日报》2020 年 1 月 2 日。
② 习近平：《论坚持推动构建人类命运共同体》，中央文献出版社 2018 年版，第 5 页。

民族的原始封闭状态由于日益完善的生产方式、交往以及因交往而自然形成的不同民族之间的分工消灭得越是彻底，历史也就越是成为世界历史。"① 纵观世界文明发展史，人类先后经历了农业革命、工业革命、信息革命。每一次产业技术革命，都给人类生产生活带来巨大而深刻的影响，都极大密切了人与人、国与国之间的联系。随着"互联网+"的发展，全球经济在无形或有形中日益融合，使一国经济与世界经济难以分割，让世界变成了"鸡犬之声相闻"的地球村，相隔万里的人们不再"老死不相往来"，各国相互联系、

中国加入世贸组织，越来越多的外资银行开始向中国公民开放人民币业务。图为行人从上海市陆家嘴金融街走过（2006年11月19日）。

相互依存的程度空前加深。同时，科技进步、信息技术发展已使经济全球化变得不可逆转，贸易、投资、技术、人员等超越国界加速流动，各国通过对外贸易、资本流动、技术转移、提供服务、人员交流等，拉动世界经济持续发展，形成"你中有我，我中有你"互联互通的世界经济格局，这是任何机构或组织、国家或个人都无法逆转或阻止的。全球

①《马克思恩格斯文集》第1卷，人民出版社2009年版，第540—541页。

抗击新冠疫情的实践再次表明，人类是休戚与共、风雨同舟的命运共同体。

### （二）"地球村"的世界决定了各国日益利益交融、命运与共

2020 年 3 月 23 日，全球股市又见"黑色星期一"。当日清晨，美股三大期指先后触发熔断，随后引发全球金融市场的集体恐慌。现在的全球化互联变得更加紧密，无论是新冠疫情、全球经济还是资产价格，没有一个国家能够独善其身。

开放是国家进步的前提，封闭必然导致落后。各国相互协作、优势互补是生产力发展的客观要求，也代表着生产关系演变的前进方向。随着商品、资金、信息、人才的高度流动，无论近邻还是远交，无论大国

新冠疫情再度重挫美股。图为 2020 年 3 月 16 日美国纽约证券交易所电子显示屏。

还是小国，无论发达国家还是发展中国家，正日益形成利益交融、安危与共的利益共同体和命运共同体。世界经济正如我们身边的太平洋，汇聚千流、连通四海，铸就了浩瀚宽广的胸怀，孕育了波涛澎湃的活力。无论前途是晴是雨，携手合作、互利共赢是唯一正确选择。这既是经济规律使然，也符合人类社会发展的历史逻辑。一体化的世界就在那儿，谁拒绝这个世界，这个世界也会拒绝他。中国早已同世界经济和国际体系深度融合。我们绝不会走历史回头路，不会谋求"脱钩"或是搞封闭排他的"小圈子"。世界各国要以负责任的精神同舟共济，共同维护和促进世界和平与发展。

### （三）大江大河奔腾向前的势头谁也阻挡不了

第一次世界大战结束后，各交战国在经历了短期的通货膨胀后，便发生了经济危机，为保护国内市场，各国相继开征新关税，并实行进口配额等非关税壁垒。1929 年 4 月，美国参议院财政委员会主席里德·斯穆特和众议院筹款委员会主席威利斯·霍利联名提出关税议案——《斯穆特—霍利关税法议案》，提高农业和工业产品关税。对此，美国经济学家们普遍感到大祸临头。来自不同经济学派、往日分歧严重的 1028 名经济学家联名写信呼吁胡佛否决该法案。1930 年 6 月 17 日，胡佛屈从于自己党内和利益集团的压力，使《斯穆特—霍利关税法议案》签字生效，对他国进口商品加征高关税，引发全球贸易战，不但加剧了全球经济萧条，美国也未能独善其身。

"逆全球化"思潮在资本主义发展的不同阶段有不同表现。2008 年以来，逆全球化思潮不断有新的表现，经济全球化进程面临重重挑战。国际社会治理赤字、信任赤字、发展赤字、和平赤字有所扩大，民粹主义、保护主义、孤立主义暗流汹涌，英国脱欧、美国频繁"退群""毁约"乱象纷呈，长期维系国际战略稳定的《中导条约》面临废弃，"黑

2018 年 9 月 25 日，美国总统特朗普在第 73 届联合国大会一般性辩论上发表演讲，称反对全球主义理念。多国政要和联合国官员当天在特朗普联大演讲前后纷纷发言捍卫多边主义，批评单边主义行径。

天鹅""灰犀牛"事件应接不暇，"零和博弈""冷战思维""后院概念"老调重弹，以联合国为核心的国际体系受到前所未有冲击，引发人们对未来发展不确定性的担忧。经济全球化之所以遇到"回头浪"，直接原因在于金融资本过度逐利、金融监管严重缺失，导致经济全球化红利在不同经济体、同一经济体内部分配失衡；根本原因则在于当前世界经济增长动力不足、治理体系滞后，使得全球经济"蛋糕"不容易做大，发达国家和发展中国家都感受到压力和冲击。

经济全球化是客观现实和历史潮流，世界退不回彼此封闭孤立的状态，更不可能被人为割裂。"长江、尼罗河、亚马孙河、多瑙河昼夜不息、奔腾向前，尽管会出现一些回头浪，尽管会遇到很多险滩暗礁，但大江大河奔腾向前的势头是谁也阻挡不了的。"①习近平主席在第二届中国国际进口博览会开幕式上发表主旨演讲，准确把握历史大势，把脉世界经济，提出重要倡议，为世界经济发展指明前进方向，向国际社会传递着开放合作、共同发展的强大正能量。面对保护主义、单边主义等逆流，必须保持清醒头脑，不畏浮云遮望眼，顺应历史大潮流而动，高举经济全球化、贸易和投资自由化便利化的旗帜，以自身建设更高水平的开放型经济为表率，坚定不移维护多边贸易体制，推动全球经济治理变革和完善，推动经济全球化朝着更加开放、包容、普惠、平衡、共赢的方向发展。

## 二、构建更加紧密的人类命运共同体

科幻电影《流浪地球》讲述这样一个故事：当地球面临巨大灾难，人类以守望相助、共克时艰的精神拯救共同家园。故事揭示朴素真理：危难时刻，命运共同体意识是人类的唯一正确抉择。《圣经》里的诺亚方舟和中文的成语"同舟共济"都表达了一个类似命运共同体的意涵，即在威胁到整个人类卫生安全的灾难和瘟疫面前，人人平等。我们都面临着同样的命运，而且有着同样的焦虑和期望，也就都在同一艘船上。习近平主席在同联合国秘书长古特雷斯通电话时表示："新冠肺炎疫情的发生再次表明，人类是一个休戚与共的命运共同体。在经济全球化时代，这样的重大突发事件不会是最后一次，各种传统安全和非传统安全问题还会不断带来新的考验。"②

"大道之行也，天下为公。"党的十八大以来，习近平总书记以马

---

① 习近平：《开放合作　命运与共——在第二届中国国际进口博览会开幕式上的主旨演讲》，《人民日报》2019年11月6日。

② 《习近平同联合国秘书长古特雷斯通电话》，《人民日报》2020年3月13日。

克思主义政治家、思想家、战略家的宏阔视野和非凡智慧，高瞻远瞩地提出构建人类命运共同体重要理念。这是习近平新时代中国特色社会主义思想的重要组成部分，是习近平外交思想的核心理念，是我们不断深化对人类社会发展规律认识，对建设一个什么样的世界、怎样建设这个世界给出的中国方案，体现了中国共产党人的世界观、秩序观、价值观，已经成为中国引领时代潮流和人类文明进步方向的鲜明旗帜。

### （一）"世界怎么了，我们怎么办"成为时代之问

病来如山倒，病去如抽丝。2008 年国际金融危机掀起惊涛骇浪，10 多年过去了，其深层次影响至今仍未完全消除。伴随各类风险重新积聚，加上技术和产业变革带来的深刻变化，正经历复苏的世界经济走到十字路口。

旧危机尚未根除，新风险又在眼前。"令人担忧的是，保护主义、单边主义愈演愈烈，治理赤字、发展赤字、信任赤字有增无减，世界经济中不稳定不确定因素明显上升。"[①] 在 2019 年出访收官之行中，习近平总书记再次鲜明指出国际社会面临的普遍问题。当今世界的大变局百年未有，变革会催生新的机遇，但变革过程充满着风险挑战，人类又一次站在了十字路口。世界向何处去？发展路在何方？人类以怎样的姿态和步伐迈向未来？ 2020 年发生的新冠疫情加速了国际格局调整，世界进入动荡变革期。国际社会正在经历多边和单边、开放和封闭、合作和对抗的拉锯和考验。2023 年中央外事工作会议指出，世界大变局加速演进，世界之变、时代之变、历史之变正以前所未有的方式展开，世界进

---

① 习近平：《携手努力共谱合作新篇章——在金砖国家领导人巴西利亚会晤公开会议上的讲话》，《人民日报》2019 年 11 月 15 日。

2020 年 3 月 16 日，在德国柏林，行人走过关闭的柏林新博物馆旁的廊柱。2020 年为 20 世纪 30 年代大萧条以来最糟糕的全球经济衰退。

入新的动荡变革期，但人类发展进步的大方向不会改变，世界历史曲折前进的大逻辑不会改变，国际社会命运与共的大趋势不会改变，对此我们要有充分的历史自信。①

历史的十字路口、发展的关键阶段，需要廓清迷雾、拨云见日的思想引领方向。习近平总书记站在人类历史发展进程的高度，以大国领袖的责任担当，深入思考"建设一个什么样的世界、如何建设这个世界"等关乎人类命运的重大课题，并在不同场合对构建人类命运共同体进行了重要阐述，形成科学完整、内涵丰富、意义深远的思想体系，明确指出：

---

① 《中央外事工作会议在北京举行》，《人民日报》2023 年 12 月 29 日。

"建设持久和平、普遍安全、共同繁荣、开放包容、清洁美丽的世界。"①
政治上，要相互尊重、平等协商，坚决摒弃冷战思维和强权政治，走对
话而不对抗、结伴而不结盟的国与国交往新路；安全上，要坚持以对话
解决争端、以协商化解分歧，统筹应对传统和非传统安全威胁，反对一
切形式的恐怖主义；经济上，要同舟共济，促进贸易和投资自由化便利
化，推动经济全球化朝着更加开放、包容、普惠、平衡、共赢的方向发
展；文化上，要尊重世界文明多样性，以文明交流超越文明隔阂、文明
互鉴超越文明冲突、文明共存超越文明优越；生态上，要坚持环境友好，
合作应对气候变化，保护好人类赖以生存的地球家园。概括地讲，构
建人类命运共同体，是以建设持久和平、普遍安全、共同繁荣、开放包
容、清洁美丽的世界为努力目标，以推动共商共建共享的全球治理为实
现路径，以践行全人类共同价值为普遍遵循，以推动构建新型国际关系
为基本支撑，以落实全球发展倡议、全球安全倡议、全球文明倡议为战
略引领，以高质量共建"一带一路"为实践平台，推动各国携手应对挑
战、实现共同繁荣，推动世界走向和平、安全、繁荣、进步的光明前景。

### （二）世界各国人民应该秉持"天下一家"的理念

"相知无远近，万里尚为邻，中埃好兄弟，携手并肩铺彩
虹……"2020 年，一首赞扬中国与埃及守望相助、携手抗疫的歌曲在
埃及引发热烈反响。埃及《消息晚报》《宪章报》《金字塔报》网站等数
十家媒体刊发了歌词，引发广泛共鸣。② 其实，不仅中埃之间是如此，
在美国，犹他州卡斯卡德小学四年级学生在教室里唱起一首名为《武汉
加油·你笑起来真好看》的中文歌；在日本，著名小提琴演奏家大谷康

---

① 《十九大以来重要文献选编》（上），中央文献出版社 2019 年版，第 41 页。
② 周辑：《"用音乐传递携手抗疫信心"》，《人民日报》2020 年 5 月 19 日。

2020 年，在智利首都圣地亚哥，5 岁的女孩达娜·苏亚雷斯用画作表达了心声："我们团结起来抗击冠状病毒！"

子在地标建筑东京塔用小提琴与中国传统乐器编钟合奏祈福乐曲；在意大利，总统马塔雷拉在总统府奎里纳莱宫举办一场特别的音乐会助力中国抗疫……一场突如其来的新冠疫情肆虐全球，给全球公共卫生安全带来极大挑战。疫情面前，世界上越来越多的人以前所未有的直观方式，切身感受到人类休戚与共的命运共同体关系，认识到只有团结合作、同舟共济，才能最终战胜疫情。

"家"承载着全人类共同的期盼。千百年来，"世界大同，天下一家"的梦想始终是人类心中不灭的明灯。和平、发展、公平、正义、民主、自由，是全人类共同的价值追求。随着经济全球化深入发展，特别是全球性挑战日益突出，世界各国利益交融、安危与共，命运共同体意识日益增强，成为推动国际协调合作的强大正能量。中华文明从不自囿于一族一地，而是以"天下"为思考单位，历来讲求"天下一家"，强调和合理念，主张天下为公，推崇不同国家、不同文化"美美与共、天下大同"，蕴含着丰厚的人类命运共同体基因。习近平总书记立时代之潮头、发思想之先声，将"天下一家"的思想创新性发展、创造性转化为"人类命运共同体"的理念，为世界提供了中国方案。宇宙只有一个地球，人类共有一个家园。"天下一家"的理念和智慧，源自中国，属于世界。只要全世界人民锲而不舍、驰而不息地努力，"天下一家"一定能够实现！

### （三）让人类命运共同体的阳光普照世界

2017 年 11 月 30 日至 12 月 3 日，中国共产党与世界政党高层对话会在北京举行。120 多个国家 200 多个政党和政治组织领导人报名参会。主题是"构建人类命运共同体、共同建设美好世界：政党的责任"。会标整体外形是地球造型，由数条彩色飘带和英文字母 CPC 环绕构成。CPC 是"中国共产党"的英文缩写，会标图形由五种色彩组成，象征中国共产党与来自世界五大洲的政党齐聚高层对话会，共商共议、平等交流，肩负起构建人类命运共同体、引领人民建设美好世界的重要责任。2020 年 4 月 2 日，中国共产党同世界上 100 多个国家 230 多个政党联合就加强国际抗疫合作发出共同呼吁，表达携手合作、共克时艰的政治意愿。共同呼吁从提出想法到最后发表，用时不到 10 天，创造了政党交往史上的一个纪录。

中国共产党是为中国人民谋幸福、为中华民族谋复兴的党，也是为人类谋进步、为世界谋大同的党。中国共产党既努力把自己的事情做好，又通过推动中国发展给世界创造更多机遇，通过深化自身实践

2017年12月2日，中国共产党与世界政党高层对话会举行以"新时代的中国共产党与世界"为主题的中共十九大精神专题研讨会。这是在研讨会上举行的"创新世界　中国贡献"专题研讨。

探索人类社会发展规律并同世界各国分享。近些年来，当中国对世界经济增长年均贡献率接近30%，当中国全面消除绝对贫困、对全球减贫贡献率超过70%，任何尊重事实的人都会承认，中国共产党的成功，不仅对中国人民、中华民族具有重大意义，而且具有广泛的世界意义。中国积极参与联合国维和行动，探索中国特色热点问题解决之道、推动各方对话协商解决全球和地区热点问题，积极参与应对气候变化等全球性挑战，为推动建设持久和平、普遍安全的世界贡献中国方案和中国力量；从与多个国家分别构建的双边命运共同体，到周边命运共同体、亚太命运共同体，从中欧命运共同体到中非命运共同体、中拉命运共同体、中阿命运共同体，为各方共享和平、安全与繁荣探索路径；倡议构建网络空间命运共同体、核安全命运共同体、海洋命运共同体、人类卫生健康共同体，为不同领域破解安全挑战提供更精准行动指引；亚洲基础设施投资银行、"一带一路"国际合作高峰论坛、中国国际进口博览会等一系列多边合作新平台的建立，为实现包容和联动式发展注入新动能。

中国始终是世界和平的建设者、全球发展的贡献者、国际秩序的维护者。在中非合作论坛、上海合作组织、中国—葡语国家经贸合作论坛、中国—阿拉伯国家合作论坛、中国—拉共体论坛、中国—加勒比经贸合作论坛、中国—太平洋岛国经济发展合作论坛等双多边会议上，习近平主席提出一系列援助措施，帮助有关国家促进经济社会发展、增进民生福祉。在 2015 年 12 月中非合作论坛约翰内斯堡峰会上，习近平主席宣布 3 年内，同非方重点实施中非工业化、农业现代化、基础设施、金融、绿色发展、贸易和投资便利化、减贫惠民、公共卫生、人文、和平与安全等"十大合作计划"。在 2018 年 9 月中非合作论坛北京峰会上，习近平主席宣布未来 3 年和今后一段时间重点实施产业促进、设施联通、贸易便利、绿色发展、能力建设、健康卫生、人文交流、和平安全等"八大行动"。在 2020 年 6 月中非团结抗疫特别峰会上，习近平主席宣布将继续全力支持非洲国家抗疫行动，并将同非方一道，加快落实中非合作论坛北京峰会成果，将合作重点向健康卫生、复工复产、改善民生领域倾斜，携手构建更加紧密的中非命运共同体。①无论中国发展到什么程度，我们都不会威胁谁，都不会颠覆现行国际体系，都不会谋求建立势力范围。当政治分裂有了惯性，当文明冲突成为常态，中国始终以构建人类命运共同体为理念，强调不同文明在交流中互鉴，不同文化在沟通中融合，有效汇聚推动人类文明进步发展的磅礴

---

① 国务院新闻办公室：《新时代的中国国际发展合作》，《人民日报》2021 年 1 月 11 日。

力量，成为全球乱局中的"稳定之锚"和"增长之源"。未来将会表明，行动将会证明，中国有能力与世界各国风雨同舟，勠力同心，共同巩固多边主义大厦，在推动构建人类命运共同体的伟大征程中作出更大的中国贡献。

## 三、积极发展全球伙伴关系

2018 年 6 月 8 日，国家主席习近平和俄罗斯总统普京共乘高铁自北京前往天津，共同观看中俄青少年冰球友谊比赛，同小球员逐一击拳问候，并为比赛开球。两位国家元首都是公开的"体育迷"，这次冰球场上的"约会"，不仅延续着两位领导人的友谊，也让两国人民更添亲近感。

志同道合是伙伴，求同存异也是伙伴。在国际关系里，"伙伴关系"是指国家间为寻求共同利益而建立的一种合作关系，是一种互不以对方为敌、平等而相互尊重、互不干涉内政、相互寻求共同的政治经济利益、保持并推进双方关系发展的良好状态。党的十八大以来，中国外交以周边和大国为重点，以发展中国家为基础，以多边为舞台，以深化务实合作、加强政治互信、夯实社会基础、完善机制建设为渠道，全面发展同各国友好合作关系，形成了全方位、宽领域、多层次对外交往格局。目前，中国已经同 100 多个国家和国际组织建立了不同形式的伙伴关系，"朋友圈"不断扩展，覆盖全球。

### （一）中华民族历来秉持"亲仁善邻"的理念

"亲望亲好，邻望邻好。"中国自古以来就是一个"诚信知礼，与人为善"的国度。15 世纪初的明代，著名航海家郑和七次远洋航海，到访 30 多个国家和地区，没占一寸土地，是世界上公认的和平、友善之旅；28 年间始终奉行"共享太平之福"的对外政策，发展与各国的友好关系，在中国与亚非国家之间架起了友谊的桥梁，进一步树立了中国的友善形象。

"亲仁善邻、协和万邦"是中华文明一贯的处世之道。中华文化崇尚和谐，爱好和平的思想深深嵌入了中华民族的精神世界。中国"和"文化源远流长，蕴含着天人合一的宇宙观、协和万邦的国际观、和而不同的社会观、人心和善的道德观。在 5000 多年的文明发展中，中华民族一直追求和传承着和平、和睦、和谐的坚定理念。以和为贵，与人为善，己所不欲、勿施于人等理念在中国代代相传，深深植根于中国人的精神中，深深体现在中国人的行为上。

"亲仁善邻"的理念，今天依然是中国处理国际关系的基本理念。作为负责任大国，中国倡导和平、发展、公平、正义、民主、自由的全人类共同价值，坚守亲仁善邻、兼爱非攻的历史传承，坚持与邻为善、以邻为伴，坚持睦邻、安邻、富邻，突出体现亲、诚、惠、容的理念。在构建全球伙伴关系的过程中，秉持了和而不同、立己达人的和谐理念，彰显了弘义融利、扶危济困的道德操守。

### （二）走"对话而不对抗，结伴而不结盟"的国与国交往新路

2013 年 10 月，在印度尼西亚巴厘岛举行的 APEC 会议期间，国家主席习近平专门向俄罗斯总统普京赠送了生日蛋糕为他庆祝生日。普京说，自己与中国伙伴们共同庆祝了生日，不仅共举杯饮酒，还品尝了生日蛋糕，气氛十分温暖，像朋友一样。"上次在我生日的时候，我们一起喝了点伏特加，还像大学生一样，喝的时候就着三明治。"2014 年 9 月，国家主席习近平出访印度，第一站就来到印度总理莫迪的家乡古吉拉特邦为莫迪庆贺生日。其间两人一起欣赏印度传统歌舞表演，又沿着

河畔散步，边走边谈中印两国的发展。莫迪表示，我同习近平主席一起过生日，非常有意义，令我难忘。① 私人的友谊和信任，在不拘形式和礼仪的轻松氛围下进一步增加，有利于加强交流，从而真实体现在国家关系上，促进国与国之间的互信。

中国构建全球伙伴关系，前提是坚持"不结盟原则"。"对话而不对抗，结伴而不结盟"，超越了冷战思维，摒弃了霸权主义，不搞远近亲疏，不拉帮结派，是"中国特色、中国风格、中国气派"。这一理念诠释了新时代中国外交理念，符合中国有史以来形成的和平思想以及中国作为一个社会主义国家应有的政治主张，是对我国不结盟外交政策的重大发展，不仅有利于建设我国对外交往新路径，同时也有利于构建合作共赢的新型国际关系。

中国积极发展全球伙伴关系，为世界各国创造了和平稳定的国际环境。中国特色大国外交致力于推动建设

南宋古沉船"南海一号"是迄今为止中国境内发现的年代最早、船体最大、保存最完整的沉船，是保存在"海上丝绸之路"主航道上的珍贵文化遗存。图为"南海一号"右侧中部船舱位置散落着大量福建德化窑白瓷罐。

① 《习近平做大中国的"朋友圈"》，党建网微平台，2018 年 7 月 3 日。

新型国际关系，坚定维护以联合国为核心的国际体系，坚持共商共建共享的全球治理。新冠疫情暴发后，我国向各国提供了上百亿个口罩和23亿剂疫苗，向34个国家派出38批抗疫专家组，为共建国家抗击疫情作出独特贡献。这是中国走"对话而不对抗，结伴而不结盟"的国与国交往新路的集中体现。近年来，中国的全球伙伴关系网络日益完善，对外开放、互利合作的规模不断扩大和深入，不仅为国内发展营造了有利的国际环境和战略支撑，也向国际社会贡献了先进理念和公共产品。

### （三）中国的"朋友圈"越做越大

从2016年开始，南非政府将汉语作为第二外语纳入国民教育体系。几年来，汉语教学试点在南非部分中小学顺利启动。继南非之后，毛里求斯、坦桑尼亚、喀麦隆、赞比亚等非洲国家，也纷纷将汉语纳入了自己的国民教育体系，非洲大陆的"汉语热"正持续升温。此外，包括俄罗斯、澳大利亚、爱尔兰等全球60多个国家和地区，都把中文纳入了中小学考试或高考。2019年2月23日，在王储穆罕默德·本·萨勒曼结束访华之际，沙特阿拉伯宣布，将汉语纳入沙特王国所有教育阶段的课程之中，以使该国教育更具多元性。汉语"朋友圈"越来越大，源于中国经济的强劲，归功于中国博大精深的文化底蕴，更反映了各国人民了解中国、深度融入中国"朋友圈"的迫切愿望。

朋友遍天下的背后，是中国国际影响力、吸引力、感召力的不断提升。党的十八大以来，中国以周边和大国为重点，以发展中国家为基础，以多边为舞台，不断拓展伙伴关系网，彰显深厚的优良传统和鲜明的中国特色。2014年，中国宣布与印度构建"更加紧密的发展伙伴关系"，与德国建立"全方位战略伙伴关系"，与蒙古国、埃及等建立"全面战略伙伴关系"。2015年，中国与巴基斯坦将两国关系提升为"全天候战略合作伙伴关系"，与英国决定共同构建"面向21世纪全球全面战

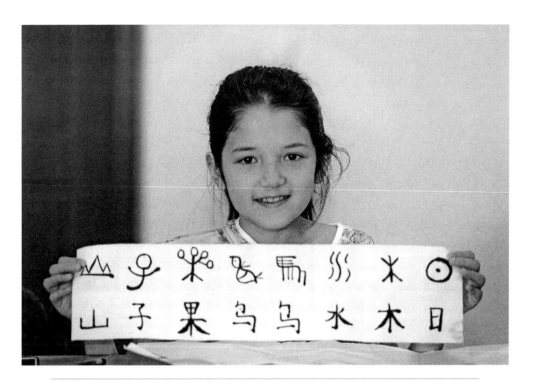

2016 年 6 月 20 日，在乌兹别克斯坦塔什干，一名女孩在塔什干国立东方学院展示自己的书法作品。

略伙伴关系"，与新加坡建立"与时俱进的全方位合作伙伴关系"。2016年，中国与波兰、沙特阿拉伯、伊朗、智利等国提升了伙伴关系，并宣布与瑞士建立"创新战略伙伴关系"，首次将"创新"概念融入伙伴关系中。2023 年 12 月，中国与越南在深化全面战略合作伙伴关系基础上，携手构建具有战略意义的中越命运共同体。截至 2023 年 8 月，中国已经同 110 多个国家、地区和地区组织建立了不同形式的伙伴关系，"朋友圈"越来越大，"伙伴网"越来越密，实现了对世界各个地区、不同类型国家的全覆盖。

建立"全球伙伴关系"，不仅是合作共赢的新型国际关系的重要部分，同时还与构建人类命运共同体一脉相承。中国建立的伙伴关系具有平等性、和平性、包容性的时代特征，是在和平共处五项原则的指导下发展起来的。这种伙伴关系建立在相互尊重的基础上，摒弃以大欺小、以强凌弱的强权行径；建立在合作共赢的基础上，超越了你输我赢、零和博弈的旧思维；建立在开放包容的基础上，避免了小集团政治带来的各种封闭与排斥。中国伙伴关系网络已实现全方位、多层次、立体化的事实充分表明，不同社会制度可以相互包容，不同发展模式可以相互合作，不同价值文化可以相互交流，各国可以实现互利共赢、共同繁荣。

## 四、推动落实全球发展倡议、全球安全倡议和全球文明倡议

全球发展倡议、全球安全倡议、全球文明倡议是中国于 2021 年、2022 年、2023 年相继提出的全球性重要倡议。"三大倡议"有力彰显中华文明鲜明的自主性、包容性、和平性精神底色，反映了新时代中国的全球治理观，已经引起世界各国有识之士与广大民众的深思与回应。"三大倡议"所蕴含的历史洞察、实践指引、责任担当，必将进一步廓清和祛除世界历史进程中那些被刻意遮蔽的文明之尘、被刻意误导的发展之霾、被刻意施加的安全之祸，有力引领世界历史发展大势，产生持久深远的影响。

### （一）践行全球发展倡议，共创共享和平繁荣

2022 年 5 月，中斐签署南南合作谅解备忘录，明确中方向斐方援助 4000 余套道路照明用 LED 灯、50 杆灯杆和 2000 套户用光伏发电系统，帮助斐济提高应对气候变化能力。在一年多的时间里，逾 3 万名村民用

上了太阳能照明系统，不但夜间出行安全得到保障，还减少了化石燃料的使用。助力发展中国家工业化进程是全球发展倡议的努力方向之一，包括深化制造业、数字化、绿色发展、产业链供应链等领域的合作。作为世界上最大的发展中国家，中国一直积极参与南南合作，倡导广大发展中国家共享发展机遇，共走繁荣之路。在南南合作框架下，几十年来，中国通过分享发展经验、传授专业技术知识、促进国际贸易和投资建设、减免最不发达国家的债务等途径，向 100 多个发展中国家提供了援助，覆盖医疗、教育、气候变化、农业、基础设施等多个领域，为全球范围的南南合作树立了良好典范。

在新冠疫情流行、地缘冲突加剧、美西方推动"脱钩断链"和极端财政货币政策等负面因素影响下，近年来全球发展瓶颈日益突出，全球减贫成果受到冲击，一些新兴市场增速放缓，粮食能源危机等挑战交织，高通胀令多国民生面临困顿。2021 年 9 月 21 日，国家主席习近平在第七十六届联合国大会一般性辩论上发表重要讲话，提出全球发展倡议，为推动国际社会形成合力，破解发展赤字难题，实现联合国 2030 年可持续发展议程贡献了中国方案和中国智慧。全球发展倡议，倡导各国坚持发展优先，坚持以人民为中心，坚持普惠包容，坚持创新驱动，坚持人与自然和谐共生，坚持行动导向，共创共享和平繁荣美好未来。

"我提出全球发展倡议，就是为了让全世界聚焦发展，为落实可持续发展议程提供助力。"① 从 2021 年 9 月在第七十六届联合国大会一般性辩论上提出全球发展倡议，到 2022 年 6 月主持全球发展高层对话会宣布 32 项务实举措，再到 2023 年 8 月出席"金砖 +"领导人对话会就全

---

① 习近平：《勠力同心　携手同行　迈向发展共同体——在"金砖 +"领导人对话会上的讲话》，《人民日报》2023 年 8 月 25 日。

球发展合作作出重要阐述，习近平主席始终着眼全球共同发展的长远目标和现实需要，提出全球发展倡议并不断丰富其内涵，引领推动这一重大倡议落地生根、走深走实，为促进各国共同发展注入强大动力。在东南亚和非洲，中国企业依托云计算、电子商务、金融科技等新业态，促进各方经贸往来，助力优化当地发展环境。在拉美和中亚，中企参与风电场、水电站、光伏电站等项目助力当地向低碳转型。在全球多地，互联互通成果丰硕，中老铁路、柬埔寨斯登特朗—格罗奇马湄公河大桥等合作项目极大便利了当地交通，对经济和社会发展起到显著拉动作用。截至 2023 年 10 月，已有 100 多个国家和国际组织支持全球发展倡议，70 多国加入"全球发展倡议之友小组"，全球发展倡议写入中国同中亚、东盟、非洲、拉美、太平洋岛国等一系列合作文件……中国愿同世界上一切进步力量一道，打造团结、平等、均衡、普惠的高质量全球发展伙伴关系，开启构建全球发展命运共同体的新征程，共同迈向更加繁荣美好的未来。

## （二）践行全球安全倡议，促进世界安危与共

2022 年 2 月 24 日，乌克兰危机骤然升级。危机升级，变化的不只是犬牙交错的对峙战线，还有不断失血的欧洲经济，匈牙利面包房成倍上涨的电费和面粉账单，突尼斯农场主面对的高昂饲料价格……2023 年 2 月底，中国接连发布两份重磅文件：《全球安全倡议概念文件》《关于政治解决乌克兰危机的中国立场》。这两份文件，为应对国际安全挑战探索标本兼治的解决方案，为改善全球安全治理提供中国智慧，成为国际社会关注的焦点。对于乌克兰危机，中国立场是一贯的、明确的，其核心就是劝和促谈。《关于政治解决乌克兰危机的中国立场》发布以来，多方给予高度评价，也得到当事双方的积极回应。俄罗斯外交部发言人扎哈罗娃说，俄方高度赞赏中国为以和平手段解决冲突作贡献的愿

这是 2023 年 5 月 18 日在位于纽约的联合国总部拍摄的安理会审议向乌克兰提供武器问题现场。中国常驻联合国副代表呼吁各方为乌克兰危机停火止战创造条件。

望并赞同中方想法。乌克兰总统泽连斯基说，中国和平计划中的一些内容可能成为讨论乌克兰局势和解问题的基础。

当前，人类社会面临的世界不确定性日益加剧，大国战略对抗和战争风险增加，地区冲突和局部战争时有发生，粮食能源等非传统安全风险陡增，新技术发展和海洋太空等新兴领域安全问题凸显，全球安全治理赤字和缺陷不断扩大。2022 年 4 月 21 日，国家主席习近平在博鳌亚洲论坛年会开幕式上以视频方式发表主旨演讲，提出全球安全倡议，即"坚持共同、综合、合作、可持续的安全观，共同维护世界和平和安全；坚持尊重各国主权、领土完整，不干涉别国内政，尊重各国人民自主选择的发展道路和社会制度；坚持遵守联合国宪章宗旨和原则，摒弃冷战思维，反对单边主义，不搞集团政治和阵营对抗；坚持重视各国合理安全关切，秉持安全不可分割原则，构建均衡、有效、可持续的安全架构，反对把本国安全建立在他国不安全的基础之上；坚持通过对话协商以和平方式解决国家间的分歧和争端，支持一切有利于和平解决危机的努力，不能搞双重标准，反对滥用单边制裁和'长臂管辖'；坚持统筹维护传统领域和非传统领域安全，共同应对地区争端和恐怖主义、气候变化、网络安全、生物安全等全球性问题"。① 全球安全倡议，旨在消弭国际冲突根源、完善全球安全治理，推动国际社会携手为动荡变化的时代注入更多稳定性和确定性，实现世界持久和平与发展。

安全是发展的前提，人类是不可分割的安全共同体。面对错综复杂的国际和地区形势，唯有团结合作，才能共克时艰，破解安全治理难题。从 2014 年在亚信第四次峰会上提出亚洲安全观，到 2016 年二十国集团杭州峰会期间阐述中国的新安全观；从 2017 年在联合国日内瓦总部阐述如何建设持久和平、普遍安全的世界，到 2022 年提出全球安全倡议，习近平主席深刻洞察世界发展大势，不断发展和完善具有中国特色的安全理念，为破解全球安全困境指明前进方向、明确合作路径。在机制建设上，支持和利用联合国体系以及上海合作组织、中非和平安全论坛、中东安全论坛、北京香山论坛、全球公共安全论坛等平台机制发挥作用，适时举办全球安全倡议高级别活动以加强政策沟通，围绕应对反恐、网络、生物、新兴科技等领域安全挑战，搭建更多国际交流合作平台和机制，共同提升传统与非传统安全治理能力等。纵观中国提出和落实全球安全倡议的外交理念和现实实践不难看出，中国是推动构建人类安全共同体的积极倡导者和身体力行的实践者。中方愿同各方一道，落实全球安全倡议，坚持真正的多边主义，协力应对各种传统和非传统安全挑战，共同推进人类和平发展的崇高事业，人类安全共同体的理念

---

① 习近平：《携手迎接挑战，合作开创未来——在博鳌亚洲论坛 2022 年年会开幕式上的主旨演讲》，《人民日报》2022 年 4 月 22 日。

一定能够实现。

### （三）践行全球文明倡议，加强文明交流借鉴

2023 年 12 月 22 日，第七十八届联合国大会协商一致通过决议，将春节（农历新年）确定为联合国假日。决议的通过，将赋予这一传统佳节更多世界性，推动春节丰富文化内涵的广泛传播，促进世界不同文明的交流互鉴。作为中国最重要的传统节日之一，春节如今已走向世界。许多国家和地区把春节作为法定节假日，全球约五分之一的人口以不同形式庆祝春节。一些国家政要、国际机构领导人在农历新年发表祝词，已成为春节期间的"固定节目"。春节，已不仅是中国的，更是世界的。①

春节，有着丰富的文化内涵，传承着和平、和睦、和谐等中华文明理念，也承载着家庭和睦、社会包容、人与自然和谐共生等共同价值。中国推动春节成为联合国假日，是践行全球文明倡议、倡导尊重世界文明多样性的务实行动。2023 年 3 月 15 日，习近平在中国共产党与世界政党高层对话会上，提出了"全球文明倡议"。全球文明倡议，倡导尊重世界文明多样性，坚持文明平等、互鉴、对话、包容，以文明交流超越文明隔阂、文明互鉴超越文明冲突、文明包容超越文明优越。倡导弘扬全人类共同价值，和平、发展、公平、正义、民主、自由是各国人民的共同追求，要以宽广胸怀理解不同文明对价值内涵的认识，不将自己的价值观和模式强加于人，不搞意识形态对抗。倡导重视文明传承和创新，充分挖掘各国历史文化的时代价值，推动各国优秀传统文化在现代化进程中实现创造性转化、创新性发展。倡导加强国际人文交流合作，探讨构建全球文明对话合作网络，丰富交流内容，拓展合作渠道，促进

---

① 许苏培：《当春节走向世界》，《解放军报》2023 年 12 月 24 日。

各国人民相知相亲，共同推动人类文明发展进步。

文明多样性是世界的基本特征，人类社会创造的各种文明，都闪烁着璀璨光芒，并跨越时空、超越国界，共同为人类发展进步作出了重要贡献。中华文明自古就以开放包容闻名于世，在同其他文明的交流互鉴中不断焕发新的生命力。从历史上的佛教东传、"伊儒会通"，到近代以来的新文化运动、马克思主义和社会主义思想传入中国，再到改革开放以来的全方位对外开放，中华文明始终在兼收并蓄中历久弥新。中华文明5000多年发展史充分说明，无论是物种、技术，还是资源、人群，甚至思想、文化，都是在不断传播、交流、互动中得以发展和进步的。

万物并育而不相害，道并行而不相悖。在各国前途命运紧密相连的今天，不同文明包容共存、交流互鉴，在推动人类社会现代化进程、繁荣世界文明百花园中具有不可替代的作用。中国主办亚洲文明对话大会、"一带一路"国际合作高峰论坛、中国共产党与世界政党高层对话会、文明古国论坛等重要活动，为促进各国文明交流发展搭建新平台，为推进全球文明交流互鉴凝聚更多共识，受到国际社会普遍欢迎。

## 五、秉持共商共建共享的全球治理观

2008年，G20领导人举行第一次峰会，他们试图在百年来最严重的国际金融危机中拯救世界经济。2020年11月，G20领导人迎来第十五次峰会，一个更严重的危机摆在他们面前。习近平主席在本次峰会第一阶段会议上指出："即将过去的一年，人类经历了百年来最严重的传染病大流行，超过百万人失去生命，世界经济陷入衰退，社会民生遭遇重创，影响超出 2008 年发生的国际金融危机。"①当时，全球疫情仍在蔓延，一些国家面临第二波疫情威胁，国际格局加速演变。在这样的背景下，习近平主席不仅提出抗疫情、稳经济、保民生的路线图，也呼吁 G20 在全球治理方面发挥更大引领作用。

理念共持是融通全球治理的桥梁。"明者因时而变，知者随事而制。"当今世界正经历新一轮大发展大变革大调整，全球治理体系变革加速推进。以什么样的理念指导全球治理体系变革和建设，既反映各国对全球治理和国际秩序内在矛盾的认识与把握能力，也影响全球治理体系变革和建设的方向与成效。习近平主席强调："世界命运应该由各国共同掌握，国际规则应该由各国共同书写，全球事务应该由各国共同治理，发展成果应该由各国共同分享。"②第七十一届联合国大会通过关于"联合国与全球经济治理"决议，将中国提出的"共商、共建、共享"原则纳入其中，为破解当今人类社会面临的共同难题指明了一条合作共赢的新思路新道路。

## （一）国际上的事大家商量着办

2015 年 2 月，在中国主持的联合国安理会公开辩论会上，构建以合作共赢为核心的新型国际关系的倡议，得到国际社会热烈支持和积极响应。会议总时长达 10 个小时，10 余个国家外长专程与会，80 多个会员国和组织的代表踊跃发言，现场座无虚席，会议规模之大、级别之高都创下近年来安理会纪录。这个令人感慨的场景告诉我们，"既要让自己过得好，也要让别人过得好"的中国主张，世界的事"商量着办"的

---

① 习近平：《勠力战疫　共创未来——在二十国集团领导人第十五次峰会第一阶段会议上的讲话》，《人民日报》2020 年 11 月 22 日。

② 《共同构建人类命运共同体——在联合国日内瓦总部的演讲》，《人民日报》2017 年 1 月 20 日。

中国方案，已经赢得广泛共识。

主权平等是国际关系最重要的准则，也是全球治理必须遵循的首要原则。习近平主席在致第四届世界互联网大会的贺信中说："大家的事由大家商量着办。"①"商量着办"，简单的四个字，是多边主义的中国话语表达，是双赢、多赢、共赢的理念，彰显的是中华优秀传统文化"和"的情怀，诠释着国际关系民主化的真谛，蕴含着中国对维护世界和平稳定、推动国际体系变革的深刻思考。要坚持主权平等，其核心要义是，各国无论大小、强弱、贫富都是国际社会平等一员，国际上的事情应由各国人民商量着办。这是全球治理应遵循的公理逻辑，长期以来却被霸权主义和强权政治所扭曲。数百年来列强通过战争、殖民、划分势力范围等方式争夺利益和霸权，正逐步向各国以制度规则协调关系和利益的方式演进；同时，以西方占主导、国际关系理念以西方价值观为主要取向的"西方中心论"已难以为继，西方的治理理念、体系和模式越来越难以适应新的国际格局和时代潮流，各种弊端积重难返，问题成堆。

没有哪个国家天生独领风骚，也没有哪种模式注定高人一等。习近平总书记指出："什么样的国际秩序和全球治理体系对世界好、对世界各国人民好，要由各国人民商量，不能由一家说了算，不能由少数人说了算。"② 人类已经进入互联互通的新时代，各国关系和利益只能以制度和规则加以协调，不能谁的拳头大就听谁的。中国是倡导者，也是践行者。我们应该秉持平等和尊重，摒弃傲慢和偏见，加深对自身文明和其他文明差异性的认知，推动不同文明交流对话、和谐共生。要秉持共同、综合、合作、可持续的新安全观，摒弃冷战思维、零和博弈的旧

---

① 《习近平致第四届世界互联网大会的贺信》，《人民日报》2017 年 12 月 4 日。

② 习近平：《在庆祝中国共产党成立 95 周年大会上的讲话》，《人民日报》2016 年 7 月 2 日。

思维，摒弃弱肉强食的丛林法则，以合作谋和平、以合作促安全，坚持以和平方式解决争端，反对动辄使用武力或以武力相威胁，反对为一己之私挑起事端、激化矛盾，反对以邻为壑、损人利己，各国一起走和平发展道路，实现世界长久和平。要通过充分协商形成全球治理体系变革方案的共识，共同书写国际规则，让全球治理体系更加平衡地反映大多数国家特别是广大发展中国家的意愿和利益。

### （二）建设和谐合作的国际大家庭

1961 年 8 月 13 日，德意志民主共和国（东德）开始在东、西德边境构建柏林墙。柏林墙的官方目的是阻止西方"法西斯"进入东德和破坏社会主义国家，但颇具讽刺意味的是，它主要的目的是阻止东德人民向西德的大规模倒戈。自此，德国被一分为二，两个德国代表两种不同意识形态的存在，而柏林墙也成为东西方冷战的重要标志。直到 1990 年 6 月，柏林墙才被拆除。柏林墙倒塌 30 年之际，零和博弈的冷战思维再度回潮，地缘政治和意识形态竞争论大行其道，"文明冲突论"沉渣泛起，和平赤字、发展赤字、安全赤字、治理赤字日益突出，引发全球范围的重视和思考。

"众力并，则万钧不足举也。"全球化时代，不应该是一部分人反对另一部分人，而应该是所有人造福所有人。破解全球治理难题，需要充分发挥国际性、区域性机制作用，提出更多中国倡议、中国方案，促进国际经济秩序朝着平等公正、合作共赢的方向发展。要倡导维护多边贸易体制、构建开放型世界经济，推动在贸易和投资自由化便利化方面作出更多制度性安排，用好中国国际进口博览会等合作共享平台，促进区域经济进一步开放、交流、融合。要坚持以开放求发展，深化交流合作，坚持"拉手"而不是"松手"，坚持"拆墙"而不是"筑墙"，坚决反对保护主义、单边主义，不断削减贸易壁垒，推动全球价值链、供应链更加完善，共同培育市场需求。要继续高举联合国这面多边主义旗帜，充分发挥世界贸易组织、国际货币基金组织、世界银行、二十国集团、欧盟等全球和区域多边机制的建设性作用，共同推动构建人类命运共同体。

### （三）大家一起发展才是真发展

2020 年 11 月 15 日，《区域全面经济伙伴关系协定》（RCEP）签署仪式以视频方式进行，15 个成员国经贸部长正式签署该协定。签署 RCEP 的 15 个成员国，包括东盟 10 国和中国、日本、韩国、澳大利亚、新西兰，总人口达 22.7 亿，GDP 达 26 万亿美元，出口总额达 5.2 万亿美元，均占全球总量约 30%。该协定的签署，意味着全球约三分之一的经济体量将形成一体化大市场，标志着世界上人口数量最多、成员结构最多元、发展潜力最大的东亚自贸区建设成功启动。"和平发展、开放发展、合作发展、共同发展"①，是中国一以贯之加以推动的全球发展的治理观，也是中国向世界的正式宣告与庄严承诺。

中国的发展得益于国际社会，也正在回馈国际大家庭。"大家一起发展才是真发展，可持续发展才是好发展。""欢迎各国搭乘中国发展'顺风车'，一起来实现共同发展。"② 从"中国理念"到"中国方案"再到"中国行动"，正是中国特色大国外交提供的新"世界观""发展观"的具体表现。从实施外商投资法、扩容自贸试验区，到发布《海南自由贸易港建设总体方案》，再到多次削减关税、缩减外商投资准入负面清单，中国始终秉持开放包容理念，坚定不移扩大对外开放，与世界共享发展机

---

① 习近平：《在纪念中国人民志愿军抗美援朝出国作战 70 周年大会上的讲话》，《人民日报》2020 年 10 月 24 日。

② 习近平：《携手构建合作共赢新伙伴　同心打造人类命运共同体——在第七十届联合国大会一般性辩论时的讲话》，《人民日报》2015 年 9 月 29 日。

2020年11月15日，在越南首都河内拍摄的《区域全面经济伙伴关系协定》（RCEP）签署仪式现场。

遇。2015年9月，在联合国成立70周年系列峰会期间，习近平主席宣布5年内提供"6个100"项目支持，包括100个减贫项目、100个农业合作项目、100个促贸援助项目、100个生态保护和应对气候变化项目、100所医院和诊所、100所学校和职业培训中心，帮助实施100个"妇幼健康工程"和100个"快乐校园工程"，设立南南合作援助基金，设立中国—联合国和平与发展基金，提供来华培训和奖学金名额，免除有关国家无息贷款债务，设立南南合作与发展学院和国际发展知识中心等重要举措。2020年5月18日，在第七十三届世界卫生大会视频会议开幕式上，习近平主席宣布两年内提供20亿美元国际援助、与联合国合作在华设立全球人道主义应急仓库和枢纽、建立30个中非对口医院合作机制、中国新冠疫苗研发完成并投入使用后将作为全球公共产品、同二十国集团成员一道落实"暂缓最贫困国家债务偿付倡议"等中国支持全球抗疫的一系列重大举措。① 中国不追求一枝独秀，不搞你输我赢，也不会关起门来封闭运行，将逐步形成以国内大循环为主体、国内国际双循环相互促进的新发展格局，在谋求本国发展的同时促进各国共同发展，让发展之花在世界更多地方盛开，让发展果实造福更多国家和人民。

## 六、依托"一带一路"建设世界"百花园"

《汉书·张骞传》记载，汉武帝两度派张骞出使西域，打通了一条以长安（西安）为起点，经河西走廊到达西域各国的通道，形成了陆上丝绸之路的基本干道。② 回顾数千年发展史，人类社会始终充满着对美好生活的向往和追求。张骞两次出使西域，拉开了中国同中亚各国友好交往的序幕，也开辟出一条横贯东西、连接欧亚的丝绸之路，自此"使者相望于道，商旅不绝于途"。先辈们开辟的、延续了千年的丝绸之路所表现出来的和平合作、开放包容、互学互鉴、互利共赢的丝路精神，就是中华民族爱好和平的历史文化符号。习近平主席评价说："这些开拓事业之所以名垂青史，是因为使用的不是战马和长矛，而是驼队和善意；依靠的不是坚船和利炮，而是宝船和友谊。"③ 今天，沿着茶马古道、沙漠丝绸之路、草原丝绸之路、海上丝绸之路等故道，"一带一路"倡议正在编织出沿线国家深化交往的全新图景。历史与现实昭示人们，中国对外开放不是要一家唱独角戏，而是要欢迎各方共同参与；不是要谋

---

① 国务院新闻办公室：《新时代的中国国际发展合作》，《人民日报》2021 年 1 月 11 日。

② 人民日报评论部：《习近平讲故事》，人民出版社 2017 年版，第 293 页。

③ 习近平：《携手推进"一带一路"建设——在"一带一路"国际合作高峰论坛开幕式上的演讲》，《人民日报》2017 年 5 月 15 日。

求势力范围，而是要支持各国共同发展；不是要营造自己的后花园，而是要建设各国共享的百花园。

## （一）"一带一路"追求的是百花齐放的大利

2018 年，由中马两国领导人命名的"中马友谊大桥"，连接首都马累和机场岛，使天堑变通途。作为"21 世纪海上丝绸之路"的重点项目，在印度洋上建成了这座设计使用寿命 100 年的现代化宏伟桥梁，让马尔代夫实现了跨越海峡的梦想，也成为中马友谊的重要见证。

"一带一路"是纵贯古今、统筹陆海、面向全球的世纪蓝图。在"一带一路"推动下，马尔代夫有了第一座跨海大桥，东部非洲有了第一条高速公路，白俄罗斯第一次有了自己的轿车制造业，哈萨克斯坦第一次有了自己的出海通道……在柬埔寨，西哈努克港经济特区这一中柬"一带一路"合作示范样板建成后，能容纳企业 300 家，形成 10 万产业工

马尔代夫中马友谊大桥。

人就业，20 万人居住的宜居新城。从中可知，"一带一路"不仅促进经济要素有序自由流动、资源高效配置、市场深度融合，而且秉持政策沟通、设施联通、贸易畅通、资金流通和民心相通，共建一个和谐共存的大家庭。

"一带一路"不是某一方的私家小路，而是大家携手前进的阳光大道。"一带一路"是开放的，是穿越非洲、环连亚欧的广阔"朋友圈"，所有感兴趣的国家都可以加入这个"朋友圈"。"一带一路"是多元的，涵盖各个合作领域，合作形式也可以多种多样。"一带一路"是共赢的，各国共同参与，遵循共商共建共享原则，实现共同发展繁荣。"一带一路"不是中国所独享的国家战略机遇，而是一个中国与沿线国家共谋发展、共享繁荣的国际区域合作平台；也不是惠及某一种所有制经济体的，而是多种所有制共同参与和共同受惠的。共建开放合作、开放创新、开放共享的世界经济，是"一带一路"的初心所在，尽显中国携手世界、共创繁荣的胸襟与魄力。

### （二）让中国市场成为世界的市场、共享的市场、大家的市场

习近平总书记讲过这样一个故事，在阿拉伯商人云集的义乌市，一位名叫穆罕奈德的约旦商人开了一家地道的阿拉伯餐馆。他把原汁原味的阿拉伯饮食文化带到了义乌，也在义乌的繁荣兴旺中收获了事业成功，最终同中国姑娘喜结连理，把根扎在了中国。一个普通阿拉伯青年人，把自己的人生梦想融入中国百姓追求幸福的中国梦中，执着奋斗，演绎了出彩人生，也诠释了中国梦和阿拉伯梦的完美结合。[1] 梦想是没有隔阂的语言。中国梦与世界梦、世界各国人民的梦想内在相通，中国

---

① 习近平：《弘扬丝路精神 深化中阿合作——在中阿合作论坛第六届部长级会议开幕式上的讲话》，《人民日报》2014 年 6 月 6 日。

梦给世界带来的是和平不是动荡，是机遇不是威胁，是繁荣不是衰退，是合作共赢不是一国优先。

"一带一路"源自中国，但属于世界。经济繁荣是"一带一路"繁荣的前提，当代中国经济的发展为"一带一路"提供了经济基础。习近平总书记鲜明指出："中国愿意为周边国家提供共同发展的机遇和空间，欢迎大家搭乘中国发展的列车，搭快车也好，搭便车也好，我们都欢迎。"① 当代中国已成全球第二大经济体、第一大货物贸易出口国，

艾克斯—马赛·普罗旺斯大区地处"一带一路"沿线，是经苏伊士运河连接中国和欧洲的天然货物通道。马赛福斯港多次参加在中国上海举行的中国国际进口博览会。图为马赛福斯港工业区的集装箱装卸平台。

① 习近平：《论坚持推动构建人类命运共同体》，中央文献出版社 2018 年版，第 153 页。

拥有世界最大规模的外汇储备，每年对外投资规模超过 1000 亿美元。目前世界 500 强的企业中约有 490 家在中国有布局，不仅对中国经济持续健康发展发挥了积极的作用，也优化了全球的供应链、产业链、价值链，为世界经济发展提供了有力的支撑。截至 2023 年 8 月，中国已同 150 多个国家和 30 多个国际组织签署"一带一路"合作文件，凝聚了广泛国际合作共识。从历史的长镜头来看，中国发展是属于全人类进步的伟大事业。中国将张开双臂，为各国提供更多市场机遇、投资机遇、增长机遇，实现共同发展。

合作永不落幕，开放永不止步。中国开放的大门永远不会关上。"让中国市场成为世界的市场、共享的市场、大家的市场"[①]，这是习近平主席在第三届中国国际进口博览会开幕式上的主旨演讲，表达了中国愿同世界分享市场机遇、推动世界经济复苏的大国担当。截至 2023 年 8 月，"一带一路"倡议已形成 3000 多个合作项目，拉动近万亿美元投资规模。分享市场机遇，中国愿同相关国家高质量共建"一带一路"等，加强国际宏观经济政策协调，推动贸易和投资自由化，反对人为制造经济割裂和脱钩，推动建设开放型世界经济。实施自由贸易区提升战略，积极参与双多边区域投资贸易合作机制，维护多边贸易体制，构建面向全球的高标准自贸区网络。加强服务贸易发展对接，支持组建全球服务贸易联盟。支持发展中国家提高自主发展能力，推动解决全球发展失衡、数字鸿沟等问题。"一带一路"是互利共赢之路，将带动各国经济更加紧密结合起来，推动各国基础设施建设和体制机制创新，创造新的经济和就业增长点，增强各国经济内生动力和抗风险能力。

---

① 习近平：《在第三届中国国际进口博览会开幕式上的主旨演讲》，《人民日报》2020 年 11 月 5 日。

### （三）建设各国共享的百花园

2009 年，受欧债危机影响，匈牙利五大制造企业之一的 Borsod-Chem 公司（以下简称"BC 公司"）陷入财务危机，后被来自山东烟台的万华集团收购。刚收购时，BC 公司净亏损 1.5 亿欧元。到 2015年，企业实现调整前净利润 5000 多万欧元，2016 年预计调整前净利润 9000 万欧元。收购还避免了 BC 公司 3300 名工人失业，与 BC 公司有关的上下游产业和服务业也免遭冲击。以万华为代表的中资企业，正在用自己的技术、管理和业绩，赢得匈牙利员工和社会的尊重与信任。"像古代丝绸之路那样给整个地区带来繁荣"。①"一带一路"密切了中国和相关国家的经济联系，深化了中国与相关国家的经济合作，在实现中国通过开放发展的同时，也促进相关国家融入区域价值链乃至全球价值链，为经济全球化和开放型世界经济的发展作出了积极贡献。

一花独放不是春，百花齐放春满园。这是一项造福沿途各国人民的大事业。"一带一路"致力于推进政策沟通、设施联通、贸易畅通、资金融通、民心相通，推动陆上、海上、天上、网上四位一体联通，推动构建利益共同体、责任共同体、命运共同体，最终实现共同发展繁荣。在 2017 年首届"一带一路"国际合作高峰论坛上，习近平主席宣布未来 3 年内提供 600 亿元人民币援助，建设更多民生项目；提供 20 亿元人民币紧急粮食援助，向南南合作援助基金增资 10 亿美元，实施 100个"幸福家园"、100 个"爱心助困"、100 个"康复助医"等项目；向有关国际组织提供 10 亿美元等一系列重要举措。在 2019 年第二届"一带一路"国际合作高峰论坛上，习近平主席宣布实施"一带一路"应对气

---

① 《"一带一路"：小故事　大道理》，新华社 2016 年 10 月 14 日。

候变化南南合作计划，深化农业、卫生、减灾、水资源等领域合作，邀请1万名代表来华交流，鼓励和支持沿线国家社会组织广泛开展民生合作，持续实施"丝绸之路"中国政府奖学金项目等一系列重要举措。[①]2023年10月，习近平主席出席第三届"一带一路"国际合作高峰论坛开幕式并发表主旨演讲，宣布中国支持高质量共建"一带一路"八项行动。

"一带一路"建设跨越不同地域、不同发展阶段、不同文明，是一个开放包容的合作平台，是各方共同打造的全球公共产品，其建设也从大写意阶段进入工笔画阶段，推动共建"一带一路"高质量发展已经成为国际社会普遍共识。顺应世界潮流，合筑人间大道。从亚欧大陆到非洲、美洲、大洋洲，共建"一带一路"为世界经济增长开辟了新空间，为国际贸易和投资搭建了新平台，为完善全球经济治理拓展了新实践，为增进各国民生福祉作出了新贡献，成为共同的和平之路、繁荣之路、开放之路、绿色之路、创新之路、文明之路、廉洁之路。中国与沿线各国各美其美携手发展，美人之美共赢发展，最终汇聚成美美与共共同发展的大趋势，为构建人类命运共同体注入更强劲的动力。

---

① 国务院新闻办公室：《新时代的中国国际发展合作》，《人民日报》2021年1月11日。

# 第十四章

## 解决"桥和船的问题"

### ——强国就要坚持科学的世界观和方法论

方法是人类认识和改造世界的工具，大到治国理政，小到修身齐家，人类一切实践活动都必须有正确方法论作指导。历史上的成王败寇、治乱兴衰背后，无不蕴含人类改造自然、处理社会关系的科学思维和方法。当前，中华民族正行进在从富起来到强起来的伟大征程中，树立系统科学的世界观方法论是实现国家由大向强发展的必要条件。毛泽东指出："我们不但要提出任务，而且要解决完成任务的方法问题。我们的任务是过河，但是没有桥或没有船就不能过。不解决桥或船的问题，过河就是一句空话。不解决方法问题，任务也只是瞎说一顿。"① 对此，我们既有宝贵的历史经验，也有深刻的历史教训。

近代以来，随着科技革命的兴起，民族国家迅速崛起，西方国家在工业化的刺激下开始向东方这片古老的土地拓展更大的市场。1840 年鸦片战争，英国殖民者率先用炮弹轰开大清帝国的大门。面对西方列强的入侵，清政府被迫作出回应，也试图用洋务运动等方法来改变日渐衰微的国运。然而由于长期闭关锁国的政策，造成举国上下看不清历史大势，找不到强国之法，各级官员普遍不愿承认西方在科技、制度等方面

---

① 《毛泽东选集》第一卷，人民出版社 1991 年版，第 139 页。

超过东方的事实，更倾向将现代化进程中的中西对比解析为本与末、体与用的关系，以为西方之长不过是"奇技淫巧"等形而下的东西，认为只要坚持"道德文章"的同时有选择地吸收"坚船利炮"就能继续保持天朝上国的优势地位。与之对照，差不多同时期的日本则展现了另一条发展的轨迹。1853 年美国 4 艘军舰用火炮和武力强行进入日本港口，黑色近代的铁甲战舰跟先进的工业化技术让日本深为震撼，史称黑船事件。次年，美国更是胁迫日本签订《日美亲善条约》。面对前所未有的威胁，明治天皇在 1868 年 3 月 14 日，以向天地神明宣誓的形式发表《五条誓约》，确立"广兴会议，万机决于公论"的维新政权基本方针。随后，明治政府大刀阔斧改革幕府体制、等级制度，积极开展对外交往，允许自由贸易并发展外贸，实行殖产兴业、文明开化、富国强兵三大政策，在政治、经济、军事、文化教育等各个领域除旧布新，封建落后的日本开始走上现代化的强国之路。26 年后中日甲午海战爆发，结果北洋海军全军覆没，清政府从此一蹶不振，日本则顺势开启了跻身西方列强的发展阶段。近代中、日两国面对西方殖民危机的不同态度、选择的不同方法，不但导致了不同的国运，还引发一系列历史事件，给近代中国的现代化之路蒙上巨大阴影。由此可见，在强国之路上，方法正确可以蒸蒸日上，否则只会江河日下。

## 一、掌握马克思主义哲学的看家本领

马克思说过："哲学把无产阶级当作自己的物质武器，同样，无产阶级也把哲学当作自己的精神武器"。[①] 然而探索民族独立、人民解放的

---

[①] 《马克思恩格斯文集》第 1 卷，人民出版社 2009 年版，第 17 页。

道路，并非坦途。它不仅需要经验的积累，而且需要正确的哲学理论作指导。从 1921 年中国共产党成立到 1935 年遵义会议前的十几年间，党内相继发生了右倾错误、三次"左"倾错误，中国革命也经历了两起两落，即北伐战争的胜利和大革命的失败以及土地革命战争的兴起和第五次反"围剿"的失败。这些失败和教训，令毛泽东陷入深思。在他看来，中国革命之所以屡遭挫折，其根本原因就是没有解决好思想路线问题，没有对国情的清醒认识，没有把马克思主义基本原理同中国实际结合起来。如果思想路线错了，革命就一定会出问题。毛泽东说："一切大

甲午海战弹尽之时，邓世昌决心与敌同归于尽，指挥"致远"舰冲击敌舰，全舰官兵 250 多人全部英勇就义。

的政治错误没有不是离开辩证唯物论的。"① 这就把错误原因的认识提高到世界观方法论的高度来分析和解决。否则，头痛医头、脚痛医脚，只会造成纠正了一种错误难免又落入另一种错误。

为了从哲学高度总结经验教训，批判主观主义特别是教条主义，使广大党员、干部掌握马克思主义的世界观方法论，从思想路线上解决如何正确对待和应用马克思主义的问题，毛泽东发愤读书，以很大的精力研究哲学。1937 年 4 月至 8 月，毛泽东在抗日军政大学集中讲授哲学，并为此写了《辩证法唯物论讲授提纲》。《实践论》和《矛盾论》，就出自这一提纲。"两论"深刻阐述了以实践为基础的主观与客观、理论与实践的具体的历史的统一以及矛盾的普遍性和特殊性的辩证关系，破除了把马克思主义教条化、把共产国际决议绝对化、把苏联经验神圣化的错误思想，教育和训练了干部，提高了全党的马克思主义水平，确立了党的思想路线，对于实现马克思主义基本原理与中国实际相结合、推进中国革命的伟大事业，发挥了重大而深远的作用。

## （一）学哲学用哲学是我们党领导推进强国复兴的强大法宝

"往何处？为什么？怎么走？这就是哲学的一切。"一位古罗马哲学家曾如此定义哲学。除了回答人生的终极命题，哲学也能给出强国兴邦的方法，构建历史与社会发展的河床。由此可见，哲学既是方法论的总结，也是认识论的思考，更是本体论的探索。毛泽东曾经说过："马克思主义有几门学问：马克思主义的哲学，马克思主义的经济学，马克思主义的社会主义——阶级斗争学说，但基础的东西是马克思主义哲学。"② 陈云讲："学习理论，最要紧，是把思想方法搞对头，因此，首

---

① 《毛泽东哲学批注集》，中央文献出版社 1988 年版，第 311—312 页。

② 《毛泽东文集》第六卷，人民出版社 1999 年版，第 396 页。

先要学哲学，学习正确的观察问题的思想方法。"① 可见，无论是思考人生价值，还是把握社会脉动，或是寻求真理，都离不开哲学这个锐利的思想武器。正因如此，习近平总书记明确要求各级领导干部，"要原原本本学习和研读经典著作，努力把马克思主义哲学作为自己的看家本领"②。

哲学的根本任务是改造世界，马克思主义哲学为我们提供了认识世界和改造世界的强大武器。学哲学用哲学之所以是我们党领导推进强国复兴的强大法宝，就在于它要求我们党始终关注中国革命、建设和改革的伟大实践，围绕实践和认识、矛盾普遍性和特殊性的相互关系等问题来思考时代之疑，解答时代之问。学哲学用哲学既立足经验基础之上的思考和认识，也强调科学理论指导下的落实和运用，真正实现了哲学与实践、观点与方法的辩证统一，成为推进党和人民事业的强大武器。

马克思主义哲学是革命先辈留给我们的传家宝，在强国之路上发挥着必不可少的巨大作用。党的十八大以来，中央领导集体在治国理政实践中，特别重视马克思主义哲学的重要作用。2013 年 12 月 3 日，第十八届中共中央政治局就历史唯物主义基本原理和方法论进行第十一次集体学习。习近平总书记在主持学习时强调，党的各级领导干部特别是高级干部，要原原本本学习和研读马克思主义经典著作，努力把马克思主义哲学作为自己的看家本领。2015 年 1 月 23 日，第十八届中共中央政治局就辩证唯物主义基本原理和方法论进行了第二十次集体学习。习近平总书记在主持学习时强调，要推动全党学习马克思主义世界观和方法论，不断接受马克思主义哲学智慧的滋养，更好提高我们分析解

---

① 《毛泽东周恩来刘少奇朱德邓小平陈云思想方法工作方法文选》，中央文献出版社 1990 年版，第 347 页。

② 习近平：《坚持历史唯物主义 不断开辟当代中国马克思主义发展新境界》，《求是》2020 年第 2 期。

决改革发展基本问题的本领。两次集体学习共同强调的核心思想，就是领导干部要努力学习掌握马克思主义哲学，治国理政需要不断接受马克思主义哲学智慧的滋养。

可叹的是，一些领导干部说起哲学，要么认为是虚无缥缈的"纸上谈兵"，解决不了实际问题；要么认为是模棱两可的"心灵鸡汤"，只满足于肤浅的人生道理；更有甚者，不求哲学之道，一味痴迷权术，看重的是"官场秘笈"，追捧的是"成功诀窍"，这样曲解误解哲学，不仅无益于个人能力的提高，甚至造成社会价值观的扭曲，贻误国家发展的大事。

进入新时代，我们必然要面对经济社会发展中的新情况、新问题，一个问题怎么看、一件事如何处理，都要用哲学的眼光去分析，这样才能全面把握、准确判断、抓住本质，避免片面性和盲目性。"真正的马克思主义"就是始终实事求是地立足实际、分析问题、探求规律，运用马克思主义立场观点方法，去努力解决新时代发展中的新问题。我们要坚持发挥马克思主义哲学的指导作用，不断推进新时代中国特色社会主义事业的发展。

### （二）用共产党人的真经引领强国复兴

实现社会主义现代化和中华民族伟大复兴，是长期以来中华民族最伟大的梦想，是新时代的战略目标，实现这一目标需要不断汲取马克思主义科学智慧和真理力量，这就必须学好、用好共产党人的真经，坚持和运用辩证唯物主义和历史唯物主义的世界观和方法论，坚持和运用马克思主义立场、观点、方法，不断提高运用马克思主义分析和解决实际问题的能力，以更宽广的视野、更长远的眼光来思考把握未来发展面临的一系列重大问题，更好地把科学思想理论转化为认识世界、改造世界的强大物质力量。

作为广大人民行动的指南，马克思主义是随着时代、实践、科学发展而不断发展的开放的理论体系，它的出现不是结束真理，而是不断开辟着通向真理的道路。引领强国复兴就必须把真经的基本原理同本国实际结合起来，如果只是僵化地理解马克思主义，固守本本、教条，必然会误国误民。"马克思的整个世界观不是教义，而是方法。它提供的不是现成的教条，而是进一步研究的出发点和供这种研究使用的方法。"①一代又一代中国共产党人之所以能够成功地领导推进中国革命、建设和改革，就是因为他们能够实事求是、与时俱进，创造性地把马克思主义基本原理同中国具体实际结合起来、同中华优秀传统文化结合起来，使共产党人的真经不断焕发出新的生机和活力。

在百年的奋斗历程中，中国共产党人运用共产党人的真经，把握住中国历史发展的一个又一个关键点，开辟了马克思主义中国化的一个又一个新境界。习近平新时代中国特色社会主义思想是当代中国马克思主义、21世纪马克思主义，这一思想既部署"过河"的方向和任务，又指导如何解决"桥或船"的问题，为我们认识问题、分析问题和解决问题提供了有效的方法"钥匙"。新时代共产党人的真经，蕴含着承认矛盾、分析矛盾、解决矛盾，善于抓住关键、找准重点、洞察事物发展规律的思想方法，处处体现着唯物辩证法的根本方法。比如，在分析国际国内形势时，强调要坚持"两点论"，一分为二看问题，既要看到国际国内形势中有利的一面，也要看到不利的一面；在阐述全面深化改革时，指出全面深化改革是一项极其复杂的系统工程，强调胆子要大、步子要稳，战略上要勇于进取，战术上则要稳扎稳打；强调"要有强烈的问题意识，以重大问题为导向"，坚持"稳中求进的工作总基调"；在阐述社会治理时，指出"管得太死，一潭死水不行；管得太松，波涛汹涌

---

① 《马克思恩格斯文集》第10卷，人民出版社2009年版，第562页。

也不行";等等。习近平总书记号召我们要提高哲学思维能力,就是要求我们客观地而不是主观地、发展地而不是静止地、全面地而不是片面地、系统地而不是零散地、普遍联系地而不是孤立地观察事物,在矛盾双方对立统一的过程中把握住事物的发展规律,克服极端化、片面化,从而达到分析问题、解决问题的目的。念好共产党人的真经,要求我们提高哲学思维能力,把辩证思维与战略思维、历史思维、系统思维、创新思维、法治思维、底线思维等统一起来,作为一个完整的科学方法论体系予以学习掌握,并运用到解决中国的现实问题中去。

党的二十大报告深刻反映了用马克思主义真经引领强国复兴的科学逻辑,全文贯穿着唯物辩证法的科学精神。报告在深刻指出"中国人民的前进动力更加强大、奋斗精神更加昂扬、必胜信念更加坚定,焕发出更为强烈的历史自觉和主动精神"的同时,又饱含深沉的忧患意识,强调"准备经受风高浪急甚至惊涛骇浪的重大考验"。这些话语,辩证地分析了国际大势和战略全局,让我们在充分肯定取得伟大成就、对未来充满必胜信心的同时,又能真切感觉到新时代赋予的使命与责任,从而自觉树立起居安思危的忧患意识。

### (三)经念歪了就要贻误大事

真经摆在面前,不代表就得到了正果。有了真经,还必须得会运用真经。把真经束之高阁装点门面,或者不顾实际坐而论道,又或投机取巧曲解真经,都不是科学的方法。从那些违法犯罪的案件看,有的领导干部明明真经在手,却弃之不用,这山望着那山高,迷信那些旁门左道。须知胜利从来就没有捷径可走,不顾实际的邯郸学步,不但学不到先进经验,反而丢了自己的优良传统,最终落得个贻害无穷的结果。

秋天的乌克兰遍地金黄,被乌克兰人民视为富足象征的栗子树硕果累累。然而,以"栗子花"命名的"颜色革命"却没能给乌克兰人民带来富足。乌克兰独立以来，国内政治纷争一直不断，在短短的十几年里，该国已经爆发了多次大的危机。过去 10 来年，乌克兰经济增长在低水平徘徊，国际债务压力不断增大，"颜色革命"的后遗症持续显现。2013 年底，乌克兰爆发独立广场抗议活动，随后引发克里米亚脱离乌克兰及乌东部冲突，乌东部战火不息达数年。根据 2018 年 10 月乌克兰国防部的统计，乌东部冲突中乌军阵亡人数过万。为解决乌东局势，从外长会谈到"诺曼底四方会谈"再到之后在白俄罗斯定期举行的乌克兰问题三方联络小组会谈，长达五年的"拉锯式"外交谈判始终没能撬动乌东和平进程……从 2004 年的"橙色革命"到 2013 年以来的乌克兰危机，乌克兰先后经历了两次"颜色革命"。尽管示威者的口号很美丽，但乌克兰人民的生活并没有变得更加美好。西方承诺的美好迷梦淹没在抗议声浪和隆隆炮火声中。特别是 2022 年 2 月底以来，乌克兰危机升级，俄乌冲突延宕，战事一度陷入僵局。综上，在大国博弈和道路选择焦虑之下的乌克兰付出了巨大的转型代价。由此可见，不从本国实际出发，片面相信西方意识形态的蛊惑之词，最终只会给国家和民族带来不可言表的灾难。

在这个问题上，一些人总轻信西方学者公正无邪，"不偏狭于阶级"，唯真理而求索。实则这是一种天真的善良愿望。相反，一些严肃的西方学者却不这样看，如著名的经济学家凯恩斯就曾声明："如果当真要追求阶级利益，那我就得追求属于我自己那个阶级的利益。……我是站在有教养的资产阶级一边的。"① 美国经济学家、诺贝尔经济学奖获得者索尼也说："社会科学家和其他人一样，也具有阶级利益、意识形态的倾向以及一切种类的价值判断。但是，所有的社会科学的研究，与

---

① ［美］约翰·M. 凯恩斯：《劝说集》，蔡受百译，商务印书馆 1962 年版，第 244—245 页。

2014 年，乌克兰顿涅茨克以东，一栋建筑物在空袭中被摧毁，造成至少 9 人遇难。

材料力学或化学分子结构的研究不同，都与上述的（阶级）利益、意识形态和价值判断有关。不论社会科学家的意愿如何，不论他是否觉察到这一切，甚至他力图回避它们，他对研究主题的选择，他提出的问题，他没有提出的问题，他的分析框架，他使用的语言，很可能在某种程度上反映了他的（阶级）利益、意识形态和价值判断。"[1] 应该说，这些论述是坦诚而真实的。在阶级社会和有阶级存在的社会里，"没有一个活着的人能够不站到这个或那个阶级方面来"。[2] 我们一些人之所以犯迷

---

① 索罗:《经济学中的科学和意识形态》，收录于克伦道尔·埃考斯:《当代经济论文集》，布朗公司 1972 年版。

② 《列宁选集》第 1 卷，人民出版社 1995 年版，第 135 页。

糊，关键在于"不应该离开分析阶级关系的正确立场"。① 中国的发展有着自己的选择和道路，中国人民自己的选择、自己走出来的道路无疑最适合中国自己的国情，不需要西方的"教师爷"来指指点点。

不学好马克思主义"真经"，一门心思总想着"西天取经"，不分真伪，满盘接受，难免"南橘北枳"，一步一步地误入歧途。关于这个问题，习近平总书记尖锐指出，国内外的错误思潮"总是企图让我们党改旗易帜、改名换姓，其要害就是企图让我们丢掉对马克思主义的信仰，丢掉对社会主义、共产主义的信念"②。可悲的是，一些人没有看清其中暗藏的玄机，不知不觉成了西方意识形态的吹鼓手。

## 二、以实事求是铸就强国丰碑

1927 年 8 月八七会议后，中共中央委派毛泽东回湖南组织秋收起义，攻占省城长沙。但由于军事斗争经验不足、对困难估计不足、兵力分散，再加上敌人异常强大，5000 余人的起义队伍很快就遭到敌人反扑，损失惨重，只能暂时撤退休整。中央对湖南秋收起义队伍没能攻占长沙非常不满，批评毛泽东是"右倾逃跑主义"，并免去了他的中央政治局候补委员职务。面对种种责难，毛泽东既没有继续执行攻打长沙的计划，也没有闹情绪当甩手掌柜，而是立即召开前敌委员会会议，研究起义部队如何走出逆境的现实问题。受"左"倾路线的影响，当时起义队伍中有些干部和士兵仍然头脑发热，主张继续进攻大城市。起义队伍应当向何处去？革命的道路在何方？毛泽东在会议上分析说，当前的形

---

① 《列宁专题文集·论马克思主义》，人民出版社 2009 年版，第 170 页。

② 习近平：《在全国党校工作会议上的讲话》，人民出版社 2016 年版，第 8 页。

毛泽东在秋收起义会师大会上（油画）。

势是敌强我弱，敌人的主要力量在中心城市，应该改变原来攻打长沙的
计划，把武装斗争的中心由城市转移到敌人统治力量薄弱的农村去，在
那里进行土地革命、武装斗争，建立牢固的农村革命根据地，再逐步将
革命的火种撒播到全中国。经过激烈争论，毛泽东率领剩下的秋收起义
队伍走上了井冈山，建立起红色政权。红军依靠根据地群众的支持，多
次战胜敌人的进攻和"围剿"。在五百里井冈山，开辟了一条农村包围
城市、武装夺取政权的独具中国特色的革命道路。

　　历史表明，实事求是不是随波逐流、屈从现实的保守主义，也不是
蛮干瞎闯、无视现实的冒险主义，而是马克思主义世界观方法论在革命

斗争中的灵活运用。坚持实事求是的思想路线，就是坚持一切从实际出发、具体问题具体分析。实事求是科学地解决了"什么是实际""如何从实际出发""如何最大限度地发挥主观能动性去开创历史活动新局面"等根本性问题。一切从实际出发，就是要从不断变化发展的客观条件和客观形势出发，不断研究新情况，回答新问题，应对新挑战；就是要克服一切骄傲自满、故步自封情绪，克服一切脱离实际、夸夸其谈的做派；就是要不断把实践经验上升到规律性认识，不断创新理论，创新实践。用毛泽东的话说，"'实事'就是客观存在着的一切事物，'是'就是客观事物的内部联系，即规律性，'求'就是我们去研究。我们要从国内外、省内外、县内外、区内外的实际情况出发，从其中引出其固有的而不是臆造的规律性，即找出周围事变的内部联系，作为我们行动的向导"①。

## （一）用好调查研究这个传家宝

重视调查研究，一切从实际出发，是中国共产党的优良传统。调查研究不仅是一种工作方法，而且是关乎党和人民事业得失成败的根本性问题。习近平总书记明确指出："坚持实事求是，最基础的工作在于搞清楚'实事'，就是了解实际、掌握实情。"②这也是中国共产党最基本的思想方法、工作方法和领导方法。

1930年4月30日，毛泽东、朱德率领中国工农红军进入江西寻乌。在此后的一个月时间里，毛泽东的足迹踏遍了整个寻乌，和各个阶层的11名代表进行了为期20天的访谈，详细了解寻乌的商业状况、人口结构、土地关系、交通运输等问题，形成了著名的"寻乌调查"。根据调查心得，毛泽东写下了《调查工作》一文，也即《反对本本主义》。文

---

① 《毛泽东选集》第三卷，人民出版社1991年版，第801页。
② 习近平：《坚持实事求是的思想路线》，《学习时报》2012年5月28日。

章一开头，毛泽东就提出一个重要的命题："没有调查，没有发言权。"
这成为我党关于调查研究最著名的论断之一。毛泽东还说："你对于那
个问题不能解决吗？那末，你就去调查那个问题的现状和它的历史吧！
你完完全全调查明白了，你对那个问题就有解决的办法了。一切结论产
生于调查情况的末尾，而不是在它的先头。"①

　　1988 年，习近平到宁德任地委书记。由于宁德属于贫困地区，一
些干部群众希望迅速改变宁德的落后面貌，认为新一届政府一定会大规
模引进外资，进行大规模开发。习近平却没有急着烧这"三把火"，而
是深入全区 9 个县以及毗邻的浙南，开展了为期近一个月的调查研究，
根据调研情况，习近平指出，闽东的老百姓连温饱都成问题，区情、区
力根本不具备跨越式发展、大规模开发条件，不能一味地谋求超常规发
展，而应当把解决吃、穿、住为内容的"摆脱贫困"作为工作主线，这
就科学确立了闽东的发展思路，为实现真正跨越式发展打下了坚实基
础。由这件事可以看出，习近平始终坚持先调研后决策，强调没有调研
就不要决策的原则，把主要精力放在决策前的调查、分析、论证上，努
力寻找和选择最佳决策方案，从而避免了在决策上走弯路、绕远道。

　　在宁德工作的两年里，习近平翻山越岭，披荆斩棘，走遍了宁德的
每一个县，走遍了那里所有贫困的山区和海岛，其中一些非常偏远的山
村，甚至已经上百年没有县级以上官员进去过。通过调查研究，他深切
了解当地老百姓的需求和苦衷，并想方设法争取省里的力量来支持扶贫
工作。他经常强调，搞调研特别要到落后地区去，到"老少边贫"地区
去，了解那里群众的呼声和疾苦，为他们排忧解难。

　　虽然调查研究的重要性人人皆知，但知行之间却有较大距离。用
好调查研究这个传家宝，首先要树立端正的态度。一些领导干部在落实

---

　　①　《毛泽东选集》第一卷，人民出版社 1991 年版，第 110 页。

中央决策和上级部署时，把调查研究放在可有可无的位置，有时间就安排，没时间就不安排。一些领导干部对调查研究在认识上流露出"不需要"、思想上表现出"不重要"、行动上体现出"不真要"。有的觉得自己阅历丰富、能力过硬，不需要调查研究；也有的认为现在资讯发达、信息通畅，坐在办公室里跟到现场没什么差别。这些认识是错误的。正确决策离不开调查研究，精准落实少不了调查研究。只有通过调查研究掌握发言权，通过调查研究抓工作落实，才能形成良好工作风气，推动改革部署真正落地见效。马克思主义认为，人民群众才是真正的英雄。阅历再丰富、资讯再发达，也替代不了深入实际、替代不了与人民群众面对面接触。只有亲自察看、亲身体验，才能发现许多办公室里看不到、听不到、想不到的新情况，才能把准群众的脉搏、体察群众的期盼。

用好调查研究这个传家宝，必须掌握正确的调查方法。不讲方法的调查研究，容易变成形式主义的"走过场"，走的是"经典路线"、看的是"优美盆景"，前呼后拥，走马观花，看似热闹，实则毫无用处。也有一些领导干部总是先入为主，带着结论去调查，这样的调查研究得到的只会是"求证"、听到的只能是附和。开展真调研、发现真问题，并非易事。20世纪60年代，焦裕禄在兰考县委作出除"三害"斗争的部署后，亲自到最困难的村子蹲点调查、访贫问苦，甚至同技术人员一道研究泡桐的生长特点。领导干部进行调查研究必须拿出这种鞋上沾泥的作风，放下架子、扑下身子，问问家长里短事、听听鸡毛蒜皮言，关注群众最盼最急最忧的热点难点问题，不回避矛盾、不掩盖问题，切实把情况摸清弄透，不获实情不收兵。

### （二）在认识规律、遵循规律的基础上推进强国事业

规律是事物运动过程中固有的、普遍的、必然的和稳定的联系。"强国之道"的这个道说到底也是规律，是关乎强国的规律。掌握了这一规

1982 年，农技人员深入田间，指导农民科学种田，积极防治小麦病虫害。

律也就掌握了"道"，遵循规律、运用规律就能事半功倍，达到最优的效果。实事求是，关键在于"求是"，就是探求和掌握事物发展的客观规律。

陈云曾经讲："我们常讲实事求是。实事，就是要弄清楚实际情况；求是，就是要求根据研究所得的结果，拿出正确的政策。譬如打仗，敌情判断错了，作战就要失败。"[1] 人们大都知道，1978 年小岗村 18 户农民私下包产到户的故事，开启了农村改革开放的序幕。实际上实行联产承包责任制，在当时顶着巨大的政治压力，面对诸多社会质疑。陈云在

---

[1] 《毛泽东周恩来刘少奇朱德邓小平陈云思想方法工作方法文选》，中央文献出版社 1990 年版，第 416 页。

实地调查后认为，虽然经过了长期集体化过程，但中国农村生产力水平还是很低。他说："九亿多人口，百分之八十在农村，革命胜利三十年了还有要饭的，需要改善生活。"如何改善生活，最根本办法还是要调动农民的生产积极性。而包产到户就是解决问题的好办法。正是因为顺应了社会发展规律，联产承包责任制很快就在全国农村推开，中国农民的生产积极性被极大地调动起来，我国的粮食产量大幅度提高，为解决温饱问题打下了坚实的基础。20世纪80年代初，陈云敏锐地认识到中国要加快发展，离不开世界，离不开吸收外资。他坚决支持邓小平关于划一块地方办特区的设想，并对办特区的方针政策、吸收外资的渠道等问题，发表了一系列看法。他认为对外开放，引进国外先进技术和经营管理经验，为我国社会主义建设所用，是完全正确的，必须坚持下去。他提出的发展劳务出口、开展旅游创汇、对外开放要走出去等前瞻性意见，对于拓展对外经贸渠道，提高创汇能力，引进国家经济建设急需的物资、技术，起到了极其重要作用。2015年在纪念陈云同志诞辰110周年座谈会上，习近平总书记强调，我们纪念陈云同志，就要学习他实事求是的精神。并要求全党同志一定要把实事求是贯穿到各项工作中去，经常、广泛、深入开展调查研究，努力把真实情况掌握得更多一些、把客观规律认识得更透一些。

习近平新时代中国特色社会主义思想，既坚持老祖宗又讲了许多新话，提出了一系列具有开创性意义的新理念新思想新战略，使我们党对共产党执政规律、社会主义建设规律、人类社会发展规律的认识达到了新高度，为发展马克思主义作出了原创性贡献，引领全党全国人民有力推进强国复兴。比如，拿深化对社会主义建设规律的认识来说，习近平新时代中国特色社会主义思想，准确把握中国特色社会主义历史新方位、时代新变化、实践新要求，科学回答了当今时代和当代中国发展所遇到的重大理论和现实问题，对中国特色社会主义的认识达到了前所未有的新高度。这一思想探索了科学社会主义在当代中国新阶段的丰富内涵，形成了"十个明确"的核心内容，凝结着我们党坚持和发展中国特色社会主义的宝贵经验，反映了以习近平同志为核心的党中央对中国特色社会主义规律性认识的深化、拓展、升华，体现了理论与实践相结合、认识论和方法论相统一的鲜明特色。这一思想准确判断科学社会主义发展所处的历史方位，提出中国特色社会主义进入新时代，我国社会主要矛盾发生变化，并以此为依据作出新时代"两步走"战略安排，提出全面建成社会主义现代化强国这一更高目标，使中国梦的实现设计更科学、步骤更明晰。这一思想科学把握新时代新阶段的发展大逻辑，以新发展阶段为发展的历史方位，以新发展理念为发展的指导原则，以新发展格局为发展的路径选择，以高质量发展为发展的聚焦主题，以国家由大向强的发展为发展的内在本质，使各级领导干部能够更加深刻、更为有力地把握运用新时代发展的规律。

### （三）把使命责任扛在肩上

1978 年和 1979 年上半年，广东发生了群体性偷渡外逃香港的风潮。事态之猛烈、严重，是现在的人难以想象的。1979 年 1 月至 5 月，全省偷渡外逃人数高达 12 万人，逃出的近 3 万人。1978 年 4 月，习仲勋平反出狱，被委以重托主政广东"看守南大门"，此时正是广东偷渡外逃最严重的时期。他一上任，就提出到"最乱的农村"去，与逃港者开诚布公地交流。在考察时，他不是急着听负责人汇报，而是到处走访，了解实情。在独特的中英街上，他看到香港那边车水马龙，宝安这边冷落萧条，心里感到很难受。这次考察对习仲勋触动很大，使他真正看到老百姓对改革开放、提高生活水平的强烈渴望以及发展经济的紧迫性。强烈而鲜明的感性认识，刺激着他深入思考，并渐渐对解决问题形成了正确的判断。治标关键在治本，制止群众性外逃的根本措施是发展经济，提高群众生活水平。如果发展总是被旧框框束手束脚，使得许多本来正确的事情也不敢搞、不让搞，那么经济就永远搞不起来。

虽然刚开过党的十一届三中全会，但受过去极左思潮的影响，好多干部思想还未彻底解放。在珠三角地区反偷渡工作会议上，一些同志认为外逃是政治原因，是和社会主义制度不一致，有对立思想；而另一些同志则认为外逃主要是由于经济原因。在争论陷入胶着状态之时，习仲勋从实际出发，以巨大的勇气指出："主要原因是经济原因而不是政治原因。如果把偷渡看成是政治上的原因，就会把大批农民推到对立面去，这是不对的，要教育，要怪我们没有教育好农民，要怪我们没有制定好的政策维护他们的利益。"① 习仲勋的讲话紧紧扣住中央意见的精神，旗帜鲜明又平和讲理，很好地起到了统一思想的作用。在这种正确方法论的指导下，当年 11 月份，广东全省下降到只有近百人偷渡。可以说，正是因为习仲勋面对问题敢于担当，对下深入调查研究，情况摸得清，看得准；对上认真贯彻执行中央意见精神，把对上负责和对下负责统一起来，才做到了在纷繁复杂的情况面前作出科学的判断，推进改革开放迈出了关键步伐。

一代人有一代人的使命，一代人有一代人的担当。新时代为每个有梦想、有决心创造美好生活的人提供了宽广的舞台和无限的可能。我们不能躺在过去的功劳簿上睡大觉，也不能赖在树荫下享清福。当回首往事时，那些不求有功、但求无过的人，是否会因虚度年华而悔恨？那些精神萎靡、浑浑噩噩的人，是否会因碌碌无为而羞愧？在强国复兴的伟大征程中，要以对事业高度负责、对岗位高度尽责的精神，精神抖擞、

---

① 《"我对深圳有很深的感情"——习仲勋关心支持深圳经济特区发展纪事》，《深圳商报》2013 年 10 月 15 日。

满腔热情地投入事业中，潜心思考制约改革发展的难题，开动脑筋琢磨攻坚克难的实招，努力跑出我们这一棒最好的成绩。只有经历了激情投入、奋力拼搏，才能无愧时代，无愧党和人民重托。

九层之台起于垒土，千里之行始于足下。再伟大的事业，也要从脚下出发。把强国重任扛在肩头，说起来容易，做起来难。要做到这一点，必须向老一辈革命家学习，切实把时代赋予的使命任务内化于心、外化于行，转化为推动改革发展稳定和党的建设各项工作的实际行动，把初心使命变成锐意进取、开拓创新的精气神，变成埋头苦干、真抓实干的自觉行动。真正俯下身子，扎根大地，发扬钉钉子精神，一锤接着

中英街兴衰见证中国对外开放窗口变化。解放后中英街实行"一街分治"，一条宽不过4米、长不过250米的街道，曾作为万千中国人认识世界的"购物天堂"，在上世纪八九十年代名噪一时，这就是位于深圳和香港交界处的商业街——中英街。

一锤敲，一件事接着一件事干，以"功成不必在我，功成必定有我"的精神境界努力进取、锲而不舍、久久为功。

## 三、运用"六个必须坚持"搭建好强国路上的"桥和船"

今天，人们泛舟千岛湖，看到的是波光潋滟、水天一色的美景。但曾经，这里还有部分水域水质恶化、蓝藻泛滥的现象，一些污水和垃圾经新安江流入千岛湖。2011 年，习近平同志作出重要批示，强调"千岛湖是我国极为难得的优质水资源，加强千岛湖水资源保护意义重大，在这个问题上要避免重蹈先污染后治理的覆辙"，希望"浙江、安徽两省要着眼大局，从源头控制污染，走互利共赢之路"。随后，浙皖两省积极行动起来，经过 4 轮试点，他们统筹考虑环境要素的复杂性、生态系统的完整性、自然地理单元的连续性、经济社会发展的可持续性，努力实现从"一水共护"迈向"一域共富"。浙皖两省干部群众表示：必须始终坚持人民至上，坚持守正创新，坚持问题导向，坚持系统观念，不断以新的思路和办法推动解决问题，体现了习近平新时代中国特色社会主义思想蕴含的领导方法、思想方法、工作方法。① 这是新时代党领导人民坚持和运用"六个必须坚持"的生动缩影。

党的二十大概括提出"六个必须坚持"，即必须坚持人民至上、必须坚持自信自立，必须坚持守正创新，必须坚持问题导向，必须坚持系统观念，必须坚持胸怀天下。这"六个必须坚持"，是习近平新时代中国特色社会主义思想蕴含的科学世界观和方法论的重要内容，是我们研

① 李俊杰、窦皓：《一条江，打开人们思想文化空间——新安江生态补偿机制调查》，《人民日报》2023 年 8 月 30 日。

究问题、解决问题的"总钥匙",为党领导人民奋力推进强国建设、民族复兴伟业搭建起"桥和船"。

## (一)"六个必须坚持"是有机统一的整体

世界观和方法论作为哲学上两个最基本的概念,本身就是内在统一的。"六个必须坚持"是一个相互联系、内在统一的有机整体,从揭示和回答重大时代和社会问题的本质和发展规律的视角,我们可以称其为世界观;从揭示和回答如何认识和解决重大时代和社会问题的视角,我们又可以称其为方法论,体现了习近平新时代中国特色社会主义思想的世界观和方法论相统一的内在逻辑。其中,必须坚持人民至上,是我们党的根本价值取向,也是推进党的理论创新的根本出发点。必须坚持自信自立,是中国共产党素有的精神气度和立党立国的重要原则,也是推进党的理论创新的基本立足点。必须坚持守正创新,是贯彻党的思想路线的内在要求,也是推进党的理论创新的主要着力点。必须坚持问题导向,是我们党治国理政的突出特点,也是推进党的理论创新的现实着眼点。必须坚持系统观念,是我们党具有基础性的思想和工作方法,也是推进党的理论创新的关键统筹点。必须坚持胸怀天下,是我们党站在历史正确的一边、站在人类文明进步的一边的必然要求,也是推进党的理论创新的重要站位点。

辩证唯物主义和历史唯物主义的统一。辩证唯物主义和历史唯物主义是内在一致的。辩证唯物主义的本质功能在于科学地分析和说明整个世界的一般规律,为历史唯物主义提供理论前提和方法论基础。历史唯物主义则源于唯物辩证法在社会历史领域的创造性应用。"六个必须坚持"是对辩证唯物主义和历史唯物主义新的凝练表达,既有唯物辩证法的深厚底蕴,又有唯物史观的宏大视野。比如,"坚持人民至上"既反映了运用辩证唯物主义处理人与自然、人与人矛盾关系的价值取向,又蕴含着人民群众是历史创造者这一唯物史观的根本观点。又如,"坚持问题导向"既坚持了矛盾普遍性、客观性和矛盾分析法的基本原理,又隐含着生产力和生产关系、经济基础和上层建筑矛盾运动的一般规律。践履"六个必须坚持",我们就能将辩证唯物主义和历史唯物主义贯通起来,使之浑然天成,做到运用裕如。

坚持和发展马克思主义"两个结合"的统一。党的二十大报告在阐释坚持和发展马克思主义"必须同中国具体实际相结合""必须同中华优秀传统文化相结合"这"两个结合"之后,紧接着阐释"六个必须坚持"。"两个结合"是"六个必须坚持"的提领,"六个必须坚持"是"两个结合"的展开。我们党明确把"两个结合"界定为马克思主义中国化时代化的根本途径,相应地,"六个必须坚持"可以理解为我们党推进马克思主义中国化时代化的方法路径。习近平总书记指出:"党的二十大报告在总结历史经验基础上,提出并阐述了'两个结合'、'六个必须坚持'等推进理论创新的科学方法,为继续推进党的理论创新提供了根本遵循,我们要坚持好、运用好。"① 可见,"六个必须坚持"既可以从世界观方法论的维度来理解,也可以从我们党理论创新的方法路径来理解,它既是深刻理解习近平新时代中国特色社会主义思想必须牢牢把握的基本点,也是继续推进理论创新必须始终坚持的基本点。践行"六个必须坚持",就能在"两个结合"中增创马克思主义的生机活力,催生强大的"中国力量"。

认识问题和解决问题的统一。科学地认识和解决问题,大都需要确立立场看问题、把握方位辨问题、顺应大势察问题、扭住关键抓问题、开动脑筋解问题等环节。"六个必须坚持"形成了发现、分析和解决问题的闭合回路,推动形成不断解决更高层面问题的良性循环。以"六

---

① 习近平:《开辟马克思主义中国化时代化新境界》,《求是》2023 年第 20 期。

个必须坚持"为引领，我们就能站在人民立场上聚焦人民群众急难愁盼问题，就能从当下中国的实际出发厘定中国实践遇到的新问题，就能以守正创新的科学方法应对改革发展稳定存在的深层次问题，就能以见微知著、见叶知秋的敏锐洞察隐藏在蛛丝马迹背后的真问题，就能运用系统思维破解相互联系、相互依存的复杂问题，就能以博大情怀和世界眼光积极回应和解决各国人民普遍关切的全球性问题，等等，从而在一系列矛盾问题迎刃而解中推动建设更加可爱的中国、更加美好的世界。

### （二）"六个必须坚持"是新时代的"望远镜"和"显微镜"

民国时期，国防战略理论家杨杰针对时代之弊曾愤然批判说，现在是"科学"的时代，而我们事事都不合乎科学；现在是"机器工业"的时代，而我们还靠着农业和手工业来生产；现在是"战斗"的时代，而我们还在赤手空拳地，想用和平的手段打倒强权。杨杰认为，要根治这"时代病"，两件法宝决不可少：一件是天文台上的望远镜，一件是实验室里的显微镜。端起"望远镜"，才能看清时代大势，高瞻远瞩谋长远、定大计，防止僵化封闭、得过且过；用好"显微镜"，就是要一锤一锤地敲，一点一点地干，防止敷衍了事、懈怠松劲。

马克思主义哲学强调的同样也是这样两面"镜子"，一面向远处看，高瞻远瞩、因势利导，"不畏浮云遮望眼"；一面向近处看，结合实际、因地制宜，"深处种菱浅种稻"。这两面"镜子"运用得当，现象与本质、形式与内容、原因与结果、偶然与必然、内因与外因、共性与个性等逻辑才能理得清，大与小、进与退、快与慢、增与减、稳与改、多与少等关系才能辨得明，也才能发展地而不是静止地、全面地而不是片面地、系统地而不是零散地、普遍联系地而不是单一孤立地观察事物、处理问题，达到事半功倍之效。"六个必须坚持"，就是坚持和发展马克思主义哲学的典范，不断推动其发展创新，既不丢老祖宗，自觉运用马克思主义哲学这个"望远镜"和"显微镜"来观察时代，又讲出许多新话，不断运用哲学思维和方法来破解时代难题。

"六个必须坚持"深刻体现了新时代中国共产党人对唯物史观认识上的持续深化，体现了我们党运用唯物史观的立场观点方法推动强国复兴的生动实践。井冈山时期，毛泽东同志和战士们一起外出挑粮，在黄洋界的一棵荷树下歇脚时，他问身边的红军战士："站在荷树下能看多远？"有人说能看到江西，有人说能看到湖南。毛泽东同志则意味深长地说："不仅要看到江西和湖南，还要看到全中国、全世界。"中国共产党人因为坚持科学的世界观和方法论，所以能够看到别人看不到的远方。2019 年 3 月，在"永恒之城"罗马，习近平总书记向意大利总理孔特谈起看待发展变化的"中国视角"："我们对时间的理解，是以百年、千年为计。"①"以百年、千年为计"的胸怀、气度和眼光，说到底是掌握了"六个必须坚持"的睿智底气。有了"六个必须坚持"，就能全面洞察历史进程，深刻把握历史规律，不断增长历史智慧，主动掌握历史命运。新时代以来，从统筹推进"五位一体"总体布局到协调推进"四个全面"战略布局，从提出新发展理念到构建新发展格局，从提出"一带一路"到推动构建人类命运共同体……以习近平同志为核心的党中央领导全党全国各族人民，在以中国式现代化推进强国建设、民族复兴的康庄大道上走得很坚实，走得很有力量，走得很见神采，走得很显底气。

"六个必须坚持"紧紧把握住矛盾分析的基本方法。马克思主义认为，一切社会变迁和政治变革的终极原因，应当到生产方式或交换方式的变更中去寻找。"我们判断一个人不能以他对自己的看法为根据，同

① 郝薇薇：《惟其勇毅笃行，方显英雄本色——2019 年上半年习近平主席引领中国特色大国外交开辟新境界》，《人民日报》2019 年 8 月 3 日。

样，我们判断这样一个变革时代也不能以它的意识为根据；相反，这个意识必须从物质生活的矛盾中，从社会生产力和生产关系之间的现存冲突中去解释。"①"六个必须坚持"深刻继承发展了辩证唯物主义的基本观点，坚持以"矛盾"视角来分析事物的运动和变化的原因，从而推动社会实践的发展。比如，"坚持问题导向"，就是坚持运用马克思主义关于社会基本矛盾的理论和方法分析中国社会的生产力和生产关系、经济基础和上层建筑的矛盾运动，强调要聚焦实践遇到的新问题、改革发展稳定存在的深层次问题、人民群众急难愁盼问题、国际变局中的重大问题、党的建设面临的突出问题，不断强化问题意识，积极面对和化解前进中遇到的矛盾，对人民美好生活需要和社会发展不平衡不充分问题及其解决路径进行了深刻的阐释；坚持"守正创新"，就是根据社会基本矛盾运动的原理，推进全面深化改革，完善和发展中国特色社会主义制度、推进国家治理体系和治理能力现代化，着力增强改革的系统性、整体性、协同性；再比如，"坚持系统观念"就是根据矛盾的普遍性与特殊性相统一原理，增强问题意识、坚持问题导向，积极应对各种重大风险挑战，特别是注重防范化解任何可能迟滞或中断中华民族伟大复兴进程的重大风险挑战，等等。这一系列重要思想观点，为创新和发展马克思主义社会矛盾学说作出了重要原创性贡献。

"六个必须坚持"持续推动认识和实践的辩证发展。实践观点是马克思主义哲学的核心观点。"六个必须坚持"源于实践、为着实践、指导实践，蕴含着认识和实践辩证关系的原理，是习近平总书记基于科学的实践观，根据时代发展需要、实践发展需要和马克思主义自身发展需要，提出的关于理论创新的科学方法论。"坚持人民至上"，指明了实践世界观的主体之维，体现了马克思主义的人民性，坚持建设以人民为中

---

① 《马克思恩格斯文集》第 2 卷，人民出版社 2009 年版，第 592 页。

心的世界；"坚持自信自立"，指明了实践世界观的品格之维，体现了马克思主义的真理性，坚持建设党领导人民独立自主探索开辟出来的世界；"坚持守正创新"，指明了实践世界观的方向之维，体现了马克思主义的时代性，坚持建设继承前人基础上不断超越的世界；"坚持问题导向"，指明了实践世界观的路径之维，体现了马克思主义的实践性，坚持建设以问题为驱动不断改变的世界；"坚持系统观念"，指明了实践世界观的方法之维，体现了马克思主义的科学性，坚持建设运用整体性辩证法才能把握、引领和改变的世界；"坚持胸怀天下"，指明了实践世界观的视野之维，体现了马克思主义的开放性，坚持建设包容人类文明又促进人类更好发展的世界。毋庸置疑，"六个必须坚持"是对认识和实践辩证关系、事物永恒发展原理的创造性运用。

### （三）用好"六个必须坚持"的精神武器

马克思指出："哲学把无产阶级当做自己的物质武器，同样，无产阶级也把哲学当做自己的精神武器"[①]。"六个必须坚持"作为习近平新时代中国特色社会主义思想世界观和方法论的重要内容，为我们破解时代课题、把握历史主动、创造光明未来提供了新时代的精神武器。我们要充分用好"六个必须坚持"，搭建起摆渡过河的"桥和船"，在乱花迷眼、乱云飞渡中清醒把握时与势、辩证研判"危"与"机"，做到准确识变、科学应变、主动求变，有力解决新征程上遇到的重大理论和实践问题，推动中国特色社会主义巍巍巨轮乘风破浪、行稳致远，在充满光荣和梦想的远征途中书写新的壮丽史诗。

余村是浙江的一个小山村，20 世纪 80 年代起，余村人靠山吃山，先后建起了石灰窑矿、水泥厂，一度成为安吉的首富村。但这种粗放式

---

① 《马克思恩格斯文集》第 1 卷，人民出版社 2009 年版，第 17 页。

发展不仅污染了环境，开矿时还炸死了人。余村人痛定思痛，经过民主讨论，最后决定关闭矿山，进行环境复绿、开发农家乐，走一条生态富民路。2005 年，时任浙江省委书记的习近平在余村考察时，对当地通过民主决策关停矿山、走绿色发展之路的做法给予高度肯定，并首次提出"绿水青山就是金山银山"的理念。可以说余村的发展是近年来浙江农村发展的一个缩影。余村的绿水青山之路，同样也是一条乡村善治之路，它综合运用"六个必须坚持"，构建起多元互动、协调合作的新型社会关系，为健全自治、法治、德治相结合的乡村治理体系提供了生动范例。

2017 年 1 月 22 日航拍的浙江省安吉县余村。20 世纪 90 年代，这里是安吉县最大的石灰岩开采区，如今已发展成为人们乡村休闲旅游的目的地。

余村是浙江运用"六个必须坚持"的一个窗口，它的成功反映了基层党委班子和群众在学习和运用习近平新时代中国特色社会主义思想的世界观和方法论过程中取得的巨大成果。近年来浙江各级党委政府牢固树立人民至上，坚持"群众想什么，我们就干什么"，着力解决群众最盼望、最关心的突出问题。首次提出"最多跑一次"改革，实行"一窗受理、集成服务、一次办结"，提出了"网格化管理、组团式服务""社会组织参与基层治理""互联网＋乡村治理"等一大批彰显问题导向和系统观念的经验做法。如今，数十万全科网格在全省铺开，与基层治理"四个平台"协同推进，全省95％以上矛盾纠纷在乡镇以下得到解决，切实让群众体验到了获得感和幸福感。

新时代学好用好"六个必须坚持"，说到底就是要解决好世界观方法论的问题。必须坚持人民至上，就是要站稳人民立场、把握人民愿望、尊重人民创造、集中人民智慧，把人民立场贯穿于每一项具体工作之中；坚持自信自立，就是要坚定历史自信，把握历史主动，坚持从中国基本国情出发，运用中国人自己的智慧来解答中国问题；坚持守正创新，就是要以科学的态度对待科学、以真理的精神追求真理，以满腔热忱对待一切新生事物，不断拓展认识的广度和深度，敢于说前人没有说过的新话，敢于干前人没有干过的事情，以新的理论指导新的实践；坚持问题导向，就是要聚焦实践遇到的新问题、改革发展稳定存在的深层次问题、人民群众急难愁盼问题、国际变局中的重大问题、党的建设面临的突出问题，不断提出真正解决问题的新理念新思路新办法；坚持系统观念，就是要从系统性、整体性、协同性上不断提升战略思维、历史思维、辩证思维、系统思维、创新思维、法治思维和底线思维能力，以之推进党和国家各项事业；坚持胸怀天下，就是要拓展世界眼光，深刻洞察人类发展进步潮流，积极回应各国人民普遍关切，为解决人类面临的共同问题作出贡献，以海纳百川的宽阔胸襟借鉴吸收人类一切优秀文明成果，推动建设更加美好的世界。

科学方法是共产党人破解时代问题之道。这个道，不仅是领导方法、工作方法这样的方法论层面的"道"，还包括最高解释原则、最高价值规范、最高纠错准则、最高实践指引在内的世界观层面的"道"，是把握根本方向、走好中国道路的规律与"大道"。"六个必须坚持"回答了新时代中国特色社会主义实践的历史主体、发展基点、发展道路、发展动力、发展图景以及发展战略等立场观点方法问题，为新时代中国特色社会主义实践创新发展提供了科学方法指引。

强国建设、民族复兴是一场漫长的旅程，是一代代人接续奋斗的接力赛。面对新情况新问题，我们绝不能停留在过去的成绩上沾沾自喜、止步不前，只有不断开拓进取，研究新问题，探索新途径，运用新方法，才能在困难面前临危不惧、游刃有余。新时代新征程上，我们要学好用好"六个必须坚持"，搭建好强国复兴道路上的"桥"和"船"，以科学的理论来回答中国之问、世界之问、人民之问、时代之问，推进党和国家事业不断取得新胜利、创造新奇迹。

# 主要参考文献

1.《毛泽东选集》第 1—4 卷，人民出版社 1991 年版。

2.《邓小平文选》第 1—3 卷，人民出版社 1994、1993 年版。

3.《江泽民文选》第 1—3 卷，人民出版社 2006 年版。

4.《胡锦涛文选》第 1—3 卷，人民出版社 2016 年版。

5.《习近平著作选读》第 1—2 卷，人民出版社 2023 年版。

6. 习近平：《决胜全面建成小康社会　夺取新时代中国特色社会主义伟大胜利——在中国共产党第十九次全国代表大会上的报告》，人民出版社 2017 年版。

7. 习近平：《高举中国特色社会主义伟大旗帜　为全面建设社会主义现代化国家而团结奋斗——在中国共产党第二十次全国代表大会上的报告》，人民出版社 2022 年版。

8.《习近平谈治国理政》第一卷，外文出版社 2018 年版。

9.《习近平谈治国理政》第二卷，外文出版社 2017 年版。

10.《习近平谈治国理政》第三卷，外文出版社 2020 年版。

11.《习近平谈治国理政》第四卷，外文出版社 2022 年版。

12. 中共中央宣传部：《习近平新时代中国特色社会主义思想学习纲要（2023 年版）》，学习出版社、人民出版社 2023 年版。

13. 中共中央宣传部：《习近平新时代中国特色社会主义思想学习问答》，学习出版社、人民出版社 2021 年版。

14.《党的十九大报告辅导读本》，人民出版社 2017 年版。

15.《党的二十大报告辅导读本》，人民出版社 2022 年版。

16.《〈中共中央关于坚持和完善中国特色社会主义制度、推进国家治理体系和治理能力现代化若干重大问题的决定〉辅导读本》，人民出版社 2019 年版。

17.《〈中共中央关于制定国民经济和社会发展第十四个五年规划和二〇三五年远景目标的建议〉辅导读本》，人民出版社 2020 年版。

18.《中共中央关于党的百年奋斗重大成就和历史经验的决议》，人民出版社 2021 年版。

# 后 记

实现国家富强、民族振兴、人民幸福，承载着我们党的初心使命。为了庆祝中国共产党成立 100 周年，国防大学国家安全学院中国特色社会主义理论体系研究中心（国防大学习近平新时代中国特色社会主义思想研究中心日常工作的具体依托单位）组织编写了《新时代强国之道》。同时，本书也是"十三五"国防大学"双重"建设政治理论建设项目中"习近平新时代中国特色社会主义思想学习丛书"（共 3 本）的第 2 本。2024 年初，又依据中央最新精神作了修订。

修订过程中，国防大学国家安全学院领导作了精心指导，刘光明担任本书主编，对全书作了总体设计并负责统稿。王强担任副主编。刘珂承担了修订中部分编务工作。全书共十四章，编写人员具体分工为：前言，刘光明、李晓龙；第一章，王文博；第二章，汪玉明；第三章，荆博；第四章，王强、赵文涛；第五章，赵文涛、鲁大光；第六章，陈嘉康、孟令闯；第七章，贺霞、刘永亮、李威；第八章，祁一平；第九章，刘光明、李振东；第十章，刘铭、张奇、刘明坤；第十一章，刘光明、王佳鑫、史晓东；第十二章，刘光明、张琛、王晓光；第十三章，王强、杨光军；第十四章，刘珂、陈志环。人民出版社曹春作了精心编辑，对此表示衷心感谢！另外，本书是集体智慧的结晶，在撰写过程中，参考了学界同仁的相关研究成果，在此表示衷心感谢。

由于本书题材重大，编写时间紧迫，加之我们水平有限，书中难免有疏漏和不妥之处，敬请广大读者批评指正。

本书编写组

2024 年 1 月

责任编辑：曹　春

封面设计：汪　莹

**图书在版编目（CIP）数据**

新时代强国之道／国防大学习近平新时代中国特色社会主义思想研究
中心 编著；刘光明 主编；王强 副主编 . —修订版 . —北京：
人民出版社，2024.1

ISBN 978－7－01－026601－5

I. ①新… II. ①国… ②刘… ③王… III. ①社会主义建设－研究－
中国 IV. ① D61

中国国家版本馆 CIP 数据核字（2024）第 103914 号

**新时代强国之道（修订版）**

XINSHIDAI QIANGGUO ZHI DAO（XIUDING BAN）

国防大学习近平新时代中国特色社会主义思想研究中心　编著

刘光明　主编　王　强　副主编

人 民 出 版 社 出版发行

（100706　北京市东城区隆福寺街 99 号）

北京汇林印务有限公司印刷　新华书店经销

2024 年 1 月第 1 版　2024 年 1 月北京第 1 次印刷
开本：710 毫米 × 1000 毫米 1/16　印张：31.5
字数：388 千字

ISBN 978－7－01－026601－5　定价：128.00 元

邮购地址 100706　北京市东城区隆福寺街 99 号
人民东方图书销售中心　电话（010）65250042　65289539